房地产开发与管理系列经典教材

房地产市场营销

（第二版）

张沈生　主编

Real Estate Marketing

大连理工大学出版社

图书在版编目(CIP)数据

房地产市场营销/张沈生主编. —2 版. —大连:大连理工大学出版社,2012.5

(房地产开发与管理系列经典教材)

ISBN 978-7-5611-4606-4

Ⅰ.房… Ⅱ.张… Ⅲ.房地产—市场营销学—教材 Ⅳ.F293.35

中国版本图书馆 CIP 数据核字(2008)第 199395 号

大连理工大学出版社出版

地址:大连市软件园路 80 号 邮政编码:116023

发行:0411-84708842 邮购:0411-84703636 传真:0411-84701466

E-mail:dutp@dutp.cn URL:http://www.dutp.cn

大连金华光彩色印刷有限公司印刷 大连理工大学出版社发行

幅面尺寸:170mm×240mm 印张:24.50 字数:480 千字

2009 年 1 月第 1 版 2012 年 5 月第 2 版

2012 年 5 月第 3 次印刷

责任编辑:汪会武 责任校对:千 川

封面设计:波 朗

ISBN 978-7-5611-4606-4 定 价:42.00 元

房地产开发与管理
系列经典教材编委会

丛书序

1987 年，我国在深圳特区率先开展土地使用权有偿出让和转让试点，在改革开放近 10 年的时候开始了新时代真正的房地产经营管理。在过去的 20 多年里，中国的经济取得了举世瞩目的快速增长，房地产业的发展速度也明显加快，在部分大中城市已经成为具有支柱产业性质的行业，在国民经济中的地位不断提高。在纪念改革开放 30 年的今天，随着中国社会主义市场经济的发展，随着房地产市场日趋成熟，中国房地产开发企业正面临着越来越激烈的市场竞争，政府和行业管理者同样面对着复杂多变的局面。如何提升房地产经营管理者的领导力及执行力，已成为应该深刻思考和热切关注的问题。全球化的市场又为中国房地产业带来了国际市场竞争的机遇与挑战，这些机遇与挑战要求中国房地产业的创业者与业内人士必须关注中国经验的实践与理论，必须关注中国特色的提升与完善，必须关注房地产业的趋势与明天。

我们一直关注和参与中国特色房地产业的实践和发展，一直关注和参与中国特色房地产业的建设和完善，一直关注和参与中国特色房地产业的专业教育和人才培养。1993 年，我们在与大连理工大学出版社策划“房地产开发与管理系列教材”时我就说过：“高等教育应该为房地产业的科学化、规范化、规模化和高移化做出贡献(刘亚臣，1993)”。在由我主编的这套丛书多次再版时，我也多次重复这样的观点。今天，应广大房地产业人士与学生的要求，为了便于房地产从业人员充分了解和认识我国的房地产政策，掌握有关房地产经营与管理方面的理论知识和实践技巧，提升行业水平，我们与大连理工大学出版社重新策划组织筛选了一批精品教材，再版为“房地产经营管理系列经典教材”，奉献给我国高校房地产专业的老师和学生以及广大业内人士，并向我国改革开放30周年献礼。

本系列教材的编者以沈阳建筑大学骨干师资力量为主体，并吸收了大连理工大学、辽宁大学、辽宁工业大学、辽宁石油化工大学的骨干教师及政府管理部门的人员。1993年，沈阳建筑大学成为我国最早独立设置房地产经营与管理本科专业的院校之一。1998年国家教育部学科目录调整后，沈阳建筑大学管理学院一直独立设置房地产学系，其工程管理专业也一直设有房地产经营管理方向。2006年，国家教育部批准沈阳建筑大学重新设置房地产经营管理本科专业(目录外)，并开始面向全国招生。所以，此套教材的编著是以沈阳建筑大学管理学院为主体的参编人员，通过长期的、大量的辛苦工作凝结而成的。为应对房地产经营理论与模式的不断创新，我们在多年教学讲义的基础上，几易其稿，多次与国内外有关专家学者及实践工作者交流探讨，完善该系列教材各学科的知识体系。

本系列教材从房地产开发建设及管理入手，囊括房地产经营管理专业课程设置中的房地产经营管理、房地产市场营销、房地产物业管理、房地产投资分析、房地产估价、房地产会计学、房地产法学、房地产金融与保险、房地产经纪人、房地产经济学和房地产管理信息系统等方面内容。整套教材具有内容简明扼要、通俗易懂、覆盖面宽、理论联系实际、实践指导性强等特色。

本系列教材以中国房地产经营管理体制改革的理论与实践为指导，结合了当前市场的需求，全方位、多角度、深层次地揭示了房地产开发经营各环节可能出现的问题，为房地产开发经营管理、物业管理和中介服务从业人员提供了重要参考。本系列教材既可作为房地产、工程管理、工商管理专业的相应课程教材或阅读参考书使用，同时也可以作为其他专业了解房地产行业以及房地产有关活动的入门书。我们希望读者能在阅读参考中掌握房地产开发管理的真谛，使本系列教材成为地产人士的良师益友。

刘亚臣

2008年3月

第二版前言

房地产市场营销作为房地产开发过程的重要环节，已经越来越受到房地产开发企业以及从事房地产相关行业人员的重视。本书以房地产开发企业、房地产行业相关从业人员和高校师生为对象，展开对房地产市场营销各环节的论述。

研究房地产市场的发展变化，必须研究市场供求关系，重点是研究消费者的需求数量和需求心理。它要求房地产开发企业树立以消费者为中心的现代营销理念，运用科学的手段，及时、准确、广泛地了解和掌握消费者与竞争企业的信息；结合对房地产市场营销环境的研究，对房地产市场做出科学的预测；正确细分市场，识别市场机会，选择目标市场并进行市场定位，在此基础上运用科学的整合营销和后期服务，从而提高企业的品牌和核心竞争力。

房地产市场营销是建立在一般市场营销理论基础上的一门课程，它具有很强的理论性和实践的操作性。为了适应我国房地产业发展形势的需要，从我国房地产市场营销人才需求的实际出发，把市场营销的理论与房地产市场的特点相结合。

本书自出版后得到了许多读者的关心和评价，特别是一些高校教师对此书的某些内容提出了一些中肯的建议，对此表示衷心的感谢。经过这几年的教学实践，我们对书中的内容又有了进一步的认识和体会，综合房地产市场各方面的变化以及读者的相关建议，我们对原书中的内容作了部分的修改和增减，以期更好地满足读者的需求。

全书仍以房地产营销策划过程为主线，系统地介绍了房地产市场营销的理论、内容和方法，并对营销策划的实务操作内容进行了重点阐述。本书吸收了大量最新的房地产市场营销理论、观念和方法等内容，使该书具有实用性、规范性和创新性。在此次修改的过程中，我们仍注重理论联系实践，努力贴近现实，突出实用性和操作性，注意内容的适用性，尽量做到通俗易懂。每章配有案例和复习思考题，通过对案例的分析帮助读者更好地理解相关章节的内容，培养应用房地产营销的知识分析和解决问题的能力。复习思考题帮助读者检验学习效果，巩固所学知识。

本书由张沈生主编，王静副主编。全书共十一章，具体分工如下：第1，2，3，6章：张沈生；10，11章：张沈生、邹惠芬；第4，8，9章：王静；第5，7章：杨翠翠、王正勇。全书由张沈生统稿。

本书在编写过程中，除书后所列参考文献外，还借鉴了其他专家学者的许多研究成果，在此谨向各位作者表示深深的谢意。尽管我们做了很大努力，但由于作者水平有限，书中仍难免存在不足之处，敬请广大读者和同行批评指正。

作　者

2012年4月

第一版前言

进入21世纪以来，房地产业在我国已经作为一个产业得到发展，并已经成为国民经济的支柱产业。越来越多的国内外企业加入到房地产开发的行列中，房地产市场的竞争日趋激烈，因此，各开发商为了在房地产市场中分得一杯羹，开始了全方位的激烈竞争。其中，房地产市场营销作为房地产开发过程的重要环节，已经越来越受到房地产开发企业以及从事房地产相关行业人员的重视。

基于以上的现实情况，本书将以房地产开发企业、房地产行业相关从业人员和高校学生作为对象，展开对房地产市场营销各环节的论述。

研究房地产市场的发展变化，必须研究市场供求关系，重点是研究消费者的需求数量和需求心理。它要求房地产企业树立以消费者为中心的现代营销观念，运用科学的手段，及时、准确、广泛地了解和掌握消费者与竞争企业的信息，结合对房地产市场营销环境的研究，对市场作出科学的预测，正确地细分市场，识别市场机会，选择目标市场并进行市场定位，在此基础上运用科学的整合营销和后期的服务，提高企业的品牌和核心竞争力具有现实的指导意义。

房地产市场营销是建立在一般市场营销理论基础上的一门课程，它具有很强的理论性和操作性。为了适应我国房地产业发展形势的需要，从我国房地产市场营销人才需求的实际出发，把市场营销的理论与房地产市场的特点相结合。我们在多年从事房地产经营管理专业教学、实践和科研的基础上，编写了这本教材。

全书以房地产营销策划过程为主线，系统地介绍了房地产市场营销的理论、内容和方法，并对营销策划的实务操作内容进行了重点阐述。本书吸收了大量最新的房地产市场营销理论、观念和方法等内容,使该书具有实用性、规范性和创新性。在编写过程中注重理论联系实践,努力贴近现实,突出实用性和操作性,同时注意内容的适用性,尽量做到通俗易懂。每章配有案例和思考题,通过对案例的分析,帮助读者更好地理解相关章节的内容,培养应用房地产营销知识的分析和解决问题的能力。复习思考题帮助读者检验学习效果,巩固所学知识。

本书由张沈生主编,王静副主编。全书共有11章,具体分工如下:第1,2,6,10,11章:张沈生;第3章:张沈生、翟岳楠;第4,8章:王静;第9章:王静、李闫岩;第5,7章:杨翠翠、乔惠林。全书由张沈生统稿。

本书在编写过程中,除所列参考文献外,还借鉴了其他专家学者的许多研究成果,在此仅向各位作者表示深深的谢意。由于作者水平有限,书中难免存在不足之处,敬请广大读者和同行批评指正。

编　者

2008年12月

目 录

第1章

房地产市场营销概述

1.1 房地产与房地产市场

1.1.1 房地产的含义与特征

1.房地产的含义

房地产，又称不动产，通常是指土地以及固着在土地上的房屋或人工建筑物及其附带的各种权益，包括所有权、支配权、使用权和收益权等。这些固着在土地、建筑物上不可分离的部分，主要包括：为提高房地产的使用价值而种植在土地上的花草、树木或人工建造的花园、假山；为提高建造物的使用功能而安装在建筑物内的给排水、热力、电力、卫生、通风、电梯、通讯、消防等设备。它们往往可以被看作是土地或建筑物的构成部分。因此，房地产本质上包括土地和建筑物及附着于其上的权益两大部分。

建筑物是指人工建筑而成的物体，包括房屋和构筑物两大类。房屋是指能够遮风避雨并供人居住、工作、娱乐、储藏物品、纪念或进行其他活动的工程建筑物，一般由基础、墙、门、窗、柱和屋顶等重要构件组成。房屋按用途可以分为：住宅、营业用房、生产用房、行政用房、其他专用房。按不同角度，房产还有其他的划分方法。构筑物是指除房屋以外的工程建筑物，如水井、水坝、烟囱、道路等。

地产指作为财产的土地，其中，包括纯自然土地，也包括经过人类开发、改造过的土地。从法律上看，地产不仅包括土地这种物体，而且包括土地权利（如土地所有权、使用权、租赁权、抵押权等）。

我国城市土地均为国家所有。城市土地按其用途类型不同一般可划分为以下四类。

(1)生活居住用地

生活居住用地一般包括居住用地、公共建筑用地、道路广场用地、公共绿化用地等。其中居住用地指住宅小区内的居住建筑用地、道路用地、绿地等；公共建筑用地指为整个城市服务的商业、文教体育、医疗卫生和行政经济管理机构用地；公共绿化用地指为全体城市居民服务的公园、游园、动植物园、陵园以及城市林阴道绿地和滨河绿地等；道路广场用地是指城市主要干道网、广场和停车场等用地。

(2)工业用地

工业用地主要指工业生产用地，包括工厂、动力设施及工业区内的仓库、铁路专用线和卫生防护地带等。

(3)对外交通运输用地

对外交通运输用地是指城市对外交通运输设施的用地,包括铁路、公路线路及各种站场用地、港口码头用地、民用机场用地及防护地带等用地。

(4)仓库用地

仓库用地是指专门用来存放生活资料和生产资料的用地,包括国家储备仓库、地区、中转仓库、工业储备仓库、市内生活供应服务仓库、危险品仓库以及露天堆栈等用地。

2. 房地产的特征

(1)位置固定性

土地具有不可移动性,建筑物由于固着于土地上,不论其外形、性能与用途如何,从其建造那天起便定着于土地之上,也不可移动。因此,位置对房地产投资具有重要意义,投资者在进行一项房地产投资时,必须重视对房地产的宏观区位和具体位置的调查研究,房地产所处的区位必须对开发商、物业投资者和使用者都具有吸引力。

房地产的位置分为自然地理位置和社会经济地理位置。虽然房地产的自然地理位置固定不变,但其社会经济地理位置却经常在变动,这种变动产生的主要原因为:城市规划的制定或修改;交通建设的发展或改变;其他建设的发展等。例如,距城市中心较远的地区,由于地铁的建设通车,将会使该地区的社会经济地理位置发生变化。房地产产品消费者在重视对房地产产品所处位置研究的同时,还应重视对其社会经济、地理位置的现状和发展变化的研究。

(2)异质性

房地产位置固定性派生出房地产的异质性,即没有两宗完全相同的房地产。该特性决定了房地产供给和需求的地方性和区域性,而且,房地产不存在统一的市场价格。

由于每幢房屋的用途不同,所处的地理位置不同,因而通常它不可能像一般商品那样通过重复生产来满足消费者对同一产品的需求。每一幢房屋会因其用途、结构、材料、面积、朝向、装饰、高度等的不同而产生许多差异。即使是采用同样的设计、结构、材料等,也会因建造的位置、时间、施工技术和房屋周围地质、气候条件的不同而相去甚远。总之,市场上不可能有两宗完全相同的房地产。某宗房地产商品一旦交易成功,就意味着其他需求者只能另寻他途。

(3)使用长期性

土地具有不可毁灭性和永恒的使用价值(尤其是建筑用地),房屋一经建成,其使用年限一般可达数十年至上百年,因此,作为一种商品,房地产具有长期使用性或具有较高的耐用性。但值得注意的是,我国房地产的长期使用性受到了有限期的土地使用权的制约。根据我国现行的土地使用制度,企业、其他组织和个人通过政府出让方式取得的土地使用权,是有一定使用期限的土地使用权,其土地使用权在使用年限内可以转让、出租、抵押或者用于其他经济活动,但土地的使用是有期限的。国家规定的土地使用权一次出让最高年限因土地用途不同而不同:居住用地 70 年;工业用地 50 年;教育、科技、文化、卫生、体育用地 50 年;商业、旅游、娱乐用地 40 年;综合用地或者其他用地 50 年。

(4)投资大量性、开发周期长

房地产开发建设需巨额投资,房屋的建筑安装工程造价也很昂贵。而房地产开发建设的周期比一般商品要长得多,一般要一年以上,一些重要的建筑甚至需要数年。

(5)保值增值性

随着社会经济发展、人口增加,房地产的需求不断增长,而房地产供给量(特别是土地供给量)是有限的,因此,房地产价格有上涨趋势,这使其能保值增值,即房地产的增值性主要是由土地资源的相对缺乏性产生的。

(6)价格易受周围环境影响

房地产价格除与其自身质量有关外,主要取决于其所处位置和周围环境,受邻近房地产用途和功能的影响,即一宗房地产与其周围房地产相互影响。房地产的价格不仅与其本身的用途等有直接的关系,而且往往还取决于其周围其他房地产的状况。例如,在一住宅小区旁边兴建一座工厂,会导致该住宅小区的价值下降;反之,如在其旁边兴建一个公园或绿地广场,则可使其价格上升。房地产深受周围环境影响,不能脱离周围的环境而单独存在。政府在道路、公园、学校、体育场等公共设施方面的投资,能显著地提高附近房地产的价值。反之,周围环境的衰退,必然降低房地产的价值。甚至大品牌房地产开发商的进入也会给所开发楼盘周边的房地产的价格带来较大影响。

(7)易受政策的影响

任何国家基于社会经济发展和公共利益需要,都要对房地产占有、使用、分配、流转等作出某种限制。

房地产受政府法令和政策的限制及影响较重要的有两项:一是政府基于公共利益,限制某些房地产的使用,如城市规划对土地用途、建筑容积率、建筑覆盖率、建筑高度和绿地率等的规定;二是政府为满足社会公共利益的需要,可对房地产实行强制征用或收买。房地产易受政策限制的特征还表现在,由于房地产不可移动,也不可隐藏,所以逃避不了未来政策制度变化的影响。国家出台的各种房地产调控政策对房地产市场均会产生影响，只不过有的影响大有的影响小而已。这既说明了投资房地产的风险性，也说明了政府制定长远的房地产政策的重要性。

(8)变现性差

房地产被认为是一种非流动性资产，其投资的流动性相对较差，由于把握房地产的质量和价值需要一定的时间，其销售过程复杂且交易成本较高，因此它很难迅速无损地转换为现金。房地产的变现性差往往会使房地产投资者因为无力及时偿还债务而破产。

造成房地产投资流动性相对较差的原因有四：其一，房地产开发有相当大的比例是用于生产经营的，这样这部分投资只能通过折旧的方式逐渐回收；其二，当房地产被当做商品进行买卖时，由于多种原因，该房地产可能想卖但卖不掉，或由于卖掉后损失太大而不愿卖，这样房地产滞留在投资者手中，投资就沉淀于该房地产；其三，当房地产被当做资产进行经营时，其投资只能通过租金的形式逐渐回收；其四，当房地产用于居住和办公时，一般不涉及投资回收问题，该笔价值逐渐被使用者消耗掉。

1.1.2　房地产市场

1. 市场的含义

市场的概念是发展的，因研究者立场、角度不同而不同。关于市场的概念有多种说法，但其核心都是“交换”，并无本质差别。归纳起来大体有以下三种：

(1)市场是商品(服务)交换的场所

市场是商品(服务)交换的场所，是买者和卖者汇集的地方，是从事某一特定商品买卖的场所和接触点。这是传统的、原始的市场概念。随着科学技术的发展，这一概念受到严峻的挑战，“网上购物”、“网上结算”等现代交易方式已突破了传统意义的“场所”，故其局限性是显而易见的。

(2)市场是商品交换关系的总和

“市场是商品交换关系的总和”这是经济学中的市场概念。经济学以供求机制、价格机制、竞争机制为主要研究内容，探讨市场运行的一般规律，为资源的合理配置服务。而商品交换关系则是经济学研究中最重要的经济关系，它是指参与商品和服务的现实和潜在交易活动的各经济主体之间的经济关系，是商品生产与流通、商品(服务)的供应与需求之间的各种经济关系以及政府与企业、消费者之间的关系等，这些经济关系的总和就是市场。

(3)市场是某商品(服务)的现实和潜在消费者(顾客)

市场是指具有特定需求和欲望,而且愿意并能够通过交换来满足这种需求和欲望的全部现实的和潜在的顾客。这一概念的形成是以"供应者构成行业,顾客构成市场"为基础的。企业作为行业的一员,是商品(服务)的供应者,他们在从事市场营销活动时将顾客作为衣食父母、作为企业利润的供应者,作为企业争夺的对象。因此,企业将全部现实的和潜在的顾客称为市场,它包括需要某种商品的人、为满足这种需要的购买能力和购买欲望三个基本要素,而市场就是这三个要素的统一。市场营销学中主要应用此概念。

2. 房地产市场的含义与特征

(1)房地产市场的含义

房地产市场也可以从经济学和营销学两个角度进行定义。从经济学角度看,狭义的理解是指房地产交换的场所;广义的理解是指房地产交换关系的总和,是房地产开发、建设、经营、管理、服务消费的内在运行机制。它将房地产的开发、建设、流通与消费等各个环节联系在一起,从而实现房地产的价值。房地产市场具有市场的一般特征,而作为市场的子系统,它是由房地产经济系统的存在所决定的,并且在房地产经济活动中起着媒介作用。

从基本构成要素看,房地产市场是由主体、客体和中介构成的。房地产市场的主体是指房地产市场上的行为人,即房地产商品的供求双方。其中,供应方通过对市场提供房地产商品而获取货币。即供应方开发、建设或经营房地产的目的,是通过出售或出租而获得收益或利润;需求方则通过向供应方提供货币而从供应方手中取得房地产商品。房地产市场的客体是指房地产市场交易的对象,主要包括房产商品和地产商品。在我国,地产商品主要是指土地使用权。作为市场,需要有相当数量不同品质、不同类型的房屋商品、供开发建设的土地以及相应的服务,供人们选择使用和交换。此外,货币资金虽然不是房地产实体商品,但也是房地产市场的客体。房地产市场中介是指从事房地产交易活动或促成房地产交易发生的中介机构,主要包括交易中介和融资中介:交易中介是指房地产经销商、代理商、经纪人、房地产信托公司、信托投资公司以及房地产交易所等;融资中介是指为房地产的供应和需求提供资金的金融机构。

从房地产经济运行的角度看,市场主体、客体和中介缺一不可。但是,从营销学角度看,市场主体中的需求方是交易形成的关键。从这个意义上说,房地产市场是由那些对房地产有特定需要或欲望,而且愿意并能够通过交换来满足这种特定需要或欲望的全部潜在顾客群构成的。

(2)房地产市场的特征

房地产市场的特征是由房地产商品的特殊性所决定的。一般商品同类同质，可以相互替代，但房地产商品是不可以替代的。一般商品生产有统一的标准和规格、市场信息充分、各品牌可以相互比较、信息传播畅通，但房地产市场信息复杂、隐蔽，房地产权益被各种政策、法规所约束，一般消费者难以区别。因此，房地产市场是一个特殊的市场，房地产市场具有以下特征：

①房地产市场是房地产权益交易的市场

由于房地产的不可移动性，因此房地产市场交易的对象实际上是附着在每一宗房地产实物上的权益。交易的对象可以是房地产的所有权(包括占有权、使用权、收益权和处分权)，也可以是部分所有权。不同权益的交易，形成市场上不同性质的、复杂的交易行为，从而形成各种不同内容的房地产市场，如转让市场或买卖市场、租赁市场等。

②房地产市场交易形式具有多样性

一般商品的市场交易以买卖为主，但房地产市场交易伴随着相应的权益产生了多种多样的交易形式。如土地使用权的出让、转让、抵押；房地产的买卖、租赁、调换以及派生出的房屋抵押、典当、信托等。

③房地产市场是典型的区域性市场

由于房地产的不可移动性，房地产生产和消费都只能在特定的地点进行，从而使得房地产市场具有区域性的特征。其区域性不仅表现在建筑风格、文化环境、生活习惯上，而且表现在区域经济水平、土地资源特点、城市基础设施、生活环境等方面。因此，房地产权益交换的价格绝不仅仅是针对建筑物本身，更多是上述几个方面在房地产市场中的综合评价。作为不动产，房地产商品在流通过程中只有“商流”而没有“物流”，它的供给范围较一般商品要小得多。一般是地产地销，只能在建设地点供给并使用，不像一般商品可以由一处移往另一处进行销售。这一特征使得房地产市场营销中的各项活动内容均需以房地产所在地市场为主。例如市场调查、目标市场、产品定位、销售策略的确定等都应结合房地产所在地市场进行。

④房地产市场是不完全竞争市场

一个完全竞争的市场必须具备三个条件：商品同质、可以互相替代的卖主和买主人数众多，且随时自由进出市场，信息充分，传播畅通，但房地产市场并不具备上述三个条件。

房地产商品是绝对异质的，互相不可替代。两幢房子建筑材料、设计都可以一样，但所处的地理位置绝对不可能一样。即使是两套朝向、楼层、结构等都完全一样的居室单位，在买主看来也是完全不同、不可替代的两个商品。由于房地产商品是异质的，或者说是唯一的，所以某一房地产的卖主和买主都不可能是众多的。一个房地产产品只有一个卖主，其他任何人都不可能提供同样的房地产产品。买主欲购该房地产产品就只有面对这个卖主，没有其他选择。同样，房地产卖主的选择也是十分有限的。某一个房地产往往只适应少数几个买主的要求，在房地产市场上买主和卖主的机会都不是均等的，两者都没有充分的选择权，因而在房地产市场上个别卖主或买主对房地产交易价格往往会起很大的作用。

房地产市场是一个专业化的复杂市场，人们进行房地产交易时必须求助于各种各样的专业人士和专业机构。这些专业人士通常是律师、房地产估价师、房地产营销人员以及掌握建筑工程和房地产税收知识的专业人员。聘请专业人士需要支付费用，专业人士需花费一定时间来完成接受的任务。所有这些都降低了房地产市场转手交易的频率。

房地产是高价商品，房地产的权属转移必须按法定的程序履行各项手续，除房地产产权人的变更外，还有相关的权利、义务、责任和利益等经济关系的转移行为。为了保护有关当事人的利益，各国政府都立法管理房地产买卖及租赁活动的行为。另一方面，为保护市场的有效供给，抑制不合理的市场需求，国家需要采取强有力的干预措施，通过规划、价格、税收等宏观管理手段，引导和调控市场。因此，房地产交易活动在某些环节是受到政府严格限制的，房地产市场是受国家严格控制的不完全开放的市场。

缺乏信息是房地产市场的又一特征。许多房地产交易和定价是私下进行的，很大程度上取决于交易当事人的相互关系，因此，这种成交价往往不能反映成交房地产的真实价值。由于房地产交易信息不易获得，房地产市场因而不易形成竞争性的市场结构。综上所述，房地产市场是一个不完全竞争市场，有其特殊的市场规律，见表 1-1。

表 1-1　　完全竞争市场与房地产市场的比较

比较项目	完全竞争市场	房地产市场
买卖双方数量	众多	极少
市场主体产品知识化程度	知识化程度高	知识化程度参差不齐，
交易难易程度	交易简单容易	交易难
产品间的可替代性	可以替代	不可替代
产品移动性	可移动	不可移动
购买规模和频率	小而高	大而低
政府干预	少	多
价格变动	明朗	不清晰

⑤房地产市场的变化具有周期性

房地产业和国民经济一样也具有周期性，其变化的基本规律是：繁荣、衰退、萧条、复苏四个阶段。房地产市场繁荣时空置率低，租金和价格上升，开发面积、销售面积、土地出让面积增加，市场供应不断加大，市场需求增加，房地产企业利润提高。但由于房地产开发周期较长，随着市场需求的降低，市场供应不断增加，供过于求的状况必然产生，空置率上升从而导致租金和价格下调，开发面积减少，市场进入调整期。随着开发量的减少，价格的下调，需求将被刺激起来，吸引许多投资者（包括投机者）及大众消费者入市，消化市场供应，房地产市场调整结束，开始进入复苏期和繁荣期。

1.2　市场营销

1.2.1　市场营销的概念

市场营销来自英文“Marketing”一词，是指企业根据通过向顾客提供能满足其需要的产品和服务，促使顾客消费企业提供的产品和服务，进而实现企业目标的经营理念和战略管理活动。市场营销的定义也有多种说法，尚无统一的定论，可以从以下五个方面理解：

(1)市场营销是一种经营理念。市场营销的基本核心思想是以顾客为中心，企业的经营活动自始至终要围绕顾客、服务顾客、满足顾客需求展开，先予后取。

(2)市场营销是企业的一种战略管理活动。凡是管理活动就要有目标，其最终目标就是要实现企业的经营目标，即要实现生存、获利和发展。市场营销不是一般的管理活动，而是一种战略管理活动。企业的战略可以分为总体战略和职能战略。市场营销战略属于职能战略范畴，但是又不同于其他的职能战略。市场营销战略是职能战略的核心，其他的职能战略要为市场营销战略服务，市场营销战略也是实现企业总体战略的途径和手段。

(3)企业要实现自己的经营目标，就要对顾客需求进行分析，从而了解顾客的需要，这需要市场调研活动支持。随着社会经济的发展，顾客需求的个性化特征越来越明显，而且变化异常快捷，因此，了解顾客的需要，就要分析顾客、跟踪顾客。

(4)根据顾客的需要，选择目标客户，设计满足顾客需要的产品和服务。这要求进行市场细分，按照目标客户的需求进行产品或服务的设计。在企业产品设计上，不应该说我能提供什么，而是应该问顾客需要什么。由于不同类型顾客在产品和服务的需求上存在差别，那么对顾客进行定位就成为必然。无论是开发企业，还是房地产经纪机构，或是房地产咨询机构，都不是市场上具有完全垄断地位的企业，不能满足市场上所有顾客的需要，因此，要根据自身的特点选择自己的目标客户，并在此基础上，设计满足目标客户需要的产品或服务。

(5)通过提供满足顾客需要的产品或服务，使之选择并接受这种产品或服务，从而实现企业目标。这要求企业进行渠道选择和促销的组织。企业的目标是生存、盈利和发展，但其基础是所提供的产品或服务能够被顾客认知，并为顾客选择，为此，即使企业能够提供满足顾客需要的产品，也需要通过不同的渠道、选择不同的促销手段使顾客了解、接受，进而选择该产品和服务。

综上所述，我们认为市场营销的定义可描述为：企业在宏观市场的制约下，以满足顾客需求为出发点，以提高顾客价值和满足程度为中心所开展的由市场研究、产品开发、定价、分销与促销、售后服务等一系列活动组成的方案策划、方案实施和控制过程；是设计并实施企业战略与策略，以建立和保持与顾客持久关系的艺术；是企业经营活动的基本观念。

1.2.2 市场营销理论

市场营销理论是随着市场的发展变化和人们对市场的认识逐步发展的，有关市场营销的理论大体经历了四个相互联系的发展阶段——尤金·麦卡锡的“市场营销理论”、菲利普·科特勒的“大市场营销理论”、劳特彭的“4Cs”理论和舒尔茨的“4Rs”理论。

1. 市场营销理论

市场营销理论是在“买方市场”条件下产生的，是以目标市场及需求为中心的。它包括两个相互关联的部分：目标市场和市场营销组合。目标市场是指企业在市场细分的基础上选定为其服务的、具有相似需求的顾客群。选定目标市场是企业的重要决策，是决定企业产品开发、定价和销售策略的前提。1960 年美国密歇根州州立大学麦卡锡教授把各种影响销售的因素归结为 4 大类：产品(Product)，价格(Price)、渠道(Place)和促销(Promotion)，由于这四个名词英文的第一个字母均为 P，故简称为“4Ps”。其中，产品代表企业供给目标市场的商品和服务的组合；价格代表企业供应顾客商品时的价格；渠道代表企业使其产品进入和达到目标市场所进行的种种活动；促销代表企业宣传、介绍产品和说服目标顾客购买产品的种种活动。

这一理论认为，如果一个营销组合中包括合适的产品、合适的价格、合适的分销策略和合适的促销策略，那么这将是一个成功的营销组合，企业的营销目标也可借以实现。“4Ps”理论为市场营销学提出了较为完整的营销策略理论。

2. 大市场营销理论

20 世纪 80 年代，菲利普・科特勒提出，在目前贸易保护主义和政府干预加强的条件下，即使企业对“4Ps ”的安排适当，企业也可能失败。因此，企业不能仅实现“4Ps”，还必须加上“政治力量”（Political Power）和“公共关系”（Public Relations），这种战略思想被称之为“大市场营销”，也称“6Ps ”。所谓大市场营销，是指企业为了成功地进入特定市场，并在该市场从事业务经营，从而在策略上协调地运用经济的、心理的、政治的和公共关系手段，以博得国外有关各方的合作与支持。该理论与尤金・麦卡锡的“市场营销理论”不同，主要体现在以下三方面：

（1）企业市场营销管理与外部市场营销环境的关系不同。尤金・麦卡锡的“市场营销理论”认为，企业经营管理能否成功、企业能否生存与发展的关键是企业管理当局要善于安排市场营销组合，使企业“可控变数”与外界“不可控变数”（市场环境）迅速适应。而“大市场营销理论”则认为，企业能够影响外部市场营销环境，而不应仅仅顺从它和适应它，应变被动适应为主动适应。

（2）企业的市场营销目标不同。“市场营销理论”认为，企业市场营销的目标是：千方百计调查研究、了解和满足顾客需要；而“大市场营销理论”则认为，企业市场营销目标应该是为了满足目标顾客需要，采取一切手段打进目标市场，或创造或改变目标顾客的需要，突出了企业对目标顾客的作用。

（3）企业的市场营销手段不同。“市场营销理论”认为，企业集中一切资源，适当安排“4Ps”来满足顾客需要。而“大市场营销理论”则认为，企业还需增加“政治力量”和“公共关系”两个 P，用“6Ps”来打开和进入某市场，创造和改变目标顾客的需要。

菲利普・科特勒在提出大市场营销之后，又提出市场营销的“10Ps”原则，即战术型“4Ps”：产品（Product）、价格（Price）、渠道（Place）和促销（Promotion）；战略型“4Ps”：诊断（Probing）、优选（Prioritizing）、细分（Partition）和市场定位（Positioning）；广义市场营销“2Ps”：政治力量（Political Power）和“公共关系”（Public Relations）；“10Ps”原则使大市场营销理论更加完善。

3. 4Cs 理论

4Cs 理论是 20 世纪 90 年代美国营销大师劳特彭提出的，4Cs 分别指 Customer(顾客)、Cost(成本)、Convenience(便利)、Communication(沟通)。

(1)Customer(顾客),主要是指顾客的需求。企业必须首先了解和研究顾客,根据顾客的需求来提供产品。同时,企业提供的不仅仅是产品和服务,更重要的是由此产生的客户价值(Customer Value)。

(2)Cost(成本),不单是企业的生产成本,或者说 4Ps 中的 Price(价格),还包括顾客的购买成本,同时也意味着产品定价的理想情况,应该是既低于顾客的心理价格,亦能够让企业有所盈利。此外,这中间的顾客购买成本不仅包括其货币支出,还包括其为此耗费的时间、体力和精力消耗,以及购买风险。

(3)Convenience(便利),即所谓为顾客提供最大的购物和使用便利。4Cs 理论强调企业在制订分销策略时,要更多地考虑顾客的方便,而不是企业自己方便。要通过好的售前、售中和售后服务来让顾客在购物的同时,也享受到便利。便利是客户价值不可或缺的一部分。

(4)Communication(沟通),即被用以取代 4Ps 中对应的 Promotion(促销)。4Cs 认为,企业应通过同顾客进行积极有效的双向沟通,建立基于共同利益的新型企业/顾客关系。这不再是企业单向的促销和劝导顾客,而是在双方的沟通中找到能同时实现各自目标的通途。

劳特彭认为,市场营销理论和大市场营销理论均立足于企业,研究企业如何做才能满足消费者的需求,即如何根据消费者的需求来设计、开发产品,进行产品定位、合理定价、合理分销和合理促销,以充分利用和调动企业资源,实现企业目标。该理论虽然采用以消费者需求为中心的市场营销管理,但实质上仍是“企业导向”,仍是“消费者请注意”式的管理,而不是真正的“消费者导向”,不是“请注意消费者”式的市场营销管理。

劳特彭提出的 4Cs 理论是以“消费者需求”为导向的市场营销理论,该理论认为,首先,企业要瞄准消费者的需求,了解、研究与分析消费者的需要与欲望,而不是企业能生产的产品;其次,要了解消费者为满足需要愿意支付的成本,而不是先给产品定价,向消费者要多少钱;再次,需考虑为顾客购物交易过程提供方便,而不是依据企业状况选择销售渠道和制定销售策略;最后,是以消费者为中心实施营销沟通,将顾客和企业双方利益整合在一起。

4. 4Rs 理论

与 4Ps 相比 4Cs 有了很大的进步和发展,但从企业的营销实践和市场发展的趋势看,4Cs 理论依然存在不足之处。针对这样的情况,美国的舒尔茨(Don. E. Schuhz)提出了 4Rs 营销新理论,他将营销要素归结为:关联(Relating)、反应(Reaction)、关系(Relation)和回报(Respond),因四个要素英文字母均以 R 开始,故简称为"4Rs"。其核心内容如下:

(1)关联。关联即与顾客建立关联。在竞争性市场中,顾客具有动态性,其忠诚度是变化的,是会发生转移的,只有提高顾客的忠诚度,才能赢得稳定的市场,企业应千方百计与顾客建立联系,形成互助、互求、互需的关系将顾客与企业关联在一起,减少顾客的流失,这对企业的营销尤为重要。

(2)反应。反应即对市场反应的速度。在相互影响的市场中,对经营者来说最现实的问题不在于如何控制、制定和实施计划,而在于如何站在顾客的角度及时地倾听顾客的希望、渴望和需求,并及时答复和迅速做出反应,满足顾客的需求,变"给顾客讲"为"听顾客说"是至关重要的。

(3)关系。关系即与顾客建立长期稳固关系。在企业与客户的关系发生了本质性变化的市场环境中,抢占市场的关键已转变为与顾客建立长期而稳固的关系,其重要思想是将交易变成责任,变交易营销为关系营销;变管理营销组合为管理与顾客的互动关系;变以产品为核心为产品或服务给顾客带来的利益为核心;变不重视服务为向顾客承诺;将眼前利益与长远利益相结合,达到长期拥有顾客的目的。

(4)回报。回报是指为企业和顾客创造价值。回报是营销的源泉,对企业来说,市场营销的真正价值在于其为企业带来短期或长期的收入和利润的能力。企业营销要有投入与产出,只有产出大于投入企业才有回报,企业只有满足顾客需求、为顾客提供价值才能有产出,因此只有"双赢"才是企业营销的精髓。

"4Rs"是竞争导向的营销理论框架,着眼于"与顾客互动"和"双赢",不仅积极地适应顾客需求,而且主动地创造需求,运用系统思想整合营销,通过关联、关系、反应将企业与顾客连在一起,形成竞争优势。

5. 4Ps、4Cs、4Rs 三者之间的关系

4Ps,4Cs,4Rs 三者之间不是取代关系而是完善、发展的关系。"4Ps"理论是市场营销的最基本框架,"6Ps"是对"4Ps"的完善,变被动适应为主动适应;"4Cs"与"4Rs"是在"4Ps"基础上的创新与发展,企业应依据市场环境和所处的层次选用不同的营销理论。由于企业层次不同,情况千差万别,市场、企业营销还处于发展之中,所以至少在一个时期内,4Ps 还是营销的一个基础框架,4Cs 也是很有价值的理论和思路。因此,这两种理论仍具有适用性和可借鉴性。4Rs 不是取代 4Ps、4Cs,而是在 4Ps、4Cs 基础上的创新与发展,所以不可把三者割裂开来甚至对立起来。在了解体现了新世纪市场营销的新发展的 4Rs 理论的同时,根据企业的实际,把三者结合起来指导营销实践,可能会取得更好的效果。

1.2.3 企业经营观念

企业的市场营销活动必然是在某种特定的经营观念指导下进行的。企业的经营观念是企业市场营销活动的指导思想，是企业市场营销活动的导向。指导思想正确与否，对企业的成败兴衰具有决定性的意义。企业经营观念并不是固定不变的，它在一定的经济基础上产生和形成，并随着社会经济的发展和市场形势的变化而发展和更新。

企业的经营观念大体上经历了生产观念、产品观念、推销观念、市场营销观念和社会营销观念的发展变化。

1. 生产观念

生产观念是指导销售者行为的最古老的观念。生产观念认为：消费者喜欢那些可以随处买得到而且价格低廉的产品，企业应该增加产量来满足市场。产生这种观念有两种环境，一是市场上产品供不应求，出现“卖方市场”，企业只要组织所有可能组织的资源，集中力量扩大生产和提高分销效率，将产品推向市场，就能获得足够大的利润；二者企业产品成本过高，采用扩大生产规模的方法增加产量，降低成本，达到让消费者买得起的目的。该观点的核心是重生产、轻销售，生产什么卖什么，实行“以产定销”。该时期企业以生产观念作为进行经营活动的基本指导思想。

2. 产品观念

产品观念认为：“消费者欢迎那些质量好、价格便宜的产品”。企业应该致力于产品的改进、努力提高产品质量，只要做到“物美价廉”，消费者就会踊跃购买，无需推销。这种观点是在生产观念之后产生的，由于生产观念作用的结果，市场供应量增加，使供求关系得到缓解，消费者开始注意产品质量、花色、品种等，此时生产者只有提高产品质量、增加花色、品种才能销售出自己的产品，获得利润。这种观点虽然考虑了产品质量、花色、品种等，但企业仍旧是生产什么，卖什么，本质上仍是“生产观念”。

很多事实证明，在生产规模有所扩大后，如果企业的营销努力仍集中于生产定价合理、品质优良的产品上，而对消费者的需要与愿望很少关心，在产品发展上趋于保守，则价适物美的产品不一定是畅销的产品。

但当生产力发展到一定水平之后，生产观念和产品观念则会给企业带来麻烦。如美国福特汽车公司的创办人亨利·福特就说过：“我的汽车就是黑的，不管消费者喜欢什么颜色”。他只知道扩大生产，降低成本，而不能及时适应市场需求的变化，他的主导地位不久就被通用汽车公司所取代。

3. 推销观念

推销观念认为：“消费者不购买非必需品，但企业重视和加强推销和销售工作，消费者可能会购买更多的产品”。这种观念是在市场供需平衡或供大于求的情况下，即由“卖方市场”向“买方市场”过渡过程中产生的。该观点认识到，如只注重生产、增加产量、提高质量，而不加强销售工作，企业是无法获利的，因此企业应致力于加强和改善销售活动。具体表现为：“我们卖什么，人们就买什么”。当时认为企业的主要任务在于扩大销售，通过大量销售获取更多的利润，因此注意运用销售术和广告术来大肆推销。

在推销观念指导下，企业致力于产品的推广和广告，以期获得充分的销售量和利润，对消费者则希望透过刺激销售量的策略，诱使其购买，至于客户满意与否以及能否使其重复购买，则比较忽视。

上述三种观念的共同特点是企业立足于所生产的产品，都是“生产什么，卖什么”，本质上是相同的，均是以生产为中心，没有摆脱“以产定销”这一根本的经营观念，故称之为传统营销观念。

4. 市场营销观念

由于企业推行生产观念、产品观念和推销观念的结果，使市场形势由“卖方市场”变为“买方市场”，市场上一方面物资供应充足、花色品种齐全、质量提高，另一方面，由于人民收入的增长、生活水平的提高，消费者追求时尚、便捷等，需求发生了根本变化，市场上供应的产品已远远满足不了需求，在这种情况下，企业开始重新审视自己的营销观念，结果发现，导致企业产品滞销、生产停滞、企业利润下降的原因在于所生产的产品不是消费者需要的产品，而消费者需要的产品却无人生产。在此情况下，美国通用电器公司的约翰·麦基特里克(John. B. Mckitterick)提出了“市场营销观念”。具体表现为：“客户需要什么，就卖什么”，“哪里有消费者的需要，哪里就有我们的机会”，“给女士们所需要的”，等等。企业的主要任务已不是单纯追求销售量的短期增长，而是从长期观点出发来占领市场、抓住客户。

该观念认为：“组织目标的实现有赖于对目标市场的需求和欲望的正确判断，并能采用比竞争对手更有效的方式去满足消费者的要求”。在此观念下，企业应以目标顾客及其需要为中心，集中企业一切资源，切实调查研究和了解目标顾客的要求，按目标顾客的要求设计、生产出使顾客满意的产品，然后将其推向市场，满足顾客需求，获得利润。

市场营销观念与传统营销观念有本质的区别，故称为现代市场营销观念，各种营销观念的区别见表 1-2。

表 1-2　　各种营销观念的区别

观念	企业假设	出发点	中心	手段	目的	相关部门	适用市场
生产观念	只要有产品不愁没销路	企业	现有产品	分销活动	增加销售获得利润	生产部门分销组织	供不应求卖方市场
产品观念	顾客能识别产品优劣顾客愿意购买优良品	企业	现有产品	质量管理	提高质量获得利润	生产部门设计部门	供求平衡
推销观念	顾客只购所需产品推销技术能增加销量	企业	现有产品	推销活动	靠提高知名度获利	销售部门	供大于求买方市场
市场营销观念	顾客欢迎满足需求并带来利益的产品	目标市场	顾客需要	营销活动	顾客满意获得利润	营销部门所有部门	买方市场

5. 社会营销观念

20 世纪 70 年代以来，人口增长、资源短缺、环境恶化、经济萎缩、失业增加、消费者保护运动盛行等，使人们对单纯的市场营销产生了怀疑，采用市场营销观念的企业在满足消费者需求、欲望获得利润的同时，可能产生忽视社会责任、牺牲人类长远利益的现象，在消费者短期欲望和消费者长远利益之间可能存在矛盾，在消费者运动的推动下，市场营销学者提出了“社会营销观念”。社会营销观念的基本观点是：以保证消费者满意及消费者与社会公众的长期福利，作为企业的根本目的与责任，负责的社会营销决策，应同时考虑到消费者需要、消费者愿望、消费者利益和社会福利，在此前提下获得企业的利润。

社会营销观念有别于市场营销观念。首先，它不是简单地满足消费者需要与欲望，而是将消费者短期需要与潜在的需要、长远的利益相结合；其次，考虑社会利益和人类发展的需要。当前出现的“生态营销”、“绿色营销”、“社会责任营销”等观念都是从社会利益和消费者潜在需要出发的营销观念，均属社会营销观念范畴。

通过比较，以上各种营销观念具有以下特点：

第一，生产观念、产品观念和推销观念的重点相似，都不是从市场出发，而是从生产角度出发，均没有摆脱以产定销的基本观念，属于传统的、陈旧的经营观念。

第二，市场营销观念和社会营销观念的重点都是以客户为中心，以市场为出发点，属于现代的、新的经营观念。

第三，推销观念与市场营销观念的实质存在极大差别。推销观念属于注重卖方需要，以产定销的传统经营观念；市场营销观念则是注重买方需要，以客户需求为中心，围绕“客户需要什么，我就生产什么；客户需要多少，我就生产多少”来组织生产的以销定产的现代经营观念。从本质上说，市场营销观念是一种以客户需要与愿望为导向的哲学，是消费者主权论在企业市场营销管理中的体现。

1.3　房地产市场营销的概念与特征

1.3.1　房地产市场营销的概念

简单地说，房地产市场营销就是企业在房地产市场上进行的营销活动。可将其概念具体定义为，房地产市场营销是指房地产开发企业开展的创造性适应动态变化着的房地产市场的活动，以及由这些活动综合形成的房地产商品、服务和信息从房地产开发经营者流向房地产购买者的社会活动和管理过程。这些活动包括房地产市场调研、顾客研究、市场细分、目标顾客选择（市场定位）、产品定位、客户定位、形象定位、产品创新、销售渠道选择、促销方式选择、销售管理、顾客管理、售后服务等内容。房地产市场营销不是简单的销售部门或营销管理部门的业务，而是一个系统的，涉及财务支持、产品支持、成本控制、人力资源管理等各个部门的业务，是参与房地产市场企业经营活动的各有关方面构成的相互联系、相互影响、相互制约的有机整体，作为一个人为构造的开放系统，它主要表现在：

（1）房地产市场营销系统是由一系列相关要素构成的。从大的方面来看，有宏观、微观两种要素。宏观要素是指国家及地方政府有关房地产市场营销的政策体系与内容（如房地产产业政策、金融政策、市场政策等）以及社会经济背景环境（如人口数量、收入水平等）。微观要素是指房地产企业围绕企业经营所投入的要素，企业的各个部门、每个人员都实际参与市场营销活动。如策划部门负责对市场进行调研、顾客研究、目标定位，为房地产规划设计提供决策依据；财务部门为市场营销提供财务支持，负责资金筹集和运用，提供资金保障；工程部门，包括总工程师办公室为市场营销提供符合顾客需要的合格产品，包括设计、施工管理等；销售部门负责选择和确定销售渠道、策划销售方案设计；人力资源部门为整个企业的各个部门合理调度和分配人力资源，设计激励机制；物业服务企业担当着房地产产品的售后服务功能；房地产企业总经理是整个企业营销活动的最终决策者。

（2）房地产市场营销系统的运行结构也是由输入、过程及输出三个部分构成，这又包括两个方面的内容：一是房地产市场营销系统运行中资源的输入、过程、输出；二是房地产市场营销战略的输入、过程、输出。

(3)房地产市场营销具有特定目标,首先是通过房地产市场营销使房地产购买者的需求或欲望得到满足;其次是以营利为目的,即房地产市场营销活动的参与者都是以追逐近期或长期利益为目的,有些房地产开发商对特定对象(如科学家、劳动模范、知名人士等)实行廉价售房,是为了树立良好的企业形象,从而追逐更多的长期利益;再次是推进房地产业以及社会经济的整体发展,房地产业是整个社会经济活动中一个十分重要的产业,通过有效地开展房地产市场营销活动,可以促进房地产业的持续发展。

(4)房地产市场营销系统具有环境相关性。房地产市场营销系统是一个开放的系统,系统环境要素对房地产市场营销系统具有重大影响,它可能为房地产市场营销活动提供机会、条件和激励,也可能对房地产市场营销活动产生制约,形成障碍。

1.3.2 房地产市场营销的特征

房地产自身的特点,决定了房地产市场营销具有不同于普通消费品市场营销的特点,具体表现在:

1. 复杂性

房地产市场营销包含了从市场调研、地段选择、土地征用、房地产产品的设计和施工、楼盘的命名、产品的定价、销售渠道的选择、促销以及售后服务等一系列复杂的过程。这一过程涉及很多领域,牵扯到众多部门,涉及复杂的法律关系,需要很多专业人员参与。房地产营销还极易受外部环境的影响。例如,国家的方针政策、法律法规、通货膨胀、金融危机、股市波动都会对房地产市场营销活动产生巨大的影响。这些因素决定了房地产市场营销比普通商品的营销更加复杂。

2. 风险性

房地产产品的生产不同于普通商品的生产。一般工业产品从原材料消耗、加工到产出,可以在一天、一小时甚至更短的时间内完成。而房地产开发则不同,从项目的可行性研究到房地产产品建成,一般要用1～5年的时间。如果项目较大,时间会更长。在这样长的时间内,企业的内外环境都会发生变化,甚至会发生很多意想不到的事情,从而加大了房地产市场营销的风险。

3. 差异性

房地产产品由于区位、设计等因素的不同而具有独一无二的特征,即没有两宗房地产产品是完全相同的,因此,它不能像普通商品那样大批量地复制和生产。这种异质性决定了消费者的购买行为具有全新性。此外，由于房地产产品价值大、使用期限长，购买房地产产品对消费者来说是一件大事，消费者的购买行为一般不会是冲动性的购买行为模式。对普通消费者来说，一生不可能频繁购买房地产产品，而且房地产产品之间的差异较大，所以也不可能是习惯性的购买行为模式。消费者的购买行为以复杂的购买行为模式为主。当消费者产生购买房地产产品的需要以后，经过收集信息，比较评价，做出购买决策，最后产生购买行为。消费者的购买决策也是一个复杂的过程，消费者在整个购买决策过程中非常慎重。

在房地产市场营销中，房地产营销人员面对的顾客也是全新的，房地产营销是典型的一对一的营销，人员推销的作用较其他商品人员推销的作用要大得多。

4. 协同性

房地产市场营销是一个复杂的过程，需要很多行业、很多企业、很多专业人员的通力合作才能做好。房地产业与众多产业相关，特别是与建筑业、建材业、金融业、交通运输业、城市基础设施、园林等产业密切相关。一般涉及投资咨询、市场调研、项目策划、建筑设计、建筑施工、工程监理、销售推广、物业管理等机构。

房地产业的发展既能带动相关产业的发展，同时又受相关产业发展的制约。房地产企业还需要市场调研、建筑设计、建筑施工、建筑监理、中间商和物业管理机构等部门的合作。房地产业还涉及众多专业知识，如城市规划、建筑施工、经济学、管理学、市场学、心理学、社会学、美学、地质等。由于房地产产品的开发过程涉及太多的领域和业务，涉及众多的专业知识和法律问题，所以，企业不能仅凭自己的人员从事房地产开发中的相关工作。建筑设计、工程监理、施工、广告等工作要由专业服务机构介入，市场调查、项目论证、房地产销售、物业管理等也应由专业机构介入。同时，房地产企业不能仅仅依靠自己内部的智力资源，而应组建相关行业的企业家、政府官员、高校专家学者、律师等组成的智囊团，为企业的营销活动献计献策。

1.4　房地产市场营销的研究对象与研究方法

1. 房地产市场营销的研究对象

房地产市场营销的研究对象是房地产企业的市场营销活动及其内在规律性，即在特定的市场营销环境中，房地产企业在调研的基础上为满足消费者和用户现实的或潜在的需求所实施的以产品策略、定价策略、销售渠道策略和促销策略为主要内容的整体营销活动过程及其内在客观规律性。

当然,任何市场都是由买卖或供求双方构成的,市场是供给和需求的统一。但市场营销不是在这个一般意义上运用市场这一概念,它是站在商品生产者的角度,作为供给一方来研究如何适应市场需求,如何使产品具有吸引力,定价合理,购买方便,使双方满意,促成商品交换,从而提高企业的市场占有率和经济效益。房地产市场营销的研究对象是企业营销活动及其规律性,其核心概念是交换,以消费者需求为中心,以企业营销活动为手段,保证交换的顺利进行。而交换作为社会再生产的一环,不能离开其他环节孤立地研究,无论生产和消费都与交换有着直接联系。因此,房地产市场营销的研究范围是以房地产市场为出发点贯穿于再生产过程的各个环节,包括房地产市场、消费者、市场营销策略的制定与实现策略的方法,以及对整个营销活动过程所进行的管理。

2. 房地产市场营销的研究方法

研究房地产市场营销学,要根据本学科的特点选择和采用有针对性的研究方法。市场营销学有如下 4 个特点:第一,发展很快、动态性强;第二,从其他学科汲取大量养分;第三,应用性强;第四,科学性与艺术性相统一。所以对房地产市场营销的研究应以唯物辩证法的基本原理为根本方法,理论联系实际,注重调查研究,拿捏规律性,指导房地产市场营销活动,并在实践中不断总结提高。

研究房地产市场营销的方法大致可归纳为以下五种:

(1)产品研究法

产品研究法以某种或某类产品为主体,着重分析这种或这类产品的市场营销问题。研究住宅的营销,就以住宅为主体,研究其需求发展变化趋势、住宅的设计、价格、分销手段等问题。对于具有需求广泛性和多样性的房地产商品,该方法能具体深入地分析各类房地产市场营销问题,但其不足之处在于耗费力量较多,而且在对不同种类产品的研究过程中还会产生重复现象。

(2)组织研究法

组织研究法主要从房地产市场体制、市场结构、流通渠道等方面来观察房地产商品流通活动。以房地产销售组织机构为主体,分别研究其功能、作用及营销活动过程与策略,它的重点是通过什么样的机构把产品销售出去,而忽视对消费者需求的研究,着重研究流通组织管理,而忽视对再生产的整个过程的研究。

(3)功能研究法

功能研究法主要是研究几种流通功能的特性及动态,研究房地产市场营销机构在营销过程中具有的功能。

这三种研究方法都是静态的研究,单纯以产品、组织或功能为研究主体,视野比较狭窄。为了更好地开展房地产市场营销活动，使营销理论更具指导意义，研究方法应不断改进，使之更加全面，更加系统，更加科学。

(4)管理研究法

管理研究法，又称决策研究法。它是房地产企业为主体，从营销管理决策的角度，综合产品研究法、组织研究法和功能研究法的基本要求，着眼于寻找房地产企业的市场机会，针对目标市场的需求，分析市场环境，同时考虑到企业的资源和目标，制定相应的营销策略，希望借此能在适当的时间地点，以适当的价格，将适当的商品和服务，用适当的方法提供给消费者，从而满足消费者的需求，并达到企业的目标。该研究方法正成为现代房地产市场营销研究方法的主流。

(5)理论联系实际的分析方法

房地产市场营销学是一门应用性学科，它产生并发展于企业实践，也以指导企业实践为目标，即它不是一门纯逻辑推演性的学科，更多的是房地产企业市场营销实践活动的理论总结。因此，在研究市场营销学时必须理论联系实际，从国内外企业实践中去体会理论，并在自己的实际运用中检验理论，如此反复地实践论证，才能更准确、更熟练、更灵活地运用房地产市场营销学。

案例

地铁建设对地铁站点商品房的影响

城市轨道交通最为显著的一个特点是提高站点周边土地的可达性，这一特点改变了站点周边土地利用的性质，加大了沿线土地的开发强度，有效带动了沿线相关产业的发展。可以说，城市轨道交通的建设促进了沿线周边房地产项目的增值。

1981 年华盛顿地铁投资达到 30 亿美元（占总投资的 40%）时，引起的土地增值效益就达到 20 亿美元；2001 年 1 月地铁累计投资达到 95 亿美元时，新增的土地价值达到 100 亿～150 亿美元。一些地方的商业用地增值幅度达到 100%～300%。

在 20 世纪五六十年代建设的加拿大多伦多地铁，1959 年到 1964 年 90%的新建写字楼和 40%的新建公寓都集中在地铁沿线；市中心和郊区地铁车站周围的房地产评估值增值分别为 45%和 107%，而非地铁影响区的房地产评估值增值为 25%；连接地铁站点的写字楼租金比全市平均租金多增 30%，站点周围 500m 范围内的写字楼租金比平均租金多增加 10%。

上海地铁 1 号线 1995 年 5 月通车前后，房地产价格发生明显变化。地铁 1 号线的莘庄站，2km 圈内平均房价 1991 年为 600 元/m^2，2001 年为 3 400 元/m^2，增长了 470%；2Km 圈外平均房价 1991 年为 929 元/m^2，2001 年为 1 500 元/m^2，增长了 100%。可见莘庄地铁站点圈内的房地产价值比其他地区的房地产价值多增长了 370%。明珠线周边区域的房地产价格由过去的 1 800～2 500 元/m^2 上升到 3 000～4 500 元/m^2，增长了 67%～80%。因此，国内外的很多实例都证明了城市轨道交通对城市经济效益的提高具有明显的促进作用。

思考题

1. 房地产的含义是什么？
2. 房地产有哪些特性？
3. 结合实例说明房地产的社会经济地理位置的变动。
4. 企业经营观念有哪几种？它们各自的表现是什么？有哪些区别？
5. 说明市场营销的 4Cs，4Ps，4Rs 含义。
6. 叙述房地产市场营销的特征。

第2章

房地产市场营销环境

2.1 房地产市场营销环境概述

市场营销环境对营销活动具有重大影响，它可能为市场营销活动提供机会、条件和激励，也可能对市场营销活动产生制约，形成障碍。

现代营销观念的核心是以消费者为中心，企业营销活动的出发点是消费者的需求，要分析、研究并满足消费者需求必须对市场营销环境做透彻的分析。

2.1.1 房地产市场营销环境的含义

房地产市场营销环境是指影响房地产企业生存和发展的各种内部条件和外在因素的总和。它是房地产企业的生存空间，是企业营销活动的基础与条件。

房地产市场营销环境的构成因素多种多样，且对企业营销活动的制约程度也有所不同，一般房地产企业的营销环境由宏观环境和微观环境构成。

房地产市场营销的宏观环境是指间接影响与制约房地产企业市场营销活动的各种客观因素的总和，又称间接营销环境。宏观环境对企业的营销活动虽有间接影响，但它却是给企业造成市场机会和环境威胁的主要因素，它对房地产企业营销活动的影响是广泛而深远的。宏观营销环境通常以微观营销环境为媒介去影响与制约房地产企业的营销活动，在某些场合也可以直接影响企业的营销活动，因此微观营销环境要受限于宏观营销环境。

房地产市场营销的微观环境是指直接影响与制约房地产企业营销活动的各种环境因素，又称直接营销环境。微观环境对房地产企业的营销活动具有直接影响，微观环境中的各种行为者都是在宏观环境中运作并受其影响的。企业为了满足目标市场需求，组成了“供应者——企业——营销中介——顾客”这样一条市场营销系统的核心链，而房地产企业能否将产品或劳务顺利地转移给消费者，仅仅依据这样一条核心链是不够的，因为竞争者和社会公众这两个因素对企业营销活动也具有不可低估的直接影响。

2.1.2 房地产市场营销环境的特点

房地产市场营销环境的特点概括起来包括以下几个方面：

1. 关联性和相对分离性

关联性是指房地产市场营销环境的各种构成要素之间不是孤立存在的，而是相互联系、相互影响的，一个因素的变化会导致许多因素的变化。如经济因素不能脱离政治因素而单独存在，政治因素也要通过经济因素得以体现。又如良好的经济环境、完善的政治制度，需要有健全的法律保证，而政治的、法律的、经济的因素等都要受到社会文化背景的影响，社会文化的发展，反过来又受政治的、法律的、经济的等各种因素的制约。同样，科技和经济的发展又会引起政治和经济体制的相应变革，或促使某些法令和政策的相应变更。因此，它们对企业的营销活动并非单独产生影响，而是综合发挥作用，这种复杂的相互影响也使企业的外部环境更加难以把握。

同时，在某一特定时期，营销环境中的某些因素又彼此相对分离。各因素对房地产企业营销活动的影响大小不同。如在和平时期，经济、科技和自然因素对企业营销活动的影响大，而在战争时期，政治和军事因素则对营销活动的影响大。这种相对分离性为房地产企业分清主次环境因素提供了可能性。

2. 变化性和相对稳定性

房地产市场营销环境中各因素都是不断变化的。一方面，各种环境因素自身是不断变化的；另一方面，某一环境因素的变化又会引起相关环境因素的变化。但每种因素变化的速度不同，相对而言，人口、社会和自然环境的变化相对缓慢一些，而科技、经济、政治与法律的变化则快一些，其中，科技因素变化最快，它推动了企业的技术进步和产品创新。

同时，市场营销环境诸因素在一定时期内具有相对稳定性，这种相对稳定性为房地产企业预测环境变化并采取相应对策提供了可能性。

3. 环境的不可控性与企业的能动性

按照与房地产企业营销的密切程度和企业对这些因素的可控程度，可以把环境因素分为三类：第一类是企业不可控制的因素，即宏观环境因素，包括人口、经济、政治法律、自然、技术和社会文化环境。对于这些因素，企业不能改变它，只能了解它、适应它。第二类是企业可以施加影响，使其尽可能地朝着有利于开展市场营销活动的方面转化的因素，包括市场、社会公众、竞争者、供应商和中间商。第三类是企业可以控制的因素，如企业本身。企业要根据环境因素的可控程度采取不同的对策。

4. 层次性和差别性

从空间概念来看，房地产企业营销环境因素是个多层次的集合。第一层次是最里层的，是房地产企业所在的地区环境，例如当地的市场条件和地理位置等；第二层次是房地产企业所在城市或省的政策法令、规划要求等因素；第三层次是国家的政策法规、社会经济等因素，包括国情特点、全国性的市场条件等。第四层次是国际环境因素。这几个层次的外界环境因素与房地产企业发生联系的紧密程度是不相同的。其中，政治、法律因素较为广泛、普遍，经济因素的影响较为直接，其他因素则往往是通过经济因素去影响和制约房地产企业营销活动的。

不同房地产企业的外界环境存在着许多差别，如处于沿海城市的房地产企业和处于内陆地区的房地产企业，生产不同房地产商品的企业以及企业规模大小、所有制性质的不同等，都会产生外界环境因素的差别性。这些差别同样会以不同程度和方式影响和制约着房地产企业的营销行为。

2.2 房地产市场营销的宏观环境

宏观环境是从企业与整个社会相互作用的角度来阐述市场环境的，它由影响与制约市场的各种社会力量构成，包括经济因素、人口因素、政治和法律因素、社会和文化因素、自然因素及技术因素等。房地产企业及其所处的微观环境也受相应的宏观力量的控制和影响。一切企业都处于这些宏观环境因素之中，不可避免地受其影响和制约，这些都是不可控制的变数，任何企业及所处的微观环境必然在这些宏观力量控制下，这些宏观环境因素既可以给企业提供机会，也可以造成威胁。房地产企业一般通过预测这些因素的发展趋势来制定营销策略。

1. 自然环境

房地产企业的营销活动不仅需要一定的社会经济条件，还需要一定的自然条件，即企业所面临的自然环境。

由于自然环境是一种投资者无法轻易改变的客观物质环境、具有相对不变和长久稳定的特点。而房地产项目的投资又具有地理位置的固定性和不可逆性的特点，因而房地产项目投资十分重视自然环境要素的研究。不同的地形、地域或不同的气候，将给产品的使用、设备的功能、能源的需求带来影响，同时地理位置也将影响市场的发展。

自然环境要素包括地理位置、地质地貌、自然风光及气温气候等。地理位置对项目投资影响最大的因素主要有交通，距工作地点、商业中心的距离，距医院、学校、娱乐场所的距离直接关系到未来住户生活方便的程度，从而影响市场销售；与配电站、给排水管网、通讯电缆的距离等，直接影响项目开发成本，从而影响项目效益；地质地貌与风光气候特点不仅关系到项目建筑物的基础设计，而且直接影响项目的景观。一个好的项目规划，必然十分重视项目所在地的地貌特点、自然风光、气候风向等自然环境条件。充分利用其有利的一面，想方设法通过景观设计弥补其不足的一面，使项目无论是外观造型、结构布局，还是使用性质、使用功能，均与外在的自然环境很好地协调起来。

2. 人口环境

任何需求归根到底都是人的需求，具有购买欲望与支付能力的人是构成市场的决定性因素，因此，人口，特别是城市人口是房地产市场营销中首先需要考虑的因素。而人口环境及其变化对市场的需求及市场机会的形成有着整体性、长远性的深刻影响。与房地产市场关系密切的人口环境因素主要包括人口状况、人口流动性和家庭结构等。

(1)人口状况

房屋是供人们栖息居住、工作、学习、生活、娱乐的场所，人口越多，对房屋的需求就越大。一个地区的人口总量，决定了该地区对房地产需求的上限。一个地区人口总量多，一般而言对住宅、商场、宾馆、写字楼、机关、学校、医院等房地产产品的需求就多，反之需求少。人口总量是房地产企业应该掌握的基础数据之一。

2011 年年末，我国大陆总人口为 134 735 万人，比 2010 年年末增加 644 万人。全年人口出生率为 11.93‰，人口死亡率为 7.14‰，人口自然增长率为 4.79‰。其中，城镇人口为 69 079 万人，城镇人口占总人口比重达到 51.27%，乡村人口 65 656万人，城镇人口比乡村人口多 3 423 万人。城镇人口占总人口比重首次超过 50%。

相对于人口总量而言，人口增长率更为重要。城市人口的增长必然增加对住宅的需求。这是由于人口总量数据的易得性、短时期的相对固定性而言，所有房地产企业都可得到，而增长率是一个预测的数据，预测的准确性受到太多因素的影响，如：政府政策、经济发展、城市规划、外部因素等。

此外，人口规模还直接影响区域内商业的繁荣和工业的发展，从而间接影响商业与工业对房地产的需求，如在开发经营购物中心、酒店、写字楼的市场分析中，要充分考虑该项目所处地区的流动人口和常住人口的数量。

(2)人口构成

不同年龄的消费者因其心理和生理特征、经济收入、购买力水平不同，对住房的需求存在较大差异。青年消费者在购买住房时，受其经济能力限制，往往购买小户型的住房；成年消费者事业有成，经济收入较高，购买力较强，往往购买舒适、宽敞的住房；老年消费者在购买住房时，往往购买环境安静、有配套医疗设施的住房。

随着中国经济的发展、医疗水平的提高，人口的平均寿命越来越长，目前，中国已进入老龄化社会。老年人退出职业生活后，生活时空结构及生理、心理都发生了很大变化，对居住环境自然有其特殊要求。城市老年人的理想居住模式有两种：一是同已婚子女同住；二是同已婚子女邻近分住。有些国家早在 20 世纪 80 年代就已推出“多代同堂组屋”，由主体住房和单房公寓组成，各自独立又相互连通。这种居住模式对老龄化不断加快的中国来说值得借鉴，房屋开发商可在这方面拓宽思路。

此外，人口的民族结构、文化结构等因素对房地产消费需求、消费方式和购买行为也有较大影响，房地产营销者也应予以重视。

(3)人口流动与迁移

近年来我国人口从农村流向城市的速度较快，这是社会发展的必然现象。目前我国城镇居住人口已近7亿人，随着经济的发展，从农村流向城市的人口还将增多，这是城市住宅市场发展的又一个潜在因素。

人口迁移直接影响到一个地区的人口总量及增长率。如我国京津唐地区、长江三角洲、珠江三角洲等，近年来外来人口激增，带来了对房地产各类产品的巨大需求。尽管像北京、上海、广州等大城市人口出生率较低，但人口总量却持续增加。我国大范围的人口迁移，包括沿海及内地中心城市对科技人员需求的增加引起的人口迁移，这些人才引进性质的迁移人口即成为引进地的常住固定人口，他们具有稳定的较高的收入，需要较高层次的住宅及其他房地产产品；另一类是经济发达地区对劳动人口的需求，其中大多数具有临时性，他们是出租住宅和集体宿舍的需求者；近年来，由于内地生活设施的改善，加之住宅价格和生活费用较低，香港等地区的一些在内地工作的人员和退休人员纷纷到珠江三角洲地区购置物业，形成了一个相当大的市场。

(4)家庭结构的变化

房地产是以家庭为单位进行消费的。一个地区在总人口不变的条件下，平均家庭人口越多，所需的住宅单位数就越少；反之，平均家庭人口越少，所需的住宅单位数就越多。目前，世界各国家庭变化的一个共同趋势是家庭规模小型化，即家庭的平均人口数减少，而家庭户数增加，也就是小型家庭增多、离婚率增加、单亲家庭增多等。家庭规模的变化，导致商品住宅总需求量的增加，同时也对住房的户型、面积、结构、内部装修等方面提出了新的要求。房地产企业应根据消费者需求的变化，及时提供适销对路的房地产产品。

一个地区的家庭平均人口一般受社会风俗、时尚、文化背景以及现实收入等因素的影响。现代青年独立意识较强，小家庭生活的趋势日益明显，这将增加对住宅单位数的需求。同时，也要注意中国人传统的天伦之乐和我国人口的老龄化，家庭的小型化与老年父母无人赡养和照顾之间存在着矛盾等问题，所以对住宅的需求既要满足青年夫妇独立生活“分”的愿望，又要在一定程度上具有因种种原因而要求“合”的功能。企业可以这部分消费群作为自己的目标市场进行规划设计，确立自己的发展方向。

3. 经济环境

房地产市场规模的大小，还取决于社会购买力的大小。在人口数量既定的情况下，社会购买力越强，则房地产市场的规模就越大。而社会购买力是受宏观经济环境制约的，是经济环境的反映。社会购买力的大小又受到国民经济发展水平、国民收入水平、消费者收入水平、价格水平、储蓄与信贷、消费者支出模式等一系列经济因素的影响，社会购买力是这些经济因素的函数。

影响购买力的主要因素有：消费者个人可支配收入、消费者支出模式的变化以及消费者储蓄和信贷的情况。

(1)国民经济发展水平

房地产企业是在国民经济大环境中生存和发展的，其发展不可避免地要受到国民经济发展水平的制约和影响。国民经济发展速度快、国民收入水平高，则消费者的人均收入高、社会购买力强，房地产企业的营销机会则多；反之，国民经济的发展陷入低谷，市场疲软，社会购买力下降，房地产市场首当其冲要受到影响。

(2)经济周期

经济复苏、繁荣(扩张)、衰退(危机)、萧条周而复始的运行规律称为经济周期。经济周期分为短、中、长三种。长周期包括 6 个中周期，中周期包括 3 个短周期。短周期平均 40～42 个月，中周期平均 9～10 年，长周期平均 48～60 年，经济周期发生的外因有科技进步、人口增长、战争、政治事件对人们生理的影响；内因有投资、储蓄、政府的经济政策、企业家和消费者心理等。经济周期变动对房地产行业的影响尤为显著，以香港为例，1998 年亚洲金融风暴以来，我国周边多个国家和地区陷入经济衰退，短短几年间，中国香港地区房地产价格平均下降 60%。

(3)消费者收入

消费者收入水平是影响社会购买力的主要因素，也是影响房地产企业市场营销活动的重要因素。

消费者收入是指消费者个人从各种来源所得到的货币收入，通常包括消费者个人的工资、奖金、其他劳务收入、红利、租金、馈赠、遗产等。消费者收入大部分转化成消费资料购买力，是社会购买力的重要组成部分。

由于消费者收入并不是全部用于购买商品，对房地产企业营销而言，有必要区别“可支配的个人收入”和“可随意支配的个人收入”。可支配的个人收入是指个人收入中扣除直接负担的各种税款(如个人所得税)和非税性负担(如工会会费)之后的余额。这部分收入可用于个人消费和储蓄，它是影响消费者购买力和消费者支出的决定性因素。可随意支配的个人收入是指可支配的个人收入减去消费者用于购买生活必需品的支出和固定支出后所剩下的余额。这是消费者可任意投放的收入，因此，它是影响消费者需求结构最活跃的因素。这部分收入越多，人们的消费水平越高，房地产企业的营销机会就越多。各种奢侈品、汽车、旅游等商品的销售主要受这部分收入的影响。

房地产营销者不仅要分析消费者的平均收入，还要分析研究不同阶层、不同地区、不同时期的消费者收入。例如，北京、上海、广州等大城市及东南沿海开放地区的收入水平较高、购买力较强，这是这些地区房地产业得以迅速发展的一个重要因素。

由于消费者的收入往往受到通货稳定情况、税收等因素的影响，因此，还要将消费者的收入区分为货币收入和实际收入，因为实际收入会影响消费者的实际购买力。在消费者货币收入不变的情况下，如果物价上涨，则消费者的实际收入下降；如果物价下降，则消费者的实际收入增加；如果消费者的货币收入随着物价的上涨而上涨，但货币收入上涨的幅度小于通货膨胀率，则消费者的实际收入下降，购买力随之下降；上涨的幅度大于通货膨胀率，则消费者的实际收入上升，购买力随之上升。

(4)消费者支出模式

随着消费者收入的变化，消费者支出模式也会发生变化，从而影响房地产企业的营销活动。

德国统计学家恩斯特·恩格尔(Ernest Engel)提出了著名的恩格尔定律，其主要内容是:一个家庭的收入越少，其总支出中用于食物支出的比重就越大；随着家庭收入的增加，用于购买食物的支出占总支出的比重下降，而用于其他方面的开支(通讯、交通、娱乐等)和储蓄的支出比重将会上升。恩格尔定律阐述了消费者收入水平和消费者支出模式的内在关系。

消费中用于食品方面的支出与家庭消费总支出的比率称为恩格尔系数。用这个系数来衡量生活水平，恩格尔系数与生活水平的关系见表 2-1。

表 2-1　　恩格尔系数与生活水平的关系

60%以上	50%～59%	40%～49%	30%～39%	30%以下
贫困	温饱	小康	富裕	最富裕

我国城市居民的恩格尔系数变化情况见表 2-2。

表 2-2　　我国城市居民的恩格尔系数

年份	1978	1990	1994	1996	1998	2000	2003	2006	2010
恩格尔系数/%	57.5	54.2	50.0	48.8	44.7	39.4	37.1	36.49	38.4

随着中国经济的发展、居民生活水平的提高，中国的恩格尔系数在不断下降，住房消费占总支出的比重将大幅度提高，这为房地产企业的市场营销活动提供了极好的机会。

(5)消费者储蓄和信贷情况

消费者的购买力还要受储蓄和信贷的直接影响，居民个人收入不可能全部用掉，总有一部分以各种形式（银行存款、债券、股票、不动产等）储蓄起来，这是一种推迟了的潜在购买力，属于滞后消费，最终目的还是为了消费，主要用来购买耐用消费品或住房不动产之类。在正常情况下，银行储蓄与国民收入成正比，是稳定的，但是当通货膨胀、物价上涨过高时，消费者会将储蓄变为现金，争购保值商品，这是消费者的一种自卫行为，是消费者对经济前景不信任的表现。

在一定时期内，储蓄的多少会影响消费者的购买力和消费支出。在收入不变的情况下，储蓄增加，则购买力减少；储蓄减少，则购买力和消费支出增加。

消费者不仅可以用其货币收入购买房地产，还可以借助个人信贷买房，因此，消费者信贷也是影响消费者购买力的一个重要因素，是一种超前消费。所谓消费者信贷就是消费者先借助贷款取得房屋所有权，然后按期还本付息。例如，消费者可以利用商业贷款或公积金贷款购买商品房。

实行消费信贷，可以刺激和创造需求。随着中国消费信贷业务的不断发展，它会为房地产企业提供越来越多的营销机会。

4. 技术环境

科学技术是企业和社会发展最重要的动因。技术创新一是可以促使企业开发新产品，满足顾客新的需要；二是可以降低成本，增强企业的竞争力；三是为市场营销管理提供先进的物质基础；四是影响企业营销策略的制定。新材料、新工艺、新设备、新技术的发展，使房地产生命周期缩短，企业需要不断研制和开发新产品；电子商务技术的发展，使新的传播方式得到应用；科技的进步，也使房地产企业的分销方式发生了变化。

各行各业都以新技术革命为前导，房地产业也不例外。建筑业处于快速发展之中，新技术、新产品、新工艺、新材料层出不穷。而与其他技术相结合，房地产形成了环保、节能、智能、绿色等新概念：可视对讲、红外监控、烟气报警、宽带网等技术和产品大量应用于房地产各类产品。新技术革命步伐加快，创新的机会无穷，市场营销部门人员既要了解科技发展方向，同时应对科技工作进行指导，使新的产品设计、制造和老产品的改良符合市场需要，这样制定的营销计划才有实现的可能，具有较好的价值。

同时，房地产营销人员要了解和掌握与企业发展相关的技术，了解其发展变化的趋势，及时开发和利用新技术，淘汰旧技术，跟上技术进步的步伐，充分利用技术进步给企业带来的机遇而避开技术进步给企业造成的威胁。

5. 政治法律环境

政治法律环境的发展，对房地产市场营销决策有很大的影响。主要表现为以下三个方面：

(1)国际、国内的政治风云影响消费与营销行为

政治局势是社会稳定性的重要标志。通常的政治局势分国内局势与国外局势两类。国内政治局势的动荡一般是由政治斗争或国内重大的社会经济问题而引发的；国外政治局势的动荡则是由外交问题、边界问题而引发的。显然，动荡不安的政治局势，必然带来社会的不稳定，从而影响投资。

人们的经济行为常常自觉不自觉地为政治形势所左右。以香港地区房地产为例，当人们对香港经济与繁荣充满信心时，地价就会较为稳定或上升；如果缺乏信心，地价就会下跌。1984 年 9 月 26 日中英两国政府草签关于香港问题的联合声明前后，香港地产市场情况明显波动。在草签联合声明前夕的 1983～1984 年，香港地价明显下跌，而联合声明发表后，香港地价又重新趋向稳定与回升。

(2)政府的方针政策引导和调节影响销售行为

政策是国家或政党为实现一定历史时期的路线而制定的行动准则。一个国家从发展国民经济的全局出发，制定经济与社会发展的战略和方针政策，这将影响市场追求，改变某些资源的分配和流向，从而引导企业的经营活动。作为政治环境要素的政策，投资者最关注的还是其经济政策和产业政策，包括国民经济发展的政策、国家投资政策、引进外资的政策、对外开放的政策以及各种税收政策等，都会给企业营销活动带来机会或制约。

政府的法律法规是相对稳定的，而政府的方针政策则有一定的可变性，它随着国家政治经济形势的变化而调整。在市场经济条件下，政府对宏观经济的调控、对企业行为的干预主要是通过制定各种经济政策、运用经济杠杆来实现的，这些政策包括财政政策、货币政策、产业政策、区域发展政策、土地政策、住房政策、房地产开发和销售政策等，房地产企业的营销活动只能在政策允许的范围内进行。任何一项政策的出台，都会对房地产企业产生直接或间接的影响。例如，2011 年《国务院办公厅关于进一步做好房地产市场调控工作有关问题的通知》中的限购政策，对实行了限购城市的当年的房地产市场的销售产生了较大的影响。

(3)良好的法律环境是市场营销活动得以正常进行的基本保证

法律环境是从法律的完备性、法制的稳定性和执法的公正性三个方面来研究房地产投资环境。法律完备性主要研究投资项目所依据的法律条文的覆盖面，主要的法律法规是否齐全。法制的稳定性主要研究法规是否变动频繁、是否有效。执法的公正性是指法律纠纷、争议仲裁过程中的客观性、公正性。

6. 文化环境

文化是人类在社会发展过程中所创造的物质财富和精神财富的总和，包括价

值观念、伦理道德、宗教信仰、风俗习惯等因素。这些因素都会影响消费者的需求和购买行为，从而间接地影响房地产企业的营销活动。因此，企业在进入目标市场时，必须分析和了解消费者的文化程度、价值观念、宗教信仰、偏好和禁忌及其对消费者购买行为的影响，避免和减少营销过程中的盲目性，在产品设计、广告促销等活动中，投其所好，避其所忌，更好地满足消费者的需要。文化环境包含范围很广泛，主要涉及以下四个方面：

(1)受教育程度和职业

受教育程度和职业与消费者的收入、社交、居住环境及消费习惯均有密切的关联性。从购买习惯来看，通常教育程度越高的消费者购买时的理性程度越高，他们对房屋的设计方案、房间大小与分隔、功能与环境等都有其特殊要求。

(2)家庭单位与人数

现代家庭仍是社会最基本的经济单位，也是商品房购买的主要对象。随着城市年轻人消费习惯的改变，单位家庭的平均人数不断下降，小家庭越来越多，房屋市场需求量越来越大，为房地产业的发展带来了机遇。

(3)民族与宗教

各民族在漫长的历史过程中形成了民族风俗习惯，从而有不同的消费需求和行为，居住建筑形式、风格都各有特点，这些必须引起营销人员的注意。

(4)价值观念

在特定的社会中，人们都有许多持久不变的信仰和价值观。如中国人大部分崇尚工作、结婚、受教育、诚实和勤俭持家等，美国人则具有崇新、求奇的心理，他们的工作岗位也是经常变动的，所以他们的住房也经常变换；而中国人相对来讲希望生活稳定，有些人一辈子都没离开一个城市，一个企业，住房的更换更是不可能了。近些年来，中国的年轻人消费观念也逐渐改变，为了体现自身的价值、能耐，他们南下广州、深圳谋生或北上哈尔滨、大连“淘金”，甚至出国做生意、办厂。营销者在充分地了解当地传统文化对人们思想行为的影响之后，在房屋设计、房地产开发、广告和服务的形式等方面要充分考虑不同信念和价值观念，否则将受到不必要的损失。

在对文化环境进行研究时，我们要区分核心文化和亚文化：

核心文化价值观念具有高度的持续性，例如，我国尊老爱幼的美德，常回家看看的习惯等。而亚文化是文化所包含的能为其成员提供更为具体的认同感和社会化的较小的亚文化群体。在我国，对房地产企业而言要特别注意地理区域亚文化和民族亚文化。

如北方地区由于寒冷和季风等的影响，人们对住宅的朝向相当重视，坐北朝南被认为是理想的朝向。而在西南和华南地区则不太讲究。又如，北方干燥，底层楼房往往好卖，而南方潮湿，底层楼房一般卖不出好价钱。

市场营销的宏观环境主要包括以上六个方面，这些对企业来说都是不可控制的变数，企业只有设法适应这些环境，而不能改变环境。

2.3 房地产市场营销的微观环境

微观环境是由与企业的营销活动发生直接关系的各种市场参与者构成的，无论什么样的企业，它的营销活动都离不开供、产、销，将直接与有关的企业以及某些组织机构发生业务关系，因此，这些企业和组织机构直接影响企业的市场营销活动，构成企业市场营销的直接外部条件，现代市场学称它为企业市场营销的微观环境。

房地产市场营销微观环境是指房地产企业生存与发展的具体环境。企业只有掌握了微观环境的信息才能及时对其变化做出反应。

房地产市场营销活动的主要目标是从满足顾客需要中获取利润。为了实现这一目标，企业首先要从供应商那里获取生产所需要的建筑材料、建筑设备等生产要素，然后通过企业内部各部门和建筑商的协作，开发出房地产，再通过中间商将产品销售给顾客，从而形成了“供应者—企业—营销中介—消费者”这一企业核心营销系统。同时，房地产企业能否成功地开展市场营销活动，还要受到竞争者和公众等环境因素的影响，它们共同构成了房地产企业微观环境的全部内容。

微观环境是由那些直接影响房地产企业市场营销活动的因素构成，包括企业、供应者、营销中介、消费者、竞争者以及公众等。

1. 企业

企业是一个相对完整的系统，市场营销部门是这一系统中的重要的因素。它面对着企业的许多其他职能部门，如高层管理者（董事会）、财务部、人事部、工程部、材料部等部门。

房地产企业的市场营销活动主要是由营销管理部门负责的，营销部门主要负责市场研究、制定企业的营销计划、新产品开发、品牌的制定和管理、广告、产品销售及售后服务等工作。营销部门在制定营销决策时，不仅要考虑外部环境力量，还要考虑企业内部环境的影响。一是要考虑企业最高管理层的意图，要以最高管理层制定的企业任务、目标、战略和政策为依据制定营销计划，并呈报最高管理层批准执行；二是要与企业的其他职能部门（如研究与开发部门、制造部门、采购部门、计划部门、财务部门等）密切配合，相互协调，共同制定企业的年度计划和长期计划，使营销管理工作得到内部的大力支持，整合各种资源，从而形成强大的合力，使各项营销管理决策和营销方案得以顺利实施。

房地产企业的管理体制、部门组成、营销部门的组织方法也各不相同，如有的企业有自己的设计机构，有的则委托社会设计单位；有的有自己的建筑施工队伍，有的则委托社会施工单位，实行建筑施工总承包；有的有自己的广告设计队伍，有的没有；有的自己组织自己的销售队伍，有的则完全依靠房地产中介机构等等。

营销管理者还必须同其他职能部门发生各种联系。如在营销计划的实施过程中，资金的有效运用，资金在房屋施工和营销活动中的合理分配等。

2. 供应者

供应者是向房地产企业及竞争者提供开发经营所需要的各种资源的企业、组织和个人。包括：土地供应、勘探、设计、建筑、装修公司；各种建材生产企业；各种设备生产企业；园林绿化企业；提供能源、劳务和资金的企业等。供应者这一环境因素对房地产公司的营销影响很大，所提供资源的各种价格、数量将直接影响房屋的价格、销量和公司的利润。供应者与房地产企业形成协作关系。他们对房地产企业营销活动的影响主要体现在以下几个方面：

首先，资源供应的可靠性直接影响到房地产企业的生产能否顺利进行。

其次，资源供应的价格及其变化趋势直接影响房地产的成本，最终影响房地产企业产品在市场上的竞争力。

再次，供应资源的质量水平直接影响到房地产企业产品的质量。

供应商对房地产开发企业营销活动的影响主要表现在供货的质量、价格、及时性等，房地产开发企业在寻找和选择供应商时，首先应充分考虑供应商的资信状况，并尽可能与供应商建立长期、稳定的合作关系，以保证资源供应的稳定性。其次，房地产开发企业必须使自己的供应商多样化，如果过分依赖一家或少数几家供应商，则受到供应变化的影响和打击的可能性就大。

开发商的主要供应者包括如下五类：①土地所有者或当前的占有者。在我国，土地所有权与使用权分离的条件下，城市土地的所有者——国家不仅要通过城市规划管理来影响建筑物的平面和空间位置，还要限制土地的用途和房地产开发的产品类型、开发地点及具体坐落位置。土地当前的占有者——使用权人的影响也不可忽视，同一开发地块上的使用权人越多，对开发的影响也就越大，因为开发商要与他们谈判征收、安置和补偿方案，进展是否顺利将直接影响开发周期和前期费用。②建筑承包商。开发商可以通过招投标方式选择承包商承担工程施工任务，承包商的技术实力、经济实力、管理经验及效率的高低等直接影响到工期和工程质量。承包合同形式、工程款的数额及支付方式、支付时间等直接关系到开发商的开发利润及风险大小。另外，由一个信誉良好的承包商承建工程对房地产品的市场推广工作也非常有利。③金融机构。开发过程中需要两类贷款，即用于支付开发费用的短期资金或“开发融资”和项目建成后用于支持入住者购买房屋的长期资金或“按揭贷款”。房地产开发投资数额巨大，回收期长，任何开发计划的实施都离不开金融机构提供的贷款。④建筑材料及设备的供应商。质量的好坏、交货是否及时、价格是否合理等对开发计划和利润水平都有直接的影响。⑤专业顾问。他们为开发商提供技术及信息服务，主要包括规划师、建筑师、估价师、经济师和工程师等。

物业经营者的主要供应商包括以下四类：①开发商。有的物业经营者不从事房地产开发，只经营房地产出租业务，开发商提供的产品能否满足承租人的需求，直接关系到物业经营者的经济效益。②金融机构。物业经营者一般是以物业作抵押向金融机构贷款购置经营对象房地产的，因此，能否获得抵押贷款将直接关系到经营规模，融资成本将直接关系到经营利润。③各类投资者。物业经营者为了筹措购置房地产的资金，还可通过发行股票、债券等方式广泛吸收投资者的资金。投资者包括个人投资者和机构投资者，其中保险基金、养老基金、信托基金和其他社会福利基金是主要的机构投资者。④物业服务企业。它为物业经营者（业主）和承租人提供物业的维修、管理及有关服务，良好的物业管理不仅能够提高物业的出租率和租金，而且能够延长物业的经济寿命，充分发挥物业的使用价值。

供应商对企业的生产经营有很大的影响力，特别是房地产土地资源的供应来源十分专有和稀少，且一般来讲没有替代资源可以选择。为了防止对供应商过分依赖，并以提价、限制供应，降低供货质量等条件来向企业施加压力，通常采用多来源、主渠道的做法，即设法与一些主要供应商建立长期合作关系，以获得稳定的供应渠道及某些优惠条件的同时也要有几手准备，以分散供应风险。

3. 营销中介

所谓营销中介是指为房地产企业营销活动提供各种服务的企业的总称，是协助房地产企业将产品销售给最终购买者的中介机构。房地产中介业务是市场经济发展的产物，是房地产商品生产、流通和消费中不可缺少的媒介和桥梁，在房地产市场占有举足轻重的地位，包括中间商、营销服务机构和财务中介机构。

(1)中间商

中间商是协助企业推广、分配和销售产品给最终消费者的那些组织机构或个人。中间商在此过程中承担着调研、促销、沟通、谈判、实体分配、财务及风险分担等功能。同时，中间商比企业更加直接而广泛地接触顾客，了解市场需求动态，企业利用中间商销售产品往往可得到广泛分销的好处，比其直接向最终顾客销售产品效率更高、效益更佳。

中间商按其是否拥有商品所有权分为经销商和代理商。经销商对其经营的房地产商品拥有所有权，他们从房地产企业购进商品房后再转售，从中赚取差价。代理商对其经营的房地产商品不拥有所有权，只是为房地产企业寻找买主或协助房地产企业签订合同，从中赚取佣金。

选择中间商并与之合作并非简单的事情。企业为了使自己的产品更加接近顾客，往往希望对中间商拥有较强的影响力乃至控制力。一个实力较强的大企业面对众多的小中间商，可以对中间商拥有控制力；然而，实力弱的企业却难以影响大的中间商，甚至反过来会受制于中间商。因此，企业必须从战略高度来认识、选择分销渠道问题。它必须对各种可选择的渠道模式结构及其成员状况作好调研、分析，评价选优、内外结合，以期形成进入市场的最经济有效的方式与途径。

(2)营销服务机构

市场营销服务机构是指市场调研公司、广告公司、各种广告媒介以及营销咨询等专业公司，他们帮助房地产企业推出和促销其产品到恰当的市场，企业对每一种服务要决定自制还是购买。某些大型的房地产企业，本身就有自己的营销顾问，以及营销研究部门，但大多数企业仍需依靠外部代理机构。这些机构本身在创造力、质量、服务和价格方面是千差万别的，因此，如果房地产企业决定外部代理后，应仔细选择雇用代理公司，同时，还需定期评估代理机构的绩效，考虑替换不再具有预期服务水平的公司。

(3)财务中介

这些机构包括银行、信用公司、保险公司和其他协助融资或保障货物购买和销售风险的公司。房地产投资是一种投资金额巨大，收益时间长，风险大的行为，因此，房地产开发企业目前大多采取银行贷款、保险公司投保的方式来吸引资金，从而达到分散风险的目的。因为开发企业的营销业绩会大大地受信用成本的上升及有限的信用额度的影响，所以，每当公司需大量融资时，须制定经营计划并使财务中介机构相信其计划的可靠性。同时，企业可与外部财务中介机构建立密切的关系，以保证其贷款的来源。

4. 消费者

消费者是房地产或其他服务的购买者，是房地产企业的服务对象。消费者可以是个人、家庭，也可以是组织机构。房地产开发企业必须与供应者和中间商相结合，以便有效供应其目标市场一定的产品和服务。为此，可以将房地产市场细分为四个子市场：

(1)消费者市场。是指为了个人生活消费而购买和租用房地产的个人或家庭所构成的市场。

(2)产业市场。是指为了进行再生产、取得利润而购买或租用房地产的个人和企业所构成的市场。

(3)中间商市场。是指为转卖.获得利润而购买或代理房地产的中间商所构成的市场。

(4)政府和非营利市场。是指为了履行职责、提供公共服务而购买房地产的政府机构所构成的市场。

(5)国际市场。是指国外购买者，包括外国消费者、生产者、中间商和政府所构成的市场。

消费者是房地产企业市场营销的对象，是房地产市场营销中起决定作用的力量。企业必须了解其目标顾客的需求及其需求变化的趋势，为其提供适销对路的优质产品和服务，满足目标顾客的需要。

5. 竞争者

在商品经济条件下，房地产企业在目标市场上开展营销活动时，不可避免地会遇到竞争对手的挑战。竞争对手的营销策略及营销活动都将直接对企业造成威胁。企业必须对其竞争对手进行研究，了解竞争对手的规模、生产设计能力、经营管理水平、营销策略和企业信誉等情况并制定出相应的对策，以求在竞争中取胜。

房地产企业的竞争对手主要包括四种类型：

(1)愿望竞争者。是指提供不同房地产产品以满足消费者不同需要的竞争者。如商业用房、工业用房、娱乐用房、住宅的开发商之间就是愿望竞争者。

(2)一般竞争者。是指提供能满足消费者同一种需求的不同房地产的竞争者。如普通住宅、高级公寓、别墅的开发商之间就是一般竞争者。

(3)产品形式竞争者。是指生产同一种房地产，但不同户型、面积、设计风格的竞争者。如同是开发普通住宅，但其开发的面积、户型设计及配套设施等方面均有所不同的开发商之间就是产品形式竞争者。

(4)品牌竞争者。是指生产同种房地产，而且其产品的户型、面积、配套设施也相同，但品牌不同的竞争者。谁的产品形象好，品牌知名度高，谁就能在竞争中占据有利地位。

房地产企业对竞争对手的研究包括以下两方面：

(1)对现有竞争对手的研究

企业面对的市场通常是一个竞争市场。同一地区的生产类似产品的房地产公司，通常会采用价格竞争、新产品开发、服务质量提高以及促销等竞争手段争夺消费者，从而形成市场竞争。对现有竞争对手的研究主要包括以下内容：

①对基本情况的研究。竞争对手的数量有多少？它们在哪些市场上活动？各自的规模、资金、技术、土地储备、政治背景如何？其中哪些对自己的威胁特别大？基本情况研究的目的是要找到主要竞争对手。为此，通常使用反映企业竞争实力的三类主要指标，即销售增长率、市场份额、产品获利能力。

②对主要竞争对手的研究。比较不同企业的竞争实力，找出了主要竞争对手后，还要研究其所以能对本企业构成威胁的主要原因，是资金雄厚？规模大？设计新颖独特？或是其他原因？研究目的是找出主要对手竞争实力的决定因素，以帮助企业制定相应的竞争战略。

③竞争对手的发展动向。包括市场发展或转移动向与产品发展动向。要收集有关资料，密切注视竞争对手的发展方向，分析竞争对手可能开辟哪些新市场、哪些新产品，从而帮助企业先走一步，争取时间优势，使企业在竞争中争取主动地位。

(2)对潜在竞争对手的研究

任何一种房地产产品在某一市场取得成功，都会引来许多企业加入，然而要进入房地产业绝非易事，它们会受到各种阻力，包括现有企业的激烈反应、雄厚的资金、大规模的投资，以达到同现有企业相似的规模经济。如果不能取得成本优势或价格优势，市场进入就会受阻。此外，大规模投资还是产品开发、设备购置、广告宣传、选择渠道或建立自己的渠道、树立品牌形象、更换供应商及员工培训等所必需的。进入障碍还来自于现有企业长期以来所积累的各种优势，如技术专利与诀窍、与供应商长期合作而得到的优惠与便利、更加接近顾客的市场位置以及由经验所带来的效果等。新进入者在进入初期遭受亏损是十分正常的。

6. 公众

所谓公众是指对房地产企业实现其经营目标有实际或潜在影响力的群体。前面已介绍过的竞争者、供应商、中间商等都属公众的范围。公众对企业实现其目标的能力与过程有着实际的或潜在的影响，而且有时对企业的命运会产生巨大影响。房地产企业面临的公众包括以下七类：

(1)金融界：是指影响房地产企业取得资金能力的财务机构，如银行、投资公司、保险公司、证券交易所等。由于房地产属于资本密集型行业，其融资能力对其生存与发展影响巨大，所以金融界是房地产公司利益集团中的重要分子。树立良好的市场形象和信誉，使金融界对公司正常的经营和偿债能力感到满意和放心，对于提高公司融资能力十分重要。

(2)新闻界：是指报纸、杂志、广播.电视、电台、互联网等具有广泛影响力的大众媒体。新闻媒介信息传递迅速、影响力大、威望度高，因而被某些西方国家称为除立法、司法和行政三大权力之外的“第四权力”，又被称为“无冕之王”。

新闻媒介对房地产企业经营业绩的报道能提高企业的知名度，树立良好的企业形象，扩大企业产品的销售；相反，媒介公众对企业经营管理中存在问题的曝光会使企业信誉降低，形象受损，从而影响产品的销售。因此，房地产企业在努力搞好生产经营活动的同时，要与大众传媒建立良好的关系，促使传媒做出对企业有利的宣传，减少负面报道。

(3)政府机构及垄断机构：是指负责管理房地产企业经营活动的各有关政府机构及垄断机构。主要有各级政府，国土资源、规划、绿化、工商、税务、质量监督、环境保护、公安消防、水电气供应等部门。它不仅可能因其庞大的集团购买力成为企业重要的顾客，而且作为社会管理者，它所制订的法规、政策、规范，促进或限制着企业经营与发展。企业在制订营销计划时，必须认真研究与考虑政府政策与措施的发展变化。在一般情况下企业应与其加强沟通和合作，遵纪守法，树立良好公众形象，要承担社会责任，积极参加各种公益事业，经常与政府沟通信息，争取获得他们的支持，并提供各种方便。

(4)社会团体：是指各种消费者权益保护组织、环境保护组织和其他团体组织。消费者组织可能会对房地产企业的某些经营行为提出质疑，企业要给予及时的解释或解决，赢得这些组织的理解和好感。与这些团体保持良好的关系，可以化解矛盾、寻求支持，树立良好公众形象，提高公司知名度和美誉度，争取广泛的公共宣传。

(5)地方公众：是指房地产企业或项目工程所在地附近的居民和社团组织。企业在营销活动中，因为地理位置相邻，企业不可避免地要与当地公众发生接触，企业要协调和处理好与当地公众的关系，取得他们对企业的理解、支持和好感，避免与当地公众发生冲突，还应指派专门人员负责处理这方面问题。

(6)一般公众：是指与房地产企业经营活动无关的公众。企业需要关注一般公众对企业产品及经营活动的态度。虽然一般公众不能以有组织的方式对企业采取行动，但他们对企业产品及其生产经营活动的态度却会影响企业在公众心目中的形象，这对企业树立优质品牌形象，进行品牌(楼盘)扩张有重大意义。因此，为了使“企业形象”在一般公众中留下好的印象，为房地产企业开发打开局面，应常让本公司职员参与社会团体资金筹募、赞助慈善事业和设立处理消费者投诉系统。

(7)内部公众:指本企业内部的人员。企业内部公众包括公司董事会和经理、一般管理人员和工作在第一线的各岗位员工。企业只有采取各种物质激励和精神激励手段,使职工心情舒畅,努力工作,服务周到,最终才能使顾客这个上帝满意。

以上所有这些公众,一般都与公司的营销活动有直接或间接的关系。现代企业是一个开放系统,在经营活动中,必然与各方面发生联系,处理好与各方面公众的关系,是企业管理中一项极其重要的任务。

2.4　房地产市场营销环境分析

不论是微观环境还是宏观环境都既可能给企业带来市场机会,也可能带来市场威胁,同时造成环境威胁。因此,企业应对市场机会与环境威胁进行评价、分析,以便及时采取相应的对策,以求企业生存与发展。

营销环境的变化对任何一个房地产企业产生的影响都可以从三个方面进行分析。一是对房地产企业市场营销有利的因素,即它对企业市场营销提供环境机会;二是对房地产企业市场营销不利的因素,即它对企业市场营销形成环境威胁;三是对房地产企业市场营销无影响的因素,企业可以把它视为中性因素。对机会和威胁,房地产企业必须采取适当的措施,才能在环境变化中生存和发展。

2.4.1　房地产市场营销环境分析的内容

房地产企业的市场营销环境是由微观环境和宏观环境构成的多因素、多变量并不断变化的环境,根据制定市场营销战略的需要,应重点调查研究以下五个方面。

1. 顾客需求

房地产企业在制定市场营销战略时应注意家庭收入的增长情况及工商业的发展趋势等。房地产市场是一个复杂的多元化市场,房地产企业只有充分认识顾客需求的层次性和差异性,正确选择目标市场,制定营销策略,才能充分满足顾客的需求。

2. 竞争情况

应根据目标市场所在地区的经济发展预期,科学地确定出未来的需求变化及潜在市场需求量。房地产企业不仅要分析所在地区的同类房地产企业的营销计划，还要充分估计已投入使用物业的竞争能力，尤其是某些在未来可能改扩建的物业对市场供给的影响。

3. 供应情况

房地产企业应充分掌握所在地区的城市规划及土地供应计划以及金融机构，提供开发贷款和按揭贷款的发展趋势。

4. 政府政策

随着区域经济和社会的发展，政府的规划限制，环保要求及防火要求等都将发生一定的变化，房地产业的发展政策也将有所改变，房地产企业在制定市场营销战略时必须掌握上述变化的趋势。

5. 企业自身条件

房地产企业应主要分析其在房地产开发、物业经营管理方面的水平及其与竞争对手相比较所具有的优势及可能产生的差距，企业的资金积累及抵押力的变化能否满足经营目标的要求等。

以上五个方面是房地产企业在制定营销战略时必须加以调查分析的问题。此外，因所在地区的特殊性及开发经营产品的特点，还要进行专项分析。

2.4.2 房地产市场营销环境的分析方法

市场营销环境分析常用的方法为 SWOT 分析法。

1. 项目 SWOT 分析方法的概念

SWOT 是优势（strength）、劣势（weakness）、机会（opportunity）和威胁（threats）的总称。SWOT 分析是对房地产项目内外部条件的各方面内容进行综合和概括，进而分析项目的优势和劣势、机会和威胁的一种方法，即将与研究对象密切相关的各种主要内外部因素，通过调查罗列，并依照矩阵形式排列，然后运用系统分析思想，把各种因素相互匹配加以分析，从中得到一系列相应的结论。其中，优势和劣势分析主要是着眼于项目自身的实力及与竞争对手的比较；而机会和威胁分析主要是指外部环境的变化及对项目的可能影响，两者之间有着紧密的联系。SWOT 分析方法如图 2-1 所示。

(1)内部环境分析(优势与劣势)。当两个房地产项目处在同一竞争市场或者它们都有能力向同一消费群体提供产品和服务时，如果其中一个项目有更高的市场潜力，那么就认为这个项目比另外一个项目更具有竞争优势。反之，则为竞争劣

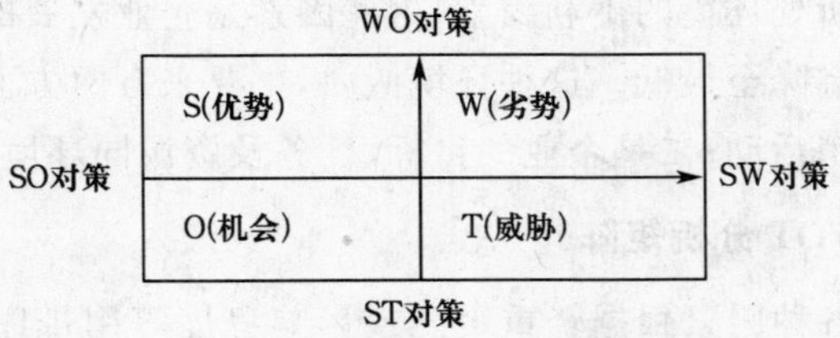

图 2-1　SWOT 分析方法示意图

势。优势是企业相对于竞争对手而言所具备的技术能力、资源及其他特殊强势因素，有助于企业增强自身的市场竞争力；劣势是严重影响企业经营效率的技术能力、资源、设施、管理能力以及营销水平等限制因素，需要企业在相应的领域进行变革。

识别环境中有吸引力的机会是一回事，拥有在机会中成功所必需的竞争能力是另一回事。每个企业都要定期检查自己的优势与劣势，这可通过“营销备忘录优势/劣势绩效分析检查表”的方式进行。管理部门或企业外的咨询机构都可利用这一方式检查企业的营销、财务、制造和组织能力。每一要素都要按照特强、稍强、中等、稍弱或特弱划分等级。

企业不应去纠正它的所有劣势，也不是对其优势不加利用。主要的问题是企业应研究，它究竟应该只局限在已拥有优势的机会中，还是去获取和发展一些优势以找到更好的机会。有时，企业发展慢并非因为其各部门缺乏优势，而是因为它们不能很好地协调配合。

任何房地产开发企业都面临着若干环境威胁与市场机会。然而，并不是所有的环境威胁都一样大，也不是所有的市场机会都有同样的吸引力。

(2)外部环境分析(机会与威胁)。房地产项目的外部环境主要由两部分构成：宏观环境，如人口统计的、经济的、技术的、政治的、法律的、社会的、文化的环境因素；微观环境的因素还有消费者、竞争项目等。

机会是指企业所处环境的有利形势，企业应加以充分利用，其实质是指市场上存在着“未满足的需求”。它既可能来源于宏观环境，也可能来源于微观环境。随着消费者需求不断变化和产品寿命周期的缩短，引起旧产品的不断被淘汰、要求开发新产品来满足消费者的需求，从而市场上便出现了许多新的机会。

环境机会对不同企业是不相等的，同一个环境机会对某一些企业可能成为有利的机会，而对另一些企业可能就造成威胁。环境机会能否成为企业的机会，要看此环境机会是否与企业目标、资源及任务相一致，企业利用此环境机会能否比其竞争者获得更大的利益。

威胁是指企业所处环境的不利因素，这些因素是企业发展的约束和障碍，企业应努力使其负面影响降至最低。这种环境威胁，主要来自两方面，一是环境因素直接威胁着企业的营销活动；二是企业的目标、任务及资源同环境机会相矛盾。

2. 构造项目 SWOT 分析矩阵

将调查得出的各种因素根据轻重缓急或影响程度等用排序方式，构造 SWOT 矩阵。在此过程中，将那些对项目发展有直接的、重要的、迫切的、久远的影响因素优先排列出来，而将那些间接的、次要的、不急的、短暂的影响因素排列在后面，图 2-2 是某房地产项目的 SWOT 矩阵分析。

S(优势)	W(劣势)
地段：属商业与居住两相宜的成熟地段 交通：处于次干道路口，交通便利 配套：紧临家乐福商厦，生活配套完备 教育：重点小学、中学和高校形成了强大支撑 产品：楼盘外立面形象良好 工程形象：楼盘处于准现楼状态 户型：布局合理	规模：项目规模较小，难与大盘抗衡 自身配套：单体建筑，缺乏目前市场上流行的小区环境和小区花园 户型：主力户型以三房为主，就本区而言面积偏大 卖场：目前卖场形象较差 片区：旧区地段，不属于目前的热点片区，不利于吸引区外人士的目光
O(机会)	**T(威胁)**
商业配套：大型超市将极大地吸引客户的关注度，增加居住氛围 教育配套：可通过对重点中小学的强化宣传而扩大客户群 营销：通过卖点重新整合、完善包装和销售手段来激活销售	竞争：巨大的住宅推出量将使规模较小的楼盘面临巨大的竞争压力 区内竞争：区内项目的即将推出将直接冲击本项目 销售时机：项目主销期仅剩下 2 个月，销售压力大

图 2-2　某项目 SWOT 矩阵分析

3. 制定行动对策

在完成环境因素分析和 SWOT 矩阵的构造后，便可以制定出相应的市场对策。制定市场对策的基本思路是：发挥优势因素，克服弱点因素，利用机会因素，化解威胁因素；考虑过去，立足当前，着眼未来。

在一个项目没有开始之前，一般都要对项目的地理环境因素、人文环境因素、政治环境因素、竞争环境因素、经济环境因素等各方面进行 SWOT 调研和分析。各种因素在同一个项目中可能表现为优势，也可能表现为劣势；可能会成为机遇，也可能成为威胁，但在策划分析并拿出解决方案后，劣势同样可以转化为优势，威胁可转化为机遇。如有的开发商们集中在 CBD 地区开发一些高容积率，低绿化率的项目时，而有的开发商却针对有车一族转而到郊区开发低容积率、高绿化率的项目。尽管地理位置并非处于CBD地区，处于劣势，但迎合他们想远离CBD地区的喧嚣回归大自然的需求。具体做法如下：

(1)WT对策(最小与最小对策)。当企业处于最不利方面，只能采取“避短”战略，寻找环境中的其他机会。即考虑劣势因素和威胁因素，目的是努力使这些因素影响都趋于最小。

(2)WO对策(最小与最大对策)。当企业本身缺少内部实力来利用这种机会时，企业将面临“避短”和“补短”两种战略选择。即着重考虑劣势因素和机会因素，目的是努力使劣势影响趋于最小、机会趋于最大，使劣势不成为机会的障碍。

(3)ST对策(最大与最小对策)。当企业虽有长处，但外部环境不利时，企业应避开这种威胁，寻找外部环境中的有利机会。即着重考虑优势因素和威胁因素，目的是努力使优势因素影响趋于最大，使威胁因素影响趋于最小，用优势抵消威胁。

(4)SO对策(最大与最大对策)。当外部环境机会与企业长处正好相一致时，可以制定最有利的战略，发挥企业长处，取得优势。即着重考虑优势因素和机会因素，目的在于努力使这两种因素都趋于最大。

可见WT对策是一种最为悲观的对策，是处在最困难的情况下不得不采取的对策；WO对策和ST对策是一种苦乐参半的对策，是处在一般情况下采取的对策；SO对策是一种最理想的对策，是处在最为顺畅的情况下十分乐于采取的对策。

【例2-1】　某一项目SWOT策略分析

1. 外部环境价值点(机会分析)

(1)优越的地理位置。

(2)临近交通干道、视野开阔，具有良好的昭示性。

(3)周边有大型商业和超市，生活配套方便。

(4)闹中取静，虽临近主干道，但环境相对幽静。

(5)部分楼盘销售业绩较好，造就该地段的知名度。

2. 建筑本身弱势点(劣势分析)

(1)1999年烂尾楼，在居民心目中印象低下。

(2)户型设计陈旧，并有很多不完善的地方。

(3)工程现有进度，对项目户型的改造带来相当难度。

(4)户型配比中，对于场地价值点的挖掘不充分。

(5)按原设计，容积率高，无环境可言。

3. 项目 WO 对策

(1)利用地理位置和本身昭示性,对建筑外立面进行渲染,以其亮丽的色彩达到告知目的和体现档次。

(2)完善建筑本身细节,增加凸窗,对阳台栏板、建筑顶部、构件装饰等丰富效果。

(3)在最大限度保持原设计和成本控制的前提下,调配户型比例,使得环境优势价值最大化。

(4)现场环境改造,增加绿化面积和建筑小品,破除原有烂尾楼形象。

(5)对住宅公共部分进行重点投入,如对大堂、电梯间等进行包装,使用高速品牌电梯,小区和楼宇智能化管理。

(6)对部分较差的户型,送装修体现超值感。

2.4.3 房地产企业市场机会分析

所谓"房地产企业市场机会",是指在某种特定的营销环境条件下,房地产企业可以通过一定的营销活动创造利益。市场机会的产生来自于营销环境的变化,如新的房地产业政策的出台、竞争对手的失误以及新技术的采用等,都可能产生新的未满足的需求,从而为企业提供市场机会。

明确市场机会的特点,分析市场机会的价值,有效地识别市场机会,对于避免环境威胁及确定企业营销决策,具有重要的意义。

1. 市场机会的特点

(1)针对性

特定的营销环境条件只对于那些具有相应内部条件的企业来说是市场机会。因此,市场机会是具体企业的机会,市场机会的分析与识别必须与企业具体条件结合起来进行。确定某种环境条件是不是企业的市场机会,需要考虑企业所在行业及本企业在行业中的地位与经营特色,包括企业的产品类别、价格水平、销售形式、工艺标准、对外声誉等等。例如,折扣销售方式的出现,对大量开发中低档住房的房地产企业来说是一个可以加以研究利用的市场机会;对在顾客心目中一直是开发、建设高档住房或别墅的房地产企业来说,就不能算是一个市场机会。

(2)利益性

可以为企业带来经济的或社会的效益。市场机会的利益特性意味着房地产企业在确定市场机会时,必须分析该机会是否能为企业真正带来利益、能带来什么样的利益以及利益的多少。

(3)时效性

市场机会的价值具有与时而变的特点，这便是市场机会的时效性。对现代企业来讲，由于其营销环境的发展变化越来越快，它的市场机会从产生到消失的过程通常也是很短暂的，即企业的市场机会往往稍纵即逝。同时，环境条件与企业自身条件最为适合的状况也不会维持很长时间，在市场机会从产生到消失这一短短的时间里，市场机会的价值也快速经历了一个价值逐渐增加到逐渐减少的过程。市场机会的这种价值与时而变的特点，便是市场机会的时效性。

(4)公开性

市场机会是某种客观的、现实存在的或即将发生的营销环境状况，是每个企业都可以去发现和共享的。与企业的特有技术、产品专利不同，市场机会是公开化的，是可以为整个营销环境中所有企业所共用的。市场机会的公开化特性要求企业尽早去发现那些潜在的市场机会，谁发现并利用了市场机会，谁就能在房地产市场竞争中取胜。

2. 市场机会的价值分析

市场机会的价值大小由市场机会的吸引力和可行性两方面因素决定。

(1)市场机会的吸引力

市场机会对企业的吸引力是指企业利用该市场机会可能创造的最大利益。它表明了企业在理想条件下充分利用该市场机会的最大极限。反映市场机会吸引力的指标主要有市场需求规模、利润率、发展潜力。

①市场需求规模。市场需求规模表明市场机会当前所提供的待满足的市场需求总量的大小，通常用产品销售数量或销售金额来表示。事实上，由于市场机会的公开性，市场机会提供的需求总量往往由多个企业共享，特定企业只能拥有该市场需求规模的一部分，因此，这一指标可以由企业在该市场需求规模中当前可能达到的最大市场份额代替。尽管如此，若提供的市场需求规模大，则该市场机会使每个企业获得更大需求份额的可能性也大一些。因此，一般来说，该市场机会对这些企业的吸引力也在不同程度上更大一些。

②利润率。利润率是指市场机会提供的市场需求中单位需求量当前可以为企业带来的最大经济利益，不同经营现状的企业其利润率是不一样的。利润率反映了市场机会所提供的市场需求在利益方面的特性，它和市场需求规模一起决定了企业当前利用该市场机会可创造的最高利益。

③发展潜力。发展潜力反映市场机会为企业提供的市场需求规模、利润率的发展趋势及其速度情况。发展潜力同样也是确定市场机会吸引力大小的重要依

据。即使企业当前面临的某一市场机会所提供的市场需求规模很小或利润率很低,但由于整个市场规模或该企业的市场份额抑或利润率有迅速增大的趋势,则该市场机会对企业来说仍可能具有相当大的吸引力。

(2)市场机会的可行性

市场机会的可行性是指企业把握住市场机会并将其化为具体利益的可能性。从特定企业角度来讲,只有吸引力的市场机会并不一定能成为本企业实际上的发展良机,具有大吸引力的市场机会必须同时具有可行性才会是企业高价值的市场机会。

市场机会的可行性是由房地产开发企业所面临的内部环境条件、外部环境状况两方面决定的。

①内部环境条件。企业内部环境条件是能否把握住市场机会的主观决定因素。它对市场机会可行性的决定作用体现在三个方面:

第一,市场机会,只有适合企业的经营目标、经营规模与资源状况,才会具有较大的可行性。同时,即使是同一行业的企业,该市场机会对经营规模大、实力强的企业与对经营规模小、实力弱的企业的可行性也不一样。一个吸引力大的市场机会很可能会导致激烈的竞争,所以,它对实力较差者来说,可行性程度并不高。

第二,市场机会必须有利于企业内部差别优势的发挥才会具有较大的可行性。所谓企业的内部差别优势,是指该企业比市场中其他企业有更优越的内部条件,如大量的土地储备、良好的员工素质、雄厚的资金实力、良好的企业声誉等。企业应对自身的优势和弱点进行正确分析,了解自身的内部差别优势所在,并据此更好地弄清市场机会的可行性大小。此外,企业还可以有针对性地改进自身的内部条件,创造出新的差别优势。

第三,企业内部的协调程度也影响着市场机会可行性的大小。市场机会的把握程度是由企业的整体能力决定的。针对某一市场机会,只有企业的组织结构及所有各部门的经营能力都与之相匹配时,该市场机会对企业才会有较大的可行性。

②外部环境条件。企业的外部环境从客观上决定着市场机会对企业可行性的大小。外部环境中每一个宏观、微观环境要素的变化都可能使市场机会的可行性发生很大的变化。

例如,某房地产开发企业已经进入一个吸引力很大的市场,在前一段时间里,由于该市场的产品符合企业的经营方向,并且企业在该房地产产品的开发建设方面具有开发规模以及营销策划上的优势,企业由此也获得了相当可观的利润。然而,企业当前许多外部环境要素已发生或即将发生一些变化。比如,随着原来的竞争对手和潜在的竞争者逐渐进入该产品市场,并采取了相应的工艺革新,使该企业的差别优势正在减弱，市场占有率在下降；经济适用房的大量建造，使顾客对原产品的定价产生不满，但降价则意味着利润率的降低；政府即将通过的关于发展钢铁工业及其相关制造业的产业政策可能会使房地产开发所需的钢材价格上涨，这也将意味着利润率的下降。针对上述情况，该企业决定逐步将一部分资金转投其他产品，即部分撤出该产品市场。由此可以看出，尽管企业的内部条件没变，但由于决定市场机会可行性的一些外部因素发生了重要变化，也使该市场机会对企业的可行性大为降低。同时，利润率的下降又导致了市场吸引力的减弱。吸引力与可行性的减弱最终使原市场机会的价值大大减小，导致企业部分放弃了当前市场。

(3)市场机会价值的评估

确定了市场机会的吸引力与可行性，就可以综合这两个方面对市场机会进行评估。按吸引力大小和可行性强弱组合可构成市场机会的价值评估矩阵(图 2-3)。

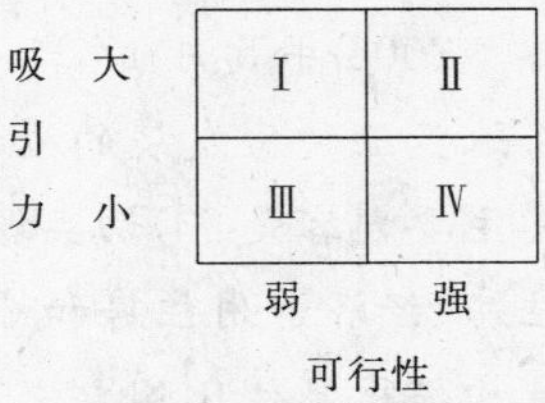

图 2-3　房地产开发企业市场机会价值评估矩阵

①区域Ⅰ为吸引力大、可行性弱的市场机会。一般来说，该种市场机会的价值不会很大。除了少数好冒风险的企业，一般企业不会将主要精力放在此类市场机会上。但是，企业应时刻注意决定其可行性大小的内、外环境条件的变动情况，并做好当其可行性变大进入区域Ⅱ迅速反应的准备。

②区域Ⅱ为吸引力、可行性俱佳的市场机会，该类市场机会的价值最大。通常，此类市场机会既稀缺又不稳定。企业营销人员的一个重要任务就是要及时、准确地发现有哪些市场机会进入或退出了该区域。该区域的市场机会是企业营销活动最理想的经营内容。

③区域Ⅲ为吸引力、可行性皆差的市场机会。通常企业不会去注意该类价值最低的市场机会。该类市场机会不大可能直接跃居到区域Ⅱ中，它们通常需经由区域Ⅰ、Ⅳ才能向区域Ⅱ转变。当然，有可能在极特殊的情况下，该区域的市场机会的可行性、吸引力突然同时大幅度增加。企业对这种现象的发生也应有一定的准备。

④区域Ⅳ为吸引力小、可行性大的市场机会。该类市场机会的风险低，获利能力也小，通常稳定型企业、实力薄弱的企业以该类市场机会作为其常规营销活动的主要目标。对该区域的市场机会，企业应注意其市场需求规模、发展速度、利润率等方面的变化情况，以便在该类市场机会进入区域Ⅱ时可以立即有效地予以把握。

需要注意的是，该矩阵是针对特定企业的。同一市场机会在不同企业的矩阵中出现的位置是不一样的。这是因为对不同经营环境条件的企业，市场机会的利润率、发展潜力等影响吸引力大小的因素状况以及可行性均会有所不同。

在上述矩阵中，市场机会的吸引力与可行性大小的具体确定方法一般采用加权平均估算法。该方法将决定市场机会的吸引力（或可行性）的各项因素设定权值，再对当前企业这些因素的具体情况确定一个分数值，最后加权平均之和即从数量上反映了该市场机会对企业的吸引力（或可行性）的大小。

案例

新调控政策出台后带来的变化

2006年5月17日，国务院总理温家宝主持召开国务院常务会议，研究了促进房地产业健康发展的措施，并针对当前国内房地产市场存在的问题提出六条措施，其主要内容是：①切实调整住房供应结构。重点发展中低价位、中小套型普通商品住房、经济适用住房和廉租住房。各地都要制定和实施住房建设规划，对新建住房结构提出具体比例要求。②进一步发挥税收、信贷、土地政策的调节作用。严格执行住房开发、销售有关政策，完善住房转让环节税收政策，有区别地适度调整信贷政策，引导和调节住房需求。科学确定房地产开发土地供应规模，加强土地使用监管，制止囤积土地行为。③合理控制城市房屋拆迁规模和进度，减缓被动性住房需求过快增长。④进一步整顿和规范房地产市场秩序。加强房地产开发建设全过程监管，制止擅自变更项目、违规交易、囤积房源和哄抬房价行为。⑤加快城镇廉租住房制度建设，规范发展经济适用住房，积极发展住房二级市场和租赁市场，有步骤地解决低收入家庭的住房困难。⑥完善房地产统计和信息披露制度，提高房地产市场信息透明度，全面、及时、准确地发布市场供求信息，坚持正确的舆论导向。

综合新调控政策，可以看出本次调控的目标更为明确，措施更为细致，针对性更强，调节手段也从过去的土地和金融两个领域扩大到运用更多综合手段。

从沈阳房地产市场来看，沈阳一直是中小户型、大众楼盘热销的市场，因此市场导向与中央的政策是一致的。新调控政策的进一步显效会使沈阳2006年下半年的房地产市场呈现出供销两旺的形势。2007年的成交量则超过2006年的成交量，销售速度加快，开发商利润下降，老百姓享受到更多的实惠。

新调控政策对于沈阳的消费者最现实的意义是解决了消费需求问题。其中“今后新建的单套面积90平方米以下住房必须占项目总面积的七成以上”，意味着未来市场上中小户型将持久地成为供应主力。而更多的从前只能购买中低档小楼盘和购买二手房的普通百姓将能享受到品牌开发商的精品楼盘。

新的住房消费群体的涌入对于未来品牌开发企业将是一个挑战。如何在控制开发成本的同时将产品做得更好，实践大众精品，是品牌开发商的共同课题。在物业管理方面，针对相对低收入人群如何做好服务也是一个考验。

针对新调控政策将要出现的市场变化，沈阳 XH 地产是乐观积极的。XH 北国之春的建设之初，对产品的定位就是大众精品，建造普通消费者买得起的精品楼盘。在物业管理方面，开发企业通过降低基础物业费、增加增值服务来分层次管理，实现对不同人群的针对性。

新调控政策的出台无论对市场影响如何，房地产开发企业的应对之道还是要集中在产品上。在任何市场形势下，产品做不好，企业难以生存。万科作为全国房地产行业的领跑者，它的强大之处就在于广义上的产品，包括建筑、景观、规划、物业管理。广义上产品的强大才树立起万科的品牌。在新的市场形势下，沈阳 XH 地产把精力集中到产品的提升上，在北国之春的三期产品中，开发商加入了很多新的元素，促使项目所在区的居住环境提升到了一个新的高度。

思考题

1. 房地产市场营销环境有哪些特点？
2. 房地产市场环境分析的内容有哪些？
3. 什么是 SWOT 分析法？
4. 以某一个房地产项目为例进行 SWOT 分析。
5. 房地产营销环境有哪些特征？

第3章

房地产购买行为分析

3.1 消费者购房心理过程分析

人类的心理现象分为两个方面的内容，即心理过程和个性心理，前者包括人的认识、情感、意志等活动过程，具有普遍性；后者主要体现在能力、气质、性格等个性心理方面，具有个别性。

心理过程是心理活动的一种动态过程，即人脑对客观现实的反映过程，所包括的认识、情感、意志这三个方面是心理过程的三个不同方面，它们是相互联系、相互制约的，包括感觉、知觉、注意、记忆、思维、想象、情绪、态度等方面。消费者在购买行为中产生的上述活动是人的一般心理活动规律的表现，对此方面的研究有助于策划人员把握消费者心理现象的一致性和规律性。

3.1.1 感觉

感觉是人脑对直接作用于感觉器官的当前客观事物的个别属性的反映。为使社会公众感觉到某个楼盘的存在，开发商往往不惜重金去做广告。且要求广告必须色彩鲜艳、篇幅巨大、形象生动、富有创意等。这些要求无非是要刺激消费者的感觉器官，造成冲击力和震撼感，给人留下深刻印象。

当然这种刺激必须有个“度”，是人们生理、心理所能接受的。例如，人们的听觉刺激应在 40～80dB 范围内，超过 80dB 的声音强度人们会感到不舒服，这个“度”即是心理学中的感觉阈限。并且根据有关研究表明，人们对事物的若干影响因素的变化，感觉性是有差别的。即事物的一些因素发生变化时，人们感觉深刻；而同时另一些因素变化时，人们反应迟钝。就商品住宅而言，相对于建材质量与单位面积售价因素，消费者对单价的变化较建材质量的差别更为敏感；相对于总价和单价而言，人们更多地考虑总价而忽略单价。

根据这一心理学现象，开发商可以实施如下几个方面的销售策略。

(1)对于市场定位于中低收入家庭的楼盘，开发商可以采用较低档次的建筑材料，以降低或维持较低的建筑成本，从而取得价格上的竞争优势；

(2)当楼盘单价降不下来时，可以考虑做小户型，降低单元总价，满足市场需要。下面的具体事例可以说明这一策略：

1997 年前，深圳人一般喜欢 100m^2 以上的大户型商品住宅。而到了 1997～1998 年，大户型市场趋于饱和，大房子不好卖了。在此情况下，一家名为“紫薇阁”

楼盘的开发商突然意识到:来深圳的白领阶层中,不少人收入虽高但积蓄很少,若降低单元面积,他们就可以买得起住房了。基于此,该开发商就将小户型商品住宅推向了市场。结果楼盘的销售情况非常好,一开盘就售光。

3.1.2 知觉

知觉是人脑对直接作用于感觉器官的当前客观事物的整体属性的反映,知觉代表个人对刺激事物的印象。人的需要受到激励形成动机,但他的行为如何,还要看他对客观情境的知觉如何,因此,两个具有同样动机和处于同样情境的人,由于他们对情境的知觉不同,可能导致不同的行为。一般来讲,买家先对商品房形成感觉,然后在此基础上,对个别信息进行加工形成知觉。

例如,就房地产产品的价格而言,了解消费者对价格的知觉和看法是至关重要的,各种消费阶层对于不同房地产产品的需求是不同的。换句话说,不同房地产产品在各阶层顾客中的价格弹性是不同的,这样,选择弹性系数大的产品,适当降低价格,就会使需求量大增。

消费者的知觉是价格拟定不可缺少的部分,其他市场营销因素也必须配合所拟定的价格。假如消费者坚持高价格与高质量的关系存在,则广告及促销渠道等必须能够反映出这种印象

对于每个消费者而言,通过品牌的作用及各种促销活动的影响,对于产品产生感召反应,会具有不同的知觉和特殊意义,就是品牌形象。实际上,品牌形象并不是完全和原产品等同的,消费者经过对产品的认识及使用,把个人的需求、价值观念、动机等因素完全转移到产品上。所以,个人所接受的产品刺激,已经完全变形了,但产品的所有方面并不是消费者所能完全认识的,只有少部分受到注意,每个人注意的方向不大相同。因此,每个房地产产品只有部分特征会引起消费者的知觉,形成一种概念,这就是品牌形象的形成过程。

当购房者对商品房形成知觉后,因对购买结果不能预知而产生种种担心或忧虑。诸如房屋质量如何?有无偷工减料?开发商资信怎样?能否按期交楼?楼价是否合适?真的物有所值吗?售后服务做得好不好?物业管理怎样?……这些问题构成了购房者的知觉风险。

为消除购房者的知觉风险,提高顾客满意度和信任度,开发商可以采取如下销售策略:

(1)做出保证。例如请知名人士做广告;商业用房或写字楼吸引大公司进驻等。

(2)树立品牌。消费者往往忠于著名品牌的产品。

(3)政府机构测试。经过政府机构的测试和认可的商品房或企业,使消费者产生信任感。"小康住宅"、"康居工程"、"ISO9002"等皆属此种情况。

(4)保证退款。消费者购买的商品房如不满意,可以退款。例如,大连万达集团开发的商品房提出"三承诺",使企业销售形势大好。

(5)购房者的朋友、家人的介绍。广州碧桂园曾打出这样的广告:碧桂园好不好,请您问一期业主。

(6)搞好物业管理。即做好商品房的售后服务。

错觉是特殊的知觉现象,是知觉的扭曲。人们常常会主动利用错觉达到某一效果。生活中最常见的现象,例如,瘦人穿浅色、横纹服装给人以膨胀感,胖人选择深色、竖纹衣服给人以收缩感。房地产销售中同样可以利用错觉现象有效展开营销活动。例如,在墙上镶上镜子,使房间变得宽敞明亮;可以将洗手间单独装修一下(其他房间不再装修),并免费赠送给买家,以弥补洗手间三面封闭、通气不畅的弊病。

3.1.3 注意与记忆

注意是指人脑对客观事物的指向和集中。记忆是人脑对过去经验过的事物的反映,它是对感知信息的保持,也是进行思维、想象等复杂心理活动的前提。

现在,报纸上每天推出楼盘很多。开发商要使社会公众对自己所开发的楼盘注意并加以记忆,是不容易的。

从心理学的角度,房地产产品引起注意,并让购房者记忆的策略有:

(1)提高楼盘素质与服务。无论何时何地,只要楼盘建筑风格适应潮流,户型好,楼盘位置环境优越,配套齐全,交通方便,价格合理,物业管理优良,就没有卖不出去的楼。

(2)广告应引人注意。除广告设计中应力求做到形象、生动、创新要求外,开发商一般采取报纸、电视、现场售楼等形式同时宣传,吸引消费者注意。

(3)广告要不断重复。为使消费者避免遗忘,增强记忆,广告播放应不断重复,但同时要避免消费者对广告的疲劳和厌恶。为此,房地产广告要将楼盘卖点系统化,每隔一段时间推出一个卖点。同时,电视、报纸广告应不断地变换人物,变换画面,变换语言,使人常看常新。

3.1.4 思维与想象

思维是人脑对客观现实的概括和间接的反映。想象是以头脑中的事物的表象为材料，对其进行加工、改造、重新组合形成新形象的心理过程。思维和想象是一种交叉的关系，思维过程中有想象，想象过程中有思维，两者关系密切。

在房地产销售过程中，开发商要认识到：一方面购房者总是在一定的思维活动的基础上，通过对楼盘的分析比较、评价后来做出购买决策的；另一方面，也要认识到借助于购房的思维和想象活动，可以充分发挥广告宣传的效用。例如，“光大花园，天然氧吧”、“碧桂园，给您一个五星级的家”、“颐和山庄，××的颐和园”……这些广告，或描述了大自然清新的空气，或绘制了服务备至的温馨家园，或展示了典范尊贵的生活环境，从而引发消费者无限想象，刺激了买家的购楼欲望与行为。

3.1.5　情绪与情感

严格地说，情绪与情感是两个既有区别又有联系的概念。但在我们的日常生活中，两个词语常常混同使用，作为“感情”的同义词，用以表达产生感情的形式与内容。

人是有情感的动物。当其他条件不变时，消费者若情绪高昂，则感知事物的范围扩大，购物热情与兴趣提高；反之，消费者情绪低落，则大大缩小感知范围，对购买商品失去热情与兴趣。

购房者的情绪除与其自身有关外，还与购买环境及所提供的服务分不开。如今，开发商不遗余力地把售楼处装修得奢侈豪华，无非是给购房者创造一种愉悦身心的外部环境。但现实中我们仍可看到有些售楼处做得不到位。例如，虽然售楼大厅富丽堂皇，但当购房者到洗手间时，却发现污水遍地，臭气熏天，给购房者本来良好的心境增添了一层阴云和怀疑：日后楼盘的物业管理能跟得上吗？而有的开发商则小处见功夫：洗手间里不仅干净整洁，而且播放低回悠扬的音乐，甚至在小便器上放置有烟灰缸。这体现了开发商之“无微不至”、“以人为本”的经营理念。此外，售楼小姐的微笑服务和彼此配合的“团队精神”都会使买家的情绪受到影响。

3.1.6　态度

对态度比较通俗的解释是：态度即人对某一事物的好恶。应当说，消费者的态度与行为是一致的，只有当人们喜欢这种商品时，才会购买这种商品。

若开发商开发的产品不受消费者欢迎，这将是令人遗憾的。解决这种问题的方式只能是想方设法使购房者转变态度。具体策略有：

(1)对购房者进行劝说宣传。毫无疑问，任何商品生产者都应当遵从市场规律从事开发经营，但这决不意味着开发商只能是一味地顺应市场潮流，不敢或不可以引导市场。在此方面，广州丽江花园可以说是引导市场的成功范例。

20 世纪 90 年代初，明星楼盘云集广州市区，而郊区楼盘无人问津。在此情况下，丽江花园以其亲近大自然、清新的空气、满目的绿色、浓郁的文化气息等赢得了消费者的青睐，从而带动了广州碧桂园、祈福新村、广州奥林匹克花园等一大批楼盘、号称"番禺板块"的诞生与壮大。

(2)增加接触频率。开发商应当对潜在购房者进行跟踪服务，可以通过组织活动、联谊等形式请准购房者多次光顾楼盘，以使消费者充分了解发售楼盘与开发商的有关情况，以增进相互信任与感情交流。

(3)提高楼盘的内、外在素质。前已述及，楼盘的内、外在素质是多方面的，改变其中的某一因素，就有可能取得销售上的巨大成功。以北京万科城市花园为例，梨花园 38 套联排别墅闲置了两年多也没有销掉。后来，将原有小区绿化全部换掉，聘请园林设计师重新设计、施工，为此投放费用 20 余万元。之后梨花园重新推向市场，结果"库存"很快消化一空，而且每套价格由 105 万元升至 150 万元。

此外，开发商也可通过搞好物业管理的方法，使消费者转变态度。

3.2 房地产消费者的个性心理

人们的认识、情感、意志的活动过程总是发生在具体的人身上。而每个人在处理事物过程中，会表现出不同的个性特征，如能力的差别、气质的不同、性格的差异等，使消费者形成不同的购买动机和行为。对消费者个性心理特征的研究有助于把握消费行为的差异性。

美国著名心理学家马斯洛(Maslow)认为，人的行为是由动机驱使的，而动机又是在需要的基础上产生的。他的这一观点已被普遍接受。个性心理分析主要从购房者的需要、动机和个性特征三方面进行分析。

3.2.1 购房者的需要

需要及在需要基础上产生的动机，是推动人们不断从事各种活动的最直接的动力。由于需要的不同，推动人们行为的动机也各不相同，最终导致形形色色的社会活动，组成人们的生活，推动社会的发展。人们的活动，小到饮食穿衣，大到生产创造，无一不是在某种需要和动机的推动下进行的。因此，了解顾客的需要和动机，进而了解其消费心理和消费行为特点，是销售工作中核心的一环。

现代经济学中所谓的需求与我们日常生活中所说的需要不同。日常生活中所讲的需要仅仅是表示人们对某种物品或劳务的欲望。而现代经济学中所说的需求则是指人们对某种物品或劳务在一定时间、空间条件下有购买力的需要。商品或劳务的需求有量的大小，如果它不限定在某一地区、某一时间，就成为一个无限量。需求一般指某个市场上一定时期内的需求。

经济学所讲的需求并不是笼统的需求，而是指一定时间内，某一市场上对于某种商品在各种可能的价格条件下产生的需求量。房地产市场也是如此。

1. 消费者需要的含义

消费者为什么要买房子？人们可以不假思索地说：那是人们需要。那什么是需要呢？

需要是个体生理或心理上的一种不平衡状态，它是个体自身或外部生活条件的要求在头脑中的反映。通俗地说，需要就是人们感到了某种匮乏（不平衡状态）而力求获得满足（恢复平衡）的一种心理状态。比如，一个人因为体内缺水而感到口渴，这是一种生理上的不平衡状态，此时他会产生“饮水”的需要。

人的需要是多种多样的。具体地说，不同的人有不同的需要，同一个人在不同的情况下有不同的需要，同一个人在同一情况下也可能存在着不同需要之间的斗争，如“鱼与熊掌”之争。而且，人的需要还会受其生活环境、文化水平、宗教信仰以及所在地区和国家的文化、风俗、习惯等的影响。因此，掌握人们有哪些需要，分析这些需要有什么特点，开发潜在的需要市场，对销售者来讲是非常重要的工作。

对需要的分类也可以从不同的角度来进行。按照需要的起源和功能，人的需要可以分为生理性需要和社会性需要。生理性需要又叫自然性需要，主要是由生理上的匮乏所引起的需要，一般是指对衣、食、住、行、性等用以维持生存和种族繁衍的需要。生理性需要是人类最基本的需要，也是人和动物共有的需要。但是人类满足生理性需要的内容和方式，随着人类社会的发展而和动物有了质的不同，不可避免地带有社会性的色彩。严格地讲，人类已经不存在纯粹意义上的生理性需要或自然性需要了，只是从其维持生命延续的基本功能的意义上，我们仍称之为生理性需要。社会性需要是指人们参加社会生活、进行社会生产和社会交际而产生的需要，如对爱、朋友、权力、威望、劳动、自我发展等的需要。人的社会性需要是在人类社会历史发展过程中形成和发展起来的，是人类特有的高级需要，它受政治、经济、文化、地域、民族等的制约，具有鲜明的时代性和变化性。

2. 需要层次理论

为何人们有了两居室的住房以后，就期盼三、四居室的房子？为何一些人有了洋房之后，又买了别墅？马斯洛的需要层级理论对此作了很好的解释。

马斯洛认为，人的需要虽然多种多样，但有重要性差别和实现的先后差别。根据需要对个体的重要性程度，马斯洛把需要分为五个层级，从强到弱依次为：生理需要、安全需要、社交需要（归属与爱的需要）、尊重需要和自我实现需要。

(1)生理需要。是指人对食物、水、空气、性等用以维持个体生存和种族延续的物质需要，这是人类最低限度的基本需要。

(2)安全需要。即人类为使个人的生命和财产得到安全保护而产生的需要。表现为人们要求稳定、安全、受到保护、有秩序、能免除恐惧和焦虑、医疗和退休保险等。

(3)社交需要。即人们希望在人与人之间的联系中得到感情上的联络和获得知己的需要。如交朋友、追求爱情、得到所在团体的承认等。

(4)尊重需要。即人们为使自己在社会交往和实践中能得到别人的尊重和好评，取得荣誉，从而增强自信心、进取精神的需要。包括自尊和受到他人尊重。

(5)自我实现需要。即人们为了体现和发挥自己的才能，实现自己的理想和抱负而不断努力和进取的需要。由于这五种需要的排列形状像一个金字塔，需要层级理论又被称为需要金字塔理论(图 3-1)。

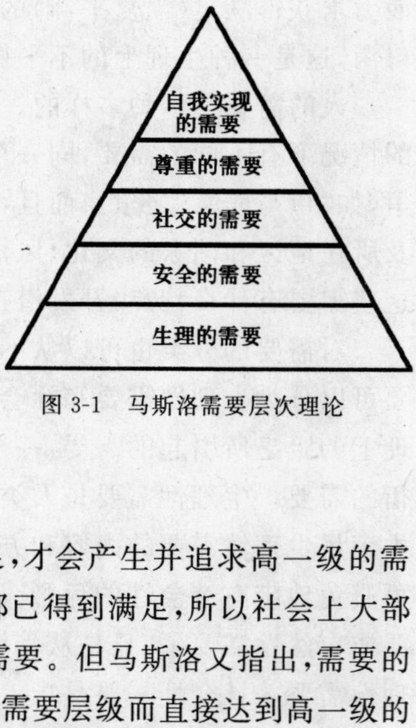

图 3-1　马斯洛需要层次理论

马斯洛认为，人的这五种需要是从低级向高级发展的相互联系的一个体系。处在金字塔底部的生理需要是最低级的需要，它和安全需要一起构成了人类的基本需要。塔顶的自我实现需要是最高级的需要。越是低级的需要，其对个体的重要性越强，获得满足的力量也越大。

马斯洛指出，只有低一级的需要得到了基本满足，才会产生并追求高一级的需要。因为自我实现的需要一般都要求其他四种需要都已得到满足，所以社会上大部分的人终其一生都可能不会产生最高级的自我实现需要。但马斯洛又指出，需要的层级发展并不是不可逾越的，有时候，会越过较低级的需要层级而直接达到高一级的需要层级。“生命诚可贵，爱情价更高；若为自由故，两者皆可抛”，就说明了这一点。

需要层次论的提出对于分析消费者的购买动机、购买行为和促进商品销售提供了一个有效的方法。房地产企业可根据消费者不同的需要层次，将房地产市场划分为若干个不同层次的子市场，根据消费者层次不同生产出不同档次的房屋，来满足不同消费者的需要。

3. 需要的特征

需要具有对象性与周期性、多样复杂性、发展可变性、伸缩性及可诱导性五个基本特征。

(1)需要的对象性与周期性

需要的对象性是指人们的需要总是指向某一特定的、具体的对象，否则满足需要就无从谈起。需要的周期性是指需要的满足并不是永久性的，而是周而复始不断出现。虽然某一需要得到满足之后强度会减弱、消退，并会在一段时间内不再出现，但随着时间的推移，已消退的需要也会重新出现。需要的周期性特征是由生物有机体和事物发展变化规律所决定的。消费者需要的周期性还同商品使用寿命、社会时尚以及个人的购买习惯、工作与闲暇时间因素有关。需要虽然是周而复始地不断产生，但每一次都不是上一次需要的简单重复，而是在对象、满足方式、强度等方面有所变化。

例如，城市居民家中的电视机就是这样，大约 8～10 年更新一次，更新之后的电视机在屏幕大小、色彩、功能等方面都有明显改观。虽然房地产远不同于家电，但实际生活中的一些迹象似乎也在说明需求的周期性。例如，在经历了欧陆风情、地中海风情，新加坡风情等建筑风格之后，20 世纪 90 年代末，深圳住房市场中具有岭南风格的建筑得到了人们的青睐。

(2)需要的多样复杂性

人是社会的人，不仅具有情感、意志、兴趣爱好、气质人格等方面的个体差异，而且总是隶属于不同的民族、国度、地域、阶层，信奉不同的宗教，具有不同的信念，遵循不同的风俗习惯与行为方式。由于个人的、自然的、社会的原因，对同一类的或同一方面的需要，不同个体可以赋予全然不同的内容，采取大相径庭的满足方式；而同一个体在不同的时期会有不同的需要产生，即使是同一个体的同一需要，在不同的场合其具体表现也各不相同，这就是需要的多样复杂性。需要的多样复杂性使市场细分有了充足的理论依据，也为“为什么众多的开发商不遗余力追求房地产个性?”提供了很好的解释。

(3)需要的发展可变性

根据马斯洛的需要层次理论，低级需要得到一定程度的满足之后，就会产生新的高一级的需要。也就是说，需要是不断发展变化的。社会在不断进步，人们的生活水平在不断提高，人们的消费需要也会不断发展变化。

(4)需要的伸缩性

在现实生活中，由于消费者的各种需要受内外多种因素的影响和制约，在需要的多少、强弱、满足水平和方式等方面，具有一定的弹性。在特定情况下，人的需要可以被抑制、转化、降级或停滞在某一水平上；还可以以某种方式有限度地同时满足几种不同的需要。例如，在福利分房尚未结束的时候，即使一些人手中有钱，也不会自己掏钱买房。在福利分房结束之后，一些人即使钱不充裕也会采用银行贷款或按揭的方式购置房屋。从消费者自身来看，影响需求伸缩的主要因素有消费者的个性特点、经济收入、社会地位、审美价值观、工作和闲暇时间等；从商品和销售方面看，主要因素有商品供应、广告宣传、售中服务和售后服务、销售、环境、商品性能等。

(5)需要的可诱导性

从需要的伸缩性可以看出，需要是可以变化的，因而也是可以引导和培养的，可以被调节和控制的。需要的可诱导性包括两种情况：一种是从无到有。例如，在电视机出现之前，人们没有购买电视机的需求。另一种是从弱到强，从可有可无到必须有。还以电视机为例，最初人们看黑白电视，心理需要已得到了充分的满足，但当彩色电视机出现后，在商家宣传和彩色电视机本身巨大的诱惑下，人们放弃了黑白电视机而追求彩色电视机，进而追求遥控、大屏幕、高清晰、数码电视机等等。至于房地产产品，同样也是如此。从买房到买生活方式，从欧陆风情到岭南风格，从智能化到宽带网，从物业管理到贴身关怀，哪一样都是开发商对消费者诱导的结果。

3.2.2 购房者的动机

1. 动机的含义

动机是推动人们从事某种活动的内部驱动力，是人们行为活动的直接动力。购买动机，就是直接推动购买行为的驱动力。因此，消费者购买动机是指消费者为满足某种需求，产生购买活动的欲望和意念。购买动机是在个体对商品的需要基础上产生的，受需要的制约和支配。离开了需要，便谈不上动机。但是，要使顾客真正产生购买行为，仅仅有需要是不够的，必须有动机的直接推动。

只有那些具有相当强度的需要，才能成为动机，正因为这种紧张状态，导致个人为满足需要而行动。需要获得满足后，其个人的紧张状态即告解除，于是恢复到平衡状态。这种动机是由人们的消费需求引起的，是推动人们购买某种商品以满足需求的内在动力，因此，“需求——购买动机——购买行为”，就构成了购买行为的基本模式。

2. 购买动机的特征

(1)购买动机的驱动性

仅有对物品或商品的需要,并不能产生真正的购买行为,只有在需要基础上的动机,才是直接推动人们去行为的力量。例如,一位消费者看到房地产广告之后,就会到售楼现场去看楼,当看到楼盘果然称心如意并且价格可以接受时,就会产生购买动机,发生购买行为去购买。相反,如果价格大大超出他的能力范围,他就不会产生购买的动机,当然也没有力量推动他去实现购买行为。

(2) 购买动机的多样复杂性

产生动机的需要是多样复杂的,因而动机也具有多样复杂的特点。同一购买动机可能源于不同的需要,并在相异的具体购买行为中得到实现;而同一购买行为也可能是不同购买动机或几种购买动机一起推动的结果。影响购买动机的表现、实现与否、实现的方式或途径因素,主动来自于购买者、房地产产品、购买环境等。另外,不同强度的购买动机,其推动购买行为的力量也强弱不同,越强烈的购买动机,越容易在一定条件下推动购买行为的实现。

(3)购买动机的内隐性

动机是推动人们去行为的内部驱动力,是一种主观的状态,不仅他人无法看清其动机,有时自己也难以辨清或不愿承认真正的动机是什么。因此,购买动机有很大的内隐性。顾客在购买过程中出于某种原因,表现在外的常常是一些非主导的或与真正动机完全相异的购买动机。例如,人们在买廉价商品时,出于自尊,一般不会暴露自己因经济原因求廉的真正购买动机,而以对这种商品的偏爱或使用习惯等非主导性动机为借口。

(4)购买动机的冲突性

在具体的购买过程中,几种购买动机之间相互冲突和竞争的现象是常见的。例如,买房子时,既想便宜,又想位置好,质量有保证。一般情况下城郊楼盘便宜,但交通不便;市区楼盘交通方便但价格较高。于是,就产生了是买城郊楼盘还是买市区楼盘的矛盾。在几种动机发生冲突的时候,购房者应该慎重考虑,不要急于决定,要对楼盘的质量、价格、交通、配套、售后服务等做一详细的比较,并弄清楚自己的真正需要和购买能力,进而做出购买决策。销售者更应抓住消费者举棋不定的心理,给予适当的指导和宣传,帮助买家做出决定。

(5)购买动机的指向性

购买动机不仅能驱动购买行为的实现,而且能促使顾客在购买过程中始终按既定的目标进行,也就是可以保证购买行为指向既定目标。购买动机的指向性与主导性动机有关。当主导性动机明确、有力时，目标清晰明确，其指向性就好；当主导性动机不明确，或几种动机势均力敌时，目标明确性也较差，动机的指向性就不明显，其推动个体去行为的能力也就较差。

3. 购房动机的种类

销售心理学在研究顾客的购物动机时，常把购物动机分为理性的购物动机和带感情色彩的购物动机两大部分，人们的具体购物活动总是受其中一种动机的支配或受两种动机的共同支配。

(1)理性的购房动机

理性的购房动机是指个体在购房时所关注的内容主要是价格、质量、售后服务等特征。商品在这些方面能够让消费者满意，就会促进消费者购买行为的实现。理性的购物动机遵循的是经济原则，并确实在人们的购物活动中起着一定的作用。由于房地产产品价格昂贵，众多的买家是倾尽多年的积蓄买房子的，因此，购房者的行为相对于其他商品消费的行为来说是非常理智的，并且即使伴随感情色彩的购房动机，也是在理性的购房动机主导和支配下的。常见的理性购房动机有投资动机与自住动机。

①投资动机：作为以出售为目的的炒房地产，不在乎现楼、楼花，甚至连开发商的实力都不太在乎，关键是楼宇升值潜力与出手的可能性。作为以出租为目的炒房地产，售价高一点也没关系，关键是要铺面位置醒目，办事方便，而且门前人来车往，潜在顾客多。

②自住动机：一般以多年的积蓄来购房，往往希望质量可靠，物有所值。同时年轻人还希望付款轻松；三口之家希望居住区内有学校，而且是名校等。

(2)带感情色彩的购房动机

常见的带感情色彩的购房动机有以下几种：

①求新动机：即以追求新颖、刺激、时髦为主要目的的动机。这是由强烈的好奇心和求新欲引发的动机，常表现为在选购商品时，特别注重商品的时兴性，是否是新产品、新款式、新花色等。一个设计新颖、构思巧妙的商品，往往能极大地激发消费者的兴趣，使其忽略实用性、价格等因素，不惜代价地要求拥有。这一般在年轻人身上表现得更为突出。

②求美动机：美的东西总是让人们产生强烈的满足和欢乐，“爱美之心人皆有之”，尤其是在人们的物质需求得到基本满足之后，在商品的实用性之外，更为追求审美情趣。楼盘的建筑风格、外立面设计、景观规划的布置是否符合审美标准，都是消费者购物时考虑的对象。

③效仿或炫耀动机：虽然模仿行为往往被当做孩子的专利，但在成年人的行为中也能够发现模仿的痕迹，只是成年人之所以要效仿他人去购买某种东西，是因为他们认为这样做可以表明他们与普通人不一样。人们在购物时模仿的对象一般是他们崇拜或尊敬的人，当他们和自己的崇拜对象在某些方面一致时，他们的自尊心会得到极大的满足。因此，模仿也是他们的炫耀心理在作怪。广告的制作常常以名人和明星为主角，就是这个道理。

④权力动机：人们总喜欢显示自己的权力和地位，表现出自命不凡的样子，渴望被人承认和尊重。这种欲望引导着人们的每一个行动，促使人们不断地努力，追求上进。在购物过程中也不例外，如果顾客感到不被尊重或重视，即使某商品是他们非常喜欢或急切需要的，他们也会拂袖而去。销售人员时刻表现出对顾客的兴趣和尊重，是非常有必要的。这种动机也会促使顾客在购物时选择那些象征威望、权力、金钱或地位的商品，如名贵商品、一般人消费不起的商品等，以显示自己的与众不同。例如，广州有一座楼宇，是位于珠江南岸的江景豪宅，1999 年推向市场，它曾斥资 400 万元在楼宇外立面上镶贴 18K 金，并打出告示："骑自行车与摩托车的顾客谢绝参观本楼宇。"一时间舆论哗然，招来非议一片。但令人不可思议的是楼宇因此卖得更好。这种现象只能这样解释，即建筑风格与促销方式迎合了这部分购房者的权利动机。

⑤癖好动机：癖好动机是指以满足个体对某种事物的特别爱好为目的的购物动机，它与一个人的生活习惯、兴趣爱好有非常密切的关系。例如，有的人喜欢花草，有的人喜欢绿色，等等。特别嗜好某一事物会导致收藏行为，并具有经常性和持久性的特点。人们在选择自己的癖好商品时往往比较理智，因为对这类商品有了较多的经验而且能够合理购买。当然，如果发现了一种自己还没有的新品种，强烈的购买欲望会使他们想尽一切办法去获得。

⑥健康和舒适动机：有一句戏语说："世界上的发明创造都是由懒汉躺在床上想出来的。"虽然夸张了一些，但也反映出人们追求舒适、方便的心理。以最少的付出换取尽可能多的服务是人类的基本需求，也是非常重要的需求。房地产开发商已充分意识到这一点，于是不少开发商打出这样的广告："大榕树下，健康人家"，"给您一个五星级的家"。

3.2.3　购房者的个性特征

由于人的能力、气质和性格的不同，消费者呈现出各自的个性特征，我们把这些特征划分为 12 种类型。

1. 从容不迫型

这种购房者严肃冷静，遇事沉着，不易为外界事物和广告宣传所影响，他们对销售人员的建议认真聆听，有时还会提出问题和自己的看法，但不会轻易做出购买决定。该类型的购房者对于第一印象恶劣的销售人员绝不会给予第二次见面机会，而总是与之保持距离。对此类购房者，销售人员需从熟悉产品特点着手，谨慎地应用层层推进引导的办法，多方分析、比较、举证、提示，使购房者全面了解利益所在，以此获得对方理性的支持。与这类购房者打交道时，销售建议只有经过对方理智的分析思考，才有被购房者接受的可能；反之，拿不出有力的事实依据和耐心地说服讲解，销售是不会成功的。

2. 优柔寡断型

这类购房者的一般表现是：对是否购买某一楼盘犹豫不决，即使决定购买，但对于位置、售价、户型、建筑风格、物业管理、企业品牌等又反复比较，难于取舍。他们外表温和，内心却总是瞻前顾后，举棋不定。对于这类购房者，销售人员首先要做到不受对方影响，商谈时切忌急于成交，要冷静地诱导购房者表达出所疑虑的问题，然后根据问题做出说明，并拿出有效例证，以消除购房者的犹豫心理。等对方确已产生购买欲望后，销售人员不妨采取直接行动，促使对方做出决定。

3. 自我吹嘘型

此类购房者喜欢自我夸张，虚荣心很强，总在别人面前炫耀自己见多识广，高谈阔论，不肯接受他人的劝告。例如，“我跟你们总经理很熟，我如何如何好”。与这类购房者进行销售的要诀是，从他自己熟悉的事物中寻找话题，适当利用请求的语气。在该类购房者面前，销售人员要一个“忠实的听众”，津津有味地为对方称好道是，且表现出一种羡慕钦佩的神情，彻底满足对方的虚荣心，这样一来，对方则较难拒绝销售人员的建议。

4. 豪爽干脆型

这类购房者多半乐观开朗，不喜欢拖泥带水的做法，决断力强，办事干脆豪放，但往往缺乏耐心，容易感情用事，有时会轻率马虎。和这类购房者交往，销售人员必须掌握火候，使对方懂得攀亲交友胜于买卖，介绍时干净利落，简明扼要讲清你的销售建议，不必绕弯子，对方基于其性格和所处场合，肯定会干脆爽快给予回复。

5. 喋喋不休型

这类购房者的主要特点是喜欢凭自己的经验和主观意志判断事物，不易接受别人的观点。他们一旦开口，便滔滔不绝，虽口若悬河，但常常离题万里，销售人员如不及时加以控制，就会使双方的洽谈成为家常式的闲聊。应付这类购房者时，销售人员要有足够的耐心和控制能力，趁其叙述评论兴致正高时引入销售的话题，使谈话围绕销售建议而展开。当购房者情绪激昂、高谈阔论时要给予合理的时间，切不可在购房者谈兴高潮时贸然制止，这样会使对方产生怨恨，愈想急切地向对方说明，愈会带来逆反作用。一旦双方的销售协商进入正题，销售人员就可以任其发挥，直至对方接受你的建议为止。

6. 沉默寡言型

这类购房者与喋喋不休型购房者正好相反，老成持重，稳健不迫，对销售人员的宣传劝说之词虽然认真倾听，但反应冷淡，不轻易谈出自己的想法，其内心感受和评价如何，外人难以揣测。一般来说，该类购房者比较理智，感情不易激动，销售人员应该避免讲得太多，尽量使对方有讲话的机会和体验的时间，要循循善诱，着重以逻辑启导的方式劝说购房者，详细说明楼盘的价值和销售利益所在，并提供相应的资料和证明文件，供对方分析思考、判断比较，增强购房者的购买信心，引起对方的购买欲望。对待这类购房者，销售人员要表现出诚实和稳重，特别注意谈话的态度、方式和表情，争取留给对方良好的第一印象，提高自己在购房者心目中的美誉度，善于解答购房者心中的疑虑，了解和把握对方的心理状态，确保双方面谈过程不致冷淡和中断破裂。

7. 吹毛求疵型

这类购房者怀疑心重，一向不信任销售人员，片面地认为销售人员夸张了楼宇的优点，而尽可能地掩饰缺点与不足，如果相信销售人员的话，可能会上当受骗。所以，这类购房者多半不易接受他人的意见，而且喜欢“鸡蛋里面挑骨头”，一味唱反调、抬杠，争强好胜，喜欢当面与销售人员辩论一番。与这类客户打交道时，销售人员要采取迂回战术，先与他交锋几个回合，但必须适可而止，最后故做宣布“投降”，假装战败而退下阵来，心服口服地宣称对方高见，并伴赞对方独具慧眼，让其吹毛求疵的心态发泄之后，再转入销售的论题。这种场合，销售人员一定要注意满足对方争强好胜的习惯，请其批评指教，让其发表意见和看法。

8. 虚情假意型

这类购房者大部分在表面上十分和蔼友善，欢迎销售人员的介绍。销售人员有所问，他就肯定有所答；如你有所求，则他就或多或少会有所允，但唯独对购买缺少诚意。如果销售人员明确提出购买事宜，对方或顾左右而言他，或装聋作哑，不做具体表示。对这类购房者，销售人员首先要取得对方的完全信赖，拿出使他们心悦诚服的有力的证据，如关于已购楼者的反馈、权威部门认可的鉴定证明等。同时，销售人员应有足够的耐心与之周旋，可提出一些优惠条件供对方选择考虑。这种类型的购房者总是认为，销售人员一定会抬高报价，所以一再要求打折扣，甚至怀疑到产品的质量。此时，销售人员正确的做法是不能轻易答应对方的这种过分要求，否则会进一步动摇他的购买决心和购买欲望。一般来说，这些购房者在适当的条件下，在他感到购买于己有利的情况下洽谈成交也是可能的，所以销售人员不要轻易放弃说服工作。

9. 冷淡傲慢型

此类购房者多半高傲自视，不通情理，轻视别人，不善与他人交往。这类购房者的最大特征就是具有坚持到底的精神，比较顽固，他们不易接受别人的建议，但一旦建立起业务关系，则能够持续较长时间。由于这类购房者个性严肃而灵活，对销售商品和交易条件会逐项检查审阅，商谈时需要花费较长时间，销售人员在接近他们时最好先由熟人介绍。对这种购房者，有时候销售人员用尽各种宣传技巧之后，所得到的依然是一副冷淡、傲慢的态度，甚至是刻薄的拒绝。销售人员必须事先做好思想准备。

10. 情感冲动型

一般来说，情感冲动型的购房者或多或少带有神经质：第一，他们对于事物变化的反应敏感，一般人容易忽视的事情，这种人不但注意到了，而且还可能耿耿于怀；第二，他们过于自信，往往对自己所采取的态度与行为产生不必要的顾虑；第三，他们情绪表现不够稳定，容易偏激，即使在临近签约时，也可能突然变卦。这些购房者往往感情用事，稍受外界刺激便为所欲为，至于后果如何则毫不顾忌。这类购房者反复无常，捉摸不定，在面谈中常常打断销售人员的宣传解释，妄下断言，而且对自己的原有主张和承诺，都可能因一时冲动而推翻，从而给销售制造难题。对此类购房者销售人员应当采取果断措施，切勿碍于情面，必要时提供有力的说服证据，强调给对方带来的利益与方便；支持销售建议，作出成交尝试，不断敦促对方尽快作出购买决定；言行谨慎周密，不给对方留下冲动的机会和变化的理由。这是一类不忠诚的顾客，必要时可收取手续费。

11. 心怀怨恨型

这种类型的购房者对销售活动怀有不满和敌意，若见到销售人员的主动介绍，便不分青红皂白，不问清事实真相，满腹牢骚破口而出，对销售人员的宣传介绍进行无理攻击，给销售人员造成难堪的局面。对这种购房者，销售人员应看到其言行虽然貌似无理取闹，但实际上有某种失望和愤激的情感掺杂在里面，认为销售人员都是骗子。这些购房者的抱怨和牢骚中可能有一些是事实，但大部分情况还是由于不明事理或存在误解而产生的；而有些则是凭个人的想象或妄断才对销售人员作出恶意的攻击。与这类购房者打交道时，销售人员应先查明购房者抱怨和牢骚产生的缘由，并给予同情与宽慰。

12. 圆滑难缠型

这种类型的购房者好强且顽固，在与销售人员面谈时，先是固守自己的阵地，并且不易改变初衷；然后向你索要楼宇说明资料，继而找借口拖延，还会声称另找开发商购买，以观销售人员的反应。倘若销售人员经验不足，便容易中其圈套，因担心失去主顾而主动降低售价或提出更优惠的成交条件。对这类购房者，销售人员要预先洞察他的真实意图和购买动机，在面谈时造成一种紧张气氛，如现货不多、不久要提价等，使对方认为只有当机立断做出购买决定才是明智举动。对方在如此"紧逼"的气氛中，销售人员再强调购买的利益与产品的优势，加以适当的"利诱"，这样，购房者就没有了纠缠的机会，失去退让的余地。由于这类购房者对销售人员缺乏信任，不容易接近，他们又总是以自己的意志强加于人，往往为区区小事与你争执不下，因而销售人员事先要有受冷遇的心理准备。在洽谈时，他们会毫不客气地指出产品的缺点，且先入为主地评价楼宇质量与开发商实力，所以在面谈时，销售人员必须准备足够的资料和佐证。

3.3　文化、家庭因素对购房者的影响

作为社会生物的人类，在房地产消费活动中也必然会带有其所属的社会群体特征，表现出群体心理与行为的一致性。这种群体心理的形成与表现是受到消费者所处的环境影响的，如文化传统、社会阶层、参照群体、家庭、流行时尚、消费风俗生活方式等外界因素都对消费者的心理行为有着广泛而深远、甚至是根深蒂固的影响，这些都是我们房地产开发中所不可忽视的。

3.3.1　社会文化对购房心理的影响

由于文化因素对人类生活方式的影响极大，所以企业在推销产品时，必须考虑到这个因素。一般说来，房地产产品在某一个次文化群体中有很大的市场时，也许在另外一个文化群体中却会遭到冷落，原因是这些产品的使用和此文化群体的文化形态发生了冲突，于是，个人在使用这些产品时，会产生犯罪感。如果公司在制

定营销策略时，或在做市场细分时，仅仅看到或调查到某种产品在一个地方或一个文化群体中有很好的销路，就去开发经营此种产品，不认真考虑开发地区的市场情况和文化差异的存在，那么，其失败的结果是可想而知的。因此，营销人员应充分重视文化因素对消费者购买行为的影响。

文化价值不但影响了人们的主要消费形态，而且也影响了个人对产品的知觉（产品对个人生活的意义）。因为文化赋予产品不同的意义，由此影响了个人的经验与看法。

1. 社会文化

(1)社会文化的含义与特点

对文化概念的理解，从广义来说，文化是指人类社会历史实践过程中创造的物质财富和精神财富的总和；从狭义来说，文化是一种社会意识形态和行为方式，包括文学、信仰、艺术、教育、法律、道德、宗教、社会习俗、行为规范等内容。每一个文化群体均含有若干较小的构成体，称为次文化群体，在每一个次文化群体中，其成员显示出更具体的认同和更具体的社会化。文化因素对消费者的行为会产生广泛而深远的影响，而次文化群体对个人行为的影响力比总文化更大。

文化既是一种社会现象，又是一种历史现象。它随着社会物质生产的发展而发展，随着新的社会制度的产生而产生，有其自身的客观规律，不以人的意志为转移。文化的发展又具有历史连续性，并以社会物质生产的发展为基础。文化是一定社会政治和经济的反映，又反过来对社会政治和经济产生巨大的影响。文化的形成和发展离不开人的活动，但是一旦形成，又影响和制约人们的行为和观念。

任何社会文化都具有如下特征：

①影响的无形性。任何文化都会对人的行为产生影响和制约，但是，处在一定文化中的人们，往往不能清楚地意识到和感觉到文化对自己的作用和影响。只有当人们接触到其他类型的文化，或处在其他文化形态环境中时，才会从不同文化影响的差别中，感受到文化对自己的影响。例如：不同国家的文化不同，无形中影响消费者的审美观，因此，开发的房地产在风格上存在很大的差距。

②满足性。一种文化的产生、发展和延续，究其根源，就在于它能满足社会和人们的需要。一个国家、一个社会要维护其不断发展和进步，总会以一定的文化形态影响和改变人们的观念。作为个体的人，也有对文化的心理需求，以满足精神上的追求。例如，利用道德规范、法律制度来规范人的行为，保持社会的稳定，是每一个国家及其维持自己统治的非常有效的手段。社会文化的满足性还表现在每一种文化的产生都有其特定背景，只有那些能满足社会需要的文化才能发展和延续下

去；而不符合社会需要的文化则会被摒弃、修正。例如，朝鲜族的住宅过去都是打炕，在家烧火，但是随着社会的进步和心理需求的变化，打炕的形式和房屋的结构发生了很大的变化。

③共有性。归属于一定社会范围的文化，会被该范围的成员共同接受、培植和遵循。每一种社会文化的共有性是不同的，可以是一个家庭，一个团体，一个地区，也可以是一个国家，甚至整个世界。也就是说，有的文化被许多人共有，而有的文化则仅被一少部分人或几个人共有。正是由于文化的共有性，文化才能对所有接受该文化的人产生影响。

④学习性。虽然文化对人的影响是无形的，但任何人对其所处文化的了解和遵循，都不是天生的，而是在后天的生活过程中通过学习获得的。人们对自己所处文化之外的其他文化的认识，更是学习的结果。对文化的学习可以是无意识中进行的，如小孩子对大人的行为习惯的模仿，往往是在好奇心的驱使下进行的；而有的文化则是在有意的专门学习之后获得的，如一个要出国的人专门学习该国的社会文化等。在房地产开发过程中我国的开发商也学习欧美的风格，继承和发展亚洲的风格。

⑤动态性。人类社会处在不断变化和发展的动态过程中，同样，作为社会意识形态的文化也必然会随着社会的发展进步而不断发展变化，绝不会停滞不前，例如国人对市场经济的观念在改革开放进程中的变化。

(2)社会文化影响消费心理的途径

不同的文化和亚文化对消费心理的影响是通过消费观念、风俗习惯等实现的。

① 社会文化对消费观念的影响。不同文化背景下的人们，其消费观念有着很大的不同。一个最明显的例子就是东西方人对花钱的不同看法。在东方，包括我国，人们大都崇尚节俭，不喜欢借钱花，认为借钱是没面子的事情。人们常常是有计划地储蓄和花费，没钱就不花。而西方人则较少有积蓄，一般是挣了钱就花掉，甚至借贷款来消费。虽然近些年中国人的消费观在悄悄改变，但传统和保守的特色还没有太大的改变。

② 社会文化对消费习惯的影响。不同社会文化的风俗习惯，一方面规范着社会成员按一定的方式去活动，另一方面，如果有人违背了风俗习惯，还会受到社会舆论的谴责和惩罚。

仍以东西方为例，在西方，“星期五”和“13”被认为是不吉利的数字，因此许多酒店没有 13 号房间，楼层没有第 13 层，人们不会选择星期五办喜事或开始旅行等等。在我国，“6”、“8”、“9”等则被当做带来财运和幸福的吉利数字，而“4”是一个不吉利的数字。于是，凡楼层和门牌号码中含有“6”、“8”和“9”的，或者含有特殊意义的数字的，都被加价出售。

又如中国人以红色代表吉利和大喜，白色却总被当做不幸的象征，所以婚礼中中国新娘要穿红衣服，以图吉利。白色虽然在某种场合也被看成纯洁的代表，但却是丧礼上的典型颜色，这与西方人以白色婚纱为新娘服的风俗大相径庭。某地曾有一处水景楼盘，屋顶采用了绿色，一时间招来不敬之词。从这点也可看出房地产策划与开发时，一定要考虑到购房者的消费习惯和特点，否则有可能功亏一篑。

2. 亚文化

文化和亚文化的区分是相对的。对一个国家的主文化来讲，其地区、民族等的文化特色就是亚文化，而对于世界大同文化来讲，每个国家的文化现象就变成了亚文化。对于一个社会某一时期的文化主流来讲，该时期不同阶段的文化特色就是亚文化。总之，相对于某一主文化来讲，亚文化总是一种局部的文化现象，也只有相对于一定的主文化，才有亚文化可言。

一种亚文化往往是一种生活模式，既包括与主文化共同的价值和观念，又具有自己的独特特色。亚文化以直接的方式影响其社会成员的思想和行为。每一亚文化系统内的社会成员，不仅要遵循其独特的社会文化的各种要求，而且还要遵循或者不能违背主文化倡导的文化价值观念与行为方式。而任何一种主文化，又往往是不同亚文化的综合反映。正因为如此，对一种社会文化的研究与考察往往是从对其不同亚文化的研究和考察开始。

目前，开发商一般对不同地域范围上的消费差异感兴趣。如北京，它具有庞大、繁杂、纷乱、立体、多元和复合的特点。

一是在胡同里光着膀子、坐着板凳、摇着蒲扇、高谈阔论、知足常乐的老北京；二是全国各地跑到京城里闯天下，奋力拼搏，一心想出人头地的外地人；三是撒豆为兵，撒砂成银的新老八旗子弟的北京人。

因此，给人以北京的房地产市场最难做，也最容易做的印象，这是因为：

其一，北京市场门槛奇高，拒人于千里之外。随着人口与产业的迅速膨胀，北京土地资源日益稀缺，而土地交易的透明度较差，不仅交易成本过高，而且土地价格高居不下。一个开发商若能在北京拿到一块比较像样的地，绝非等闲之辈，一般实力水平的中小开发商是难以做到的。

其二，北京房价之高，令人望而生畏。北京房价过高，除了与交易成本过高、土地价格过高和北京人口过多有关外，更与北京独特的消费市场结构，尤其是处于金字塔顶端的规模并不小的显贵与外销市场的拉动有关。

其三，与广东、上海等城市相比，北京房地产市场化进程明显慢了一拍。

当然，最深层次的原因是北京地缘文化的复杂性令人难以把握。北京作为国家的政治中心，其地缘文化是产品与企业本位的计划经济文化、历史官本位与权本位的皇家文化、传统保守的京城市井文化和前卫开放的国际文化的复合体。

北京市场最难做，但也最好做——偌大的市场是明摆着的，就看你能否找到市场的关键点。如当北京的开发商局限在“卖房子”和“卖家居”阶段的时候，“回龙观”等经济适用房脱颖而出，导入以人为本的理念，进入“卖环境”阶段，注重社区自然环境与人文环境的营造，着实让北京人眼前一亮并感动。

再如上海，在它成长为中国第一大经济都市和国际著名大城市的过程中，一直既是中国悠久传统文化向外邦外族输出的最大窗口。作为具有海洋文化特色的中西文化碰撞交流互动的巨大平台，上海积淀成了它自己厚重的地域文化风格特色。而这种特色对当地房地产业的影响可以说是非常明显而重大的。

上海既是讲究规矩的地方，也是讲究实际效益的城市。市场经济的价值观念之一是利益至上、效益第一，所以上海人看起来比较缺乏中国传统的人情味。在商言商，遵守商界游戏规则，追求最大实际利益。所以在上海开发楼盘，得给上海人实际的可见可触的好处。

上海人对广告的兴趣不大，更别说相信广告了。广告在上海，最大的作用不在于说服采取购买行动，而在于告诉和说明。广告通常会用很长的篇幅来为你介绍房子内部、每一个开发商觉得值得介绍并相信会打动消费者的东西，比如地板、门把、天花板、厨房里的每一个细节等等。上海人买楼可以说是全中国最挑剔、最不厌其烦的。为买房而全体总动员，看楼几十次才决定是很普遍的现象，所以开发商的楼盘必须得经得起看，经得起比较。

上海是个精细的城市。房地产业虽然是制造庞大产品的行当，但你得分外注意你所生产出来的产品的每一个细节，即细节决定成败。

上海是中国吸纳西方文化最为普遍和深透的城市。如风格各异却同宗欧美的各式古董式建筑；出国留洋如在家门口溜达的汹涌人潮中，深深打上了西方文化烙印的地方。所以，上海的房地产开发商们身上也多半或多或少地浸染着一种特有的文化气质，既洋溢着无法掩饰的欧美风情，而似乎又不仅止于此。

中国是世界上最大的住宅市场，而上海是中国最大的房地产市场。但由于上海城市所特有的上述人文特征，也使得上海是中国最艰难的房地产市场，是最能磨炼开发商能力的地方

3. 流行文化

(1)流行的含义

流行是一种被当时所接受的文化或在当时被认为是应当的东西。它不像语言

那样，有明确的意义，总是受环境的影响，具有非常强的时间性。

流行对消费行为有很大的影响，往往是许多产品畅销的原因或滞销的直接原因。某种商品一旦流行，就意味着大量的市场需求量和较高利润的可能。能够引导潮流，是所有商家的梦想。房地产开发也同样如此，也存在流行与不流行的问题，例如建筑风格上，今天是欧陆风，明天是地中海风什么的。毕竟建筑是一种凝固的语言，它是一定时期文化的代表和体现。但是，没有任何一个设计者、公司或广告人，可以完全建立一个流行的文化，它需要许多人的参与才能塑造出流行的趋势。不过，掌握流行的特点和规律，以及流行消费的心理，仍然是对销售活动的有效帮助。

(2)流行产生和发展的阶段

流行的产生和发展可分为三个不同的阶段：开始发展阶段、高潮阶段和弱化阶段。开始发展阶段主要是少数人(追求时尚的先锋派或高消费阶层人士)对某一特色商品的购买或消费，商品市场往往局限于小部分人或某一职业范围内。在高潮阶段，几乎所有的人都卷入到对商品的消费热潮中，商品的市场需求量剧增。在弱化阶段，商品的普及面已经很广，人们的好奇心渐渐变弱，市场需求量因饱和而大跌，利润减少，有的商品甚至在市场中消失，有的则平淡生存。

流行的这三个阶段，因产品和环境的不同，而有不同的持续时间。例如，手机最初是大款们身份和财富的标志，普通人用不起。随着需求量和手机本身价格的调整，形成了手机消费的流行热潮，并已经越来越普及。一些大学生、中学生、打工者都配有手机就说明了这一点。

(3)流行对消费心理的影响

流行的过程往往也是旧的消费观念被打破，新的消费观念产生的过程。流行促使了人们消费观念的改变，消费观念的改变又进一步推动流行挺进。流行的发生，也多与人们的求异心理、从众心理、模仿心理和时尚心理有关，反映了人们的价值观念和态度的变化。

例如，国内一些大城市绿色办公室与绿色住宅流行，反映了人们回归自然，崇尚大自然和抵制污染的心理特点。智能化、E住宅、SOHO现象反映了人们崇尚科技、追求时尚的心理。

(4)流行的特征

①影响范围广。流行的趋势可以散布得非常广泛，超越国家，深入地影响人类的生活。例如，克莱德曼演奏的钢琴曲几乎风行整个世界，并受到各个年龄层人们不同程度的钟爱。

②时段性明显。流行往往具有很强的时间性，某个时期流行的东西，在另一个时期就变成了过时货，今天流行的东西，明天可能就不流行了。比如服装，在工业

时代初期，尼龙、涤纶等面料非常受人欢迎，常常是有一定地位或经济实力的人才能穿上这种面料的衣服；而现在，当时被遗弃的棉、麻、毛，才是人们追求的时尚服装面料。

③先从一部分人开始。流行通常是由一群少数的人冒风险先使用，然后才会渐渐地被大部分人接受，特别是当流行与原有的观念相去很远时，都是透过这种由少到多的模式传播的。比如，露脐装、三点式泳装等。倡导流行是要冒一定的风险的。

④传播速度快。流行不但扩散范围广，而且扩散速度也非常快，往往是在尽可能短的时间内传播开的。特别是随着传播媒体和信息化的高速发展，流行的速度有愈来愈快的趋势。另外，现在许多企业都采用连锁经营或设立代销点等新型的营销模式，在全国各地甚至世界各地都设有代理处或选择一个代理商。这样，当有新的商品开发出来或上市时，加上现代交通速度的提高，几乎可以同一时间到达各地。因此，在过去人们会托出差的朋友或外地的亲戚为自己捎上一件流行的“上海羊毛衫”，而现在，全国上下都可以在一夜之间出现同一种流行品。

⑤循环性。一种商品往往会在流行过后，隔一段时间，以同样的本质和不同的形式卷土重来。目前，房地产开发中的建筑风格演变似乎呈现了这种现象。

⑥易产生变式。流行的另一个特征就是容易产生变式。流行商品最初的生产商或其他竞争商家都可能是变式的制造者。一种商品一旦引起流行，生产商家希望能被所有阶层的消费者使用，于是可能会生产同样款式但质量不同的仿制品。而竞争者为了分得一片市场，也有可能模仿流行商品而生产出相似但不相同的商品。这种情况在服装市场上最为常见，同一款式、同一颜色的服装，在城市专卖店和乡村集市，绝对是不同价格的，因为它们并不同质。但不管是城市的购买者，还是乡村的购买者，其追求的都是那相同的款式或颜色。

(5)引导消费者消费流行的策略

流行往往带来宽广的市场和巨额的利润，因此，创造流行，诱导流行，引导流行也应该成为一个重要的经商原则。那么，如何引导流行呢？这里介绍几种常用的策略。

①广告宣传。一个制作优秀，打动人心的广告往往能掀起不可阻挡的流行热浪。一个优秀的广告不仅要充分、准确地显示商品的优点和特点，更要打动观众的心，使观众产生购买的欲望。房地产产品虽不像家电产品那样全国流行，但可创出地区流行。

②模特示范。模特的示范既可以让消费者全面了解商品，又能借助模特本身的知名度和流行度，巧用社会从众和模仿心理，造成商品的流行之势。

模特示范并不仅仅限于服装销售，其他产品也可以利用模特使产品的形象深入人心，增强人们的信任感。例如，有的开发商这样做广告："告诉您一个秘密：中海锦苑，这里90%的业主都是地产成功人士。"在广州还有的开发商不惜重金邀请香港演艺界知名人士为自己的产品做广告。偶像的力量有时是不可思议的，它迎合了人们潜意识中的效仿心理，从而引发抢购热潮。

③巧用政策鼓励。在中国，政治对人民的影响力是巨大的，这种影响可以延伸到生活的方方面面。从中国股市形成以来的动荡历史就可以清楚地认识到这一点。经验告诉我们，一种商品或一种消费观念一旦与政府政策有冲突，必然不会有市场，更不会流行。相反，如果与政策一致，符合政策倡导，不用怎么努力，就可以畅销流行。

3.3.2 家庭生命周期与购房心理

1. 家庭的生命周期

一个家庭从建立到不断发展过程中所经历的不同阶段，称为家庭生命周期，这也是影响家庭消费特点的重要因素。家庭生命周期可分为初婚期、生育期、满巢期、空巢期和解体期五个阶段。初婚期指从结婚建立家庭到生育第一个子女这一时期；从第一个子女出生到最小一个子女被抚养成人称为家庭的生育期；满巢期是指所有的子女长大成人离开父母独立生活之前这一时期；当子女成家立业，组建了新的家庭，独立生活之后，原来的大家庭只剩下两位老人的时期称为空巢期；而夫妻双方有一方去世就称为家庭生命周期中的解体期。

当然，对每一个具体的家庭来说，其生命周期并不一定严格按此顺序发展，也不一定非要经历每一个阶段。但从家庭生命周期中的每一个发展阶段来看，不同的家庭在同一阶段都存在着许多共同而明显的消费特点。

2. 家庭生命周期与消费心理

处于不同生命周期的家庭，消费对象和消费层次上会有不同的表现：

(1)初婚期的家庭。一般消费支出大，消费档次较高，消费范围比较广。在初婚期，一方面组建家庭需要购置大量物品，另一方面夫妇双方的父母大多仍在工作，并为其婚事提供强大的经济支持，新婚夫妇经济压力较小，消费层次普遍较高，例如会一次性购买各种家用电器和家具，并要求高质量和高档次。

(2)生育期家庭。消费重点从家庭物品和夫妇身上转移到孩子身上。这一时期家庭支出的大部分用于养育子女，主要的消费商品是儿童用品。而且，由于孩子增加了生活负担，一般家庭都会在消费档次上有所降低，特别是夫妇本身的消费档次以廉价实用为目标。这个时候，父母也开始为孩子未来的教育进行储蓄准备。不过，家庭消费能力仍会逐年提高。

(3)满巢期的家庭。子女已长大成人，参加社会工作，有一定的经济收入，家庭的总体消费能力达到最高。但在这一时期，家庭的消费决策从由父母决定转变为各自独立决定，他们仅提供意见的模式。父母为了子女的婚事再次开始有计划地储蓄。当然，由于子女也有收入，整个家庭的消费支出并不一定减少，相反，子女经济上的独立会促进他们的消费需求。

(4)空巢期的家庭。人口数量减少，夫妇的负担再次有所减轻，在个人消费品方面会适当提高支出水平和消费档次，家庭消费重心从子女移回夫妇自身。一些收入水平高的家庭会在这一阶段充分享受，以弥补以前没有实现的消费愿望，并会根据社会的消费现状与趋势更新一部分家具和用具。当然，在空巢期也可能会受到来自退休或年老需要照顾的父母方面的压力。

(5)解体期的家庭。由于夫妇一方的去世，会造成生存一方在生活方式和经济条件上的剧烈变化，使其原有的消费习惯发生改变。这个时期，老人一般会重新和子女一起生活，接受子女的照顾，自主购物行为减少，其消费水平受子女的家庭经济条件影响较大，消费重点多是医药保健用品。

3. 家庭生命周期与购房心理

(1)初婚期的家庭。这一群体的年轻人观念超前，经济负担相对较轻，对赚钱信心十足，不屑于“藏”钱，有勇气借贷购房，也有足够的还款能力。较之其他年龄人群，这一人群崇尚“花明天的钱，圆今日梦”的住房消费理念，易接受各种媒体广告影响，是住房消费市场上最具潜力的购买者。

针对目前住房消费出现年轻化的新特征，房地产开发商在开发策略上要注重发掘年轻人这一潜在的市场需求群体。年轻人对住房的户型结构、居住环境、配套服务等的要求与中老年人有所不同，具有新潮、个性突出等特点。例如，年轻人购房不仅仅是为满足居住这种单一的需求，在结构、装修布置等方面还要求能充分体现其性格特点和兴趣爱好。他们既要求居室具有良好的私密性，也要求拥有体面的公共空间以满足其广泛的社交需要。年轻人的家庭结构简单，对住房面积的要求不高，小户型比大户型更能适合他们的需求。

(2)生育期与满巢期的家庭。由于独生子女政策的实行，极大地减轻了家庭的负担，提高家庭物质生活水平和文化生活质量已成为家庭生活的新需求。表现在住房上的行为和心理需求主要是：

偏好于有益子女教育的住房区位地段是购房者关注的焦点之一。一般而言，居民对地段的选择主要是出于工作、生活方便性的考虑。对核心家庭而言，为孩子成长选取一个具有良好文化氛围、有益于子女健康成长的住区环境，是每一个进入生育阶段家庭考虑的首要因素。因此，地处大学文教区，或是居住区内有着完备的幼儿园、中小学、甚至于社区设有儿童活动、学生阅览室的房地产开发项目，对于这一人群就有极大的吸引力，有极好的卖点。

注重房屋的实用性、合理性。家庭结构核心化，又是家庭面临工作、学习、子女教育、家务劳动、赡养长辈等种种困扰的时候，经济负担较重，加上住房的商品化，使消费者对房屋的实用性、合理性更加挑剔。其中最主要的要求：一是户均面积不宜太大；二是厅、房面积要适中。目前小户型住宅畅销于市场就反映出这一需求倾向。开发商在极力倡导追求大厅、大厨房、大卫生间的同时，不应忽视房屋正常的户型与面积分布。

注重现代且合理的居住空间设计。住户期盼多样化的房型设计，以满足不同经济水平、文化层次、入住动机的家庭的需要。另一方面，对于40岁以下年龄段的家庭而言，信息和网络技术的发展，居家办公的出现，使传统家庭职能又增添一项新功能。如何科学、合理地设计家庭工作室，使得住户可以便捷、有效地操作使用计算机、通讯设备等办公自动化设施，安全、美观地安置和预设各分项专用信息网络配线，已成为人们对居住空间设计需求的新动向。

(3)空巢期与解体期的家庭。伴随着越来越多空巢家庭的出现，老龄化社会即将到来。全国许多城市已步入老龄化社会，在潜在的住房市场消费对象中，具有一定支付能力的老年人是不可忽视的部分。

由于老年人生理和心理的特点，对住房设计和室外活动空间提出了专门要求。在住房设计中要求考虑健康老人的家庭保健和行动不便老人的家庭护理，老年人使用的卫生间、家庭轮椅等特殊服务设施，为老年人提供方便、安心的居住空间。

在室外空间设计上，要求重视各年龄层次的要求，特别是要适应使用频率高的老年人的生理、心理特点。处于空巢阶段家庭的准老年人以及处于家庭解体阶段的老年人精神上的寂寞与孤独感显得十分突出，尤其是生病需人照顾和帮助时，社区是家庭的自然延伸，因此，营建适应老龄化社会需求的社区，为越来越多的老年人设置相应的社会活动场所，如老年书报室、棋牌室、健身场所，提供室外交往环境，给他们的生活以精神慰藉已成为一大趋势。

同时，老龄社区中特别要设置社区保健站，为老年人创造便利的生活条件；要重视社区绿化，配置大面积社区独享的集中绿地，尽最大可能满足老年人对绿色自然的亲近需要。

中国传统家庭养老方式,要求在住房设计上能体现老年人与子女之间生活可分,需要时又可合的需求,这无疑对住房的生活适应性提出了更高的要求。

3.3.3 影响消费者需求的因素

需求既然是一种有购买力的需要,它就不仅同价格密切相关而且还取决于人们的收入、偏好等需求条件,需求条件发生变化,商品需求量也会随之发生变动。一般来说,引起需求条件变化的量大致有如下几方面。

1. 消费者收入水平的变化

消费者对商品的需求是有支付能力的需要,而支付能力取决于消费者的收入水平。因此,在其他条件不变的情况下,消费者的收入水平越高,支付能力越大,能购买的商品数量也就越多,反之就越少。可见,需求与收入是按同一方向变动的。

2. 相关商品价格的变化

由于消费者在一个时期内的收入是一定的,所以,一般根据收入水平,决定选购最必需的物品,但这种决定不是完全不可改变的。首先,消费者所需求的商品往往有许多替代品,即在效用上可以替代的商品。如消费者所需的楼房可以拿平房替代,而当替代商品——平房价格下降时,即使楼房价格不变,对同一消费者来说,也会显得较贵。这样买楼房的人就会相对减少,而买平房的人会相对增多。其次,消费者所需要的商品还受互补商品价格变动的影响。有些商品必与其他有关商品搭配使用,如钢笔与墨水、汽车与汽油等就必须配合使用才能满足人们的某种需要。对于互补商品来说,如果其中之一价格上涨,不但影响它本身的需求量,还会影响到另一种商品的需求量。如汽油价格上涨,不仅使汽油需求量减少,还会使汽车需求量下降。由此可见,某种商品的替代品价格上涨,会引起对这种商品的需求减少。最后,互补品的价格下降,会引起对这种商品需求的增加。

3. 消费者对商品偏好程度的变化

偏好是消费者对商品的爱好。由于广告等一些外界因素影响,消费者对商品的兴趣会发生变化。如果消费者对一种商品的偏好程度降低,市场对这种商品的需求就会减少。如果消费者对一种商品的偏好程度提高,市场对这种商品的需求就会增加。

4. 社会人口数量及其构成的变化

一般来说,社会人口数量增加,对商品的需求量就会增多,社会人口数量减少,对商品的需求量就会减少。例如,一个城市的人口不断增加,那么对房屋的需求量就会随之增加。人口的构成不同,对商品的需求量也会产生一定的影响。

5. 消费者对未来的预测

消费者对未来的价格和收入水平的预期,会影响消费者当前的购买行为。如果消费者认为他希望购买的商品不久就会涨价,他现在就可能会购买。现在已经涨价,而今后很可能继续涨价,他也可能会迫不及待地抢着购买。如果消费者认为他希望购买的商品不久就会跌价,他可能会不买或少购买。已经跌价而今后会继续跌价,他可能会同样不买或少购买。如果消费者预期他的收入不久就会增加或减少,也会使其现在的购买量增加或减少。

6. 其他因素的变化

除了以上诸多因素之外,还有许多因素会影响需求习惯,例如职业的变动等。

3.4 房地产消费者的购买行为模式

对于消费者购买行为的分析,是房地产项目策划中的重点。在对消费者的心理过程、个性心理及群体心理因素分析之后,进一步对消费者的购买行为进行分析和研究,可以为企业的策划人员提供依据。

3.4.1 购买行为要素

消费者购买行为是指消费者为获取、使用、处置消费物品或服务所采取的各种行动。对房地产消费者购买行为的描述,我们可以简单地概括为"5W1H",即谁来买房地产(Who);为什么要买房地产(Why);在什么地方买房地产(Where);在什么时候买房地产(When);买什么样的房地产(What);如何来购买房地产(How);通过"5W1H",可以简单地勾勒出消费者购买行为的轮廓。

1. 谁来买房地产(Who)

在这里我们主要分析谁是主要的消费者即从房地产产品的本身出发,要将房地产卖给什么样的消费对象,解决消费者层次定位的问题。例如,高档商住楼,营销的对象主要是在这一地区设立办事处或分公司的外地的大型企业:商住楼既可以办公,又可以解决外地工作人员的住宿问题,而高档又决定了必须是具有一定实力的较大企业;又比如高标准的公寓,主要面向的消费对象可能是高收入阶层,如外资企业的高级职员、成功的企业家等。同时，由于房地产产品所具有的价值高的特点，在购买行为的过程中还存在许多参与者，购买的决策者可能不是最终的使用者。因此，在研究主要消费对象的同时，还要对谁参与了购买的决策进行研究和分析，如谁进行购买决策，谁出资购买房地产，谁对购买决策产生影响，谁最终实际使用房地产。这里的重点是要对购买的决策者和购买决策的影响者进行研究和分析。确定主要消费者是对消费者购买行为进行描述的第一步，也是最重要的一步，它为房地产项目经理进行营销策划、划分最终的目标市场提供了依据。

2. 为什么要买房地产(Why)

消费者为什么购买房地产？为什么要购买这一区位、这一类房地产？从经营角度来说，我们称之为购买动机。消费者的购买动机可以划分为理性的购房动机与带有感情色彩的动机，它们又可进一步分类。

3. 在什么地点购买房地产(Where)

什么地点、什么样的场所和气氛更有利于消费者做出购买决定？通过对这些问题的分析和研究，可以为项目策划人员在制定渠道策略和促销策略时提供参考依据。

在多数情况下，消费者都最终会倾向于到现场进行实地了解、查看。因此，施工现场的环境(如建材放置井井有条会使消费者感觉管理井然有序，对质量也就有了信心)、售楼处的布置(给消费者营造一种随和、轻松的氛围，有利于增强消费者对营销人员所介绍内容的信任程度)、样板房的设计(样板房是消费者对未来房地产产品的透视，良好的设计效果则会提高消费者购买的欲望)、现场所分发的广告宣传资料(现场资料则对一些尚无法目睹的内容进行补充介绍)都会对消费者的购买决策起到影响作用，这些都是房地产项目策划人员需要重点研究的问题。

有些消费者则可能因为工作繁忙等原因不便亲自去每一个现场挑选而委托中介代理机构。因此通过对 Where 的研究，可以使策划人员发现哪些中介代理机构是消费者经常光顾的，以便策划人员在选择营销渠道时，可以选择那些信誉高、实力强、业绩好的中介代理机构作为中间商。随着科学技术的进步，还会出现许多新的渠道，如网上购房，也将成为购房的一种方式。

4. 在什么时候买房地产(When)

研究消费者在什么时候购买或者是在什么时候更愿意表示购买的愿望，有助于策划人员选择最合适的时机将楼盘推向市场。

房地产市场不像中秋节买月饼那样具有明显的时间特征，但也不是毫无规律可循。例如，夏天天气炎热，消费者不太愿意冒酷暑外出选购；每逢双休日、节假日,询问、选购房地产的消费者要较平时多。在广州,周末看楼已成为许多老百姓消闲度假的一种方式,开发商自然很看重这样的机会,每逢星期五房地产广告就铺天盖地。为使消费者在令人眼花缭乱的广告世界中注意到自己的楼盘,有些开发商不惜斥资三、五十万做整版广告。这些开发商能够卖出多少楼姑且不论,单就广告媒体而言,它肯定是最大的赢家。此外,在元旦、春节、劳动节、国庆节前后结婚的人较多,在这之前的几个月,年轻人可能购买婚房;每年的年中和年末,企业发奖金,消费者可能持有较多的货币,在这之后的几个月春秋两季为房地产销售的旺期,可以在这个时期举行一定规模的楼盘促销活动,当然也要充分考虑竞争对手推出楼盘的时间。

5. 购买什么样的房地产(what)

由于消费者所处的社会环境、经济条件不同以及心理因素的作用,因此消费者所需购买的房地产也是多样的。例如,新婚夫妇需要一室一厅;三口之家可能就需要二室二厅;孩子成年后可能需要三室二厅;同时由于受到经济条件的制约,在购买房地产区位上也会有所选择。再如,在商业活跃,规模迅速扩大时,市场可能对商业用房的需求上升;地区经济发展水平迅速提高时,市场可能对办公用房的需求上升;当居民生活水平迅速提高时,市场对住宅的需求上升。通过对消费者需要购买什么样的房地产的研究分析,可以使房地产企业及时正确了解消费者的需求,适时推出合适的房地产产品。

6. 如何来购买房地产(How)

消费者购买房地产的方式,不仅会影响市场营销活动的状态,而且还会影响房地产产品的设计以及营销计划的制定。例如,消费者拥有足够的支付能力,会一次性付款;当消费者支付能力不足时,消费者将分期付款或以按揭方式付款。消费者的具体购买方式受到许多因素的影响,我们将在消费者的购买决策中作进一步的分析。

3.4.2 购房决策过程

消费者的购买决策行为并非只是独立的单一行为,而是一系列的连续行为。分析这个过程,目的在于使房地产营销人员针对决策过程不同步骤的不同情况,采取有效的促销措施。按照美国管理学家菲利普·科特勒的划分方法把购买决策过程分为五个步骤,具体如图 3-2 所示。

图 3-2　购买决策过程

1. 需要认知

任何购买行为都是由动机支配的，而动机又是由需要激发的，所以可以认为消费者对于某一需要的认知是购买行为的起点。消费者认识到自己有某种需要时，是其购买决策过程的开始。这种需要，可能是由内在的生理活动引起的，也可能是受外界的某种刺激引起的，或者是由内外两方面的因素共同作用的结果。例如，由于人口多，房屋面积小，同时又具备一定的支付能力会驱使消费者通过购买房屋来解决住房紧张问题，这是由内部刺激引起的；当某一消费者发现朋友投资房地产赚了一大笔钱时，这位消费者也会考虑购买房地产进行投资，这就是由外部刺激引起的需要。

房地产企业必须十分清楚地了解社会对本企业的房地产产品的实际的或潜在的需要状况，以及可以满足消费者哪些内在需要，同时还要了解通过哪些因素的刺激可诱发消费者的需求。研究表明，当一些产品可以同时满足消费者的需求越多，且经过适当的刺激，就越能成为人们梦寐以求的产品。

2. 收集资料

如果引起消费者的需求很强烈，或者说引起消费者的关心程度足够高，那么消费者希望立即满足自己的需要。然而在多数情况下，消费者被引起的需求是无法立即得到满足的，这时便会促使消费者积极收集有关资料来进一步增加对产品知识的积累，以便为下一步的方案评估提供参考依据，做出最终的购买决策。一般来说，消费者收集资料的来源主要有三个渠道：

(1)人际来源：包括家人、朋友、邻居、同事等；

(2)商业来源：包括广告、推销员、中介商、促销活动、产品介绍、图片报道、样品房、透视图、鸟瞰图、展销会等途径得到的信息。此类信息源最为广泛，信息量也最大；

(3)公共来源：包括各类传播媒体；

(4)经验来源：操纵、实验和使用产品的经验。此类信息源比较真实、可靠。

在这些信息资料来源中，商业来源起到了一个告知、传达的作用，而人际来源则提供经验以及对产品进行方案评估的信息。对于消费者而言，来自商业来源的资料信息最多，而来自人际来源的资料信息则最具影响力。每一种信息来源在影响消费者购买决策方面起着不尽相同的作用。

3. 购买前的评价

消费者得到的各种有关信息，可能是重复的，甚至是互相矛盾的，因此还要进行分析、评估和选择，通过对房屋的质量、结构、地理位置、设计格调、价格等综合比较，最后选定能满足自己需要的房屋，这是购买决策过程中决定性的一环。

消费者的比较和评价，实质是房地产企业产品之间的直接较量，是产品争夺消费者的竞争。企业要针对消费者的心理，强调自己的特色，如以优惠的付款方式、独特的设计风格获得消费者的青睐。但消费者的评估选择过程，有以下几方面值得营销人员注意：①房屋性能是购买者所考虑的首要问题。②消费者对房屋的各种性能给予的重视程度不同。③消费者心中既定的房屋形象与房屋的实际性能可能有一定差距。④消费者对房屋的每一属性都有一个效用函数。⑤多数消费者的评选过程是将实际房屋同自己理想中的房屋对比。

对于营销人员而言，尤其重要的是要找出消费者在进行方案评估时具有决定性意义的指标，在营销策划中投其所好进行强化，以影响其购买决策时的态度。

4. 购买决策

方案评估后，那些具有购买需要的消费者会产生购买意图，继续以后的购买行为，并产生购买决定。然而购买意图到购买决定之间，还要受两个因素的影响(图3-3)。消费者在采取购买行为之前，会首先作出购买决策。购买决策是对许多因素考虑后作出的总判断，这些因素包括购买哪一区位的房地产？购买其中的哪一楼盘？何种房型以何种价格购买？面积多少？以何种方式付款？等等。

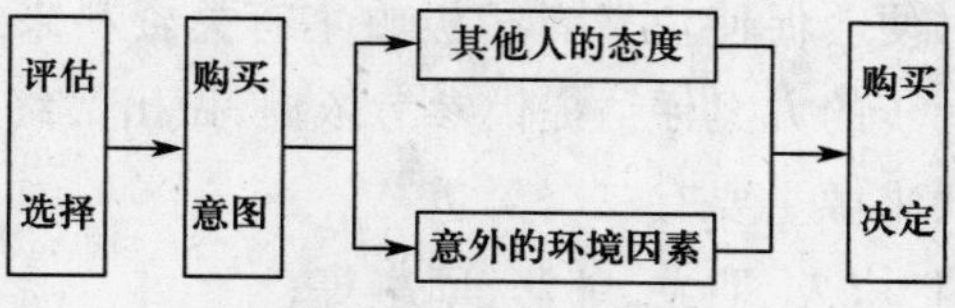

图 3-3　影响购买决定的两个因素

(1)其他人的态度。例如：某人已准备购买某房地产开发公司的房屋，但其家人或亲友持反对态度，就会影响购买意图。反对态度越强烈，或持反对态度者与购买者关系越密切，则改变购买意图的可能性就越大。

(2)意外的环境因素。购买意图是在预期家庭收入、预期价格和预期获益的基础上形成的。如果发生了意外情况——收入的意外支出、房产涨价或亲友带来该公司房屋令人失望的信息，则很可能改变购买意图。

消费者的修改、延迟或取消某个购买决定，往往是受已察觉的风险的影响。“察觉风险”的大小，随购买房屋价格大小、性能的确定程度和购买者的信心强弱而定。因此，营销人员应设法尽量减少消费者所承担的风险，促使消费者作出最后的购买决定并付诸行动。

5. 购后感受

消费者购买之后的行为主要有两种：一是购后的满意程度，二是购后的活动。

(1)购后的满意程度。消费者的满意程度，取决于消费者对房地产产品的预期性能及其服务与房地产产品使用中的实际性能及获得的服务之间的对比，即如果购后在实际使用中符合预期的效果，则感到满意；超过预期，则很满意；未能达到预期，则不满意或者很不满意。实际和预期的差距越大，不满意的程度也就越大。

因此，房地产营销人员的广告宣传必须实事求是，符合房屋的实际性能，避免言过其实，以便使购买者感到满意。有些高明的营销人员对房屋质量性能的宣传甚至故意留有余地，以增强消费者购后的满意感。

(2)购后活动。购房者购后的满意程度，决定于其对这一房地产企业产品的态度，并且还会影响到其他潜在的购买者。俗话说："最好的广告是满意的顾客。"反之，失望的顾客不但永远不会再购买失望企业的产品，而且到处作反面宣传，使原已准备购买的人放弃购买。对房地产开发企业来讲，顾客的购后活动有利于不断改进房地产产品。

因此，房地产营销人员应与购买者进行购后的联系，采取一些必要的措施，促使购买者肯定其购买决策的正确性。如向新买主祝贺节日或生日等办法，以建立良好的关系。消费者在购买房地产产品后，往往会通过使用，与自己在进行购买决策时对商品建立的期望进行对比检验，考虑自己购买决策是否明智，是否合算。这就形成了购买后的感受。

同时，营销人员最重要的是在营销过程中不要夸大其词，以免引起消费者过高的期望值，最终因企业无法达到消费者要求，而主动制造"失望"的顾客。

3.4.3　购房决策规则

在购买行为的决策过程中，房地产消费者往往遵循一定的规则。

1. 整体属性最佳规则

一般而言，任何消费者都希望某物业的各种属性是最优的，假设一物业价格最低，建筑面积最合适，得房率最高，小区物业管理好，交通方便，则消费者必定会选择购买。

2. 非报酬的决策规则

在消费者购买行为的决策过程中，房地产产品的一些属性是非常重要的，其他因素再好也无法弥补和替代。例如：一个楼盘距离某个消费者的工作地点太远，或者价格太高，那么无论这个楼盘建筑风格、物业管理、企业品牌等方面如何好，这个消费者也不会购买，因此说非报酬的决策规则是绝对的。

3. 补偿与权衡规则

一个楼盘在满足非报酬决策规则的基础上，楼盘的其他属性可以相互弥补，消费者可以运用加权平均的方法进行权衡，选择称心的楼盘。

以下举例说明非报酬决策规则与补偿权衡规则的运用过程。

【例 3-1】 某一消费者希望购买一套二室一厅的物业，经过信息搜集，找到了四个物业。有关资料见表 3-1。

表 3-1　　四个物业资料表

物业	出行时间/分钟	价格/(元/m^2)	建筑面积/m^2	得房率/%	物业管理(打分)
A	25	5 200	85	74	100
B	40	4 500	82	73	70
C	40	4 500	82	70	90
D	60	4 200	63	65	80

根据四家物业情况，由于 D 物业交通不便，由 D 楼盘到该消费者工作地点需要 1 小时，依据非报酬决策规则，D 楼盘首先被该消费者排除在外；根据自身的经济情况，该消费者确定了高于 5 000 元/m^2 的楼盘不买的原则，因此，A 物业也被剔除。

剩下 B、C 两个物业，采用加权平均法进行权衡。根据该消费者的态度，他给得房率打 35 分，物业管理打 65 分。则

B 物业的综合得分是：$73\times35\%+70\times65\%=71.05$(分)

C 物业的综合得分是：$70\times35\%+90\times65\%=83$(分)

最终该消费者会选择购买 C 物业。

有时候，消费者会发现，使用全部决策规则会排除所有可能的方案，因此规则需要修改，从而导致根据它们关系的重要性来建立规则的层次。

案例 1

消费者 M 的购房决策过程

购房者个人资料：

性别：男；年龄：26；婚否：未婚；学历：本科；职业：房地产营销策划；职位：经理；工作年限：4 年；年收入：10 万左右，无车；现居住条件：与父母同住（三室二厅）。

购房时间：2004 年

购买动机：自住（即将结婚，不想与父母同住）

购买要求：(1)面积：80～100m^2，二室二厅一卫

(2)总价：25 万～30 万元

(3)位置：沈阳市内五区，二环以内

(4)产品：多层或小高层住宅、封闭园区、绿化及景观良好

购买经历：由于本人一直从事房地产行业，对沈阳市内各楼盘情况非常了解，不需要看报纸广告或其他宣传，以自己意愿及判断为主，不需要寻求帮助或咨询。最初意向在两家楼盘选择：

(1)位于皇姑区辽宁大学以北，一环与二环之间，本单位开发楼盘（知名楼盘），价格在 3 000 元左右（市场价格 3 300 元，由于本单位开发给予一定优惠），面积 94m^2（二室二厅一卫）。

(2)位于铁西区兴工街一环以内，外地开发商开发，有朋友在此项目任营销总监，价格在 3 300 元左右，朋友可以照顾优惠一万元左右，面积 89m^2（二室二厅一卫）。

决策过程：具体见表 3-2。

表 3-2　　**两楼盘比较**

	楼盘 1	楼盘 2	倾向
面积	94m^2 公摊较大。	89m^2 公摊较小。	2
总价	282 000 元（比市场价便宜较多）	283 700 元	1
位置	到城市主干道步行约 20 分钟，比较偏僻，距离父母家较远（车程：打车约 40 分钟），周边配套一般。	到城市主干道步行 3 分钟，铁西中心区域，周边配套较完善，距父母家较近（车程：打车约 20 分钟）。	2
楼体	小高层	多层	2
园区	水景园区，是当时沈阳经典园区，规模：占地 16 万 m^2。	绿化景观一般，是当时沈阳中档园区，规模：占地约 10 万 m^2。	1
户型格局	二室二厅一卫，客厅开间 3 900mm，框架剪力墙结构，卫生间带窗户。	二室二厅一卫，客厅开间 4 000mm，砖混结构，卫生间无窗。	1

（续表）

	楼盘 1	楼盘 2	倾向
升值潜力	未来三年区域价格在 4 000 元左右	未来三年区域价格在 4 500 元左右	2
物业	1.2 元/月/m^2	1.0 元/月/m^2	2
品牌	知名	一般	1
质量	较好	较好	无

最终消费者 M 购买了楼盘 2。

付款方式：贷款，首付 9 万元左右，贷款 19 万元，月供 1 500 元左右，按目前收入没有困难，计划在 5 年内将贷款还清，同时考虑购买 10 万元左右汽车。

分析：公摊、位置及未来升值潜力是该消费者购买的主要依据。由于是第一次置业，更注重楼盘的性价比，考虑目前解决居住就可以，待日后资金允许将第二次置业，将此房屋出售或出租收益会更大。

案例 2

消费者 N 的购房决策过程

购房者个人资料：

性别：男；年龄：40 岁左右；婚否：已婚；学历：不详；职业：自主经营 6 家连锁饭店；个人资产：1 000 万以上。个人住房：沈阳市内住宅 4 套以上。

购房时间：2006 年

购买动机：投资或自己经营

购买要求：无具体要求

意向单位：某品牌开发商在沈阳北站附近开发一公寓项目的商业网点

房屋情况：面积：210m^2

单价：10 000 元/m^2

结构：剪力墙

格局：1、2 层，内楼梯

该商业网点位于沈阳北站金融开发区内，周边金融、餐饮、服务业发达，交通便利，且众多高档社区集中。周边商业网点售价 8 000～12 000 元/m^2。

购买经历：由于本人已购买该开发商建设的高档住宅小区 2 套，并在该小区长期居住，恰巧该商业网点与其居住的小区隔街相望。本人是该开发商的忠实拥护者，对开发商比较信赖，在此项目刚刚建设还未到正式销售阶段时，就已有购买意向，用途首先打算自己经营，其次是出租。考虑自己经营饭店较多且比较繁忙，再三权衡后决定放弃自己经营。由于本人对房地产行业不太熟悉，因此咨询了很多业内人士的意见，并对房屋内部格局多次查看。主要决策依据：周边商业网点出租率、租金水平、周边消费能力、房屋内墙体详图、门脸大小、各管线布局、内楼梯位置。最终决定购买，并计划在 10～15 年收回投资。

付款方式：贷款，首付 1 050 000 元，贷款 1 050 000 元，月供 12 000 元左右。该房屋在建成后 1 个月内即招租成功，年租金 190 000 元。

思考题

1. 一般商品的购买与房地产产品的购买有哪些区别？
2. 个性因素对房地产产品的购买有哪些影响？
3. 社会文化因素对消费者群体具有哪些影响？
4. 购房决策过程是怎样的？
5. 简要阐述马斯洛"需要层次理论"。
6. 购买动机具有哪些特征？
7. 说明案例 1 与案例 2 的消费者购房决策过程的不同点。

第4章

房地产市场调查

在信息技术时代，信息变得如此重要，已和资金、材料、设备、人力等并列为管理的五大资源。随着房地产市场由卖方市场向买方市场的转变，房地产市场竞争由价格向非价格竞争发展，使得对房地产市场营销信息的需要比过去任何时候都更为强烈，因此市场调查成为企业营销活动中必不可少的重要组成部分。实践证明，在十分复杂、激烈的经营环境中，只有通过认真、细致、有效的市场调查，才能制定出切实可行的营销战略，使企业立于不败之地。

4.1 房地产市场调查概述

4.1.1 房地产市场调查的概念

房地产市场调查，是以房地产为特定的商品对象，对相关的市场信息进行系统的收集、整理、记录和分析，进而对房地产市场进行研究与预测。

房地产市场调查有广义和狭义之分。狭义的市场调查是以科学的方法收集消费者购买和使用商品的动机、事实、意见等有关资料，并予以研究。例如，进行住房市场购买力的调查，只有通过一定数量的各种年龄结构的人员进行抽样调查，才能分析消费者对房地产购买力的情况。广义的市场调查则是针对商品或劳务，即对商品或劳务从生产者到达消费者这一过程中全部商业活动的资料、情报和数据作系统的收集、记录、整理和分析，以了解商品的现实市场和潜在市场。房地产市场调查的内涵具体包括以下几个方面：

(1)房地产市场调查是一种重要的市场营销活动，其目的是要了解房地产市场，包括现实的房地产市场和潜在的房地产市场。

(2)房地产市场调查具有客观性。客观性要求实事求是地对房地产市场进行分析和评价，它是房地产市场调查的本质，主观地判断或估计都不是一种科学的市场调查方法。

(3)房地产市场调查是系统地收集、整理、分析有关房地产市场的情报、资料和信息，没有系统性就容易产生一些主观或片面的结果，甚至可能给房地产企业的决策者带来完全错误的市场情报。

房地产作为一种特殊的商品，日益受到政府、企业和居民的重视，房地产市场中商品的类型和数量不断增加，市场对房地产产品的需求也越来越大，并且处于不断的变化过程中。为了正确了解和掌握房地产市场的供给与需求，房地产开发企业必须对不断变化的市场进行全面、系统的调查和研究，否则房地产开发企业很难在竞争日益激烈的市场中立足。

4.1.2　房地产市场调查的类型

根据房地产市场调查的深入程度，可将房地产市场调查划分为探测性调查、描述性调查、因果性调查和预测性调查。

1. 探测性调查

探测性调查是房地产企业在对房地产市场情况很模糊或对所要调查的问题不知从何处着手时所采取的方法。探测性调查主要是发现问题和提出问题以便确定调查重点。例如，开发的商业房地产滞销是由于产品定位失误造成的，还是由于广告宣传的力度不够以致目标消费者接触面不够造成的，还是由于竞争对手采取新的营销策略造成的。由于影响房地产销售情况的因素很多，房地产企业可能一时难以分辨，这时房地产企业可以采取探测性调查的方法，先从消费者或中介代理商处收集和掌握一些信息，然后进行分析并发现问题，以便着手进行下一步的调查。

2. 描述性调查

描述性调查是对已经找出的问题做如实的反映和具体的回答。描述性调查从外部联系上找出相关因素，对提出的问题进行回答，并在此基础上再提出一些相关的问题。例如，某房地产开发公司欲弄清购买本公司产品的是哪些消费者？他们的具体分布如何？什么时候进行购买？如何购买？描述性调查必须掌握大量的信息情报，调查前需要有详细的计划和提纲以保证获取的资料正确、可靠，问卷调查多属这种调查方式。

3. 因果性调查

因果性调查也称因果关系调查，是在描述性调查的基础上进一步研究分析问题的前因后果，找出影响问题的各个因素之间的因果关系。例如，通过控制广告费用在不同媒体中的支出，来观察不同媒体上的广告对房地产销售量的影响。

4. 预测性调查

预测性调查是通过收集、分析、研究现有的各种市场资料，运用数学方法，估计未来一定时期内房地产市场对某种类型物业的需求量及其变化趋势。例如，附近竞争楼盘的推出时间可以根据其工程速度进行预测。预测性调查可以帮助企业制定有效的营销计划，规避市场风险以及可能带来的损失。

上述四种调查是互相联系、逐步深入的。探测性调查主要是发现问题和提出问题;描述性调查主要是说明问题;因果性调查主要是分析问题的原因;预测性调查主要是估计问题发展的趋势。

4.1.3 房地产市场调查的方法

房地产市场调查有许多方法,其分类标准也各有不同。因此,房地产市场调查人员在调查过程中,可根据具体情况选择不同的方法。房地产市场调查方法可分为两大类,第一类按选择调查范围来划分,有全面调查法、重点调查法、随机抽样法、非随机抽样法等;第二类是按调查对象所采用的具体方法来划分,有访问法、观察法和实验法。下面简要分析每一种调查方法的特征。

1. 按调查范围划分

(1)全面调查法。这是一种一次性普查的方法,它要求对所有购买商品的情况进行一次全面调查。全面调查必须做到调查时间统一,调查范围统一,调查项目统一,以掌握产品的市场占有率。全面调查法所获得的资料比较全面可靠,能正确反映客观实际,效果明显。通过系统调查了解一个城市的人口、年龄、家庭结构、职业、收入分布等情况,对房地产开发企业将是十分有利的。由于全面调查工作量很大,要耗费大量的人力、物力、财力,调查周期较长,因此,只有当调查对象不多,或调查对象集中在某个区域时才宜采用此方法。当然,有些资料可以借用国家权威机关的普查结果,例如,可以借用全国人口普查所得到的有关数据资料等。

(2)重点调查法,又称典型调查法。它是以总体中有代表性的单位或消费者作为调查对象进行深入调查,以获取需求信息的方法。采用这种调查方式,由于被调查对象的数量不多,企业可以用较少的人力、物力、财力,在短时期内完成。例如,调查高档住宅的需求情况,可选择一些购买大户型的消费者作为调查对象,从而推断出整个市场对高档住宅的需求量。但由于这种调查是根据主观意识来确定调查对象的,因而具有一定的局限性,市场调查人员应引起高度重视,特别是当外部环境产生较大变化时,所选择的重点对象可能不具有代表性。

(3)随机抽样法。随机抽样调查是在总体中随机抽取任意个体作为样本进行调查,根据样本推断出一定概率下总体的情况。随机抽样法在市场调查中占有重要地位,在实际工作中应用很广泛。随机抽样法最主要的特征是从母体中任意抽取样本,每一样本都有相等的机会,即事件发生的概率是相等的,这样可以根据调查的样本空间的结果来推断母体的情况。它又可以分为三种:一是简单随机抽样,即整体中所有个体都有相等的机会被选作样本；二是分层随机抽样，即对总体按某种特征（如年龄、性别、职业等）分组织（分层），然后从各组织中随机抽取一定数量的样本；三是分群随机抽样，即将总体按一定特征分成若干群体，随机抽样时将部分作为样本。分群抽样与分层抽样是有区别的：分群抽样是将样本总体划分为若干不同群体，这些群体间的性质相同，然后将每个群体进行随机抽样，这样每个群体内部存在性质不同的样本；而分层抽样是将样本总体划分为几大类，这几大类间是有差别的，而每一类则是由性质相同的样本构成的。

(4)非随机抽样法。非随机抽样法是指根据研究人员或专家的主观判断在选定的抽样范围内进行抽样的方法。常用的非随机抽样方法有以下几种：

①就便抽样

也为随意抽样调查法，即市场调查人员根据最方便的时间、地点任意选择样本，如在街头任意找一些行人询问其对某产品的看法和印象。这在抽样调查中是常用的方法。

②判断抽样

即市场调查人员根据自己的以往经验来判断由哪些个体作为样本的一种方法。当样本数目不多、样本间的差异又较为明显时，采用此方法能起到一定效果。在房地产项目开发建设前期，通常会采用判断抽样技术，对市场上的需求特征进行调查和预测。例如，某个房地产开发企业准备开发一个高档别墅项目，那么在开发之前就可以首先去请教房地产行业的专家，向其咨询哪些城市的消费者会对高档别墅有较高需求，或者在哪些城市开发高档别墅项目会有较大的利润空间。专家首先会根据全国各个城市经济发展水平和居民收入情况，再从自身对房地产市场供求形势的判断，提出相应建议，比如选择北京、上海、深圳等；然后提出有哪些消费群体会对高档别墅项目有需求，如公司的总经理、外资公司的驻华工作人员以及其他一些高收入者等等；最后，提出在不同地区、针对不同群体，如何选择样本单位的相关建议。调查人员应结合专家的意见，深入到所选中城市的高收入人群中展开市场调研。

③配额抽样

即市场调查人员通过一些控制特征，将样本空间进行分类，然后由调查人员从各组中任意抽取一定数量的样本。这种方法同分层随机抽样有相似的地方，二者的相同点在于都需要事先对总体中所有单位进行分层，例如按消费者的年龄、收入、职业等特征进行类型的划分，然后从不同层中选择样本；二者的不同之处在于选择的方式，分层随机抽样是按照随机的原则抽取样本，而配额抽样则是由调查人员在配额内凭借主观判断任意选择样本。

2. 按调查方法划分

(1)访问法

这是最常用的市场调查方法，是通过直接询问被调查者的方式来了解市场情况和客户需求的一种方法。采用访问法进行调查时，通常要将需要了解的信息做成问题的形式列在表中，按照表格的顺序和要求询问被调查者，所以通常又被称为调查表法。按照调查人员与被调查人员接触方式的不同，可将访问法划分为以下三种形式：

①答卷法

调查人员将被调查人员集中在一起，要求每人答一份问卷，在规定时间答完，这样被调查人员不能彼此交换意见，使个人意见充分表达出来。

②谈话法

市场调查人员与被调查人员进行面对面谈话，如召开座谈会，大家畅所欲言。然后还可针对某种重点调查对象进行个别谈话，深入调查。这种方法一般应用于对调查主题有经验的行家或专家意见调查中。例如，项目主要户型的确定及定价，调查时可以召集建筑专家、房地产专家、营销专家、策划人员、销售人员进行座谈，通过座谈讨论，被调查者各抒己见，相互启发和补充，不断修正各自的观点。这样可以获取更广泛深入、更有价值的信息资料。

③电话调查法

电话调查法是市场调查人员借助电话来了解消费者的意见的一种方法。如定期询问重点住户对房地产的设计、设备、功能、环境、质量、服务的感觉如何，有什么想法并请他们提出一些改进措施等。

④邮寄调查法

邮寄调查法是指将事先设计好的调查问卷，通过邮政系统寄给被调查者，由被调查者根据要求填写后再寄回，它是市场调查中一种比较特殊的调查方法。

⑤网络调查法

网络调查法即是通过网络平台发布调查问卷，由被调查人员在网络上自行填写的一种调查方法。与传统的调研方法相比，网络调查具有形式新颖、表现力强的特点，已经被广泛应用于许多行业的市场调研中。

⑥留置调查法

留置调查法也叫留置问卷调查法，是指调查者将调查表或问卷当面交给被调查者或发放到其家中，说明调查意图和要求，由被调查者自行填写回答，再由调查者按约定的日期收回问卷的一种调查方法。

(2)观察法

这种方法是指调查人员不与被调查者正面接触，而是在旁边观察。这样被调查者无压力，表现得自然，因此调查效果也比较理想。观察法有四种形式：

①直接观察法：指调查人员直接到现场观察调查对象的举止行为，直接判断得出结论。例如，在房地产市场调研中，要想研究目前何种户型的住宅比较受欢迎，可派调查人员到售楼处现场观察消费者对户型的选择情况。

②亲身经历法：指调查人员通过亲自参与某项活动收集相关资料。如某开发商要了解某代理商服务态度的好坏、服务水平的高低，就可以派人佯装顾客，到该代理商处去咨询买楼等。通过亲身经历法收集到的资料通常都是真实的。

③实际痕迹测量法：调查人员不是亲自观察购买者的行为，而是观察行为发生后的痕迹。例如，要比较在不同报纸杂志上刊登广告的效果哪个较好。

④行为记录法：在取得被调查者同意之后。用一定装置记录调查对象的某一行为。例如，在某些家庭电视机里装上一个监听器，可以记录电视机什么时候开，什么时候关，收哪一个电视台，收了多长时间等。这样可以帮助营销管理人员今后选择哪一家电视台，在什么时间播广告效果最好。

调查人员采用观察法，主要是为了获得那些被观察者不愿或不能提供的信息。有些购买者不愿透露他们某些方面的行为，通过观察法便可以较容易地了解到。但观察事物的表面现象，不能得到另外一些信息，如人们的感情、态度、行为动机等，因此调查人员通常将观察法与其他方法组合起来使用。

(3)实验法

将调查范围缩小到一个比较小的规模上，进行实验后取得一定结果，然后再推断出总体可能的结果。例如，调查广告效果时，可选定某一消费者作为调查对象，对他进行广告宣传，然后根据接受的效果来改进广告词语、声像等。实验法是研究因果关系的一种重要方法。例如，研究广告对销售的影响，在其他因素不变的情况下，销售量增加就可以看成完全是广告影响造成的。当然市场情况受多种因素影响，在市场实验期间，消费者的偏好、竞争者的策略，都可能有所改变，从而影响实验的结果。尽管如此，实验法对于研究因果关系，能提供访问法、观察法所不能提供的材料，运用范围较为广泛。

4.2　房地产市场调查的内容

房地产业是一个综合性很强的行业，这决定了房地产市场调查也是一个综合分析的过程。一般来说，房地产市场调查的内容主要包括以下几个方面：

4.2.1 市场环境调查

1. 宏观环境调查

主要调查内容有：

(1)政治法律环境。主要包括与房地产市场有关的财政政策、货币政策、产业政策、土地政策、住房政策、户籍政策等。

(2)经济环境。主要包括国民经济发展状况、产业结构的变化、城市化的进程、居民家庭收入情况、居民存款额、居民消费结构和消费水平等。

(3)人口环境。主要包括人口总量、年龄结构、家庭规模与结构、教育程度、人口地理分布、人口迁移特征等。

(4)社会文化环境。主要包括居民的生活习惯、生活方式、消费观念、消费心理以及对生活的态度和人生的价值取向等。

2. 中观环境调查

主要调查房地产项目所在地的城市发展规划、房地产开发企业情况、房地产产品的总供应量与总需求量、专业机构与中介商等情况。

(1)城市发展规划主要调查城市发展的方向，这是项目选址着重考虑的问题。它直接关系到物业的潜质和增值的可能性。这方面情况的获得可以通过到规划部门查询城市总体规划文本，或请规划专家分析情况来取得有关资料。

(2)城市房地产开发企业情况包括城市房地产开发企业的数量、类型以及企业资质与实力等资料。上述有关内容可以通过房地产开发企业管理部门及业内人士的介绍取得。

(3)房地产产品的供需状况主要包括某年度房地产产品供应量、需求量、销售价格水平、平均开发成本等资料。房地产产品的供应量可以到政府房地产管理部门查询预售许可登记以及竣工面积统计。房地产产品的需求量，可以到房地产管理部门的产权产籍管理处查询产权登记有关情况，因为买房一定需要办理产权证。当然由于办证往往落后于买房，因此实际的房地产需求一般要大于房地产产权产籍部门的统计数据。

(4)专业机构与中介商情况调查，主要调查工程咨询公司、物业管理公司、房地产销售代理公司等的信誉、资质和业绩情况，金融市场(如银行抵押贷款的利率、贷款年数、成数)情况，这为日后项目委托有关业务打下基础。了解有关此方面情况主要参考业内人士的口碑。

3. 微观环境调查

项目的微观环境调查又称为项目开发条件分析。其目的是分析项目自身的开发条件及发展状况，对项目自身价值提升的可能性与途径进行分析，同时为以后的市场定位做准备，具体包括：

(1)对项目的用地现状及开发条件进行分析。

(2)对项目所在地的周边环境进行分析。主要指地块周围的物质和非物质的生活配套情况，包括水、电、气等市政配套设施，公园、学校、医院、邮局、银行、超市、体育场馆、集贸市场等生活配套情况，以及空气、卫生、景观等生态环境，还包括由人口数量和素质所折射出来的人文环境等。

(3)对项目的对外联系程度、交通组织等进行分析。

4.2.2　消费者调查

房地产项目要销售得好，必须了解消费者的情况，找到合适的消费群体，针对他们的消费行为和消费心理进行营销策划。具体包括以下几个方面：

(1)消费者的年龄分布。处于不同年龄段的消费者其经济实力和消费负担都存在着明显的差别，因此他们对房地产的需求特征也大不相同。例如，单身的年轻人一般没有经济负担，消费主要以娱乐为主；新婚的年轻人一般有较强的购买欲望；有小孩的家庭在购房时对房屋的结构有特殊的要求；老年人购房时对周围的环境及方便程度有所要求。

(2)消费者的收入水平。收入水平也是一个非常重要的消费者统计特征。收入水平的高低直接导致了购房者在选择房地产及其附带设备和服务上的差异。对于低收入消费者来说，他们更注重户型、得房率、交通及房地产价格；对于高收入消费者来说，他们则比较看重住宅的物业管理、周边环境等。

(3)消费者的职业划分。职业的划分也影响着人们的价值观和消费行为。一般工人家庭对住房装饰细节、经久耐用比较重视，而白领阶层比较倾向于简洁、明快又富于一定艺术氛围的住宅。另外，不同的职业对住房结构的要求往往也有所不同，如教师、研究人员往往需要一个独立的书房。

(4)消费者的购买倾向。主要调查消费者对物业类别、品牌、户型、面积、位置、预期价格、物业管理、环境景观等的偏好，以及影响消费者购买倾向的因素、消费者的购买动机等。

一般来说，在未确定目标消费者之前，可通过二手资料的收集对房地产市场的消费者做一个普遍、粗略的了解。确定了目标消费者之后，则主要是通过问卷调查的形式就想要了解的问题对目标调查者进行访问。目标消费者的确定可参照同类物业的已成交客户进行划分，必要的时候，甚至可以针对核心购买者进行再一次调查，如此反复，直至得到较为准确可靠的结论。

4.2.3 竞争对手楼盘调查

房地产市场竞争状况调查的一个主要方面是有关房地产项目附近区域竞争楼盘情况的调查。这是在项目位置基本确定之后另一项重点而又详细的调查工作。竞争楼盘通常分为两种情形，一类是与项目处于同一区域的楼盘；另一类是与项目处于不同区域但定位相似的楼盘。竞争楼盘调查通常分为重点调查的竞争楼盘和一般调查的竞争楼盘。调查内容主要包括产品、价格、销售情况、公司组成等方面。

1. 房地产产品调查

对房地产产品调查主要包括以下几个方面：

(1)区位

①地点位置。指楼盘的具体坐落方位，同本项目的相对距离以及相邻房地产的特征。

②交通条件。指地块附近的交通工具和交通方式，包括地铁、公交、公路等。

③区域特征。指因相对聚集而产生的、依附于地域的特有的一种物质和精神形态，主要取决于地域的经济发展水平、产业结构、生活水平、文化教育状况等。

④发展规划。指政府对城市土地、空间布局、城市性质的综合部署和调整等。

⑤周边环境。指开发地块周围的生活配套设施情况，还包括由人口数量和素质所折射出来的人文环境和生态环境。

(2)产品特征

①建筑参数。主要包括该项目的总建筑面积、总占地面积以及容积率、绿化率等。

②面积户型。主要包括各种户型的建筑面积、使用面积、得房率以及面积配比、户型配比等。

③装修标准。一是共用部位的装修，包括大厅、电梯间、走道以及房屋外立面；二是对室内居室、客厅、厨卫的处理。

④配套设施。一是满足人们日常生活的基本设施，如水、电、燃气、通信、车库、便利店、菜市场、学校、医院等；二是为业主专门设立的额外设施，如小区会所等相关娱乐设施。

2. 房地产价格调查

价格是房地产营销中最基本、最便于调控的，但却是在实际的调查中最难取得真实信息的，一般房地产价格主要从以下方面展开调查。

(1)单价

单价是楼盘各种因素的综合反映，房地产单价调查包括以下几个个方面：

①起价。也称起步价，是指各楼层销售价格中的最低价格。多层住宅，不带花园的，一般以一楼或顶楼的销售价为起价；带花园的住宅，一般以二楼或五楼作为销售价的起价。如房产广告中常表示的“6 000 元/平方米起售”，以较低的起价来引起消费者的注意。

②均价。指各单位的销售价格相加之后的和除以单位建筑面积的和，它代表一个项目的整体价位水平。

(2)总价

总价是一套房屋的销售价格，它反映了产品对目标客户群的选择。通过对竞争楼盘总价的调查可以掌握竞争楼盘的市场定位和目标市场。

(3)付款方式

付款方式是房屋总价在时间上的一种分配，实际上也是一种隐蔽的价格调整手段和促销工具，用以缓解购房人的付款压力，扩大目标客户群的范围，提高销售率。付款方式主要包括一次性付款、按照工程进度付款、按照约定时间付款和利用商业银行贷款或公积金贷款等。

3. 房地产销售情况调查

对竞争对手销售情况的调查主要包括对其销售过程以及最后的销售结果的调查。

(1)销售过程

①售楼地点。售楼地点是实际进行楼盘促销的主要场所，其地点的选择、装修设计、形象展示等是整个楼盘销售策略的体现。大部分开发商会选择在楼盘附近设立售楼处，也有部分高端产品选择在商场、酒店等公共场所进行楼盘展示。

②营销渠道。包括项目销售的主要渠道，如开发商自行销售、代理公司销售、经纪公司销售等；各销售渠道的成本比较、各销售渠道的效果比较；销售渠道采用的策略、方法和技巧等。

③广告媒体。指一个楼盘选择的主要广告宣传方式，包括报刊、电视、广播、车体广告、户外广告等。

④广告的投入强度。从报纸广告的刊登次数和篇幅、户外广告的块数和大小，

就可以判断出一个楼盘的广告强度，它体现了该楼盘所处的营销阶段，从中也可以看出开发商针对的目标客户群体。

⑤广告的诉求点。这也是销售的卖点，它反映了开发商想向购房人传达的信息，它既是产品竞争优势的展示，也是目标客户群所关心的问题。

(2)销售结果

①销售率。这是一个最基本的指标，它反映了一个楼盘被接纳的程度。

②销售顺序。指不同房屋成交的先后顺序，可以按照总价的顺序，也可以按照户型的顺序或是面积的顺序来排列。可以从中分析出不同价位、不同面积、不同户型的房地产产品被市场接纳的程度，它反映了市场需求的结构和细节。

③客户群分析。通过客户群的职业、年龄、家庭结构、收入等情况，反映出购房人的信息，从中分析其购买动机，找出本楼盘影响客户购买行为的因素，以及各因素影响力的大小。

4. 公司组成调查

一个楼盘主要的营运公司就是开发商、施工单位和建筑设计、规划设计、园林景观设计、物业服务企业。他们分别负责项目的投资建设、工程建造、房屋设计、园区规划设计、园区景观设计和物业管理服务。有效整合好这几家公司的实力是楼盘成功的保证，也是吸引购房者购买房地产产品的一个主要因素。

4.3 房地产市场调查的流程

房地产市场调查通常有一定的程序，它主要包含以下几个步骤：

1. 市场调查的准备阶段

在市场调查的准备阶段，大体要进行以下三项工作：

(1)确定市场调查的内容和目的。

(2)拟订市场调查计划。在调查前必须拟定详细、周密的调查计划。调查计划的内容应包括：调查对象的确定、调查方法的确定、调查日期和调查作业进度的安排。

(3)调查人员的挑选。调查人员的素质直接关系到调查结果的质量，因此必须挑选合适的调查人员。调查人员应有相应的素质要求和必备的专业知识，必要时，应根据调查作业的要求，对有关人员进行必要和适当的培训。

2. 收集信息资料

市场营销调查需要搜集大量的信息资料，其中有些资料需要经常不断地搜集，有些需要定期搜集，大多数是需要时才进行搜集。房地产开发企业营销决策所需的数据可分为两类：一手资料和二手资料。一手资料又称原始资料、初始资料，指研究者基于某个研究项目而特别亲自收集的资料。二手资料又称次级资料、延伸资料，指那些并非为正在进行的项目营销研究而是为其他目的已经收集起来的统计资料。对于一个特定的房地产调查问题，仅凭二手资料往往不能满足需要，因此市场调查人员必须通过实地调查获得原始资料，即一手资料。

3. 初步调查

初步调查的目的是了解产生问题的一些原因，通常有三个过程。

(1)研究搜集的信息材料

①研究企业外部材料。从各种信息资料中，了解一些市场情况和竞争概况，从中了解目前市场上哪类房产最好销？其价格如何？当地消费者对房地产产品有什么偏爱？

②分析企业内部资料。对公司的各种记录、函件、订货单、年度报表等内部资料进行分析，从而找出产生问题的原因及线索。

(2)与企业有关领导进行非正式谈话

从这些领导人的谈话中，寻找市场占有率下降的原因，如市场营销经理可能认为房产价格订得太高；工程部经理可能认为设计并不十分合理，材料供应质量不高。

(3)了解市场情况

市场是无情的，消费者对本公司所开发经营的房地产的态度，就是反映企业市场营销水平的重要标志，也是初步调查的关键内容。如为什么消费者不购买本公司的房地产产品，就需要对用户进行调查研究。

4. 调查设计

根据信息资料搜集以及初步调查的结果，可以提出调查的命题及实施的计划。比如近期的房地产业不太景气，资金积压过多，建造好的房子销售不畅，什么原因呢？经过分析先拟定问题产生的原因有两点：一点是国家宏观控制，银根收紧，消费者收入没有好转；另一点是广告效果不大，没有引起消费者足够的兴趣，消费者储蓄待购。为了证实此命题的正确与否，决定采用重点调查法，并配合电话调查法来进行调查研究。在收集原始资料时，一般需要被调查者填写或回答各种调查表格或问卷。调查表及问卷的设计既要具有科学性又要有艺术性，以利于市场调查工作的条理化、规范化。一项房地产市场调查工作至少应设计以下四种调查表格。

(1)当地房地产资源统计表。包括房地产分布、面积、类型、单位价格、单位总价、开发程度、居住密度、交易状况和规模、使用期限、抵押保险、政策限制、竞争程度、发展远景、其他具体情况和调查日期等项目。

(2)房地产出租市场统计表。包括出租房地产名称、所在地区、出租面积、租金水平、出租房的类型和等级、室内设备状况(暖气、煤气、电话、家用电器、厨卫设备)、环境条件等。

(3)房地产出售统计表。包括已售和待售房地产的名称、地区、开发商、数量、结构类型、成交期、成交条件(预付款、贷款额和利率、偿还约束、其他附加条款等)、出售时的房龄和状况、客户资料和调查日期等项目。

(4)房地产个案调查分析表。包括案名、区位、投资公司、产品规划、推出日期、入伙日期、基地面积、建筑密度、土地使用年限、单位售价、付款方式、产品特色、销售策略、客源分析、媒体广告、调查日期等项目。

5. 现场调查

现场调查即按调查计划通过各种方式到调查现场获取原始资料和收集由他人整理过的次级资料。现场调查工作的好坏,直接影响到调查结果的正确性。为此,必须重视现场调查人员的选拔和培训工作,确保调查人员能按规定进度和方法取得所需资料。

6. 调查资料的整理分析

这一步骤是将调查收集到的资料进行汇总整理、统计和分析。首先,要进行编辑整理,即把零碎的、杂乱的、分散的资料加以筛选,去粗取精,去伪存真,以保证资料的系统性、完整性和可靠性。在资料编辑整理过程中,要检查调查资料的误差,剔除那些错误的资料,之后要对资料进行评定,以确保资料的真实与准确。其次,要进行分类编号,就是把调查资料编入适当的类别并编上号码,以便于查找、归档和使用;再次,要进行统计,将已经分类的资料进行统计计算,有系统地制成各种计算表、统计表、统计图;最后,对各项资料中的数据和事实进行比较分析,得出一些可以说明有关问题的统计数据,直至得出必要的结论。

7. 撰写和提交调查报告

撰写和提交调查报告是房地产市场调查工作的最后一环。调查报告反映了调查工作的最终成果,因此应十分重视调查报告的撰写,并按时提交调查报告。撰写调查报告应做到:

(1)客观、真实、准确地反映调查成果;

(2)报告内容简明扼要,重点突出;

(3)文字精练,用语中肯;

(4)结论和建议应表达清晰,可归纳为要点;

(5)报告后面附必要的表格和附件与附图,以便阅读和使用;

(6)报告完整,印刷清楚美观。

在做出结论以后,市场营销调查部门必须提出若干建议方案,写出书面报告,提供给决策者。在撰写调查报告时,要指出所采用的调查方法,调查的目的,调查的对象,处理调查资料的方法,通过调查得出的结论,并以此提出一些合理建议。

以上房地产市场调查程序对房地产市场调查工作只具有一般性指导意义。在实际工作中,可视具体情况,科学合理地灵活安排调查工作的内容。

4.4　房地产市场调查问卷的设计

调查问卷,又称调查表,是调查者根据一定的调查目的和要求,按照一定的理论假设设计出来的,由一系列问题、调查项目、备选答案及说明组成,是向被调查者收集资料的一种有效工具。一个成功的问卷设计应该具备两个功能:一是能将所要调查的问题明确地传达给被调查者;二是设法取得对方合作,最终取得真实、准确的答案。但在实际调查中,由于被调查者的个性不同,文化程度、理解能力、道德标准、生活习惯、家庭背景等都有较大差异,加上调查者本身的专业知识和技能不同,都将给调查带来一定的困难,并影响调查结果,所以问卷设计是否科学将直接影响到市场调研的成功与否。

4.4.1　调查问卷的设计原则

1. 目的性原则

问卷调查是通过向被调查者提问题来进行的,所以问题必须与调查主题密切联系,这就要求在问卷设计时重点突出,避免可有可无的问题,并把主题分解为更详细的题目,即把它分别做成具体的询问形式供被调查者回答。

2. 可接受性原则

调查问卷的设计要能比较容易地让被调查者接受。由于调查者对是否参加调查有着绝对的自由,调查对他们来说是一种额外的负担,他们既可以采取合作的态度,配合调查,也可以采取对抗行为,拒答或不真实回答。因此,请求合作就成为问卷调查中一个十分重要的问题。在问卷说明词中,应将调查目的明确告诉被调查者,让对方知道该项调查的意义和自身回答对整个调查结果的重要性。问卷说明词要亲切、温和,但切忌低俗,提问部分要自然,应适合被调查群体的身份、水平等,比如国外对儿童的市场调查就采用了漫画的形式。另外,必要时可采用一些物质鼓励,并替被调查者保密。

3. 逻辑性原则

问卷的设计要有整体感,这种整体感即是问题与问题之间要具有逻辑性,独立的问题本身也不能出现逻辑上的错误,从而使问卷成为一个相对完善的小系统,如:

(1)你通常每日读几份报纸?

A. 不读报　　B. 1 份　　C. 2 份　　D. 3 份及以上

(2)你通常用多长时间读报?

A. 10 分钟以内　　B. 半小时左右　　C. 1 小时　　D. 1 小时以上

(3)你经常读的是下面哪类(或几类)报纸?

A. 晚报　　B. 日报　　C. 晨报　　D. 商报　　E. 其他

在以上的几个问题中,由于问题设置紧密相关,因而能够获得比较完整的信息。调查对象也会感到问题集中、提问有章法。相反,假如问题是发散的,问卷就会给人以随意性而不是严谨性的感觉。

因此,逻辑性的要求是与问卷的条理性、程序性分不开的。已经看到,在一个综合性的问卷中,调查者将差异较大的问卷分块设置,从而保证了每个"分块"的问题都密切相关。

4. 简明性原则

简明性原则主要体现在以下三个方面:

(1)调查内容简明。对调查目的没有价值或无关紧要的问题不要列入问卷中,同时要避免出现重复,力求以最少的项目设计出必要的、完整的信息资料。

(2)调查时间简短。问题和问卷都不宜过长,设计问卷时,不能单纯从调查者角度出发,而要为被调查者着想。问题过多,调查时间过长,会招致被调查者的反感。一般 30 分钟左右的调查时间为最优时间。

(3)问卷形式简明。

5. 便于整理、分析的原则

成功的问卷设计除了考虑到紧密结合调查主题与方便信息收集外,还要考虑到调查结果的容易得出和调查结果的说服力。这就需要考虑到问卷在调查后的整理与分析工作。首先，这要求调查指标是能够累加和便于累加的；其次，指标的累计与相对数的计算是有意义的；再次，能够通过数据清楚明了地说明所要调查的问题。只有这样，调查工作才能收到预期的效果。

4.4.2 调查问卷的基本结构

调查问卷的结构通常包括六个部分：前言、调查内容、结束语、样本特征资料、电脑编号、作业证明记载。

1. 前言

前言或称说明词，它是对调查项目的目的、意义及有关事项的说明。其主要作用是引起被调查者的重视和兴趣，争取它们的积极支持和合作。具体调查的内容包括：

(1)调查人自我介绍。包括对调查人员所代表的研究或调查公司的介绍及本人的职务和姓名；

(2)说明本项调查的目的、意义；

(3)说明酬谢方式。

前言部分，文字应该简洁、准确，语气要谦虚、诚恳、平易近人。重要的是要有吸引力和可读性。

2. 调查内容

调查内容是研究者所要了解的基本内容，也是调查问卷中最重要的部分。它是以提问的形式提供给被调查者，这部分内容设计的质量直接影响这个调查的价值。调查内容主要包括：

(1)对人们的行为进行调查，包括对被调查者本人行为进行了解或通过被调查者了解他人的行为；

(2)对人们的行为后果进行调查；

(3)对人们的态度、意见、感觉、偏好等进行调查。

3. 结束语

结束语是在调查内容完成之后，简短的向被调查者表示谢意，或征询被调查者对本问卷的看法和感受。

4. 样本特征资料

样本特征资料也是问卷所要搜集的基本资料，它纪录样本的各种特征，如个人、家庭、企业;或对消费者而言,如他的性别、年龄、婚姻、受教育程度、职业、收入等。对企业而言,如其营业面积、企业类型、职员收入等。

5. 电脑编号

编号是将问卷中的调查项目变成代码数字的工作过程,大多数市场调查问卷均需加以编码,以便分类整理,易于进行计算机处理和统计分析。所以,在问卷设计时,应确定每一个调查项目的编号和为相应的编码做准备。

6. 作业证明记载

它是用来证明访问作业的执行、完成、访问人的责任等情况,并便于检查、整理、修正等使用。作业证明记载的内容包括:被调查者得姓名或名称、电话;访问的地点;访问的时间。

4.4.3 调查问卷问题的设计

问题即问卷的内容,是问卷的核心。在进行问卷设计时,问卷的形式、用词、次序等必须仔细考虑,否则整个问卷都会产生很大偏差。对调查问卷问题的设计可从不同的角度分为不同的类型:

1. 从问题的作用来划分

(1)烘托性问题

即能够引起被调查者的兴趣,烘托调研气氛的问题。这类问题容易回答又不太直接,且口气和蔼,一般在询问正式问题之前使用。这类问题一定要十分简单,令人感兴趣。如果一开始就直接询问被调查者的月薪是多少,那么会使应答者处于心理戒备状态,而不愿继续回答下面的问题;或者一开始就问被调查者专业性很强的问题,应答者若一时无法回答,将会导致心理紧张,同样不能充分自如地回答下面的问题。所以这类问题通常会问"您注意到国家刚刚颁布的新政策了吗?"或"您对哪些房地产广告印象深刻?"等这种易于回答且不涉及个人隐私的问题。

(2)过滤性问题

这类问题是对调查对象进行甄别,适合回答问题的对象继续回答,而不适合回答某类问题的对象将跳过这些问题,转而回答其他的问题或者结束调查。

例如,某房地产开发公司想开发一幢与普通住宅相区别的节能型住宅,希望通过调查了解购房者在购买节能型住宅时考虑的因素有哪些,调查问卷可能会设计这样的问题:

请问您在购买住宅时是否考虑房屋的节能性？

A. 是　　　B. 否

若被调查者选择“是”，则继续询问其他问题，如节能型住宅的价格比普通住宅增加在什么范围内愿意购买？对于节能型住宅的功能会提出哪些方面的要求？若被调查者选择“否”，则结束调查转而寻找另一名被调查者。

(3)试探性问题

试探性问题即是对一些敏感性或接近敏感性的问题，探询被调查者是否愿意讨论，在对方同意的前提下，再进行调查。

(4)背景性问题

即询问有关被调查者个人的基本情况，如性别、民族、年龄、住址、职业、职务、文化水平等，一般情况下不要直接询问对方的姓名、职位、收入等敏感性问题。除非调查目的与被调查者的这些私人信息有关，才能在对方予以配合的情况下询问。

(5)实质性问题

即要调查的全部事实或信息，这是问卷的核心问题。前面四种类型的问题都是为实质性问题服务的，是为了更好地进行实质性问题的询问而提前进行的气氛渲染，以使被调查者有一定的心理准备。

2. 从问题间的联系划分

可分为系列性问题和非系列性问题。

(1)系列性问题

即围绕同一个调查项目逐步深入并展开的一组问题。

例如，在对某个房地产项目(如沈阳市东陵区的“第五大道”项目)进行调查时，可以询问：

您是否购买了第五大道项目中的住宅？(如果回答“是”，则继续回答下列问题，否则停止调查)

您是通过什么渠道知道“第五大道”的？

A. 通过朋友介绍的　　B. 通过报纸、杂志上刊登的广告

C. 通过网上查找的　　D. 路过售楼处时偶然知道的

E. 通过户外广告　　F. 其他方式

您购买第五大道的住宅是出于什么原因？

A. 价格便宜　B. 地理位置好　C. 交通便利　D. 环境优美

E. 质量好　F. 学区好　G. 其他

(2)非系列性问题

指设计的各问题之间无递进关系，而是一种平行的关系。

3. 从问题与答案的联系来划分

(1)开放式问题

即不为回答者提供可供选择的答案，而要求被调查者根据自身实际情况自由作答。例如，“您认为这个楼盘有什么地方吸引您?”此种提问方式便于深入了解被调查者的意见和态度。被调查者的回答可以给调查研究者提供大量信息，但会给以后的整理、分析带来一定的不便。

开放式提问可以向被调查者提出不受任何限制的问题，如“请指出您印象最深刻的一个房地产广告______”；

还可以提出一个不完整的句子，由被调查者自由回答，如“您想购买多大面积的住宅？__________”；

另外，可以将问题设计成排序的形式，由被调查者根据自己的态度来评定问题的顺序，例如：购房时，您所看中的因素依次为(请根据您认为的重要程度分别标上序号)：

地段(　)

价格(　)

配套(　)

环境(　)

设计(　)

服务(　)

品牌(　)

其他(　)

(2)封闭式问题

指问题的答案已经列出，回答者只需选择出自己所同意的答案即可。这种类型的问题在问卷调查中所占的比重较大。由于封闭式问题答案施行了标准化，因而不仅回答容易，更主要的是便于处理分析和结果比较，其缺点是限制性较强，回答者难以发挥主动性，在回答时不能充分表现真实想法，有时只能做出被迫的回答。

通常调查人员把封闭式问题分成单项选择题、是非选择题和多项选择题等。

“您想购买多大面积的住宅?”(　)

A. $60m^2$ 以下　　　B. $60\sim80m^2$　　　C. $81\sim100m^2$

D. 101～120m²　　　　E. 120m² 以上

您最近有买房的打算吗？　　是（　）　否（　）

您一般从什么渠道获得楼盘信息？

报纸（　）　电视（　）　广播（　）　网络（　）　宣传单（　）　房交会（　）

朋友介绍（　）　其他（　）

4.4.4　调查问卷答案的设计

(1)从答案使用的符号来看，可分为词语式答案、数值式答案和图解式答案。

①词语式答案即每一个备选答案都用字词来表示。

②数值式答案是指备选答案用相应的系列数字来表示。

③图解式答案是指备选答案用相应的图形来表示。

(2)从答案的结构来看，问卷中的答案设计有以下类型：

①二项选择型。即问题只给出两个合理的答案，且这两个答案是相互对立的，非此即彼，被调查者只能在二者之中选择一个做出回答。

②多项单选型。即预先给出 3 个或更多的备选答案，但被调查者只能从中选择一个最合适的答案。

③多项多选型。即预先给出 3 个或 3 个以上答案，被调查者可以从中选择符合自己想法的多个答案。

④半封闭型。即在一系列备选答案后留有空白处，标明“其他”或让被调查者自由填写。

⑤答案结构相同问题的排列设计。如果有多个问题的备选答案内容、数量和结构完全相同，就可以将它们压缩组合在一起，以使问卷显得紧凑，同时也便于回答和数据处理。

4.4.5　调查问卷设计中应注意的问题

在问卷设计中具体应注意以下几个问题：

1. 避免提一般性的问题

一般性问题因缺乏针对性，所以对实际调查工作并无指导意义。例如：“您对××楼盘的物业管理印象如何”？这样的问题过于笼统，很难达到预期效果。可具体提问：“您认为××楼盘的物业管理收费是否合理？服务项目是否齐全？服务态度怎样?”等。

2. 避免用不确切的词

例如“普通”、“经常”、“一些”等,以及一些形容词,如“美丽”、“著名”等。这些词语,各人理解往往不同,在问卷设计中应避免或减少使用。例如:“您是否经常去健身房?”回答者不知经常是指多长时间。可以改问:“您多久去一次健身房?”又如:“您接受高档住宅吗?”被调查者很难回答,即使做出了回答,意义也不大。可以改为:如果购房,您能接受的价位为:

(1)5 000 元/m^2 以下

(2)5 001～6 000 元/m^2

(3)6 001～7 000 元/m^2

(4)7 001～8 000 元/m^2

(5)10 001 元/m^2 以上

3. 避免引导性的提问

如果提出的问题不是“折中”的,而是暗示出调查者的基本倾向和见解,力求使回答者跟着这种倾向回答,这种提问就是“引导性提问”。

例如:“消费者普遍认为房地产开发商广告投入量越大,说明越有实力。您的看法如何?”这种引导性的提问会导致两个不良后果:一是被调查者不假思索就同意问题中暗示的结论,直接应付了事;二是由于引导性提问大多是引用权威或多数人的态度,被调查者会产生从众心理。另外,对于一些敏感性问题,在引导提问下,被调查者会不愿表达本人的想法。因此,这种提问是调查的大忌,常常会引出与事实相反的结论。

4. 避免提可能令被访者感到难堪、禁忌和敏感的问题

这种问题一般是指各地风俗和民族习惯中忌讳的问题、涉及个人利害关系的问题、个人隐私问题等。这类问题在问卷中应尽量避免。应考虑被访者的自尊心,尽量注意提问的方式、方法和措辞。具体可采取以下方式:

(1)释疑法。即在问题前面写一段消除顾虑的功能性文字,或在问卷的引言中写明严格替被调查者保密,并说明将采取的保密措施。

(2)假定法。用一个假定条件句作为问题的前提,然后再询问被访者的看法。

(3)转移法。即把本应由被访者根据自己的实际情况填写的问题,转移到由被访者根据他人的情况来阐述自己的想法。

4.5 房地产市场预测

4.5.1 房地产市场预测的概念及作用

1. 房地产市场预测的概念

房地产市场预测是房地产企业在市场调查的基础上，利用已经获取的各种信息资料，运用科学的方法和手段，对影响房地产市场发展变化的各种因素进行综合分析，对各种条件下市场的发展趋势及其状态进行估计和判断，从而为房地产企业的经营决策提供依据。

房地产市场预测是一项系统性的工作，它是基于所掌握的过去较长时间内的信息资料的基础上，通过对这些资料进行系统的分析，将市场视作一个系统，对影响系统的各个因素进行研究。房地产市场预测又具有科学性，它是运用科学的方法和技术进行分析，依据对客观规律的认识而对未来进行的科学推测，而不是盲目的臆断。

2. 房地产市场预测的作用

(1)市场预测是房地产企业制定经营决策的前提

现代社会是“快速发展的社会”，市场情况瞬息万变，而企业的生存和发展是和市场行情息息相关的，如果并不是对企业的市场和动态以及发展趋势十分了解，决策就会缺乏根据，企业就会盲目经营，势必带来损失。加之房地产投资特点有规模大、周期长、不确定因素多、风险大等特点，只有经过预测掌握大量一手的市场动态和发展的数据，才能为房地产企业确定自己的目标市场、经营方针、资金投向、发展规模等战略决策提供科学的依据，为决策的科学性、准确性、及时性打下坚实的基础。

(2)市场预测是房地产开发企业制定营销策略的依据

房地产开发企业不仅要有正确的战略决策，而且还需要在产品、定价、分销、促销、建筑材料选购、建筑施工队伍、售后服务等方面都有正确的策略。这些策略的正确制定和实施，都有赖于市场预测的准确性和及时性。

(3)市场预测有利于提高房地产开发企业的竞争能力

在市场经济下，房地产市场存在着激烈的竞争。通过预测，对市场的动向掌握得比较清楚，容易做出准确的判断和估计，从而大大改善房地产开发企业的经营管理水平，获得较好的效益，为市场竞争奠定基础。另外，搞好市场预测，使房地产企业可以先于对手采取一系列市场对策，从而大大提高企业在市场竞争中的主动性。因此，任何一家企业如要在激烈的市场竞争中立于不败之地，必须利用市场预测这一手段。

4.5.2 房地产市场预测的内容

1.预测特定城市房地产市场的未来前景

房地产开发商应在对影响房地产市场变化的各种因素进行综合分析的基础上，确定未来一个时期内某市对某类房地产的需求变化的基本趋势，观察其呈现上升还是下降趋势，是平稳地上升(下降)还是波动地上升(下降)。在此基础上再分别预计或推测各类房地产市场的需求容量，为房地产开发商决策时确定是否进入该市房地产市场以及进入哪些房地产市场，或者是否扩大或缩小开发规模等提供依据。

2.预测未来一个时期内房地产市场对各类房地产设计的功能等需求的变化趋势

随着社会经济的发展和人民生活水平的提高，人们的消费心理将随之发生变化。社会对各类房屋的样式、结构、造型、档次、内部设施及功能、位置等需求也将发生变化。房地产开发商的开发建设也应当适应社会的需求，如果房屋样式呆板、功能单一，或超越现实的时代潮流，就难以销售或出租。做好该方面的预测，既要综合分析未来社会经济发展可能达到的水平、社会财富分配的状况、各阶层购买力水平和未来生产经营的技术特点，也要仔细考虑目前人们对房屋要求的每一细节的变化等。

3.预测房地产市场价格的变化

在激烈的市场竞争中，价格是房地产开发商不容忽视的竞争因素。进行市场价格的预测，首先重在以本地区经济发展、收入增长、各行业经营规模扩大或盈利增长可能性等作为基础，预测未来一个时期内可以承受和愿意接受的某类房地产产品的价格水平；其次，重在估计未来时期地价的上涨幅度、前期开发费用的增长水平、建筑造价、配套工程投标价格、税费变化等情况作为基础，预测某类房地产的成本水平。通过成本与价格的比较，预计盈利的可能性，探索降低成本的可能性，确定是否扩大开发建设规模。

4.预测各类房屋供给的增长速度

房地产开发企业通过预测本市或本地区未来一段时期内各类房屋的增长速

度，可以推测未来市场供求关系状况，从而能够预计未来市场竞争的程度。首先要了解现有房地产开发企业的数据、开发能力、本企业所开发的房地产产品的市场占有率等；其次根据本企业市场竞争优势及其变化，预计新开发企业进入市场的可能性及规模、社会资源流向房地产的规模、房地产企业的资金渠道的变化等。在此基础上，预测本企业在未来一段时间内的房地产开发能力、本企业应采取的各项竞争措施，以及本企业未来一个时期的开发规模等。

4.5.3　房地产市场预测的程序

以市场需求预测为例，进行房地产市场需求预测，通常要经过确定目标、收集资料、选择方法、确定模型、推测评价等环节才能完成。

1. 确定预测对象和目标

进行房地产市场预测，首先必须明确为什么要进行这项预测？它能解决什么问题？预测的目的关系到预测的一系列问题，搜集什么资料？怎样搜集资料？采用什么预测方法等。只有目标明确，才能使预测工作有的放矢，按照要求进行。

2. 搜集、整理资料

资料是预测的基础，必须做好资料的搜集工作。搜集什么资料，是由预测的目标所决定的。一般来说，市场需求预测所要利用的数据资料有历史资料和横截面资料两类。历史资料指反映有关预测对象过去和现在状态的各种资料，通过分析研究这些资料，大体认识预测对象的发展变化规律。横截面资料是指和预测对象有联系或类似的有关对象的资料，通过分析预测对象与相关对象、因素之间的联系和类似性，可以发现预测对象受到的影响力度和变动趋势。但是房地产市场预测人员对所搜集到的资料要进行认真的审核，对不完整和不适用的资料要进行必要的推算和调整，以保证资料的准确性、系统性、完整性和可比性。对经过审核和整理的资料还要进行初步分析，观察资料结构的性质，作为选择适当预测方法的依据。

3. 选择预测方法

市场预测的方法很多，各种方法都有自己的适应范围和局限性，要取得较为正确的预测值，必须正确选择预测方法。其选择的原则，主要考虑以下几个方面：

(1)预测的目的。不同的预测目的，要选择不同的方法。例如，为了分析和辨明两种相关联产品之间的内在联系及需要量的联系，可以运用相关分析法；如果是为了发展一种新产品，预测新产品未来的市场容量，可以采用从上往下或市场因子推演法。

(2)预测时间的长短。短期的销售预测一般采用各种平均法、平滑法；中、长期预测一般采用直线或曲线趋势法。

(3)占有历史统计资料的多少及完整程度。中、长期预测一般要有三年以上的统计资料，如果历史统计资料比较丰富和完整，可以运用各种统计方法进行预测；如果历史统计资料不完整，一般只适宜采用主观经验判断法、销售人员集合意见法、德尔菲法等。

(4)产品寿命周期。产品寿命周期的不同阶段有不同的市场特性，市场经营决策的目标也不同，因此，要采用不同的预测方法。如家用电器的市场需求量，在产品的投入市场阶段、成长阶段、成熟阶段，其市场需求趋势很不相同。产品处于成长期，销售增长很快，则要用直线式或曲线式最小平方法；如果产品受季节波动的影响，则要用季节指数法，消除季节性波动的影响；产品进入成熟期，销售增长率一般不少于5%，比较稳定，可以采用移动平均法、平滑法进行预测。因此，要分析产品寿命周期和更新换代的转折点，从而选择不同的预测方法。

4. 建立预测模型

所谓模型是用来明确表现已知现象与未知现象之间、原因与结果之间的相互作用、相互影响的功能性框架或数学函数。预测模型是对预测对象发展规律的近似模拟。因此，在资料的搜集和处理阶段，应搜集到足够的可供建立模型的资料，并采用一定的方法加以处理，尽量使它们能够反映出预测对象未来发展的规律性，然后利用选定的预测技术确定或建立可用于预测的模型。如用数学模型法，则需确定模型的形式并求出模型的参数；如用趋势外推法，则要确定反映发展趋势的公式；如用概率分析法，则要确定预测对象发展的各种可能结果的概率分布；如用类推法，则要找到可以应用于本预测的历史的或他人的经验规律等。

5. 评价和修正预测结果

市场预测毕竟只是对未来市场供需情况及变化趋势的一种估计和设想，由于市场需求变化的动态性和多变性，预测值同未来的实际值总是有差距的，一般有以下几种情况：

(1)预测方法选择不当，建立的预测模型与产品实际需求规律不符合。

(2)历史统计资料不完整，或有虚假因素。很多企业，甚至一些经济部门，由于过去对经济统计工作重视不够，统计资料既不完整又有误差，这就给预测带来很大困难。因此，在预测时特别要注意对统计资料进行分析处理，剔除虚假因素，消除非正常原因造成的极高极低现象。

(3)外部政治、经济、技术条件发生了重大变化,致使市场需求发生了重大变动。

(4)预测人员的经验、分析、判断能力的局限性。

6. 编写预测报告

经过预测之后,要及时写出预测结果报告。报告要把历史和现状结合起来进行比较,既要进行定性分析,又要进行定量分析,尽可能利用统计图表及数学方法予以精确表述。要做到数据真实准确,论证充分可靠,建议切实可行。然后,还要对预测的结果进行判断、评价,重点要进行预测误差分析。预测是一种预计,很难与实际情况百分之百吻合,但是预测的误差不能过大,否则就失去了预测的意义。一旦发现误差过大,就要找出原因。如果引起误差的原因是选择预测方法不当,就应该重新选择预测方法,以求得到正确的结果。预测报告是对预测工作的总结,用以向预测信息的使用者汇报预测结果。除了应列出预测结果之外,一般还应包括资料搜集与处理过程、选用的预测技术、建立的预测模型及对模型的评价与检验、对未来条件的分析、对预测结果的分析与评价(包括对利用模型得到的结果进行修正的理由和修正方法)以及其他需要说明的问题等。

4.5.4　房地产市场预测的方法

房地产市场预测方法种类繁多,常用的有数十种之多,而每种方法都有其自身的特点、用途和适用范围。因此,在具体应用过程中,关键在于选择得当。房地产预测方法基本上有两大类:一类是定性预测,另一类是定量预测。

1. 定性预测方法

定性预测法又称为经验判断法,它是根据已掌握的历史资料和现实材料,凭借个人的经验、知识和分析判断能力,对预测对象未来发展趋势做出性质和程度的判断。这种方法在社会经济生活中有广泛的应用,特别是在预测对象的影响因素难以分清主次,或其主要因素难以用数学表达式模拟时,预测者可以凭借自己的业务知识、经验和综合分析的能力,运用已掌握的历史资料和直观材料,对事物发展的趋势、方向和重大转折点做出估计与推测。房地产市场预测常用的定性预测方法有以下三种。

(1)德尔菲法

德尔菲法,又称专家意见法,是由美国兰德公司在 1950 年代初创造的一种预测方法。它是充分发挥专家们的知识、经验和判断力,并按规定的工作程序来进行的预测方法。其主要特色在于:整个预测过程是背靠背进行的,即任何专家之间都不发生直接联系,一切活动都由工作人员与专家单独打交道来进行。从而使预测具有很强的独立性和较高的准确性。

采用这种方法,企业首先必须拟定预测提纲,明确预测目标,并准备好有关的信息资料及征询表格;还要选择既熟悉业务,又善于与专家打交道和责任心强的工作人员来专门负责预测工作。然后,由工作人员将预测提纲及有关信息资料,征询表格送交专家们,专家们按照提纲要求做出自己的主观估计,填好征询表格,定期交回给工作人员汇总整理。由于第一轮专家们的估计差异较大,由工作人员整理加工以后,把修改后的预测提纲及相关资料,第二次送交专家,进入第二轮循环。专家们根据新的提纲和资料,对原来的估计予以修改,提出新的判断估计,并要说明修改的理由,再交回给工作人员集中整理。一般来说,这一轮专家们的意见还不能趋向一致,需提出新的预测提纲,进入第三轮循环。在第三轮,由工作人员提供给新提纲和新信息,要求专家们进一步做出分析判断。专家们经过两轮的情况交流,对前两次预测中产生过高或过低估计的原因逐渐清楚,一般至此,预测意见可基本趋于一致。如果预测的问题非常复杂,也可能需要第四轮或第五轮的循环。这就是德尔菲法的一般工作程序。企业在具体运用中,还应掌握和控制好时间,每一轮循环的时间以 1 周或 10 天左右为宜,否则易影响分析判断的效果。

(2)销售人员意见综合预测法

这里所指的销售人员除了直接从事销售的人员还包括管理部门的工作人员和销售主管等人员。销售人员意见综合预测法在实施过程中要求每一位预测者给出各自的销售额的“最高”、“最可能”、“最低”预测值,并且就预测的“最高”、“最可能”、“最低”出现的概率达成共识。此方法得出的预测数据比较接近实际,这是因为销售人员直接接触市场和顾客,比较了解消费者和竞争公司的动向,所以说,销售人员所做出的销售预测有较高的可靠性。

(3)购买意向预测法

购买意向预测法是一种在市场研究中最常用的市场需求预测方法。这种方法以问卷形式征询潜在的购买者未来的购买量,由此预测出市场未来的需求。由于只有潜在的购买者最清楚自己将来购买的商品及其数量,因而他们可以提供的情报是可靠的。由于市场需求是由未来的购买者实现的,因此如果在征询中潜在的购买者如实反映购买意向的话,那么据此做出的市场需求预测将是相当有价值的。但购买意向预测法能否取得成功,主要靠顾客的合作,如果顾客因保密、关系不好或不重视调查而采取应付的态度,就难以得到可靠、准确的预测结果。

2. 定量预测方法

(1)移动平均法

移动平均法是取预测对象最近一组历史数据的平均值作为预测值的方法。这种方法不是仅取最近一期的历史数据作为下一期的预测值,而是取最近一组历史数据的平均值作为下一期的预测值,这一方法使近期历史数据参与预测,使历史数据的随机成分有可能互相抵消,平均值所含的随机成分就会相应减少。

移动平均法的"平均"是指对历史数据的"算术平均",而"移动"是指参与平均的历史数据随预测值的推进而不断更新。当一个新的历史数据进入平均值时,要剔除原先参与预测平均得出的陈旧数据,并且每一次参与平均的历史数据的个数是相同的。

其计算公式为

$$F_{t+1} = \frac{\sum X_i}{n}$$

其中,F 表示预测值,X 表示历史数据,n 表示参与平均的数据的个数。

【例 4-1】 某房地产开发公司根据 2006 年 12 月的某产品的销量,采用移动平均法预测 2007 年 1 月份的销售量情况,求预测值并分析其误差(表 4-1)。

表 4-1　　移动平均法计算表　　单位:万元

月序数 t	实际销量 X_i	3 月移动平均值 F_{t+1}	预测误差 $X_{t+1}-F_{t+1}$	误差平方 $(X_{t+1}-F_{t+1})^2$
2006.01	190.1	—	—	—
2006.02	220.0	—	—	—
2006.03	188.1	—	—	—
2006.04	198.0	199.3	−1.3	1.7
2006.05	210.0	202.0	8	64
2006.06	207.0	198.7	8.3	68.9
2006.07	238.0	205.0	33	1 089
2006.08	241.0	218.3	22.7	515.3
2006.09	220.0	228.7	−8.7	75.7
2006.10	250.0	233.0	17	289
2006.11	261.0	237.0	24	576
2006.12	270.0	243.7	26.3	691.7
2007.01	—	260.3	—	—

(2)指数平滑法

指数平滑法是取预测对象全部历史数据的加权平均值作为预测值的一种预测方法。指数平滑法对移动平均法有两个方面的改进,一是全部历史数据而不是一组历史数据参与平均；二是对历史数据不是采用算术平均而是采用加权平均，近期历史数据加较大权数，远期历史数据加较小权数。这和近期历史数据对预测有较大影响，远期历史数据影响较小是一致的。

指数平滑法的计算公式为

$$F_t = \alpha S_{t-1} + (1-\alpha)F_{t-1}$$

其中，F 表示预测值，S 表示历史数据，α 表示平滑系数，α 在(0,1)中取值。

【例 4-2】 某房地产开发公司根据最近 2006 年 12 个月的销售额，预测 2007 年 1 月的销售额情况，用一次指数平滑法进行预测（$\alpha = 0.3$）（表 4-2）。

表 4-2　一次指数平滑法预测值计算表　单位：万元

月序数 t	实际销量 X_i	指数平滑值 F_{t+1}	预测误差 $X_t - F_t$	误差平方 $(X_t - F_t)^2$
2006.01	140.0	140.0	—	—
2006.02	136.0	140.0	−4	16
2006.03	157.0	138.0	18.2	331.2
2006.04	174.0	144.3	29.7	822.1
2006.05	130.0	153.2	23.2	538.2
2006.06	179.0	146.2	32.8	1075.8
2006.07	180.0	156.0	24	576
2006.08	154.0	163.2	−9.2	84.6
2006.09	170.0	160.4	9.6	92.2
2006.10	185.0	163.3	21.7	470.9
2006.11	170.0	169.8	0.2	0.04
2006.12	168.0	169.9	−1.9	3.6
2007.01		169.3	—	—

关于平滑系数的取值直接影响预测结果的精度。一般平滑系数按如下的原则选取：

①对于斜坡趋势型的历史数据，一般可取较大的平滑系数 $0.6 < \alpha < 1$；

② 对于水平型历史数据一般可取较小的平滑系数 $0 < \alpha < 0.3$；

③ 对于水平型和斜坡趋势型混合的历史数据，一般可取适中的平滑系数 $0.3 \leqslant \alpha \leqslant 0.6$。

(3)回归分析法

回归分析法是建立在大量实际数据的基础上，寻求随机性后面的统计规律的一种方法。影响市场的各类因素是相互联系、相互制约的，各因素变量之间客观上存在着一定的关系。通过对掌握的大量实际数据的分析，可以发现数据变化的规

律性,找出其变量之间的关系,这种关系就是回归关系。一般较为常用的是多元线性回归预测,它的方程是

$$Y = a_n x_n + a_{n-1} x_{n-1} + \cdots + a_1 x_1 + a_0$$

其中,Y 是因变量(预测对象),X 是自变量(影响因素)。

回归分析的步骤为:

①根据预测目标确定因变量和自变量

明确预测的具体目标,也就确定了因变量。如预测的具体目标是下一年度的销售量,那么销售量 Y 就是因变量。通过市场调查和查阅资料,寻找与预测目标相关的影响因素,即自变量,并从中选出主要的影响因素。

②建立回归预测模型

依据自变量和因变量的历史统计资料进行计算,在此基础上建立回归分析方程,即回归分析预测模型。

③进行回归分析

回归分析是对具有因果关系的影响因素(自变量)和预测对象(因变量)所进行的数理统计分析处理。只有当自变量与因变量确实存在某种关系时,建立的回归方程才有意义。因此,作为自变量的因素与作为因变量的预测对象是否有关,相关程度如何,以及判断这种相关程度的把握性有多大,就成为进行回归分析必须要解决的问题。进行回归分析,一般要求出相关关系,以相关系数的大小来判断自变量和因变量的相关的程度。

④检验回归预测模型,计算预测误差

回归预测模型是否可用于实际预测,取决于对回归预测模型的检验和对预测误差的计算。回归方程只有通过各种检验,且预测误差较小,才能将回归方程作为预测模型进行预测。

⑤计算并确定预测值

利用回归预测模型计算预测值,并对预测值进行综合分析,确定最后的预测值。

思考题

1. 房地产市场调查有的方法有哪些?
2. 观察法和实验法有哪些区别?
3. 房地产市场调查的主要内容有哪些?

4.房地产市场调查的流程是怎样的?

5.设计调查问卷应遵循哪些原则?

6.调查问卷的问题有哪些类型?

7.设计调查问卷时应注意哪些问题?

8.请设计一份高档住宅市场需求调查问卷。

第5章

房地产市场细分与目标市场定位

随着社会分工和商品经济的发展，房地产市场的规模和范围日益扩大，交换关系更加复杂，市场竞争日益激烈，消费者购买要求的不相同导致需求的复杂多变。任何一个房地产企业的资源、设备、技术都是有限的，面对庞大而复杂的房地产市场，不管其规模如何巨大、实力如何强大，都不能生产所有的商品来满足房地产市场上所有消费者复杂多变的需求，而只能根据自身的优势条件，从事某方面的生产、营销活动，选择力所能及的、适合自己经营的一部分消费者的特定需求为目标市场。这就需要企业对市场进行分割，也只有这样才能有效利用企业的有限资源，保持效率，提高企业的竞争力。因此，房地产企业应当按照消费者需求的差异性对整体房地产市场进行分割，进而识别不同的消费者群，选择其中一个或几个消费者群作为目标市场，为进行有效的房地产市场营销奠定基础。

万科公司，是中国房地产的老牌企业，其跨地域品牌复制的“万科城市花园”、“万科金色家园”等，其市场细分是通过在城乡结合部开发有文化、有品位的社区吸引白领阶层、私营企业主，将这些客户作为万科企业市场细分后的一个子市场。在考虑了自身的特点和实力后服务于这一市场获得了相当的成功。

5.1 房地产市场细分

5.1.1 市场细分的概念

将市场按照某些事先选择好的变量，分割为有意义的、相似的、可识别的部分或群体的过程叫做市场细分。市场通常是由人或组织、需求、购买欲望和购买能力等要素构成的，这些要素均可按不同的性质或程度划分为不同的“类”，这些“类”的组合便形成了细分后的市场。

市场细分是市场竞争的产物，在社会生产力水平大幅度提高、供求关系失衡、买方市场形成的市场环境下，迫使产品的生产厂家或服务的提供机构更清楚地研究市场，分析顾客群体的不同类别和不同消费偏好，以寻找新的市场机会，市场细分便由此而起。

需要注意的是，市场细分和市场分类是两个不同的概念。尽管市场细分和市场分类都把特定的整体市场划分成不同的部分，但这两个概念的含义是完全不同的。①市场细分和市场分类在“市场”概念的运用上不同。前者使用的“市场”指消费者，后者使用的“市场”可以不是消费者；②市场细分的营销主体是指企业，而市场分类可以有不同的行为主体；③市场细分的对象是消费者，即把消费者按照不同的标准进行划分，而市场分类则可以有其他的划分标准；④市场细分要求被划分后市场具有营销意义，便于企业制定营销决策，而市场分类则不一定具有营销意义；⑤市场细分是对特定的产品市场进行划分，而市场分类不一定是针对特定产品的，既可按产品划分，如消费品市场、工业品市场、技术市场；也可以按管理体制划分，如自由市场、国家市场等。

5.1.2　房地产市场细分的概念

房地产市场细分是指为了更好地满足消费者的需求，进而选择目标市场和制定营销决策，从房地产市场需求者的差别出发，根据房地产市场需求者行为的差异性，按照一定的标准把整个房地产市场划分为若干具有相似需求和欲望的房地产消费者或购买群的过程。

如有的消费者购房是为改变自身的居住条件，有的消费者是用来做投资，有的消费者用来度假，有的消费者是为父母购买，有的消费者是为子女购买。这样，从购买动机上可以把房地产市场据此细分为五个子市场。当然，对同一产品细分市场的依据很多，细分的结果也不同。

上述房地产市场细分概念包含三层基本意思：一是房地产市场细分与目标市场营销观念是一脉相承的。房地产市场细分是房地产开发企业实行目标市场营销策略的基础环节和必备前提。二是房地产市场细分的依据是反映房地产消费者或购买者现实需求、欲望的一系列“细分变数”，如地段、环境、面积、规格样式、价格、室内装潢等方面的需求标准。三是通过房地产市场细分，最终是要把房地产市场中的买方总体划分成一个个需求欲望相似的消费者群或购买者群。

房地产市场细分不同于房地产市场分类。通常，房地产市场的分类标志包括：物品形态——房产市场、地产市场等；流通方式——房地产售卖市场、房地产租赁市场等；流通方式的层次结构——房地产一级市场、二级市场、三级市场等；使用性质——住房市场、经营用房市场等。以上房地产市场分类既不是从消费者或购买者的角度出发，也不是按照消费者需求爱好的差别来划分的，因此它们不属于房地产市场细分的范畴。

5.1.3　房地产市场细分的作用

在制定战略性的房地产市场营销计划时，房地产开发企业的基本任务是发现和了解它的市场机会,然后制定与执行一个有效的营销方案,而房地产市场细分正是完成这一任务的关键和基础。房地产市场细分是房地产业各类开发企业市场营销服务的一项有效战略。房地产市场细分是一个强有力的营销工具,在当代房地产市场营销策划中占据重要地位,其主要作用表现在如下几个方面:

1. 有利于发掘市场机会,开拓新市场

市场细分是企业不断发现新的市场机会的有效手段。通过房地产市场细分,企业可以对每一个细分市场的现实购买量、购买潜力、消费需求满意程度、竞争情况等进行分析对比,探索有利于本企业的市场机会,进而发现尚未被满足或未被充分满足的市场需求,这些尚未被满足或尚未被充分满足的细分市场往往存在极好的市场机会。房地产企业应从中找出适合本企业可以满足的需求,进而抓住市场机会,制定最佳的市场营销战略,使企业及时开拓新市场,抢先拓展并占领目标市场,以更好地适应市场的需要。

市场细分带来量身定做的房地产产品。通过对市场进行细分,可以全面了解项目市场广大消费者群体之间在需求程度上的差异,而在市场中,往往满足程度不够,或者满足出现真空时,市场便有可获利的余地,市场机会也就随之而来。房地产企业应抓住这样的时机,结合自身的资源状况,推出特色的项目产品,占领市场,取得效益。

2. 有利于集中人力、物力投入目标市场

任何一个企业的资源、人力、物力、资金都是有限的。通过细分市场,选择适合自己的目标市场,企业可以集中人、财、物及资源,去争取局部市场上的优势,然后再占领自己的目标市场。

即使是规模大、实力雄厚的房地产企业,其人力、物力、财力都是有限的。只有通过市场细分,选择最适合自己的一项或几项经营业务,避免在整体市场上分散使用力量,将有限的人财物集中用于适合自己的一个或若干个细分市场,找到适合自己的目标市场,在局部市场上占据优势,才能提高资源的利用效率,取得最大的经济效益。市场细分理论对于竞争力相对较弱的中小型房地产企业尤为重要,因为这些企业的资源和经营能力是有限的,在整体市场上或较大市场上缺乏强有力的竞争能力和手段,不是大企业的竞争对手。而通过细分市场,可选择一个与本企业的实力和优势相适应的小市场,集中有限的资源能力,去取得局部市场上的相对优势,推出相应的房产产品和服务,变整体方面的劣势为局部方面的优势,使自己在竞争激烈的市场中求生存,求发展。

3. 有利于选择目标市场和制定市场营销策略

市场细分可以增强房地产企业的适应性和应变性。企业在较小的细分市场进行经营活动，市场研究更具有针对性，市场信息反馈快，可以较为容易地掌握消费者需求的特点及变化，及时、准确地制定和调整市场营销策略。此外，通过市场细分，易于掌握竞争对手的优势和劣势，有利于房地产企业准确选择自己的目标市场，提高企业的竞争能力，进而有效地与竞争对手相抗衡。

市场细分后的子市场比较具体，比较容易了解消费者的需求，企业可以根据自己的经营思想、方针及生产技术和营销力量，确定自己的服务对象，即目标市场。针对较小的目标市场，便于企业制定特殊的营销策略。

如果房地产企业为整体市场提供单一规格或样式的产品或服务，制定统一的营销组合策略，虽然经营起来显得相对容易些，成本也较低，但是对整体市场的适应性差，对整个市场需求变化的信息反馈比较迟钝，对市场变化的反应也较慢。但是通过市场细分，企业在正确制定特定营销策略的同时，由于企业的产品定位以及市场营销策略都是依据不同的房地产消费者群的特殊需求爱好设计的，对不同的消费者群提供不同的市场营销策略，能比较容易觉察和估计消费者需求的变化以及竞争对手市场营销策略的变化，信息反馈灵敏，一旦市场需求情况发生变化，企业能够迅速而准确地调整市场营销策略，更好地服务于目标市场。

4. 项目市场细分有利于提高项目的成功率

房地产市场细分充分关注了消费者的需求的差异性，以消费者为中心来进行市场理性思考，帮助房地产企业及时了解房地产消费者群的特殊需求和偏好及其变化，制定准确合理的产品定位，并据此采取灵活有效的房地产市场营销策略。市场细分的间接效果使广大消费者的需求得到满足，在项目活动中获益，从而营造企业的美誉度，使企业可持续发展。

北京的“亚运新新家园”走“差异化”之路，独特的区位和环境优势做到了“鱼和熊掌兼得”，既拥有都市的繁华、便利，又拥有静谧、自然的环境和舒适度极高的居住空间，是城区高层住宅的更新换代产品，在同质化的 Townhouse 市场中凸显了“差异性”，成为亚运村区域唯一的由 Townhouse 和多层带电梯花园洋房组成的大型高尚住宅社区。

5.1.4　房地产市场细分的依据

市场细分是一个对市场因素（变量）重新归类、重新分割的过程。由于市场细分的目的在于尽可能地赢得消费者、扩大市场份额，市场细分的依据大多也集中在消费者身上。不同的产品具有不同的属性，消费者关注的内容有很大差距，因而脱离产品笼统地谈市场细分的依据是没有意义的。房地产产品按照用途可分好几类，各类产品由于用途不同、性质不同、消费者群不同，消费者的需求除了一些基本要素（安全、质量等）外，其他要素也有很大的差异。因而房地产市场细分的依据，也应按房地产产品的类别分类研究。

由于住宅市场是房地产产品的基本市场，因此，本书仅以住宅市场为例，讨论住宅市场细分的主要依据。住宅市场细分的依据主要为人口统计因素、消费者心理因素、行为因素、地理因素。

1. 人口统计因素

人口统计因素是消费者群体分类的基本变量，有其独特的优越性。人口统计资料一般比较完整，而且比较容易获得，人口统计变量是区分消费者群体最常用的，消费者的欲望、偏好与使用率与其有着密不可分的因果关系。不同的文化水平、年龄、经济收入对房地产产品质量、档次、风格、面积、房型等有不同的需求差异。人口统计变量中较主要的变量有：

(1)家庭人口组成。不同的家庭结构对住宅的需求种类不同，表 5-1 列出了不同人口组成与其所偏好的住宅类型。

表 5-1　　家庭人口组成与其所偏好的住宅类型

家庭人口组成	住宅类型
单身青年	出租房或公司提供住房，多在工作地附近
无子女夫妇	小户型住房租借或自有
成年家庭（有子女）	较大住房面积或套房，要有良好的子女学习环境和居住环境
老家庭（家庭人口较多）	最大单家住宅，具有供子女活动的户外空间
子女成年离家	较小的住宅面积或公寓，要有方便的生活设施
老年单身	养老院或老年公寓

(2)家庭收入。家庭收入对于消费者的购买力和有效需求起支配作用，直接决定了有效需求的旺盛程度。消费者根据家庭的经济收入，决定消费的住宅产品类型，这也是房地产市场营销中价格策略的关键所在。如高收入型住户的住宅经常代表该型住户的社会地位，因此，他们对住宅的质量、面积、交通条件和环境条件要求很高，倾向于居住在交通便捷、风景优美的地段，如地势较高的海滨、湖滨、山丘等。

(3)文化差异。文化是指社会意识形态，它是由知识、信仰、艺术、法律、伦理道德、风俗习惯等方面组成的一个复杂的整体。每一个文化群体均含有较小的构成体,即次文化群体。在每一个次文化群体中,其成员显示出更具体的认同和更具体的社会化。文化因素对消费者的行为产生广泛而深远的影响,而次文化群体对个人行为影响比总文化更大。一般来说,某住宅产品在某一次文化群体中有很大市场时,也许在另外一个文化群体中就会遭到冷漠。因此,在进行市场细分时,必须充分重视文化因素对消费者购买行为的影响。

2. 心理因素

这里的心理因素是指人们在购买住宅时心理活动的分类。著名的市场营销专家菲利普·科特勒在他的名著《营销原理》中,将购买行为的心理因素分为动机、知觉、学习、信念与态度五类。

动机是指购买行为的目的。市场营销专家们认为,购买商品是为了满足某种需要,而这些需要除了由生理需求(如饥饿、口渴等)引发之外,还有一些是由心理需求(如归属、地位、情感等)引发的。

知觉是指个人(消费者)对事物(商品及商品消费过程)的认识和理解。知觉的关键环节在个人,不同的个人,由于其性格、经历、文化程度,以及周边影响因素(信息、人际关系等)的不同,对同一事物往往会有不同的知觉。心理学家们认为,在消费过程中,人们一般会经历选择性注意、选择性扭曲和选择性保留等 3 种知觉过程,因而营销策划者在设计他们的计划时,必须研究潜在的消费者,仔细考虑这些知觉的过程。

学习是指由于经验而引起的个人行为的改变。人类行为大多来源于学习,而学习是通过驱动力、刺激、诱因、反映和强化的相互影响产生的。市场营销人员往往通过强烈的刺激性暗示和积极的强化手段促成对产品的需求,这就是“学习”因素的实际价值。

信念是指一个人对某事物所持有的观念和认识。

态度是指一个人对某些事物或观念长期持有的好与坏的认识上的评价、情感上的感受和行为倾向。营销人员关注的是如何通过广告及其他促销手段影响消费者对促销商品及其品牌的信念与态度,从而促成交易行为。

另外社会阶层是住宅市场细分的重要心理因素。不同的社会阶层,对住宅消费也有较大的差异。社会阶层是具有相对的同质性和持久性的群体,它们按等级排列,每一阶层的成员具有类似的价值观、兴趣爱好和行为方式。在住宅消费的社会阶层里有以下五种层次:

(1)遮风避雨消费层次。在现阶段,该层次消费人群主要是刚进城的农民,职业不固定,将有限的收入用于生活积累或邮寄回家,城里住所作为暂时的落脚点,大多几口人挤在低矮狭小的平房或者许多人在一个工棚里面，将居住需求压到极限，仅仅将满足遮风避雨作为基本的生存要求。

(2)基本安置消费层次。该层次在城市里也不少，如一些居民的住房，多为分散建设的低层或多层住房，大都不成套，设施简陋，一间房集卧、厅、餐等功能于一体。许多刚毕业想留城的大学生也如此。这个层次的消费需求主要基于基本生理和安全需求，面积较小，设施功能较差。

(3)经济适用消费层次。该层次主要是广大工薪阶层，住房面积为 $50m^2$ 左右，卧室、起居厅、厨房、卫生间基本空间齐全。对室外环境、物业管理要求不高，基本满足生理、安全和归属需要。

(4)舒适享受消费层次。处于这一层次的消费者主要以金融精英、IT 精英、律师等白领阶层为代表，收入较高，具有新的消费观念，注重生活品质和水准。住宅不仅宽敞舒适，而且要求有齐全的功能使日常居住能成为一种紧张工作后的享受；不仅要较好地满足生理、安全要求，而且满足年龄、辈分、性别合理分室，主人卧室附带卫生间等伦理需求。相当一部分家庭还有发展的需要，要有书房、智能化设施等等。

(5)豪华高档消费层次。这是住宅消费的奢侈品，俗称“豪宅”。这种住房消费需求往往追求外立面的豪华气派，体现业主的社会地位和财富。注重环境，注重个性和品位，不计成本。豪华高档消费层次，是居于社会财富分配最上层人士的消费需求，以满足其被尊敬和自我实现等深层次的心理需要。这种消费主体具有很强的经济能力。

心理因素之所以构成住宅市场细分的依据因素，是因为它最终将影响人们的购买行为。消费者在交易决策过程中，在很大程度上取决于自己的思维方法和价值取向，而最终将受制于他的消费心理。因而，研究不同的消费心理过程和心理特征，便于寻找新的市场机会、开发新的产品、满足不同的需求。

3. 行为因素

消费者行为是消费者对住宅产品的了解程度、态度、使用或反映。依据消费者的行为变量为基础对住宅市场进行细分。

(1)使用时机

根据消费者对住宅产生需要、购买或使用的时机加以区别。抓住消费者对住宅的购买时机，及时提供与需要相一致的各类住宅产品及管理服务，使企业开拓和占领新的住宅市场的有效策略。例如，辽宁沿海经济带战略必将吸引海外投资，并吸引大量劳动人口，使得沿海城市住宅市场扩大，房地产企业应捕捉这一时机，发现消费者的住宅需求，进行市场开发与营销。

(2)追求利益

根据消费者对住宅产品所追求的不同利益形成一种有效的细分方式。不同的消费者购买住宅时所追求的利益是不同的。有的消费者在购买住宅时追求交通、购物方便,配套设施齐全的闹市地段,有的注重视野开阔、赏心悦目的周围环境,有的追求房产的升值,有的选择注重邻居等等。例如交际型住户热衷于购物、逛街、看电影、听音乐及其他文化娱乐活动,他们把精神享乐列为主要目的,而对住宅的宽敞和舒适程度要求不高,追求的是闹市区热闹繁华的氛围和丰富多彩的文化娱乐设施,因此他们多选择中央商业区附近的高层公寓居住。这需要房地产企业要根据消费者所追求的利益来细分市场,突出自己产品所能提供给消费者的利益并做好广告宣传,以最大限度地吸引某个或若干个住宅消费者群。

(3)待购阶段

根据消费者处于购买过程的哪个阶段进行住宅市场细分。有的消费者对某房地产企业开发的住宅产品尚不知道,有的已经知道,有的已经很清楚,有的已经产生了购买欲望,有的正准备购买。房地产企业应根据消费者所处的待购阶段对市场进行细分,以便采取适当的营销策略。例如,对不知道本企业产品的消费者要加强广告宣传,以引起他们的注意,最大限度地拓宽该类住宅的潜在市场;对于那些已经知道本企业产品的消费者,重点要向他们宣传本产品能够带给他们的利益,从而激发他们的购买欲望;对于那些想买的或准备要买的消费者,则要向他们重点宣传销售地点、联系人、销售服务项目以及购买者的资格规定等。

4. 地理因素

这里的地理因素主要是指潜在消费者所处的地理分布状况,包括地理位置、自然环境、人文环境等。地理因素之所以作为住宅市场细分的依据,是因为住宅的不可移动性和住宅市场的区域性特征,使不同地理环境下的住宅市场营销环境不同,无论是政策环境还是经济环境,或者是社会文化环境和人口环境,都呈现出很大的区别,从而使处在不同地理环境下的消费者不仅在消费能力方面,而且在对同一类产品的消费需求和偏好方面,都有很大的差异。这就需要房地产开发企业采取不同的营销方案和措施。

例如,就气候而言,北方的消费者可能更喜欢结构牢固、密封保暖性好的住宅多一点;而南方的消费者可能喜欢通风透光性能好,窗户多的住宅多一点;就城市区位而言,住宅区是位于中心区、市区还是郊区,是位于商业区、文化区、教育区还是工业区,其地位、交通、地价、市政设施等都有所不同,消费者的需求也会呈现出明显的差异;就城市而言,所在的是大城市还是中小城市,是沿海城市还是内地城市，城市的开放程度、繁华程度、文化、保安、文明状况等都会影响房地产市场需求层次的变化。

地理因素能够分析不同的地理区域消费者对住宅产品的需求特点、需求总量和需求变化，对于极其重视区域、选址的房地产业，地理因素常被作为一项重要的细分指标来对待。

此外，企业还可按照使用者情况、消费者对某种住宅产品的使用率、品牌忠诚度、消费者对产品的态度等因素来细分市场。

5.1.5 房地产市场细分的原则

1. 可衡量原则

细分市场的区分必须是明确的，细分市场的规模和购买力应该是可以衡量的。细分的标准明确，细分市场才会呈现明显的、易于辨认的形态，使得细分市场的规模能够衡量。

一般来说，细分市场考虑以下三方面：

首先，消费需求要有明显的差异性。细分后的各个细分市场之间应有明显的区别，而同一细分市场内部却要有共同的基本特征，表现出大体相同的购买行为。

其次，对消费者需求特征的信息要易于获取和衡量。如年龄、性别、收入、教育、地理位置、民族等客观性的因素就易于确定，并且有关它们的信息和统计数据也易于获得；相反，心理和性格等方面的主观性的因素则难以确定。

第三，市场经过细分后，市场范围、容量、潜力等必须是可以衡量的，这有利于确定目标市场。

2. 盈利原则

细分市场应具有一定规模，有足够的需求量，是值得房地产企业专门制定营销计划服务的细分市场，能够给房地产企业带来效益。一个细分市场应该是适合制定独立的市场营销计划的最小单位，并且具有相当的发展潜力，如果无利可图，也没有发展潜力，那么这种市场细分是没有实际意义的。

3. 可实施原则

可实施原则是指房地产开发企业对细分后的房地产市场能够有效进入和为之服务的程度。在市场细分后，房地产企业依据自身的资源条件，能有效地到达该细分市场，能向该细分市场提供其所需的房地产产品，确定进入的目标市场，制定营销计划并且付诸实施，获得效益。

4. 稳定性原则

细分市场必须保持相对稳定，不宜经常变更，以保证房地产企业市场营销策略的一致性，使得企业能够在该细分市场上获得长期、稳定的经济利益。房地产市场是一个资金占用比较大的市场，如果目标市场在短期内就改变，必然会带来营销设施和营销策略的改变，变动过快，会加大房地产企业的经营风险和损失。由此，目标市场越稳定，越有利于房地产企业制定长期的营销战略和策略，越有利于企业获得较为稳定的利润，有利于企业的长远发展和房地产细分市场的稳定。当然，这种稳定是相对的，企业需要根据客观条件的变化在一定程度上改变自己的营销策略。

5.1.6 房地产市场细分的程序

市场细分是房地产企业决定目标市场和设计市场营销组合的重要前提。美国市场学家麦卡锡提出了细分市场的一整套程序，此程序是对一般产品市场所提出的，首先选择产品的市场范围，然后对该范围内的消费者需求进行调查分析，通过对需求的逐步分析筛选，最终选择适合进入的细分市场，其重点是抓住消费者的需求。房地产市场具有市场的一般特征，作为市场的子系统，其市场细分也是以满足消费者的需求为目的，因此该程序对房地产市场细分同样适用。根据麦卡锡提出的细分市场的一整套程序，房地产市场的细分可分为以下七个步骤：

1. 选择市场范围

房地产企业首先应根据市场的需求状况，结合自身的经营目标和资源状况，在广泛的市场需求中大致明确自己有能力服务的一定的房地产市场范围，即确定经营什么样的产品，这是进行市场细分的第一步，也是市场细分的基础。对市场范围，房地产开发应以消费者的需求，而不是以产品本身的特性来确定。企业必须深入细致的进行调查研究，关注消费者需求变化的动向。在选择产品市场范围时，必须考虑到自身所具有的资源和能力，市场范围不宜过大，也不宜过于狭窄。

房地产商品市场范围应以市场的需求而不是产品特性来定。比如，某开发企业拟在市郊开发一座小公寓，若从产品特性（房间大小、简朴程度）出发，该企业可能认为该公寓的销售对象为低收入的消费者，但是从市场需求的角度分析，中高收入者也可能是该房地产产品的潜在消费者。因为，中高收入者虽然在市区已经有了宽敞的住宅，但是希望能在宁静的郊区再有一套住宅，作为周末生活或度假之用。由此，开发企业应该将目标消费者在定位于低收入者的同时，适当考虑中高收入家庭的潜在需求。

2. 列举潜在顾客的基本需求

房地产企业在选定产品市场范围之后，可以从人口、地理、行为、心理等方面了解消费者对房地产的基本需求情况，列举影响产品市场需求和消费者行为的各项变量，为房地产市场的进一步细分奠定基础。例如，开发企业可以通过调查，了解潜在消费者对房地产产品在停车安全、遮风避雨、安全宁静、设计合理、交通方便、满意的内部装修、完善的物业管理以及良好的工程质量等方面的基本需求。

3. 分析潜在顾客的不同需求

对顾客的基本需求，不同的顾客强调的侧重点可能会存在差异，比如，经济、安全、遮风避雨等是所有顾客都强调的，但有的顾客可能特别重视交通的方便与否；有的顾客可能对环境的安静、内部装修等有较高的要求。所以，在了解了潜在顾客的基本需求之后，房地产企业还要对潜在顾客做进一步的调查，以了解他们最重要的、最迫切的需求，把他们最迫切的需求集中起来，从中选择 2～3 个因素作为市场细分的依据。

4. 舍弃潜在顾客的共同需求

潜在顾客的基本需求固然重要，但是只能作为制定市场营销的参考，而不能作为市场细分的基础，因而可以排除这些共同的需求，选择那些具有鲜明特征的特殊需求作为市场细分的标准。比如，遮风避雨、安全等方面的要求，几乎是每一个潜在顾客都希望的，企业可以把它们作为产品决策的重要依据，但在市场细分时则要舍去。

5. 初步细分市场

在舍去共同需求之后，对剩下的那些特殊需求作进一步分析，按照市场细分的标准，对市场进行初步细分，将其划分为不同的群体或子市场，并用形象化、直观的方法为细分市场赋予一定的名称，以便在分析中形成一个容易识别和表达的概念。据此，开发企业可以为各分市场取名如下：

(1)老成者——年龄稍大，收入与教育程度较高，希望追求舒适与个性；

(2)新婚者——经济基础较差，希望居住地离单位不要太远，经济实惠，暂住；

(3)度假者——在市区有住房，但希望有一套房子能供周末或其他度假之用；

(4)好动者——年轻未婚，活泼爱玩，在城市工作，但希望能住在郊区，追求经济与方便。

6. 进一步分析各细分市场的特点

分析整体市场和细分市场的竞争情况，并根据市场研究和对需求潜力的估计，确定整体市场和细分市场的营销收入和费用情况，以估计潜在利润量，作为最后选定目标市场和制定营销决策的经济分析依据。在此基础上，进一步分析各细分市场的需求、购买行为及其影响因素，根据实际情况决定是否对各细分市场再做进一步的细分或合并，为企业正确选择目标市场奠定基础。

7. 选择目标市场，制定营销策略

在对各细分市场的需求状况、盈利能力和竞争状况进行综合分析的基础上，企业可能发现若干个有利可图的细分市场，据此，结合企业的经营目标和资源优势，选择最有利的一个或几个细分市场作为目标市场。同时，估计每一细分市场的规模，即在调查基础上，估计每一细分市场的顾客数量、购买数量等，并对细分市场的产品竞争状况及发展趋势作出分析，进而制定相应的产品、定价、渠道和促销策略，保证房地产企业顺利地进入目标市场。

5.2 房地产目标市场选择

5.2.1 目标市场概述

目标市场是指企业决定进入的那个市场，即企业经过市场细分，以及对细分市场评估以后，决定以相应的商品和服务去满足特定需要和服务的顾客群。

就房地产企业而言，目标市场就是一个满足细分市场需要的特定项目，以及该项目一系列的开发理念、市场定位、卖点设计等营销策略的组合。

目标市场的决策关系着项目的成败，是企业发展生死攸关的大事。目标市场的选择不仅依赖市场细分过程中详尽的市场调查分析、依据细分市场的评估结论，在细分市场中做出选择，还要就所选择的目标市场(项目及项目的市场定位)进行全面的、综合的技术经济论证，即可行性研究。目标市场的选择在整个项目策划过程中，对项目决策起着至关重要的作用，具有重要意义。

(1)能够系统地考察各个细分市场，从而了解全局，更好地把握市场机会。

(2)能够系统地考察一个项目，就其满足特定的细分市场需要进行项目策划。

(3)能够从技术、经济、管理角度，对项目策划方案进行全面的论证与评估。

(4)能够对项目投资及投资方案做出科学的决策。

5.2.2 房地产目标市场选择的基本条件

目标市场是开发企业经过比较而选择的相应的子市场，一个理想的目标市场必须具备以下基本条件：

1. 足够的规模和良好的发展前景

细分市场预期规模的大小，是决定该细分市场是否值得进入的主要因素。如果企业所选择的目标市场过于狭窄，就不可能达到企业所期望的销售额和利润。因此，房地产企业在选择目标市场时，要充分考虑细分市场的规模。大企业可以考虑规模大的细分市场，小企业由于实力有限，应更多地考虑规模小的细分市场。

一个理想的目标市场，不仅要有足够的实际购买力，还要有足够的潜在购买力，并与企业开发的实力相匹配，就是说要有良好的发展前景，这样才能使房地产企业在该市场上有充分的发展潜力。如大盘开发周期短者2～3年，长者5～6年，市场若没有足够的潜在购买力，开发就失去了市场意义。

目标市场只有具备了足够的规模和良好的发展前景，才能实现开发企业的预期销售额。

2. 细分市场具有结构吸引力

细分市场的结构有多方面的特征。如某个细分市场已经有为数众多、强大的或者竞争意识强烈的竞争者，该细分市场就会降低吸引力。因为激烈的市场竞争会造成楼盘推广的价格战、广告战等，同时造成销售成本过高而使利润降低。一个有吸引力的市场必须是市场需求大于企业经营成本。

一般来说，一个细分市场的盈利能力及是否具有长期的内在吸引力，需要考虑五个方面或者说主要受到五种因素的威胁：

(1)房地产市场内现有竞争对手的威胁。如果房地产市场内已经有了较多的、强大的或者竞争意识强烈的竞争对手，企业之间的竞争就激烈。这就意味着房地产企业必须付出更多的努力，才能获得一定的市场份额，这样的目标市场就不具有太大的吸引力。这样的市场往往处于稳定或萎缩状态，供应商提供产品的能力不断扩大，导致开发商之间的价格战或广告争夺战，企业进入这样的市场必须付出较大的代价。

理想的目标市场最好没有或者很少有竞争对手，或者虽有竞争但竞争不激烈。然而，在市场竞争日趋激烈的今天，这样的市场难以寻找。因此，房地产企业至少应选择那些自身处于相对竞争优势的市场为目标市场。

(2)新加入的竞争者的威胁。如果细分市场状态良好，进入壁垒很低，新的竞争者就能轻易地进入这个市场，增加新的生产能力和大量房源，并争夺市场占有率，因而会降低原有企业的利润，这个细分市场就失去了吸引力。最有吸引力的市场应该是市场状态良好，进入障碍高，退出障碍低。

(3)替代产品的威胁。替代产品会限制细分市场内的价格和利润的增长，如果某个细分市场已经存在着替代产品或有潜在的替代产品，该细分市场就失去了吸引力。因此企业必须密切关注替代产品的价格变动趋势，以及在市场上的整体状况，如果替代产品行业的技术发展很快，或者竞争激烈，则该细分市场的价格和利润就可能下降。

(4)购买者讨价还价的能力。该细分市场的购买者讨价还价的能力越强，越能压低该房地产的价格，对房地产产品提出更高的要求，结果会导致开发商之间的强烈竞争，从而减少房地产企业的利润，这样的细分市场也缺乏吸引力。因此最有利的防卫办法是向顾客提供无法拒绝的优质产品和服务。

(5)供应商讨价还价的能力。供应商讨价还价的能力越强，越会提高建筑材料、建筑设备等价格，提高房地产企业的成本而降低利润，这样就会降低该细分市场的吸引力。因此企业必须与供应商建立“双方都有利”的良好关系，或者选择多条供应渠道，减少对某个供应商的依赖程度。

3. 有长期发展目标和必需的资源条件

即使某个细分市场满足了上述两个条件，开发企业也不能贸然进入该细分市场，而是要将自身的发展目标和所拥有的资源与所选择的细分市场结合起来综合考虑。将进入该细分市场必需的资源条件(人、财、物、技术、经验等)和公司拥有的、可支配的资源条件相比较，只有具备必要的资源条件，投资者进入该细分市场才是可能的，该细分市场对于投资者也才是可行的。同时还要注意与本企业战略发展目标的一致性，即从企业长远发展角度来探讨该细分市场的可行性。只有那些与企业长远利益相一致的细分市场才是可行的。

某些细分市场可能具有较大的吸引力，但是不符合企业的长期发展目标，进入这样的细分市场必然分散企业的注意力和精力，不利于企业长远目标的实现，所以应放弃这样的细分市场。同时企业必须对所拥有的现有的资源能否满足进入和占领该市场进行分析。虽然细分市场可能符合企业的长期发展目标，但是企业的现有资源不能为企业提供强硬的、有竞争力的竞争基础，那么企业也是无法进入这个细分市场的。企业只有能够提供优于竞争对手的产品或服务，具有强于竞争对手的竞争优势时，才能进入所选择的细分市场。

因此,选择房地产目标市场时,除需考虑以上的基本条件外,还必须考虑企业进入细分市场的可能性,比如资金、技术、优于竞争对手的优势等。

5.2.3 房地产目标市场模式的选择

通过对不同的细分市场进行评估,房地产企业会发现一个或若干个值得进入的细分市场。为此,企业必须决定进入哪个或哪几个细分市场。开发企业所能选择的目标市场模式一般有单一市场模式、产品专业化模式、市场专业化模式、选择性专业化模式、完全市场覆盖模式等五种,对这五种模式的初步分析见表 5-2。

表 5-2　房地产开发企业所能选择的目标市场模式

目标市场模式	说明	图例(P=产品 M=市场)
单一市场模式	企业只生产一种房地产产品,供应某一个顾客群,一般是小型企业采取该模式。	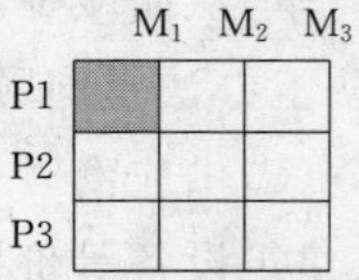
产品专业化模式	企业决定向各类顾客群提供同一类型而规模不同的产品系列。对提供某种产品有专门特长的企业通常选择该模式。	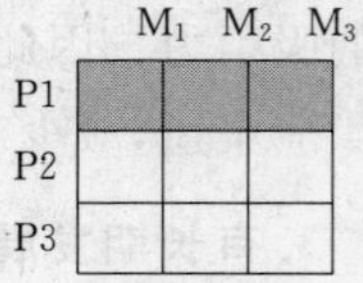
市场专业化模式	企业决定向某一顾客群提供它所能生产的各种产品。采取该模式的企业一般具有较强的营销配套能力,并对某一顾客群的利益追求有透彻的了解。	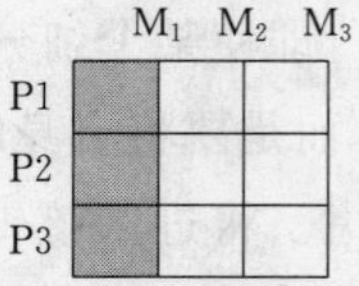
选择性专业化模式	企业决定同时进入互不相关的细分市场。追求市场机会不断增长的企业往往选择该模式。	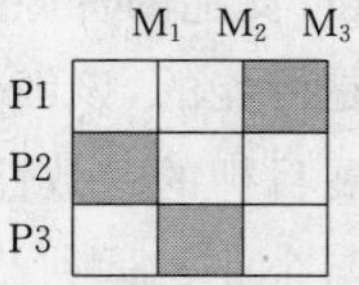
完全市场覆盖模式	企业决定为所有的不同顾客群提供它所生产的各种产品。谋求行业市场领导地位的集团公司采取该模式。	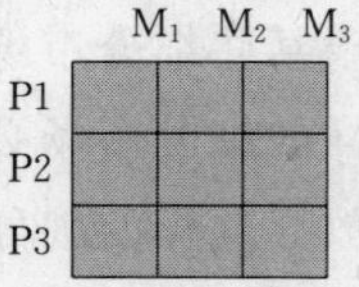

1. 单一市场模式

单一市场模式是指房地产企业只生产一种产品,供应一个顾客群。如深圳万科股份公司开发建设的万科俊园,该项目位于深圳市文锦路与爱国路交汇处的北侧，占地 5 466m^2，总建筑面积 78 000m^2，建筑总层数 45 层，高 161 米，是当时中国第一高住宅楼。在该项目的前期阶段，开发商通过市场细分后锁定了深圳市及周边地区拥有千万资产人士的目标市场，虽然这一目标市场十分狭窄，客户群体容量也十分有限，但由于这部分群体存在着有效需求，开发商把握了他们的需求信息，及时开发出他们所需求的物业产品——高层豪宅，结果市场反响热烈，销售率节节攀升。

单一市场模式能使企业集中力量，因而在分市场上有较高的市场占有率，而且由于经营对象单一、集中，企业可以对该分市场有较深的了解，建立较高的渗透率。但若消费者偏好转移或有强有力竞争对手出现，企业可能陷入困境，因此经营风险很大。单一市场模式一般适用于企业规模较小、开发商可能本来就具备了在该细分市场获胜所必需的条件；可能资金有限，只能在一个细分市场经营；这个细分市场中可能没有竞争对手；这个细分市场可能会成为促进细分市场继续发展的开始。大的房地产企业初次进入市场时，可把这个分市场作为积累经验、扩大市场的起始点。

2. 产品专业化模式

产品专业化模式是指集中生产一种产品，向各类顾客销售这种产品。

该模式的优点在于对房地产企业的资源要求较低，房地产企业在某个产品的开发建设方面容易树立很高的声誉，降低开发成本，增加利润。但是风险很大，一旦消费者需求偏好发生变化或相关技术发生变化，企业将陷入经营困境。

3. 市场专业化模式

市场专业化是指专门为满足某个顾客群体的各种需要而服务，即房地产企业面对一种顾客专门生产经营他们所需的各种产品。如北京市天创房地产开发公司精心打造天缘公寓（高层住宅项目），该项目位于北京市宣武区白纸坊和西二环交汇口，项目总建筑面积 7 万 m^2，公寓的户型面积从 75m^2 到 193m^2，涵盖了二室二厅、三室二厅、四室二厅等多种规格，开发商力图通过该物业的开发建设来满足住宅目标市场（小康型住宅需求群体、富裕型住宅需求群体、豪华享受型住宅需求群体）的需求。

这种模式可以分散风险，并在这一类顾客中树立良好声誉。但这一类顾客一旦购买力下降，或减少这方面的开支，企业效益就会随之大幅度下降。选择这种模式的企业一般具有较强的营销配备能力，并对某一顾客群的利益追求有透彻的了解。

4. 选择性专业化模式

选择性专业化模式是指房地产企业选择若干分市场为目标市场，其中每个分市场都能提供有吸引力的市场机会，但彼此之间很少或根本没有任何联系，实际上是一种多元化经营模式。如位于南京新街口中央商务区的标志性建筑天安国际大厦，它的目标客户群体定位在南京 CBD 办公的不同白领阶层，该项目的 1～8 层为大洋百货公司，9～13 层为高档写字楼，14～42 层是公寓，开发商通过在一个楼盘中开发不同类型的物业，较好地满足了南京新街口 CBD 区域内的白领人士购物、餐饮娱乐、办公、居住等各种需求。

选择性专门化模式可以较好地分散企业的风险。但由于经营较为分散，给企业资源分配、营销活动带来困难，追求市场机会不断增长的房地产企业往往不会选择这种模式。

5. 完全市场覆盖模式

完全市场覆盖模式是指开发商想用各种房地产产品满足各种顾客群体的需求。但这种模式对房地产项目开发来说困难是很大的。只有大型公司才能采用完全市场覆盖模式。房地产企业可以通过无差异市场营销和差异市场营销两种方法来覆盖整个市场。

5.2.4 确定房地产目标市场的策略

房地产企业在对目标市场的范围作出选择后，还必须进一步明确它的营销策略，主要有无差异性市场营销策略、差异性市场营销策略和集中性市场营销策略三种目标市场营销策略可供选择。每种策略都有其优缺点和适用条件，企业应根据自身的资源、产品特点、市场特点以及竞争状况进行选择。这三种目标市场策略的营销手段与适应的市场范围见表 5-3。

表 5-3　　目标市场策略表

策略选择	营销手段与市场范围
无差异性市场营销策略	市场营销组合 → 整体市场
差异性市场营销策略	市场营销组合 1 → 细分市场 1 市场营销组合 2 → 细分市场 2 市场营销组合 3 → 细分市场 3 （细分市场 1、2、3 — 整体市场）
集中性市场营销策略	市场营销组合 → 细分市场 2 （细分市场 1、细分市场 2、细分市场 3）

1. 无差异性市场营销策略

无差异性市场营销策略就是房地产企业着眼于目标市场消费者需求的同质性，运用同样的营销方案，通过同一房地产营销渠道以及使用同样的房地产价格策略和促销策略，提供同样的产品，以吸引尽可能多的顾客，为整个市场服务。

该策略的优点是由于大批量生产，有利于房地产企业降低单位产品的开发建设成本。无差异的广告宣传等推销活动可以节省促销费用，从而取得规模经济效益；由于不需要对市场进行细分，可以节省市场调研费用、产品研制费用，从而提高企业的利润水平。这种策略对于需求广泛、市场同质性高且能大量生产、大量销售的产品比较合适。缺点是产品单一，难以满足消费者多样化的需求；当大多数企业都采用这种策略时，市场竞争就会异常激烈；不能适应瞬息万变的市场形势，应变能力差。

2. 差异性市场营销策略

差异性市场营销策略，就是房地产企业将产品的整体市场划分为若干个细分市场，并针对每一个细分市场的需求特点制定出不同的营销组合方案，分别满足不同消费者的需要。

差异性市场营销策略面对的仍是整体市场，但它以市场细分为基础，重点考虑各个子市场的需求差异，针对每个子市场的需求特点，分别设计不同的产品，采取不同的营销方案。

该策略的优点是小批量、多品种，能更好地满足顾客的不同需要，开发建设机动灵活、针对性强，提高了产品竞争力，有利于扩大房地产企业的销售额；如果房地产企业在几个不同的细分市场上都取得较好的经营成果，能树立企业的形象，提高消费者对企业的信赖程度和购买率；有利于分散经营风险。缺点是：首先，实行差异性市场营销策略，为不同的消费者群提供不同的产品和不同的营销组合，会大幅度增加房地产企业的生产成本、销售（调研、促销、渠道管理）费用和管理费用。因此，销售额的扩大所带来的收益，必须大于总营销成本费用的增加。其次，实施这种策略会受到企业资源条件的限制，往往使企业的资源配置不能有效集中，顾此失彼，甚至企业内部出现彼此争夺资源的现象，很难形成拳头产品，资源缺乏的房地产企业难以采用该战略。

3. 集中(密集)性市场营销策略

集中（密集）性市场营销策略，是指房地产企业将整体市场细分后，选择一个或少数几个细分市场为目标市场，制定一套营销方案，集中力量在目标市场上开展专业化开发建设和销售的营销活动。这种策略也是以市场细分为基础，但它不是面向整个市场，不是把力量分散在若干个细分市场上，而是集中力量进入一个或少数几个细分市场，实行专业化经营。采用这种策略的指导思想是为了在一个很小的细分市场上占有较大的份额，而不是追求在整体市场上或较多的细分市场上占有较小的份额。

该策略的优点是可以准确地了解顾客的需求，与其四面出击，收效甚微，不如集中突破一点，有针对性地采取营销策略；有利于房地产企业集中使用有限的资源，充分发挥企业的资源优势；由于经营范围小，可以节省各种费用开支。缺点是经营风险大，犹如“把鸡蛋都装进了一只篮子里”，如果消费者的偏好发生转移或市场的情况发生变化，会使企业陷于困境。因此，该细分策略适合于资源力量有限的中小型房地产企业，如果集中资源优势在大企业尚未顾及或尚未建立绝对优势的某个或几个方面进行竞争，成功的可能性将更大。

5.3 房地产市场定位

房地产企业进行市场细分和选择目标市场后，就应该考虑如何为自己的产品在目标市场上进行有效定位的问题。定位是房地产开发企业用来为楼盘设计个性和风格的前提条件，起着为策划和营销导航的作用。

5.3.1 房地产市场定位的含义

房地产市场定位是指房地产企业为了使自己生产销售的产品获得稳定的销路，从多方面培养产品特色，树立一定的市场形象，以求在顾客心目中形成一种特殊的偏爱。

房地产市场定位是根据目标市场的需要特征对房地产产品作出的具体规定，是为适应消费者某一期望值设计的产品营销组合。房地产企业进行市场定位是通过创造鲜明的商品特色和个性，从而塑造独特的市场形象来实现的。这种特色和形象可以是实物方面的，如“价廉”、“优质”、“物业管理优良”；也可以是心理方面的，如“舒适”、“豪华”、“气派”；或者是二者兼顾的。它们都可以作为定位的概念。房地产市场定位的实质就是差异化，以使目标市场了解本公司产品与竞争对手产品不同的特点，设法建立一种竞争优势，以便在该细分市场上吸引更多的顾客。

科学而准确的市场定位是建立在对竞争对手所经营的商品具有何种特色、顾客对商品的各种属性的重视程度进行全面分析的基础上的。为此，房地产企业需要掌握以下几种信息：

(1)目标市场上竞争者为顾客提供何种房地产产品？

(2)顾客需要什么样的房地产产品？

(3)目标市场上的新顾客是谁？

(4)本企业的显著竞争优势是什么？

房地产企业根据所掌握的信息，结合本企业的实际条件，适应顾客的一定需求和偏好，就可以为本企业产品创造一定的特色，赋予一定的形象，从而建立一种竞争优势，以便吸引更多的顾客。

5.3.2　房地产项目市场定位的内容

房地产项目市场定位主要包含如下内容：

(1)项目功能属性定位。如土地使用性质(商住、商业、工业、写字楼、住宅等)、房屋的基本属性(高层、小高层、多层；普通住宅、公寓、别墅等)。

(2)项目经营属性定位。如投资结构(独资、招商、集资、贷款等)、经营方式(出售、出租、自销、代理等)。

(3)项目市场属性定位。如目标市场(地域、消费群体等)、消费者需求(偏好、关注问题、开间布局、装修标准、经济承受力等)。

(4)项目价格属性定位。如竞争性价格、平均价格等。

(5)规划设计定位。如平面布置、户型设计、配套设施、基础设施等。

(6)建筑与结构设计定位。如建筑造型、主体结构与材料、建筑设备等。

(7)开发与建设方案定位。如开发建设周期、推出市场的时机、开发建设顺序、工程发包方式、招标方案、开发建设顺序、施工工艺等。

(8)其他。如主要竞争性策略、卖点设计等。

5.3.3　房地产企业市场定位的程序

1. 市场调研

市场调研是市场定位的核心，也是顾客和企业联系的纽带。对于房地产企业市场定位来说，信息的收集很重要，主要包括宏观信息即整个市场竞争的情况、竞争对手的楼盘类型、销售定位、潜在目标人群的需求信息和企业内部信息。

2. 选择竞争优势

选择竞争优势就是从房地产企业的竞争优势中找出可用于产品定位的竞争优

势。所选择的用于市场定位的竞争优势必须符合以下条件：

(1)能吸引更多的顾客。市场定位的目的是吸引追求相应定位的顾客购买产品,并为房地产企业带来更多的经济利益。如果企业的产品定位不是顾客所关心的,对顾客没有吸引力,这种定位难以达到真正的目标。

(2)必须是竞争者没有的,或是竞争者通过努力也难以达到的。市场定位是市场竞争的重要手段,如果房地产企业所选择的竞争优势容易被竞争者赶上,企业在市场上的这种竞争优势便难以建立,这种定位便失去了意义。

(3)必须与企业的目标一致。房地产企业的市场定位必须力求有助于企业目标的实现。如果企业的市场定位与企业的目标不一致,则可能造成消费者对企业产品认识上的混乱,损害企业的整体形象。

3. 房地产品牌形象的培育

品牌是房地产企业楼盘的市场信誉、市场竞争力的集中体现。房地产产品品牌能更好地满足特定消费群体的心理需求,对那些有强烈偏好的顾客来说更有吸引力。

4. 打造真正的卖点

如何打造房地产项目的真正卖点是项目定位的关键内容。卖点可从多个方面进行,如文化定位突出商品房所蕴涵的文化氛围;智能化定位突出小区的设施和物业管理的智能手段;概念定位突出感性消费时代的概念营销等。在房地产市场竞争日趋激烈的今天,越来越多的企业注重在产品本身和附加值上加以再定位,重申产品与众不同的特色。

5.3.4 房地产市场定位的依据

房地产市场定位的依据有多种,主要有以下四种：

1. 根据产品特色定位

以房地产产品特色进行定位,如某办公用房强调所处的区域优势和优良的物业管理;住宅小区则突出结构合理,设施配套,功能齐全,环境幽雅;个性化楼盘可为选择者提供明确标志,并可轻松实现择邻而居。随着网络的无限延伸,家庭办公室也开始流行起来。家庭办公室首先要处理好家居气氛与办公气氛的矛盾,尽可能将两者协调起来。SOHO 社区将办公间与其他房间统一规划以形成统一的基调,再结合家庭办公特点,在家具式样的选择和墙面颜色处理上作一些调整,使得办公间庄重大方,满足了 SOHO 一族的要求。

2. 根据利益定位

这种定位方法注重强调消费者的利益，如有的房地产产品定位侧重于“经济实惠”、“价廉物美”；有的侧重于“增值快速”、“坐拥厚利”；而有的强调“名流气派”、“高档享受”。

3. 根据使用者定位

房地产企业的经营者们常常试图把他们的产品指引给适当的使用者或某个分市场，以便根据该分市场的看法创建恰当的形象，如有些企业把普通住宅定位于“工薪阶层理想的选择”。

4. 根据竞争需要定位

如果企业所选择的目标市场已有强劲有力的竞争对手，则可以根据竞争需要进行定位，一般有两种策略：

(1)与现有竞争者并存。就是将自己的产品位置确定在现有的竞争产品的旁边，从实践看，一些实力不太雄厚的中小房地产企业大多选用该策略。采用这种策略必须具备两个条件：首先目标市场区域内有一定量还未得到满足的需求；其次，企业开发的产品要有一定的竞争实力，要能与竞争对手抗衡。

(2)逐步取代现有竞争者。就是将竞争者赶出原有位置并取而代之，占有他们的市场份额。主要为实力雄厚的大房地产企业所选用。同样必须具备两个条件：首先新开发的产品必须明显优于现有产品；其次，企业必须做大量的宣传推销工作，以冲淡对原有产品的印象和好感。

事实上，许多房地产企业进行市场定位的依据往往并不只有一个，而是多个结合使用，因为市场定位所体现的企业及其产品的形象必须是一个多维的、丰富的立体。

房地产企业在市场上定位即使很恰当，但在遇到以下情况时，仍应重新考虑：

(1)竞争者推出的产品定位于本企业产品附近，侵占了本企业的部分市场，使本企业产品的市场占有率下降。

(2)消费者的偏好发生变化，从喜欢本企业产品转向竞争对手的产品。

企业在做出重新定位的决定前还应考虑两个因素：

一是企业将自己的产品定位从一个分市场转移到另一个分市场的全部费用。

二是企业将自己的产品定位于新的位置上的收入有多少，收入取决于这个分市场购买者、竞争者以及产品价格。

企业市场营销人员应将上述的支出与收入作一比较，权衡利弊得失，然后决定是否要重新定位于新位置上，以免得不偿失。

5.3.5 房地产企业市场定位的策略

由于房地产企业市场定位包括产品定位、品牌定位、企业战略定位，所以房地产企业市场定位的策略应从这三方面考虑：

1. 房地产企业产品定位策略

房地产企业应首先了解竞争对象的产品具有哪些特性，研究消费者对该产品的重视程度，然后决定本企业的产品定位。

(1)提高产品的性价比，注重人文环境。消费者在购买时，考虑最多的是商品房的质量和性价比。开发商必须严把质量关，确保项目在各个方面的质量。居住小区的选址与建设必须要考虑人文因素，包括交通、教育和环境等内容。

(2)保证空间的合理布局。住宅最关键的要素是它的空间，因为其他设施都可以更新换代，唯独住宅的空间在其寿命内是不变的。保证空间的合理布局是住宅建设的发展方向。

(3)准确挖掘高价值的客户。如何判断客户的价值？从什么样的角度看待客户的价值？能否将客户价值量化？这是房地产企业特别关注的问题。产品定位应考虑客户关系管理。客户关系管理中重要的理论是“二八原则”，也就是客户价值金字塔，如图5-1所示。在客户价值金字塔的顶端，20%的客户能够为企业贡献80%的利润；在客户价值金字塔的底端，80%客户能为企业带来20%的利润。因此，那20%的客户为企业高价值的客户群体。从客户生命周期的角度来看待客户，不断挖掘客户价值是树立品牌、打造百年老店的房地产商们的追求。树立企业品牌的一个重要原因就是使得客户在其生命周期之中能够不断地购买房地产企业的产品。

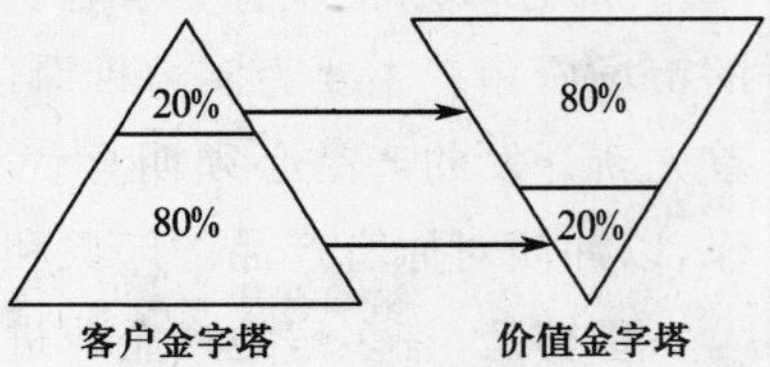

图 5-1 客户价值金字塔

2. 房地产企业品牌定位策略

企业品牌定位策略可从以下几方面考虑：

(1)深化品牌营销观念。目前品牌营销观念深入人心，广告成为广大客户购房时主要信息来源之一，因此品牌广告竞争也成为众多开发商重要的竞争手段之一。广告创意突出绿色家园独特的产品品牌价值，包括园林生态、体育健身、休闲等特色；突出企业品牌价值，包括企业良好的知名度、美誉度及雄厚的实力、企业文化等。

(2)使消费者增强对房地产商的信心。房地产开发只靠硬件投入是不能构成品牌产品的,以品牌切入,更有利于竞争和建立特有的房地产品牌,逐步树立良好的品牌形象。

(3)建立优质的物业管理品牌。物业管理是与老百姓生活密切相关的大事,优质的物业管理对企业品牌树立起到了至关重要的作用。

3. 房地产企业战略定位策略

企业战略通常有以下几种:一是建立专业化、跨地域的开发企业。资金雄厚的企业将逐步把企业资源向作为房地产专业化公司的发展方向聚集。二是综合性、跨领域房地产开发企业。这部分企业的房地产开发将呈现出多元性特征。三是房地产产业链投资延长型开发企业。有些开发企业,它的投资范围已延伸到了与房地产开发相关的上游或下游行业,取得产业链的利润最大化。四是从开发商转向房地产服务类企业。随着二手房市场即将全面启动,房地产细分市场架构进一步明显,开发企业服务创新将面临非常好的市场环境和机遇。

(1)产业链投资延长定位。投资范围向相关的上下游行业延伸。

(2)补缺式定位。通过市场细分发现新的尚未被占领,但为许多消费者重视的空位产品。在这种定位下企业容易取得成功,因此这部分潜在市场即营销机会没有被发现,也许有的企业发现这种潜在市场,但没有足够的实力,无法去占领空白的市场。

(3)挑战式定位。企业能比竞争者生产出更好的产品,该市场容量足够吸纳这两个竞争者的产品,同时比竞争者有更多的资源和实力,这时企业可把产品定在与竞争者相似的位置上,同竞争者在同一细分市场竞争。

(4)突出优势式定位。房地产企业在市场中所处的地位是不同的,有的是市场的领跑者,有的是随行就市跟随者,有的是补缺者。当企业意识到自己无力与同行业强大的竞争者相抗衡从而获得绝对优势地位时,可突出宣传自己与众不同的特色,如前期的规划设计、后期的物业管理等方面取得的领先地位。

案例

沈阳"万科新里程"住宅市场的细分、目标市场选择及定位

万科地产集团已经在沈阳房地产市场上形成了"精品物业、信心保证"的品牌内涵,成为公认的明星楼盘。如果想长期发展房地产开发业务,除了必须重视产品

开发和产品质量外，还要做好市场细分与定位。“万科新里程”是万科在沈阳的又一经典之作，该楼盘坐落于浑河新区核心区，接连浑南大道、长青街，出行便捷。该楼盘建筑全为高层，最高32层，是浑南大学城内地标性建筑。72%的绿化面积，近百米的楼间距，为园林预留了最大的舒展空间，阳光与风可以自由出入每一户，生活更安静、惬意。该楼盘坐落在浑南大学城，为孩子的成长提供了一个良好的人文环境。

下面对万科新里程的市场细分、目标市场选择及定位做以简单介绍。

1. 目标客户群描述

根据该楼盘的地理位置，并通过市场调查与分析，充分了解了该地的客源及购房需求。此地的客源可分为来自市区内的，他们大多崇尚自由的生活环境，追求安静舒适的生活；来自周围原有住户的，他们希望能够改善原有居住条件；周围大学的教师，他们希望居住环境安静舒适，工作方便；还有一些人是为了资产投资，觉得此处房产有较大的升值空间，是一次很好的投资机会。

因此我们把目标客户描述为对住房要求较高，向往高品质楼盘——环境优美、设计超前、交通便利、安静舒适、空气质量较好、性价比完美的居所。渴望子女能够受到比他们更好的高等教育，希望居住地文化气息浓郁，最好还有一定的知名度和升值潜力的消费群体。

2. 目标客户群划分及其行为特征

本项目锁定的目标客户是追求较高生活质量的消费群体，具体可以分为两类：

(1)具有稳定收入，但需要财务支持的职业人，年龄层次在27～33岁之间，文化程度比较高，购房主要目的是自住，对所购房的户型、面积、朝向、价格等因素考虑很细致，但经济承受能力比较差(积蓄偏少，月收入较高、较稳定)，在具有财务支持条件下，是比较容易开发的客户群体。

(2)具有良好的财务状况和家庭积蓄，多数是从商人士和中年教师，年龄层次在30～40岁之间，购房目的是置业(大部分二次置业)，对购房过程中的各部分环节很熟悉。对所购房的户型、景观、物业管理、市场价值(在二手房市场中的租赁和转手价值)等因素很注重，主要特点是购房资金容易到位，是注重各项细节的买家。

综上所述，项目所面对的目标市场可归纳成：

①具有稳定的经济来源，收入较高。

②年龄层次相对比较低，家庭人口结构简单。

③居住环境和物业质量要求较高。

④具有一定的文化层次，容易形成个性的价值观，对新事物的接受意识比

较强。

3. 以年龄层区分比例

27 岁以下的客户占 10%；27～33 岁的客户占 30%；33～40 岁的客户占 30%；41～45 岁的客户占 15%；46～50 岁的客户占 10%；50 岁以上的客户占 5%。

4. 目标市场选择

基于对客户的细分，本项目目标客户群是以中高档消费为主的消费群。因为把握了市场需求，准确地对市场进行了细分，清楚地知道项目的目标客户在什么地方，所以本项目的定位、规划思路围绕上述目标客户，所设计的产品充分满足他们的需求喜好，建筑气质活泼，风格简约，双层空中花园设计，错落布局，新材质，新工艺突破性应用，严格监控生活各环节品质。以优越的地理位置和良好的企业品牌和信誉为优势创造最大卖点，以此来增强市场竞争力，减少市场风险。

5. 确定产品定位

根据该楼盘所处的地理位置、周围的人文环境以及客源细分、目标市场选择，将产品定位为以中大户型为主的高层中央景观建筑，主题是打造“N 生活”时代。

6. 面积配比与格局配比

根据市场调查与分析，一期的户型以中大户型为主。

户型比例设计如下：

(1)户型

顾及空间的实用性和目标消费群的经济能力，以及市场上的需求和发展方向，逐步规划设计成一房一厅、二房一厅、三房一厅 3 种户型，主体户型为三房一厅和二房一厅，分别占 50%和 45%，一房一厅占 5%。

(2)面积

按照上述的户型设计，规划设计了多种的套型面积：

其中一房一厅面积约为 61m^2，总价约为 30 万元，满足单身或二人低收入家庭的要求；

二房一厅面积约为 88m^2，总价约为 45 万元，经典板式，采光通风性能俱佳，功能合理分区，特设储存室，充分满足买家的需求。宽大阳光露台，更为实用舒适。

三房一厅作为占大比例的主体户型，面积为 125～133m^2，总价为 60 万～70 万元，双景观经典板式楼，并赠送大面积空中花园，激发更多生活创意，满足个别家庭人口多或经济富裕的买家要求。

思考题

1. 房地产市场细分需要遵循的原则有哪些?
2. 房地产市场细分的细分程序包括哪些?
3. 房地产目标市场策略包括哪些?
4. 房地产企业市场定位的策略主要有哪几种?

第6章

房地产产品策略

6.1 房地产产品概述

6.1.1 房地产产品的整体概念

通常人们将产品理解为具有某种特定形状，能够满足人们某种用途的物品。这是狭义的产品概念。

现代市场营销理论认为，产品是指能够通过交换满足消费者或用户某一欲望和需要的任何有形物品和无形的服务，包括实物、服务、场所、组织和观念。从市场营销的角度看，房地产产品也是一个包含多层次内容的整体概念，一般包含三个层次的内容：核心产品、形式产品和附加产品，如图 6-1 所示。

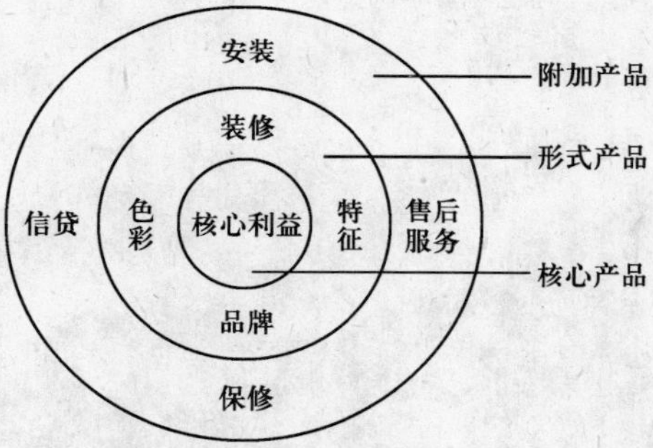

图 6-1　房地产产品整体概念

1. 核心产品

房地产核心产品是指能满足消费者的基本效用和使用功能的产品。它是房地产产品最基本的层次，是满足消费者需要的核心内容。人们获取房地产，并不是为了占有房地产实物本身，而是希望通过对该房地产的使用满足不同方面的需求，因此，核心产品才是顾客真正的需要，是房地产开发建设首先要确定的主题。例如，消费者购买住房，不是仅仅为了拥有住房这一实体，而是要通过住房所提供的基本功能（如遮风避雨、经久耐用）来满足自己的生存需要、安全的需要，从而提高自己的生活质量，更方便、更舒适地进行工作和生活。核心产品包括以下几方面的内容：

(1)生活居住需要。包括追求生活环境清新幽雅的居住需要、生活便利的居住需要、豪华气派的居住需要、经济实惠的居住需要、生活个性化的居住需要、安全与秘密性的居住需要等。

(2)办公及生产经营需要。包括将房地产用做办公室,或从事商业、服务业经营活动,或进行工业生产和仓储需要。

(3)投资获益的需要。房地产作为一种财产,其所有者拥有获得收益的权利。这种收益是指房地产的出租收入,它和利用房地产开展工商业经营活动获得的工商业利润是完全不同的。

(4)获取资本增值需要。房地产具有保值增值的特性,这种资本量的膨胀往往是在房地产所有者不再追加任何投资的情况下产生的,房地产自身不断增值的商业特性对于物业投资者的诱惑力是极大的。

(5)得到税收方面好处的需要。物业投资的所得税是以毛租金收入扣除经营成本、贷款利息和建筑物折旧后的净经营收入为基数,按固定税率征收的。从会计的角度来看,建筑物随着其楼龄的增长,每年的收益能力都在下降。会计中规定的折旧年限相对于建筑物的自然寿命和经济寿命来说要短得多(加速折旧)。这就使建筑物每年的折旧额要比物业年收益能力的实际损失高得多,致使物业投资的账面净经营收益减少,这样也就相应地减少了投资者的纳税支出。即使物业投资没有净经营收益,只要物业的收入能支付该项物业投资的经营费用和抵押贷款利息,投资者损失就不大,且投资者可以用物业投资的亏损充抵其他投资的经营收入,从而在总体上获得减少缴纳所得税的好处。

(6)为后代积累财富的需要。给予后代财富不是父母的义务,但几乎所有有能力的父母都希望带给自己的子女一些财产。

(7)炫耀心理需要。房地产是一种完全向外界暴露的财产,是业主拥有资金实力的最好证明,因而它成为人们拥有财富的标志或象征。一些人投资购买豪华、高档住宅,一个主要目的就是要向人们炫耀自己的富有和社会地位,以期获得别人的敬重和羡慕。一些公司投资购买豪华的写字楼,则是要告诉世人自己拥有雄厚的经济实力,在社会经济舞台上充当着强有力的角色。物业投资可提高投资者的资信等级。其次,高质量的房地产还可以满足顾客或使用者的心理需要。

(8)分散投资风险的需要。投资理论的一个重要原则是,“不能将所有鸡蛋都放进一个篮子”,如果将全部资金都投入某一产品,一旦由于种种原因该项投资效益较差,甚至出现亏本情况,投资者就会面临“全军覆没”的危险。

2. 形式产品

房地产形式产品是房地产核心产品的基本载体,是指核心产品所展示的全部外部特征,它是消费者可直接观察和感觉到的内容。消费者实际上是从有形产品考察房地产是否满足其对核心产品需求的满足程度，所以，有形产品是消费者选购房地产的直接依据。一般包括：房地产的区位、房屋的开间布局、楼层、朝向、户型、质量、外观造型与建筑风格、建筑材料、色调、名称、建筑结构与平面布局、室外环境、建筑设备、配套设施等。形式产品是消费者识别房地产产品的基本依据。顾客购买某种产品，除了要求该产品具备某些功能，能提供某种核心利益外，还要考虑产品的品质、造型、色彩以及品牌、声誉等多种因素。产品的基本效用必须通过某些具体的形式才能得以实现。

3. 附加产品

附加产品是指消费者通过房地产产品的购买和使用所得到的附加服务以及附加利益的总和，也就是房地产产品中所包含的所有附加服务和利益。

房地产市场技术壁垒比较低，产品容易被模仿，企业与企业之间所生产的核心产品与有形产品的水平已越来越接近，附加产品竞争已经成为企业间竞争的焦点。只有向消费者提供有更多实际利益、能更完美地满足其需要的附加产品，企业才能在日益激烈的竞争中赢得胜利。

房地产附加产品包括消费者在购买过程中所得到的售前咨询和售后服务。如代办手续、按揭保证、装修以及物业管理等。附加产品能给购房者带来更多的利益和更大的满足感，在日益激烈的市场竞争中，附加产品已成为房地产开发经营者市场营销中重要的竞争手段。

其中物业管理作为房地产产品附加层次中的内容，已成为房地产产品不可分割的一部分，顾客在购买房地产产品时，已经不仅仅局限于关注有形产品及其所体现的核心产品内容，而把售后的物业管理作为所购买房地产的重要内容。

核心产品、形式产品和附加产品作为产品的三个层次，是不可分割并紧密相连的，它们构成了产品的整体概念。其中，核心产品是基础、是本质，核心产品必须转变为形式产品才能得以实现。在提供产品的同时，还要提供广泛的服务和附加利益，形成附加产品。

房地产产品整体概念，体现了现代市场营销概念。只有真正领会产品整体概念的要求，开发出全方位满足消费者需求的产品，才能提高房地产企业的声誉和效益。

6.1.2 房地产产品的基本类型

1. 土地

土地是自然资源，也是重要的生产要素，同时也是其他类型房地产产品中重要的组成部分。宪法规定我国现行的土地所有制为社会主义土地公有制，包括社会主义全民所有制和社会主义劳动群众集体所有制两种形式。城市的土地属于国家所有，农村和城市郊区的土地，除法律规定属于国家所有的以外，属于集体所有。

土地可分为未开发土地和已开发土地。一般分为非建设用地和建设用地，前者基本属于农村用地，后者通常属于城市用地，当然在一定条件下前者可以向后者转化。从投资的角度来说，城市土地或规划中可以转化为城市用地的农村土地是房地产投资者关注的焦点。

依据土地所处的状态不同，城市土地可分为具备开发建设条件，立即可以开始建设的熟地和必须经过土地的再开发过程才能用于建设的生地。生地和熟地的价格差异不仅仅是土地的再开发费用，还在于其区位及周边环境的差异上。房地产开发企业可以将生地成片开发为熟地，然后将其转让给其他开发企业和生产经营单位使用。

土地按用途分类，可分为居住用地、工业用地、仓储用地、商业金融业用地、市政用地、公共建筑用地、交通用地、特殊用地、农用地等。

2. 居住物业

居住物业是指供人们生活居住的建筑，它包括普通住宅、公寓、别墅等。居住物业作为满足人类居住需要的建筑物，在城市建设中所占比重最大，它经常以组团、居住小区的形式被成片开发建设。

人们对居住物业的需求随着生活水平的提高和支付能力的增强而不断向更高层次发展。因此居住物业的市场最具潜力，投资风险也相对较小。居住物业的市场总体交易量巨大(关于住宅的类型详见“6.4 住宅的选型”)。

3. 写字楼物业

写字楼是一种供机关、企事业单位等办理行政事务和从事业务活动的建筑物，也称办公大楼。写字楼一般由办公用房、公共用房、服务用房三部分组成。

写字楼从结构上看分为两大类别：一种是商住两用写字楼，这种写字楼内的办公室是固定的，办公室内配有盥洗室、厨房等设施，具备单独生活的基本条件。另一种是纯商业性的写字楼，这种写字楼本身并未建成固定的办公室，从结构上看它仅仅是分割成十几个或几十个，甚至上百个楼层。纯商业用写字楼的各层楼面可以任意分割组合，业主和承租户是按实际需要或使用面积购买和租赁的。

4. 商业物业

商业物业是进行商品交换和流通的建筑物和场所，包括商店、商场、百货大楼、超级市场、购物中心、地下商业街等。

按照城市用地结构的等级划分，商业物业可分为市级、居住区级、居住小区级三种。

(1)专卖商店

专卖商店建筑种类繁多，形式多样，规模不一。

(2)商场

商场是由若干专业商店组成的建筑群，其经营范围比百货商店小。商场中各商店有一定的独立性，有些是集购物、休闲、娱乐为一体的多功能场所。

(3)百货商店

大型百货商店集中经营成千上万种商品，规模大，顾客多，一般都设计为多层营业大楼，建筑面积可达上万平方米。中型百货商店主要经营日用百货和热门商品，这类商店除营业大厅外，还需配备仓库、管理、加工等用房。

(4)批发商店

批发商店一般顾客不多，但营业额较高，一般设有营业厅、洽谈用房和仓库。营业厅面积通常不大，但设有营业柜台和商品陈列柜。

(5)商品交易中心

商品交易中心主要从事看样、洽谈订货业务，有的设零售部。商品交易中心一般设置大面积的商品陈列大厅，分设若干洽谈用房。由于商业保密的要求，各洽谈用房需有良好的隔音设施，还有参加交易会厂商的业务办公用房和主办单位的办公服务设施。大规模的商品交易中心还有接待国内外客商的旅馆、餐厅、俱乐部等配套建筑，形成一组设施完善的商业建筑群，例如中国广州进出口交易会展览馆。

(6)超级市场

超级市场主要经营日用百货、食品、农副产品、生产资料等。商品大多采用规格包装和开架售货方式，由顾客自由选购，在出口处结账付款。超级市场的营业厅宽敞明亮，路线便捷，多采用大空间的底层建筑形式。一般超级市场设置有停车场地、办公用房、仓库和电子监视中心控制室等辅助设施。

(7)地下商业街

由于城市用地紧张、昂贵，一些城市结合地铁和交通枢纽的建设，兴建地下商业物业，形成地下商业街。有的深入地下五六层，与地面的大型建筑、车站广场、港口、机场等连成一个整体，并形成一个商业、交通中心。

(8)购物中心

西方发达国家的购物中心可以从两个方面定义。从市场营销角度看，购物中心是一个配有相当规模停车场，以各种零售商店为主体，包括其他各种商业、服务、金融机构的商业群体。从房地产经营角度看，购物中心是一种配有相当规模停车场，能够同时为众多零售及其他商业、服务机构提供经营空间的大型收益型的房地产。

5. 工业物业

工业物业是为工业生产提供活动空间的物业，它包括厂房、仓库、货场等。工业物业是工业生产的重要条件。工业厂房包括重工业厂房、轻工业厂房和近年来迅速发展起来的高新技术产业用房。一般来说，重工业厂房由于其建筑物的设计建造需要符合特定的工艺流程要求和设备安装需要，通常只适合特定用户使用，因此不容易转手交易；高新技术产业（如电子、计算机、精密仪器制造等）用房与之相比，则有较强的适应性；轻工业厂房介于上述两者之间。标准厂房（工厂大厦）是工业物业中非常重要的一种形式，目前在我国各工业区流行的标准厂房，多为轻工业用房。

工业物业有如下特点：①工业物业外部装修作一般处理即可，建筑成本相对较低。②工业物业在结构设计方面技术性、专业性要求高，因而其适应性较差。③工业物业对周围道路交通、电力能源供应、废物废水处理的保证条件有一定要求。④工业物业多采用自建方式，也可采用买卖或出租形式。

6. 旅馆、酒店

旅馆、酒店是为旅客提供住宿、饮食服务以及娱乐活动的公共建筑，可分为旅游旅馆、酒店，会议旅馆、酒店，汽车旅馆和招待所等。旅游旅馆、酒店主要建在城市中或旅游点。

7. 特殊物业

特殊物业主要有娱乐中心、赛马场、高尔夫球场、汽车加油站、停车场、飞机场、车站、码头等物业。特殊物业的经营内容通常要得到政府的许可。特殊物业的市场交易很少，因此，对这类物业的投资多属于长期投资，投资者靠日常经营活动的收益来回收投资，赚取投资收益。

6.2　房地产产品定位策略

根据菲利普·科特勒的定义，定位是指企业设计出自己的产品和形象，从而树立在目标顾客心目中与众不同的有价值的地位。因此，定位要求房地产开发企业能够确定顾客的类别、数目及具体差异。也就是说，产品定位是将无差异的产品转化为有差异的产品，使产品在潜在客户中占有合适位置。

下面从市场营销学中产品的整体概念出发，提出了住宅产品的三层次定位方法，即功能定位、形式定位和服务定位。

6.2.1 住宅产品的功能定位

功能定位是住宅产品定位中的首要环节,也是住宅产品定位中最为重要的一个步骤。住宅产品在设计、开发之前,开发商首先应考虑的是赋予其哪些功能,并以什么样的特色功能来赢得消费者的心。这就涉及产品功能的定位问题。所谓功能定位,简单地说,就是通过对目标市场消费者的功能需求的研究,对住宅产品功能进行创新或对原有产品功能进行强化,使本企业的产品功能与竞争产品的功能区分开来,并给目标市场消费者提供比竞争对手更多的价值和满足,从而在消费者心目中留下深刻印象。在此,功能定位包含两方面的含义:一是功能种类定位,二是功能实现程度的定位。

1. 住宅产品功能定位的考量点——功能分类

住宅产品的功能可以分为以下两类:

(1)基本功能

住宅产品的基本功能就是为消费者提供一个可居住的空间。消费者购买住宅产品,从根本上来说是为了获得它的基本功能。从目前来看,这一居住空间至少应可细分为互相独立的就寝空间、饮食空间、卫浴空间和起居空间。

(2)辅助功能

住宅产品的辅助功能是为了更好地实现居住功能而附加的功能。由于人们物质和精神需求的多样性,人们对住宅产品的功能需求也日趋多样。除了基本功能以外,对住宅产品辅助功能也有很多的要求,如健康功能、社交功能、发展功能、品位功能、享受功能、便捷功能、安全功能、耐久功能甚至商务功能等。

但消费者对住宅产品基本功能和辅助功能的需求会随着时间的推移而有所变化,也会因消费群体的不同而有所不同。作为房地产开发商,应善于把握这种变化和不同。

随着住宅产品的不断创新和完善,住宅产品的户型已渐趋成熟,住宅产品竞争已经超越房型竞争而进入综合品质的竞争时代。

2. 住宅产品功能定位的基准点——消费者

住宅产品功能定位的基准点是目标市场的消费者对住宅产品功能的需求,而不是开发商本身。因此,在对住宅产品功能进行定位时,首先必须弄清楚:目标市场的消费者需要什么功能,看重什么功能;目标市场的消费者眼中的功能排序是怎样的，即哪个功能最重要，哪个功能次重要，依此类推。只有把握了目标市场的消费者对住宅产品基本功能和辅助功能的需求，才能避免功能过剩或功能不足。

3. 住宅产品功能定位的参照点——竞争产品

只有对竞争产品的功能有了透彻的了解，才有可能使本企业产品的功能定位区别于竞争产品，超越竞争产品。为此，需要对竞争产品的基本功能和辅助功能进行分析，如基本功能的特点及满足目标市场消费者的程度等；辅助功能的种类、特点及满足目标市场上消费者的程度等；竞争产品的功能定位是什么，等等。

4. 住宅产品功能定位的着陆点——企业资源

住宅产品的功能定位还应该考虑企业所拥有或能拥有的资源。有些住宅产品功能虽然是消费者比较重视的，而且是竞争产品所欠缺的，但如果受企业土地条件、资金及外部其他条件制约，缺少相应的资源，则该功能也不能成为定位的目标。

5. 住宅产品功能定位的确定

在综合分析、评估消费者的功能需求、竞争产品功能以及企业资源的基础上，我们就可以最终确定本企业产品的功能定位。从策略选择上来说，该功能定位既可以是重点功能定位，也可以是多功能定位。同时，在定位时，既要避免功能种类上的不足，也要避免功能种类上的过多；既要避免功能实现程度上的不足，也要避免功能实现程度上的过剩，因为功能的实现是要受成本约束的，同时它又应该是明显区别于竞争者，且为消费者所重视的。

6.2.2　住宅产品的形式定位

住宅产品的形式定位，是指为了实现住宅产品的功能定位，并使本企业的形式产品与竞争者的形式产品区分开来，开发企业在规划设计、景观设计、社区配套设施、建筑形态、立面色彩、建筑材料、设备、户型、面积、质量、品牌等诸多要素中，选择其中的一些要素，并使其创造出一定的特色，以在目标市场消费者心目中留下独特的印象。也就是说，首先，形式定位应该服从于功能定位需要；其次，形式定位应该是基于消费者的喜好及需要；最后，形式定位应该满足于竞争的需要。

形式定位与功能定位是相辅相成的。成功的形式定位有利于功能定位的实现，而正确的功能定位则是成功的形式定位的基础。由于同一种功能往往可以有不同的实现方式，而且功能的实现要受制于成本，因此，寻求既省又好的功能实现方式是开发商在进行形式定位时所要解决的问题。

6.2.3 住宅产品的服务定位

住宅产品的服务定位，是指为了实现住宅产品的功能定位，开发企业在售前、售中、售后服务以及物业管理中创造出一定的特色，以期给目标市场消费者留下深刻的印象。比如现在不少开发企业成立客户服务中心，或成立客户俱乐部，都是在这方面做出的有益尝试。住宅的服务定位与功能定位也是相辅相成的。成功的服务定位有利于功能定位的实现，而正确的功能定位则是成功的服务定位的基础。在住宅的功能、形式产品日趋同质的情形下，独特的服务定位无疑是开发企业取得竞争优势并走向成功的法宝。

6.3 房地产产品定位方法

产品定位是指开发企业针对一个或几个目标市场的需求并结合企业所具有的和正在追求的差异化优势，在目标客户群体的心目中占有特定位置的过程。房地产产品定位具体有以下几种方法。

6.3.1 市场分析方法

1. 市场分析方法的概念

市场分析方法是指运用市场调查方法，对房地产市场环境进行数据搜集、归纳、整理并比较分析，形成项目可能的产品定位方向，然后对数据进行竞争分析，利用普通逻辑的排除、类比、补缺等方法形成项目的产品定位方法。对市场环境研究分析的内容要结合前期的市场调查数据，注重对区域的政治、经济情况和竞争环境与需求现状的深度分析。

2. 市场分析方法的流程

市场分析方法的流程如图 6-2 所示。

3. 房地产市场环境研究的内容

(1)外部市场环境

外部市场环境是指经济环境和政策环境。

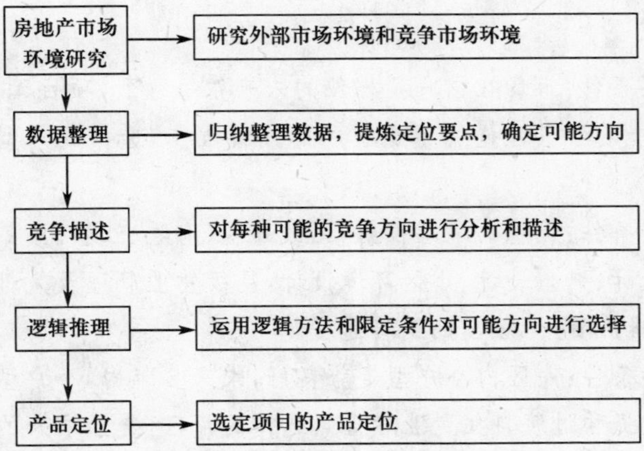

图 6-2　市场分析方法流程

房地产项目参与市场，不仅需要人，还需要有购买力，购买力取决于消费者现有收入、价格、储蓄及借贷情况。一般的收入市场可分为 5 类：①都是低收入；②大多数是低收入；③很高收入与很低收入并存；④高中低收入都有；⑤大多数都是中等收入。这些不同的收入分类对产品定位有直接的影响。消费支出受现有储蓄和借贷情况的直接影响，例如银行个人住房抵押贷款制度的变革对住宅房地产产品定位和开发就有重要影响。

政策对产业的偏向和优惠措施也是房地产产品定位的重大依据，例如政府的土地政策、城市和区域规划中的意向等。

(2)竞争市场环境

竞争市场环境主要指同类项目的开发结构、市场供给量、潜在需求量、开发规模、城市及区域价格分布规律、产品级别指数、客户来源和客户资源情况。竞争市场环境分析是在外部市场环境的基础上进行的市场状况研究，它的主要目的是明确项目的直接竞争市场，确定产品定位的策略。

【例 6-1】　某住宅的产品定位

1. 市场环境研究

具体内容略。

2. 数据整理

方向一：标准型＋豪华型＋顶层复式，户型面积 120～160m^2，片区竞争激烈。

方向二：全豪华型，户型面积 276 m^2，片区竞争强度小。

方向三：豪华小户型＋私家花园复式＋标准型，户型面积 60～80m^2，片区竞争一般。

3. 竞争描述

方向一现实条件：市场在该户型档位的未来竞争激烈，项目无太多外界条件支持，在户型设计上现阶段可能成为销售中的最大难点，选择该户型定位方式，市场把握度难以确定。

方向二现实条件：优越的地理位置，无敌景观（海景、江景、湖景、山景等），独特而尊贵的建筑设计、户型设计、小区环境设计，星级物业管理及人性化服务，顶级豪华会所，巨额的推广费用，缓慢的销售速度。

方向三现实条件：片区内小户型走势良好，未来2年内，小户型推出量较小，项目所在片区是投资和过渡自住置业者重点选择的片区，避开未来的竞争密集段，市场有把握，能发挥价格优势，保证销售速度。

4. 逻辑推理

用排除法可以得到：方向二全豪华型的定位方向就现有条件来看成功的概率较小，应予排除。对于方向一标准型＋豪华型＋顶层复式和方向三豪华小户型＋私家花园复式＋标准型，还需进一步分析。

5. 数据归纳

数据一：片区内中大户型项目销售一览表。（略）
数据二：片区内中小户型项目销售一览表。（略）
数据三：片区内混合户型项目销售一览表。（略）
数据四：片区内中大户型租赁情况一览表。（略）
数据五：片区内小户型租赁情况一览表。（略）

6. 数据分析（表 6-1、表 6-2）

表 6-1　　销售情况分析

种类	平均销售率/%	平均销售时间/年	均价/(元/m²)
中大户型	75	1.65	6 700
小户型	85	0.88	6 550

表 6-2　　租赁情况分析

房型	一房	二房	三房	四房
月租（基本装修）元/（月·m²）	35.5	26.5	23	21.5
月租（精装修）元/（月·m²）	37.5	29.5	25	25
月租金（精装修）比四清房高出比例/%	50	18	0	
出租率/%	94	90	77	62

7. 现象分析

调查现象，从片区中大户型的成交客户分析得出结论：

二次置业者，家庭殷实，有一定的社会地位，年龄 35～45 岁居多，收入高。他们对未来的收入很看好，对周边环境要求较高，多选择有景观的户型，对价格无过多计较。

首次置业者对中小户型需求较高；二次置业者对中大户型需求较高。中小户型客户对朝向较差、景观不好的物业接受程度较高，中大户型客户（超过 100m^2，）则对朝向差、无景观、无环境的物业很难接受，对户型结构也很挑剔。

现象推理：

方向三豪华小户型十私家花园复式十标准型是市场的选择方向。

6.3.2　建筑策划方法

房地产项目产品核心集中体现在建筑环节，同时也是产品差异化竞争优势的产生方式。建筑方案确定房地产项目的使用功能、使用方式、表现形式，甚至决定使用者的生活行为，因此建筑方案对项目起着决定性的作用。

房地产的产品定位中使用的建筑及相关专业知识不等同于建筑设计本身，它是在建筑设计之前，在市场调研的基础上提出的建筑设计内容，是房地产产品构思、概念和形象的组成部分，是产品定位的重要构成部分。

1. 建筑策划方法的概念

建筑策划是指根据总体规划的目标，从建筑学的角度出发，依据相关经验和规范，以实态调查为基础，经过客观分析，最终得出实现既定目标所应遵循的方法和程序。它为建筑设计能够最终充分地实现总体规划的目标，保证项目在设计完成之后具有较高的经济效益、环境效益和社会效益而提供科学的依据。

人在建筑环境中的活动及使用的实态调查和分析是关键。生活实态和使用实态的复杂性，使得传统的建筑语汇在描述其活动机理时显得贫乏且缺少空间需求的度量。而建筑目标的形成、设计的展开与实施却离不开定量的计算，空间的大小、人流动线的分析、使用质量的保证，都需要有一个定量的注释和说明。

2. 建筑策划方法的研究领域

根据研究对象不同，建筑策划方法的研究领域分为第一领域和第二领域，如图 6-3 所示。

图 6-3　建筑策划方法研究领域示意图

(1)第一领域。研究建筑、环境、人的课题。它受制于总体规划，在总体规划限定的红线范围内，依据总体规划确定的目标，对社会环境、人文环境和物质环境进行实态调查，对其经济效益进行分析，根据用地区域的功能性质划分，确定项目的性质、品质和级别。

(2)第二领域。研究建筑功能和空间的组合方法。在建筑设计进行空间、功能、形式、体形等内容的图面研究前，对设计内容、规模、朝向、空间尺寸的可行性进行调查研究和数理分析，科学地制定设计任务书。

3. 建筑策划方法的流程

建筑策划方法流程如图 6-4 所示。

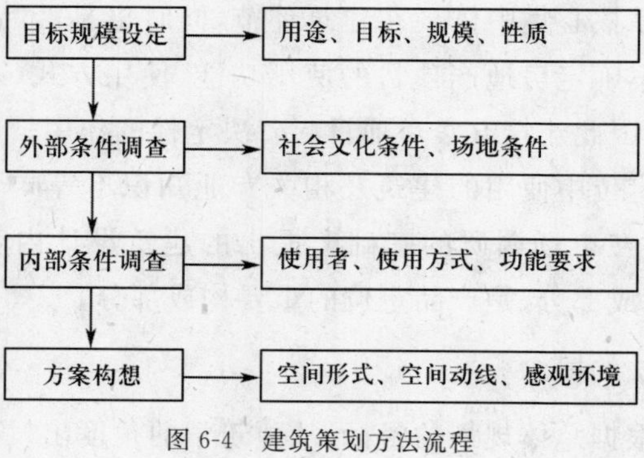

图 6-4　建筑策划方法流程

(1)目标规模设定

目标规模的设定必须以满足使用为前提，同时避免不切合实际的浪费与虚设。它主要是求得抽象单位尺寸，在某种使用方式下的负荷人数和空间特征，以及项目在环境中的实际运行状况。抽象单位尺寸是指一些人均用地数量、人均用地面积、人均单位尺寸等指标，使用方式是对“使用时间—人数要素—使用空间”的考察，包括建筑的大小、高低尺寸、面积容积、空间体量、尺度、建筑与街道的距离、建筑与环境的影响方式等方面的静态研究；使用者活动流线、轨迹，使用者由内到外对目标空间的使用方式，空间组合比例及环境空间使用量上的分配比等。

(2)外部条件调查

建筑策划部分的外部条件主要包括地理条件、地域条件、社会条件、人文条件、景观条件、技术条件、经济条件、工业化标准条件以及一些总体规划中控制性条件。

①地理条件。是指与建筑设计、施工和运营有关的地理条件，包括地理位置、地理特征、地理气候等。

②地域条件。是指用地所处的城市行政区的性质，行政区的划分级别、等级及与周围行政区的关系。

③社会条件。是指用地周围的社会生活环境状况、城市配套设施建设情况、社会组成的比例、社会治安和秩序现状等。

④人文条件。是指用地区域或附近的人口构成特征、人口文化素质、城市历史文化背景等。

⑤景观条件。是指用地本身在城市中的景观效应、用地四周的景观资源以及景观特征。

⑥经济技术条件。是指技术手段、项目总投资、投资分配比例、土地价值的实现、对地区经济的作用等方面。

(3)内部条件调查

内部条件主要指建设项目自身条件，如功能要求、使用者条件、使用方式、建设者的设计要求、管理条件、基地内的场地性质。

使用者在建筑空间中的使用方式主要为两类：人与人的活动和人与物的活动。使用者既可分为空间固有使用者和空间外来者，又可分为服务者和被服务者。因此，对使用者的分类和特性的研究是建筑策划内部条件调查的关键，它决定空间主体的使用方式和空间的基本构成。

建筑实体必须满足空间功能条件、空间心理感观条件、空间文化条件。因此，在内部条件的把握中需要在建筑内部和外部的空间中把握使用者的活动特征。

(4)方案构想

指定项目空间内容、分析空间动线、列出空间明细表、感观环境。

①空间构想

空间构想的主要内容为：指定项目空间内容、分析空间动线、列出空间明细表，具体如图 6-5所示。

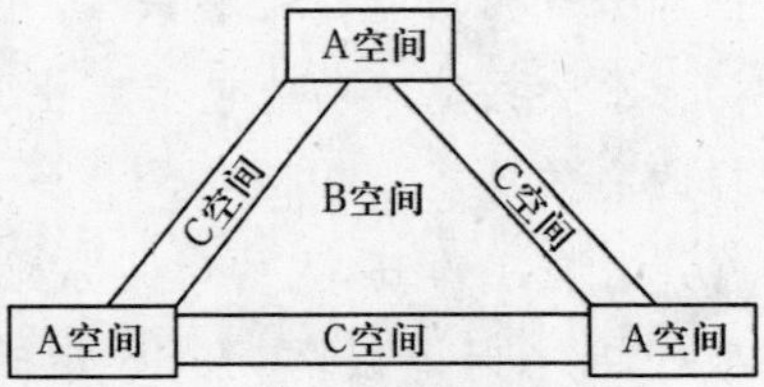

图 6-5　空间构想图示

活动空间“A”(Activity space)，一般指人在其中有明确行为的内容空间，多为具体的房间。从使用权属来看，分为私人空间(如个人空间、商场不同功能的房间等)、公共空间(如会所、运动场等)。进行 A 空间构想时主要注意空间的充分利用性，使用者行为的流畅性，满足使用者的视觉诱导性。

联系空间“C”(Circulation space),一般指联络各个 A 空间中使用者行为流通的过渡空间,多为过道、通道、前厅、连廊等。C 空间是空间策划中最具表现形式的部分,也是建筑设计中重点刻画的对象,在 C 空间中出现了“流通空间”、“共享空间”、“灰空间”等富有空间感的空间概念和形式。

领域空间“B”(Block),由同种活动和连续有关行为形成的组群,由 A 空间通过 C 空间相连而成,即多个空间组成或立体空间联系行为轨迹围合而成的组群空间,如组团、功能区等。设计师一般理解为室外的空间环境。

②空间动线

空间动线又称流线,是使用者在 C 空间中的轨迹,动线系统就是 C 空间系统。在动线策划中一定要简洁明了,力求选用距离短、直接的方式。

根据使用者的活动特征,建筑中的人类活动主要分为三类:一是无特定目的的运动(如散步);二是往复运动(如从居室到卫生间的运动);三是回复原地点的运动(从展览室入口,又回到入口)。空间动线的策划不仅是人或物的通道,它也是使用者动线活动的集结场所。

③空间内容明细表

建设项目的空间内容明细表即为房间明细表,它是设计任务书的基本组成部分,包括两个方面:各空间名称的确定和空间规模的确定。

④感观环境

空间感观环境是指空间环境中对人的感官构成影响的环境物理量,主要指空间的感觉、光和色彩的感觉、密度和尺度的感觉、时间的感觉。

【案例 6-2】 项目建筑策划分析

一、分析

1. 住宅主要功能包括居住单元、花园、会所等主要部分,主要实现居住功能和一部分休闲功能。

2. 公共建筑功能包括商业、娱乐、观光、会议、居住和办公等,主要实现各式各样的交往功能。

3. 在工作日,人的时间分配为 8 小时工作、8 小时睡眠,剩余 8 小时在交流;休息日,8 小时睡眠,剩余 16 小时在交往。人们对交往时间的处理通常为购物、运动、聚会、观光和休闲。

4. 因此,住宅功能的多样化决定了住宅建筑项目除了满足人对居住和休闲功能的需求以外,尽量能满足人的交往需求。

5. 定位为“空中城市”的项目的主要特点,就是要最大限度满足居住的喜好和最大限度满足交往的需求。因此，项目提供多种户型选择和多种公共空间供人们进行交往。

二、实施

1. 一层入户大堂设置接待中心和商务中心，满足人的居家办公需求。

2. 六、七层设置大型生态运动会所，满足人的休闲娱乐需求。

3. 两塔楼之间的七个主题休闲连廊空间，满足人的聚会交往需求。

4. 裙楼商场，满足人的购物需求。

5. 顶层设置星空会所、观星台、华尔兹舞池、宴会厅，满足人聚会和观光需求。

6.4　住宅的选型

6.4.1　住宅分类

可以按照住宅的层次多少与平面布置两种分类方式分别加以划分。

1. 按照住宅的层次划分

(1)多层住宅

多层住宅一般指层数在 4～6 层的不设电梯的住宅。采用若干户作水平组合，形成标准层，层与层之间用公共楼梯作垂直组合的多层住宅是我国住宅建设中最主要的住宅类型。多层住宅被大量建造是因为其具有以下特点：

①具有良好的经济性。多层住宅由于没有电梯，其造价可减少 5%～10%。建造技术要求不高，一般的砖混结构、框架结构均能满足要求。设备相对简单，比如消防设计按城市消防扑救能力要求，除消火栓外，无须设计其他的消防设施。这些都使得多层住宅的造价低于高层住宅。多层住宅在土地利用上由于可达到一定的建筑密度，比低层住宅的用地经济。

②平面组合灵活。多层住宅具有从一梯一户至多户(六户、甚至八户)的平面设计，户与户之间由于组合方式的不同，可适用于不同的面积及居住标准，形成了丰富的住宅平面类型。如果采用板式建筑的形式，其平面组合能使大多户型获得良好的朝向。

③面积利用充分。多层住宅多以楼梯间为核心来组织居住单元，与高层住宅相比，减少了公共交通面积，从而使套内面积增加，一般能增加 10%左右。

④空间尺度宜人。多层住宅是一种人情化的、经济舒适的居住形式，与高层或

超高层住宅相比，能保持以人为本的空间尺度，所形成的街景更能体现出亲切宜人的居住氛围。

(2)高层住宅

关于高层住宅，按规范规定层数应为10层及10层以上。规范又规定住宅层数七层以上应设电梯，12层及以上的单元式和通廊式住宅应设消防电梯，故目前在商品住宅的开发建设中，一般将12层以下设置电梯的住宅称为“小高层住宅”。本书所指的高层住宅是12层以上的住宅。

一般在高地价的城市中心区，提高住宅层数是获得较高的容积率、节约住宅用地的一种有效途径。

①高层住宅发展的合理性

高层住宅得到发展既有技术方面的原因，也有社会方面的原因。垂直交通的解决为高层住宅建筑提供了可能性；高层建筑结构形式及计算理论上的突破为高层建筑的发展提供了科学基础。高层住宅发展的社会原因首先是城市人口高度集中，市区用地紧张，地价昂贵，迫使住宅建设不得不向高空发展。其次是高层住宅占地面积小，在既定的地段内能最大限度地增加建筑面积，扩大市区空地，有利于城市绿化。同时，由于高层住宅用地紧凑，可使道路、管线等设施集中，节省市政投资费用。并且在建筑群体布局上，高低相间，点面结合，可以改善城市面貌，丰富城市空间。

②高层住宅的特点

a.垂直交通方面：高层住宅并不是将楼层简单地垂直叠加，再附设电梯，而是采用以电梯为中心的公共交通系统，以适应由于层数多而带来的技术和社会因素的变化。在高层住宅中，以电梯作为组织、处置交通的手段，势必会导致公共交通系统以及住宅空间组合方式的变化。由于电梯设施在住宅造价中占有的比例高达5%～10%，为了提高电梯运行效率，我国的高层住宅往往从减少电梯和增加居住容量等方面进行设计，从而导致部分住房朝向不好和采光质量下降，平均每户公共面积指标也高于多层建筑。

b.公共活动空间的设置：高层住宅对居民的影响不仅表现为物质生活的不同，而且由于住户与地面联系的困难和经常住在高空中，也相应带来了生理和心理上的一些变化，甚至会产生不安全感，这些都是高层住宅设计不能忽视的因素。

在高层住宅平面设计中，为了弥补住户接触外部空间少的缺点，可在每层适当的部位划出一些面积(或几层集中一些面积)作为住户小孩、老人等在楼内公共活动的空间，以改善居民生活与居住条件。这个公共活动空间除居民休息活动外，还可设置一些简单的服务点及托幼等设施。

c. 地下室设置：无论从建筑布局，或从结构布置角度来看，地下室的设置有助于建筑功能的需要和结构整体稳定性的需要。地下室可布置成设备用房、汽车库和必要的贮藏室，如自行车停放室、商店的库房、修理间等。

d. 防火疏散是设计的重要组成部分：由于高层住宅竖向组织空间形成的电梯井及楼梯间、管道井等众多的“竖井”是火灾蔓延的主要途径，且高层建筑还有雷击致火及地震引发煤气管破坏而引火等失火因素，其火灾危险性远比多层和低层住宅严重。高层住宅的火灾扑救由于受城市消防有效高度的限制而比较困难，因而只能立足于自救。故消防设施和安全疏散系统的设计应比多层和低层建筑更复杂和完善。

e. 高层住宅的用地类型：高层住宅的用地有两种类型：一是城市街区内单独开发型，此种开发类型中往往存在一栋住宅内包含非住宅用途部分的复合主题；二是新开发的居住小区型，此种类型主要以如何创造舒适的居住环境为主题。

③高层住宅的类型

高层住宅由于外部体型的不同，其类型基本上分为塔式和板式两种。

a. 塔式住宅：塔式住宅平面尺寸相对较小，能适应不同尺寸和平面形状的用地，其本身所形成的阴影区小，对邻近建筑物日照时间的影响也短。因它的平面尺寸小，在群体中对周围建筑物的通风、视野遮挡也少。因此，往往成为住宅群中富于个性的建筑类型。但是，塔式住宅由于标准层规模的限制，往往使电梯的运载潜力利用不充分，或者为了充分利用电梯的运载潜力而使建筑的层数增加。

b. 板式住宅：板式住宅由于便于充分发挥电梯的运载潜力，而层数不一定很多，因此其投资的经济性要优于塔式住宅。但板式住宅由于体型大，因此对周围建筑物的日照、通风、视野的遮挡较大。

(3)小高层住宅

小高层住宅不是规范定义的建筑类型，高层住宅采用的结构形式一般为框架及框架剪力墙结构。由于框架结构的特点，7～12 层最为经济，目前在许多地区和城市流行。人们将这类层数不多并设置有电梯的住宅称为小高层住宅。

高层住宅虽然提高了居住密度，节约了用地，解决了垂直交通问题，但工程造价高，工程周期长，而且为解决通风、采光等问题，体型系数一般比较大，不利于节能，视线干扰问题也比较严重，尤其是剪力墙结构，改造非常困难，缺少灵活性。相比较而言，小高层住宅更受欢迎，它不仅具备了多层住宅朝向优、通风好的优点，而且在相同面积土地上，出房率更高。电梯的设置，提高了居住质量，更适宜老年人居住，同时较高层住宅而言，造价降低，工程周期缩短，加快了建设速度。其结构形式一般多为框架异形柱，轻质隔墙，分隔更灵活，容易拆卸，更符合住宅不断变化、转型的需要。

①小高层住宅的设计特点

a. 从经济角度考虑,在满足消防疏散的前提下,应尽量少设电梯,楼梯间也应在满足消防疏散前提下,不做或少做防烟楼梯间。

b. 平面布置上一般较多采用一梯4～8户,标准较高时也可采用一梯二户,当采用一梯多户时虽然比较经济,但往往不能保证每户都具有良好的朝向。

c. 小高层的板式住宅以12层左右为宜,太高太长的板式高层对周围建筑的通风和日照都有不利影响。

② 小高层住宅的特点

a. 能有效地节约土地。随着住宅层数的增加,容积率的提高,同样规模的居住区的用地面积相应减少。根据资料显示,含有多层与中高层及高层的居住区比全为多层的居住区节约用地3～5平方米/人,即一个1万人的居住区可节约用地3万～5万平方米。

b. 能较好地体现以人为本的设计思想。电梯的使用,体现了对人的关怀。小高层住宅电梯的使用,不仅解决了垂直交通问题,方便居民(尤其是老龄居民)的出入,而且大大提高了居住的舒适度和居住品质。

c. 拥有较高的绿地率。由于小高层住宅层数的提高,建筑密度相应减少。在相同的用地面积下,含有小高层住宅的小区比单一多层住宅的小区拥有更大的绿地率。不少的南方小区通过小高层住宅底层的架空设计,引入绿地、小品,使室内外景观连成一片,扩大了视野,丰富了景观,美化了住区环境。

d. 具有较好的结构性能。小高层住宅由于采用框架和剪力墙结构体系,其整体性、抗震性都大大优于多层砖混结构。

e. 具有一定的经济性。首先,小高层住宅的经济性主要表现在电梯的优化设计和土建费用较低上。由于服务的人数较少,电梯可以选用实用、可靠、廉价的住宅专用电梯。其次,小高层电梯运行时间短,运行方式简单,并可采用隔层停靠运行方式,从而降低了电梯造价。此外小高层住宅的结构设计要求及防火设计要求没有18层以上的高层住宅复杂,施工技术相对简单一些,工期相应缩短,土建总造价比一般高层经济。总之,小高层的整体投入低于高层,其中7～9层的小高层住宅的投入只略高于多层住宅,但节约了土地且减少了资源浪费。

(4)低层住宅

①低层住宅的特征

低层住宅往往是指层数在1～3层的住宅,这种低层住宅通常称之为别墅。就我国目前的情况而言,低层独立住宅尚属于高档住宅,它首先意味着一种独立的拥有,既拥有自己住宅底下的一方地,又拥有住宅顶上的一片天,并且还拥有住宅内部的自由、自主的空间。与其他的住宅类型相比，低层住宅有其独到之处，其主要特点如下：

a. 因地制宜，巧妙利用地形组织室内外空间。建筑与环境紧密结合，既是欣赏大自然的休假基地，同时又成为自然风景的一部分。

b. 空间构成丰富多彩，各类房间既可灵活分隔，又可相互沟通；既有明确的功能分区，又不受封闭空间的限制，从而创造出丰富的平面与立体构成。

c. 室内外空间互相延伸、渗透。低层住宅大多数都有独立的院落，有室外的平台，它们既是室内空间的延伸，又是家庭生活的延伸，这种延伸使人与自然更加亲近。

d. 它是一种非常人性化的住宅形式。

e. 具有多元化的建筑风格，既可精美华丽又可古朴粗犷。

f. 结构简单，建造技术要求不高，施工周期短，见效快，这对于项目开发特别有利。

g. 每户都占有一块独立的基地，基地的规模根据住宅类型、标准和形式确定，一般为 250～500 平方米；用地指标高，因此在土地资源相对缺乏的我国不适于大量建造。而且由于占地广，各种工程设备管线拉长，道路长度和面积也相应增加，从而使住户的出行对汽车的依赖性大。

②低层住宅的类型

低层住宅根据其平面组合方式的不同又分为：

a. 独院式别墅。拥有较大的基地，限制少，平面布局有极大的灵活性，住宅四周均可直接采光。建筑周围均可布置院落，住户之间干扰小。每户都有前院和后院，前院为生活性花园，后院为服务性院落，出口通常与通车道路连接。每户均可设置车库。

b. 并联式别墅。为两栋住宅并列建造，住宅有三面可直接采光通风，基地较独立别墅小。其基本组成和使用功能与独立别墅相似，不同的是两相邻住宅使用一道公共的边墙，这种设计可节约土地和工程管线，有利于降低总造价，有的甚至底层不设车库，仅仅预留车位。但这种住宅在设计上的灵活性较独院式小。

c. 联排式别墅。此概念引自西方，联排式别墅也称为 Townhouse，在国外是中产阶级的居住形式，和别墅相比，它更节省用地，同时满足了喜好独门独户的消费者的心理需求。人们可以以公寓的价格享受到独立住宅的优越性。建筑设计既组合自由，又强化邻里氛围。它排除了集合式住宅带给人们的紧张、压抑的感觉，又比相对孤立的别墅多了居住环境的邻里氛围。联排式住宅成为与中国城市中高收入群体相适应的住宅形式，从而与塔楼、板楼、别墅等住宅长久地并存在中国的城市住宅市场。

d. 叠层住宅。它是 Townhouse 的一种新形式，是上下相叠的两户独立的联排住宅形式。一般下面一户占三层，其中一层是半地下室，上面一户占三层，其中顶部是阳光室或家庭的温室。叠层住宅设计时要注意上下的管道对齐和入口设计。应设置合适的楼梯及入口，避免叠层住宅有集合式住宅的入口感觉，使叠层住宅每家都有一个小院落。叠层住宅其他部分的设计和 Townhouse 相同，也有大面宽和小面宽之分。

2. 按照住宅平面布置方式划分

住宅平面布置方式主要是指多层或高层建筑的平面组合方式。在住宅的规划设计中，它与居住户型的关系最为密切。

(1)梯间式住宅

梯间式住宅的户门全在建筑的中部并与楼梯间相衔接，其布局的优点是入户位置不会被室外寒风直吹，有利于提高保温性能。户门在户的中部，便于组织紧凑的户内交通系统。“双朝向户”由于能形成穿堂风，在温带地区、严寒地区、炎热地区都可以设计出理想的户型。“单朝向户”则难以形成穿堂风，是一种可以满足日照要求而难以满足通风要求的户型，因而只适用于通风要求不高的地区。梯间式住宅一般多用于多层建筑，每层联系的户数一般为 2～4 户，户数越少，公共楼梯间对住户的影响就越小，同时也能更好地保证住户的私密性和良好的通风采光条件。一梯两户的梯间式住宅是最受欢迎的平面住宅类型。

(2)内廊式住宅

内廊式住宅的廊子在住宅的中部，住户被分别设置在廊子两边，每户一般只能占有一个朝向，不利于通风，不具备朝向的均好性，且住户间的干扰太大。但此类住宅有较大的进深，对节约用地和建筑的节能比较有利。

(3)外廊式住宅

外廊式住宅是通过外廊从建筑物的外墙一侧进入各户，这种组织交通的方式决定了每户都可以占有建筑的全部进深而具有良好的朝向和通风条件。外廊本身除用于组织交通以外，还可以兼有户外活动场所的作用，因而也就随之产生了外廊上的活动对住户的干扰，因此这种布局往往进深较浅。外廊式住宅适用于每户都要求有良好的通风，或者由于当地气候特点，住户需要利用外廊进行户外活动的地区，也就是亚热带和通风要求高的温带地区以及常年多雨的热带地区。若在严寒地区采用外廊式住宅，为避免住户受寒风侵袭，常常将外廊封闭，并采暖形成暖廊的形式，这在经济上是不可取的。

外廊式住宅每户联系的住户一般在 4 户以上，且每户都能得到均等的居住条件，但是公共外廊对住户的私密性有一定的影响。高层建筑中的公共外廊应考虑步行安全的需要，通常设窗封闭外廊。为了有效地发挥外廊式住宅的优点，一般把起居室靠近过廊布置，以便从门廊直接进入起居室，同时也是扩展生活空间、融洽邻里关系的一种尝试。

(4)独立单元住宅

独立单元住宅是一种单元独立建造而且不考虑相互拼接的住宅类型，适用于多层和高层建筑，其平面外形往往是面宽和进深尺寸比较接近，也把这种住宅称为“点式住宅”。由于占地少，故有利于土地利用；体型活泼，进深大，故具有布置灵活和能丰富群体空间组合的特点。

独立单元式住宅区别于其他住宅类型的最明显的特点是每个标准层四面临空，直接开窗采光通风机会多，具有较好的群体通风条件，可能每户具有几个方向开窗的机会。由于单体体型小，群体遮挡也少，故具有比其他类型更好的视野条件。

点式住宅根据其建筑平面设计的不同而出现不同的平面形状(如 Y 形、十字形、蛙形、蝶形、风车形等)，每一层楼通常可以安排 4～8 套住宅，多者甚至 10 套、12 套。

由于点式住宅每层的套数较多，有些户型的朝向可能较差，如不能满足适当的日照、通风条件，或者无法避免日晒。

(5)跃层式住宅

跃层式住宅是在住宅的竖向交通联系上进行变化的住宅类型，多见于多层或高层建筑。所谓跃层式住宅，是指把单元住宅的房间或平面的一部分置于两个或多个平面层上，并设户内楼梯的住宅，它可以将别墅的一些特点引入到多层或高层住宅中。由于跃层式住宅采用户内小楼梯作为层间联系，故可以在不同平面层上切换不同的功能区域，实现起居、睡眠的分层布置，有利于住宅的私密性并可以防止作息受干扰，因此颇受住户青睐。跃层式住宅一般拥有较大的户型面积，有利于形成错落有致的建筑空间，体现消费者个性。但这种住宅使用上不如单平面住宅方便，因而不宜于残疾人居住。

跃层式住宅设置在住宅顶层时，可以结合坡顶空间来有效利用，达到经济与美观兼得的效果；跃层式住宅布置在底层时，可以改善底层住房的居住条件，连同底层小院，可以做出很好的效果，特别适合“老少居”户型设计。

(6)复式住宅

复式住宅的总高度通常为一般住宅层高的 1.5 倍，充分利用高度优势，比如或把起居室的顶棚加高，或使起居与贮藏等空间重叠布置，从而在有限的空间内增加居住空间，提高住宅的空间利用率，丰富空间构成。复式住宅的下层一般供起居使用，设起居室、餐厅、厨房、卫生间等，上层供休息睡眠用。一层的厨房、卫生间等小空间房子高度为 2 米，而上层高度很小，楼板直接作为卧室床面，人可坐卧但无法直立，这种设计给居住者带来不便。但由于此种住宅比较经济，并且打破了原有普通单元式住宅单调的平面形式，把室内居住环境空间化、层次化，能满足人们对空间变化的追求，适合年轻人居住。

复式住宅与跃层式住宅的最大区别在于复式住宅只是将住宅的局部重叠布置，并不具备完整的两层空间，重叠部分不能重复计算建筑面积。

(7)错层式住宅

所谓“错层式”住宅主要指的是一套房子的各功能区不处于同一平面，即房内的厅、卧、卫、厨、阳台处于几个高度不同的平面上。错层式住宅在居住功能上具有较大的合理性，不同的功能区域完全是一个独立的空间，能够动静分区，干湿分离，居住的私密性大大加强，又使室内空间具有层次感，富有流动感，活跃了室内环境。错层式住宅还具有别墅的感觉，使居住的档次和品位得到提升，在居住舒适度上有着一般住宅无法比拟的超前性和实用性。

但错层式住宅由于楼板不在同一高度上，使得结构复杂，增加了建筑成本，且不利于结构抗震。

住宅选型的恰当与否将直接影响居住者的使用及住宅开发建设的成本。因此，为了合理选择住宅类型，就必须从住宅的类型特点及住宅建筑经济和用地经济方面加以研究和分析。

6.4.2 住宅类型选择的原则

住宅类型的选择应着重考虑以下几个问题：

(1)要充分认识、利用基地的特点，根据基地的地形和地貌特征，并结合土地的高效利用，选择住宅类型。

(2)要了解居住者的属性，即客体指标(年龄、家庭人口、年收入、从事职业等)及居住者的主体指标(喜好、性格、生活方式等)，这不仅有利于策划和运作，而且能使住宅类型更适应生活方式，既能满足群体需要也能满足个体的需要。

(3)正确把握住宅区与城市、街区的关系。住宅特别是高层住宅的建设会给周边地域环境带来很大的冲击。因此要将住宅区纳入城市空间的设计范围中去考虑，以确保城市的开敞空间；要进行防灾避难设施的配备；要预测开发对周边环境的影响，如噪声、振动、日照、电磁波障碍、风害等，且要与周边环境景观保持协调发展，共同构筑城市良好的空间形态。

6.5　房地产产品生命周期策略

6.5.1　房地产产品的生命周期

房地产产品和任何其他事物一样，也有其发生、成长、成熟和衰退的过程。产品生命周期是指一种产品在市场上的销售情况以及获利能力随着时间推移而变化的过程。这个过程在市场营销学中指从产品试制成功投入市场开始，直到产品被市场淘汰，最终退出市场为止所经历的全部时间，即产品的市场寿命，而不是产品的使用寿命。其长短受顾客需求的变化、产品更新换代的速度等因素的影响。周期性策略就是依据房地产产品所处的生命周期的不同阶段采取不同的策略。

产品只有进入市场，它的市场生命周期才算开始。产品退出市场，标志着产品生命周期的结束。产品生命周期一般可划分为四个阶段，即引入期、成长期、成熟期和衰退期。在整个生命周期中，销售额和利润额的变化表现如图 6-6 所示。

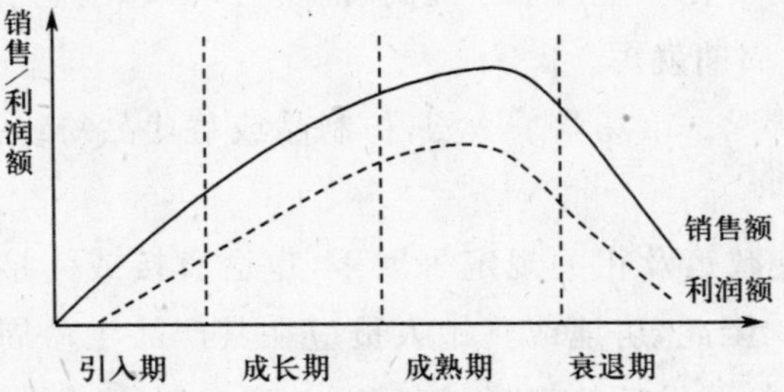

图 6-6　产品生命周期曲线

产品生命周期各阶段的划分是相对的，一般来说，各阶段的分界是以产品销售额和利润额的变化为根据的。在引入期，产品销售额和利润额增长缓慢，企业一般为负利润；当销售额迅速增长，利润由负变正并快速上升时，则进入成长期；当销售额增长放慢，利润增长值接近于零时，则进入了成熟期。在成熟阶段，产品的销售量从缓慢增加到缓慢减少，同时利润额开始下滑。当销售额加速递减，利润也较快下降时，说明产品已经进入衰退期。

不同产品的生命周期常常是各不相同的，如房地产商品在我国进入市场的生命周期只有十余年。各种产品的生命周期曲线形状也各有差异。有的产品一进入市场就快速成长，迅速跳过引入期；有的产品可能越过成长期，直接进入成熟期；还有的经历引入期后未成长起来，直接迈向衰退期。

产品生命周期和产品定义范围有直接关系。产品可区分为产品种类、产品形式和产品品牌三种。产品种类是指具有相同功能及用途的所有产品；产品形式是指同一种类产品中，辅助功能、用途或实体销售中有差别的不同产品；产品品牌则是指企业生产或销售的特定产品。产品种类具有最长的生命周期，有的产品种类生命周期的成熟期可能无限延续；产品形式的生命周期次之。产品形式一般表现出比较典型的生命周期过程，常常经历四个阶段；而具体产品品牌的生命周期最短，且不规则，它受市场环境、企业经营决策、品牌知名度等多种因素影响，品牌知名度高，其生命周期长，反之则短。

6.5.2 影响房地产产品生命周期的因素

影响房地产产品生命周期的因素主要有：

(1) 房地产产品本身的性质和用途。由于房屋能够满足人们的长期需要，其生命周期就比较长。

(2) 科学技术的发展。科技进步越快，其生命周期就短。

(3) 消费需求的变化。生活水平提高，消费者的偏好就会发生变化，从而加快需求的变化，其生命周期就短。

(4) 市场竞争状况。市场竞争激烈，仿制品或替代品纷纷出现，就会使其生命周期缩短。

(5) 国家的宏观政策及相关规定等因素，也会直接或间接影响房地产产品生命周期的各个阶段。因此，房地产营销人员应在其产品生命周期的不同阶段采取不同的市场营销策略，开发新的市场，制定新的竞争对策，以保证产品在整个生命周期内盈利最大。

6.5.3 房地产产品生命周期不同阶段的营销策略

房地产产品生命周期策略就是依据房地产产品所处的生命周期不同阶段采取不同的策略。以下对房地产产品的生命周期曲线进行考察并根据各阶段的特点来制定相应的策略。

1. 引入期

从产品生命周期曲线的形态来看，在引入期房地产产品销售量较小，增长缓慢。产品所蕴涵的某种消费观念未被大多数消费者所了解、接受，消费者不愿意放弃或改变以往的消费行为，市场上只有少数喜欢创新的消费者由于好奇或冲动实施购买，一般属于高收入阶层；价格决策难以确立，可能限制了购买，也可能难以回收成本；广告费用和其他营销费用开支较大；利润较少，甚至出现亏损。因此，在这个阶段，企业的经营风险最大，市场预测的失误可能使得投资的项目夭折，但是市场上的竞争对手较少。这时，企业要让消费者尽快认识产品，能够在消费观念上接受产品，尽快进入成长阶段，以获取较高的利润。这一时期的营销策略主要有以下几方面：

(1)快速掠取策略

这种策略采取高价格、高促销费用，以求迅速扩大销售量，取得较高的市场占有率。采取这种策略必须有一定的市场环境，如大多数潜在消费者还不了解这种新产品，已经了解这种新产品的消费者急于求购，并且愿意按价购买。企业面临潜在竞争者的威胁，应该迅速使消费者建立对自己产品的偏好。

(2)缓慢掠取策略

以高价格、低促销费用的形式进行经营，以求得到更多的利润。这种策略可以在市场面比较小，市场上大多数消费者已熟悉产品，购买者愿意出高价，潜在竞争威胁不大的市场环境下使用。

(3)快速渗透策略

实行低价格、高促销费用的战略，迅速打入市场，取得尽可能高的市场占有率。在市场容量很大，消费者对这种产品不熟悉，但对价格非常敏感，潜在竞争激烈，企业随着销售量扩大可以降低成本的情况下适合采取这种策略。

(4)缓慢渗透策略

这种策略是以低价格、低促销费用来推出产品。这种策略适用于市场容量很大、消费者熟悉这种产品但对价格反应敏感，并已存在潜在竞争者的市场环境。

2. 成长期

从生命周期曲线可以看出，产品销售量急剧上升。这时消费者对于产品已经熟悉，大量新的消费者的购买使得销售量激增，企业的利润也迅速增长，但随着新的竞争者的加入竞争开始出现。虽然企业为了维持市场份额，扩大销售量，需要保持或增加促销费用，但是由于销售量的扩大，仍然可能使企业的单位成本降低。

从我国房地产市场特征来看，房地产产品的成长阶段是市场销售量迅速放大的时期，是房地产企业销售的最佳时期，企业要采取正确的营销策略把握住这一时期。在产品成长阶段，企业可以采取的策略有以下两种：

(1)广告重心的转移

企业将广告穿插的重心从介绍产品、建立产品的知名度转移到说服消费者接受产品和实施购买上来，以促进销售的增长。

(2)适时降价

企业在适当的时机，可以采取降价策略，以激发那些对价格比较敏感的消费者产生购买动机和采取购买行为。同时，降低价格还能防止异质竞争者的加入，有利于企业保持并扩大市场占有率。

3. 成熟期

在这个阶段，产品已被消费者广为接受，其供应亦大幅增长。处于成熟期的产品市场竞争相对激烈，产品的销售量主要依靠消费者的重复购买来维持，而房地产产品是一种高档耐用消费品，同时由于受到消费者收入水平的限制，使得大多数消费者不具备重复购买的能力。从房地产产品的生命周期曲线可以看出，成熟阶段的销售量难以维持成长阶段的水平，销售量陡然下降，利润增长停滞，在这一阶段利润达到最大。这时采取的策略主要有以下两种：

(1)市场改进和产品改进，寻找新的消费者

企业可以通过市场细分，寻找新的细分市场，将产品引入新的目标市场，或者是对房地产产品进行改造，改变或扩大原有产品的用途和使用功能，吸引新的消费者。

(2)营销组合改进

通过改进营销组合的一个或几个要素来刺激销售，延长产品的市场成长和成熟期。在价格、渠道、促销、服务等营销组合工具上进行适当匹配。

4. 市场衰退阶段

在这一阶段，产品出现积压、滞销；蕴涵新的使用理念的产品出现，取代原来产品，企业利润下降甚至为零，大多数消费者的态度发生转变。这时企业要对市场和产品进行分析，避免因继续消耗昂贵的成本费用而影响企业的获利能力。

房地产产品由于单位价值高，滞留在项目中的资金量大，因此，当产品进入这一阶段，企业应当迅速做出对策，及早收回投入的资金，避免造成更大的损失。

在使用生命周期策略时要明确，虽然在不同的生命周期采取不同的策略，但生命周期策略的基础是产品，它还是一种产品策略。

6.6 房地产产品的差异化策略

房地产产品由于具有不可移动性，产品在区位上具有差异性。然而，房地产产品在同一区段进行大规模开发时，由于土地成本、建安成本、资金成本等方面差异

不大，而且开发商众多，导致其同质化倾向严重。因此，部分房地产企业为了在房地产市场中加速自身的发展，采取了房地产差异化竞争的策略。房地产差异化竞争是指房地产企业通过形成与其他房地产企业不同的产品、形象、服务及其他特质，从而在市场竞争中获取超额利润的竞争策略。

6.6.1 房地产产品差异化营销策略的作用

所谓差异化策略，就是企业要形成一些在本行业范围内具有独特性的东西（产品、服务、品牌形象等），比如在设计或品牌形象、性能质量、技术特点、外观特征、客户服务、经销网络及其他方面具有独特性，这种独特性就将成为企业的核心竞争力。最理想的情况是公司使自己在几个方面都能独树一帜，这样产品或服务不仅能满足用户的需要，而且在一定时期内，业内的其他竞争者也是难以取代的。

开发企业正确实施差异化策略，能够在业内获得超过一般水平的利润，其主要作用表现在：①顾客对好的产品有一种消费的忠诚性，当这种产品的价格发生变化时，顾客的敏感程度很低。生产该产品的企业便可以运用产品差异战略，在一定范围内的同业竞争中形成一个隔离区域，从而使自己免受竞争的侵害。同时，产品差异化能增加边际收益，降低企业的成本，使企业以较低的成本完成规模庞大的生产与交易过程。②顾客对品牌的信任感给竞争者形成了强有力的障碍，其他厂商想进入该行业则需要克服这种产品的独特性。③产品差异化可以借助其所产生的边际收益，增强企业对上游产品供应者讨价还价的能力。④由于企业极具特色，又赢得了顾客的信任，便可在与替代品的较量中，比其他同类企业处于更有利的地位。差异化策略作为一种重要的营销战略，在开发企业竞争中的作用日益显现。

6.6.2 房地产差异化竞争策略的内容

1. 产品差异化

实行产品差异化策略的条件主要有三个方面：①企业在产品的研究和开发上具有较强的创新能力。②企业在生产技术上具有较高的适应能力和应变能力。③企业在市场营销中要有明确的目标市场，并能采取有效的经营手段和方法。具体来说，房地产产品差异化可以从性能、特色、风格和设计等方面入手。性能是指房地产产品的主要特点在使用中的实际表现水平。房地产产品性能的主要特点可以体现在区位的远近优劣、生活的方便和环境的优美上，整体布局的大方、精巧上，单体设计的实用、合理和完善上，设备设施的充分、新颖和高效上等。例如，在同一区位内，本企业楼盘比别的楼盘有更好的生态小环境；在同一得房率的基础上，房型比别的楼盘有更多或更方便的功能组合；在同一档次中，采用了更多、更新颖的现代设施，那么本楼盘的性能就更好。只要售价没有超过顾客的认知价值，他们愿意付出较高的价钱购买性能良好的房地产产品。

2. 产品特色

产品特色指房地产产品基本功能的增加和补充。例如，在住宅小区的绿化普遍未得到重视之时，重视绿化、完善住宅区的生态功能应该是一种特色。再如，在住宅区增加智能化设施、集中供热和供饮用水，建造错层住宅、大采光凸出窗台、阳光客厅、可移动透光屋顶天井、室内自动报警等都可以构成房地产产品的特色。在房地产产品上可以营造特色的地方很多，但集一切先进之大成不仅没有必要而且很难。营销人员需要了解目前市场的楼盘现状和顾客的需要，尤其要重视和倾听潜在顾客的意见，并要对建立特色所花费的成本和顾客认知价值、有多少顾客来购买、其他开发商模仿的可能性做出比较和判断。

3. 产品风格

风格是指房地产产品给顾客的视觉和感觉效果。房地产产品与一般商品比较而言更容易产生风格，因为房地产产品体积巨大，投资巨大，无论从空间的角度还是从经济的角度看都可以将工程和文化、艺术密切结合起来，形成强烈的风格。有明显风格的楼盘，其实是投入了更多的成本和费用，同时可以满足顾客的个性追求和自身价值。因此，顾客愿意为风格付钱，楼盘开发商可以获得更多的销售收入和利润。

4. 产品设计

房地产产品差异化的上述三个方面有赖于设计工作来完成。在设计工作中要完全考虑三个方面，有相当程度的复杂性。因为从开发商的角度看，要求方便建造和顺利推向市场；从顾客的角度看，要求性能质量良好，而且美观、有特色。设计工作必须兼顾两者，力求完美。设计最终的取舍决定于目标市场的顾客对产品差异化和价值对比的认识。

5. 服务差异化

由于受到房地产及相关行业发展水平的限制，楼市的产品创新很难再有质的突破，产品品质的“趋同性”越来越严重。这时取得成功的关键就在于服务的差异化，这要求在传统客户服务的基础上进行服务升级，升级后的“客户服务”不再是传统意义上仅仅体现在对产品售后的“客户服务”，而应涵盖产品设计、生产、销售、使用中所有的服务环节，而且越来越强调多元化、人性化、规模化和个性化。房地产基本进入了“服务经济”时代，开发商只有通过丰富客户服务的内涵、扩大服务的宽度、延长服务的时间来再一次赢得属于自己的市场空间。通过将客户服务与市场营销相结合，这种独特的服务方式能够给房地产企业带来稳定的客户群，这种服务的差异化使得房地产企业能够在项目开发之初就可以具备相当大的市场支持度。

6. 认知差异化

通过 CIS 企业形象统一战略或者品牌战略将企业或者企业树立的某类产品的品牌进行强势宣传，这种策略将形象识别系统与品牌经营、营销推广、市场细分等紧密结合在一起，从而在尽可能多的受众中建立起牢固的形象，并使得受众将该企业与其他企业明显地区分开来。

7. 价格差异化

价格差异化是使自己产品的价格明显高于或低于其他产品的竞争策略。房地产市场也同样面临着价格方面的影响，并不一定是水涨船高或者跟风降低，通过与其他产品存在明显差异的价格，房地产企业通常能够达到自己尽快回笼资金或者赢取超额利润的目的。这种差异化建立在其他差异化的基础上或者自身精确的成本控制和产品定位上。

差异化策略的优点在于：使得在同一市场上本企业的产品能有效地区别于其他企业产品，从而确立企业的竞争优势，与竞争对手相比处于更有利的地位；企业不但满足了目标消费者群体的需求，而且赢得了目标消费者群体的信任，为潜在的新竞争者进入市场设置了障碍；通过差异化策略还可以使得企业获取较高的边际利润。

差异化策略的风险在于：首先，当消费者愿意为产品的差异支付较少的费用时，换而言之，消费者仍倾向于标准化产品时（即消费者的需求存在的差异不大），差异化策略就会失败；其次，当企业实行差异化策略时，房地产产品的生产成本明显提高，往往会失去一些对于价格敏感的消费者，所以选择差异化策略有时会与争取更大的市场份额相矛盾；最后，如果竞争对手可以轻易地模仿，企业实施的差异化策略就可能失败。

6.6.3　房地产差异化竞争策略实施

1. 市场信息收集及分析

完整的市场信息收集，是指对区域内竞争对手进行划分，如成本、销售、营销策略、产品定位、设计等，以形成完整的竞争对手及其产品的面貌。房地产企业应对区域内潜在客户进行区分，定位目标市场群体，研究其消费习惯及品牌认同度，熟悉该区域内客户心理，以便进行差异化竞争策略的选择。

2. 根据实际情况选择差异化竞争策略

由于产品差异化具备明显的特征而易于为消费者所接受，尤其是产品在功能上的不同，如节能、舒适等具备良好的市场接受度而备受潜在客户青睐，而概念上的不同，客户对此敏感度偏低，区位交通等也对客户有着明显的影响。服务差异化能够赢得较多的忠诚客户，这些客户能够对产品形成强烈的支撑作用，甚至在异地开发中，服务差异化也能够起到相对重要的作用。认知差异化在产品的推广过程中能够起到事半功倍的效果，如果以前没有做过认知差异化策略，那么也可以在产品推广的过程中开始做起，以利于其他项目的开发。价格差异化策略通常情况下应当建立在其他差异化的基础上，而不应当以恶性竞争的面貌出现。

3. 实施

在进行完整调研，并根据实际情况选择后，差异化即进入实施阶段。在实施阶段中，根据不同的差异化过程制定不同的营销策略。通常认知差异化重点在产品推广的全部过程中；产品差异化体现在设计阶段，完整地贯彻设计思路是产品差异化实施的保障；服务差异化重点体现在销售与后期项目维修保养阶段；价格差异化则是动态调整的过程。

6.7 房地产产品品牌策略

6.7.1 品牌与品牌的构成要素

1. 品牌的概念

品牌(brand)是一种名称、术语、标记、符号或设计，或是它们的组合应用，其目的是借以辨认企业提供的产品或服务，并使之与竞争对手的产品和服务相区别。

对于品牌这个概念，我们可以从以下六个方面加以理解：

(1)属性。一个品牌首先应给消费者带来特定的属性。例如，一幢依山傍水的别墅表现的是昂贵、地段优越、环境优美、建筑质量高、宁静等属性。

(2)利益。对于顾客而言，重视的不仅仅是品牌传递的属性，更注重的是品牌带来的利益。属性需要转换成功能和(或)情感利益。例如，住房的耐用属性意味着一次购买、终生享用,即可以转化为功能利益。别墅或高档住房的昂贵属性可以转化为情感利益,即社会地位和社会阶层的象征。建造质量高、设备先进的住宅,同时可以转化为功能和情感利益,即居住安全。

(3)价值。品牌还体现了某些价值观。例如,湖边别墅体现了安全、社会地位等价值,该品牌营销者必须推测出在寻找这些价值属性的特定的别墅购买群体。

(4)文化。品牌可能附加和象征了一定的文化,正如奔驰汽车意味着德国文化的特色,即有组织、有效率和高品质。

(5)个性。品牌还代表了一定的个性。正如奔驰汽车可以使人想起一头有权威的狮子或一座质朴的宫殿一样,房地产产品中的青年旅社是价廉物美的象征,而古堡则是历史文化的见证。

(6)使用者。品牌还体现了购买或使用这种产品的是哪一类消费者。例如,酒店公寓一般适宜青年白领,但不适合三口之家。事实上,产品所表示的价值、文化或个性,均可反映到使用者身上。一个品牌最持久的含义应是它的价值、文化和个性。

2. 品牌的构成要素

一般地,品牌有三个构成要素:

(1)品牌名称。品牌名称(brand name)是品牌中能用语言表达的部分,一般由单词、字母(数字)、词组构成。它主要产生听觉效果。

(2)品牌标记。品牌标记(brand mark)是指品牌中可以被识别而不能用语言表达的特定标志,包括专门设计的文字、标记、符号、图案和颜色等。它主要产生视觉效果。

(3)商标。商标品牌或品牌的一部分在国家商标局注册,便具有法律效力,成为受法律保护的商标,称为注册商标。它具有独占性、时效性、地域性、财产权等特点。

商标与品牌间既有密切联系又有所区别。品牌是市场概念,实质上是品牌使用者对顾客在产品特征、服务和利益等方面的承诺。商标是法律概念,它是已获得专用权并受法律保护的品牌或品牌的一部分。因此,商标是一个法律名词,而品牌是一种商业称谓,两者从不同角度指称同一事物。

6.7.2　房地产品牌战略的含义与作用

1. 房地产品牌战略的含义

房地产品牌战略是指房地产开发企业通过对房地产产品品牌的创立、塑造,在消费者心目中树立良好的品牌形象,以期在市场上获得竞争优势。房地产商品与其他商品相比更需要塑造品牌,原因在于:①房地产商品具有开发时间长、占有资金大的特点。对开发商而言,各种不确定因素较多,消费者购房心理及行为较为复杂,购买决策比较谨慎。消费者购买住宅时,不但要考虑房屋的实用性,还要考虑该开发商的信誉度和美誉度,这些就普通产品本身来说是不具备的,而塑造品牌则可以达到这一目的。②品牌是目前房地产企业参与竞争的需要。房地产企业只有通过市场调研,对自己的产品进行准确定位,在同质的房地产市场中找到自己的市场立足点,从而树立自己的特色,创建自己的品牌,在同质的产品中体现出自己的异质性,才能在竞争中获胜。

2. 房地产品牌战略的作用

(1)对消费者的选择具有很大的影响力。消费者在选购房子时,介入程度会很高,市场搜寻广泛。根据一项研究结果表明,绝大多数消费者会按照"遗憾最小原则"来进行购买房产决策,在面临多种选择时,总是竭力避免购买后的遗憾。房地产品牌作为一种高质量的象征、身份的标志、价值的体现,能够提供一种品牌承诺,减少消费者的购后遗憾,加速购买行为的完成。因此,品牌使产品识别更加容易,顾客可以直呼其名来定购产品,而不用详细描述。同时,顾客在认知不同品牌时减少了价格的比较。

(2)提高品牌忠诚度。品牌是质量的保证,如果重复购买同样的品牌,顾客可以获得质量相当的产品。

(3)降低营销成本,扩大销售。知名品牌可以得到销售商更多的合作,也有助于制造商对分销渠道进行更多的控制。品牌商品可以按高于平均水平的价格销售;同时,在激烈的价格竞争中,品牌可以起到保护作用。

(4)有助于企业经营战略的选择。品牌可以帮助企业细分市场,采用多种品牌,就可以进入各个细分市场。产品是由企业生产并提供的,而品牌则是由市场认同所形成的。竞争者可以复制产品,但不能仿冒品牌,因为品牌是独一无二的;同时,产品可能会因为技术进步而更新换代,因为使用而折旧,但品牌是永恒的。

(5)体现房地产企业的核心竞争力。品牌是房地产企业通过相当长的开发经营过程形成的,它提升了企业的整体价值,使企业产品增加了附加价值,形成很强的市场竞争力,也有助于企业价格战略的实施。采取企业品牌与产品品牌一致性战略,有利于促使房地产开发与经营的统一性,将品牌战略纳入企业整体战略,有利于增强企业的核心竞争力,在塑造和推广品牌的同时很好地宣传企业文化。

(6)是房地产企业降低市场风险,继续扩张的基石。房地产开发占有资金大,社会、经济、政治各种变化因素众多,市场风险也大。对企业而言,项目推出后能否顺畅销售,关系到投资能否迅速收回,进而影响预期利润的实现。如果房地产企业拥有良好的品牌,项目一经推出必然会赢得人们的关注,消费者在心理上拥有安全感,势必优先考虑。房地产企业依靠品牌效应,可以缩短新楼盘的上市时间,降低银行贷款利息支付,减少开发费用,同时可以避免因时间因素带来的各种不可预见风险,可以按照自己预先的计划有步骤地实施,保证实现预期利润,也可以减少巨额的广告投入,营销费用的降低可以转化为给消费者的让利,促进销售又保证良好的公司财务状况。

6.7.3　房地产品牌战略的影响因素

影响房地产品牌战略的因素主要有房地产产品的质量、价格、服务、广告、员工以及物资设备六个方面。

1. 质量

房地产产品质量是品牌的生命。如果说在其他因素上存在缺陷仅仅对房地产开发企业的形象产生一定程度的不利影响的话,那么,产品质量的低劣则会让房地产开发企业的形象损失殆尽。

2. 价格

开发企业与竞争对手相近的产品价格是品牌和形象的有力传递者,特别是传递该开发企业是生产优质产品或劣质产品,或者居两者之间等方面的信息。高价格往往意味着高质量,但房地产产品的价格受土地价格的制约,不能一概而论。价格变动对消费者和投资者来说非常敏感。当然,企业已经形成的品牌形象也有助于产品的价格决策。在产品及相关服务的可靠性较高的时候,价格相对高一些,消费者也会接受。

3. 服务

服务包括在房地产商品的销售过程中直接为顾客提供的各种咨询和帮助,也包括为顾客提供的与房地产产品销售相关的各项服务和售后服务。房地产产品销售过程中直接提供服务的重要内容,是协助办理住房抵押贷款。开发企业帮助购房者办理抵押贷款,一方面增强了购房者的支付能力,使部分潜在消费转化为现实消费;另一方面,又展示了企业实力以及与金融机构的融洽关系。

而物业管理对房地产商品而言更是重中之重,它可以保障物业的保值、增值。优秀的物业管理不仅能提高物业服务企业的知名度和美誉度,也将影响房地产开发企业的信誉和形象。这些服务使顾客感到方便、满意,培养他们对企业的信赖,并且通过他们口头进行的不易衡量但却有效的宣传，可以扩大房地产开发企业的影响。

4. 广告

广告是一把“双刃剑”。产品广告对促进销售通常有比较直接明显的效果；形象广告是直接影响开发企业品牌形象的促销手段，其作用含蓄微妙，不易测度。

5. 员工

员工与顾客的交往传递着他们对开发企业积极或消极的印象。即使是接听电话的态度或接人待物时的举手投足，也反映出某种形象。明智的开发企业很注意对员工进行这方面的培训，如话务员“声音带着微笑”；接待员将房屋样本间布置得舒适安逸，周到细致地介绍企业产品和销售政策。

6. 物资设备

物资设备包括开发企业的办公楼房、设备、仓库、带有企业名称或标志的运输工具、企业标志和徽章以及企业在公开场合使用的任何有形物，大到建筑物，小到信封、纸张。开发企业的办公地点、室内陈设、交通运输工具等都能从一个侧面反映企业的资金实力和对员工的关心程度，而企业的标志和徽章，如果能利用富有特色的符号和图形，则可以使企业更易被识别。

需要说明的是，物资设备因素只能让被认可的好形象更上一层楼，却无法让不良形象有实质性的改变。如果产品或服务不能同时改进，反而会留下“做表面文章”的负面影响。

6.7.4 房地产企业新品牌的创设与实施品牌营销的途径

1. 房地产企业新品牌的创设

开发企业必须从确定企业标志、树立品牌理念、选定品牌名称以及使用商标四个方面着手对一个新品牌进行创设。

(1)确定企业标志

企业标志包括开发企业的名称(或者还包括分支机构的名称)、徽标以及商业标志。它们是开发企业整体形象的一个重要组成部分。

(2)树立品牌理念

在制定品牌战略时，开发企业必须树立它的品牌理念。这种理念首先包括如何开发企业品牌(即制造商品牌)、私有品牌以及非注册品牌，另外包括是否使用家族品牌或者个别品牌。

开发企业品牌，也称制造商品牌，是指采用开发企业的名称作为品牌。市场上多数产品的销售额绝大部分是靠制造商品牌产品实现的。这些品牌往往家喻户晓，值得信赖，因为它们的质量控制非常严格，并且容易识别。开发企业在同一品牌下提供一系列的产品选择。市场营销的目标主要是保持新意和留住那些对品牌以及对开发企业忠心耿耿的消费者，围绕品牌开展市场营销活动。

私有(经销商)品牌是指采用销售商指定的名称作为品牌。销售商通常指批发商或零售商，也包括服务供应商。私有品牌适应那些对价格敏感的消费者。这类消费者如果觉得品牌质量不错，价格较低，就会选择购买。他们愿意冒一些质量方面的风险，但他们忠诚于销售商，认为其品牌可取。私有品牌的优势是按照销售商的要求生产的，品种较少。销售商对这些品牌有较大的自主权，在分销和大批量购买方面承担更多的责任。市场营销的目标是吸引那些忠诚于销售商的人，因此，房地产开发企业应对市场营销渠道进行严格控制。

非注册品牌强调产品本身的名称，而不是开发企业或销售商的名称。它们最早作为低成本商品在药品行业出现，相对于昂贵的制造商品牌供消费者选择。非注册品牌很少做广告，因为在质量、包装、品种、分销和促销方面的经济性，使其产品价格比其他品牌要低 10％～50％。市场营销的主要目标是向愿意省钱的消费者提供价格和质量都稍低的商品。

家族品牌是指两个或更多产品共用一个名称。许多销售工业用品和服务的企业，还有提供消费服务的企业，均采用某种形式的家族品牌战略，给企业所有或大多数产品冠以同样的名称。还有一些企业则每类产品采用一个家族品牌。家族品牌适合于专业性强、产品线窄的企业。

单个(多)品牌是指开发企业开发建设或销售的不同产品或产品线使用各自的品牌。企业可通过个别品牌(不同的品牌形象)对产品进行多重定位，吸引不同的细分市场，提高销售量，加强市场营销方面的控制，同时提供高价和低价品牌。与工业品制造商相比，消费品制造商采用个别品牌战略的可能性更大。

采用单个品牌战略的优势之一是它没有将房地产开发企业的声誉仅系在某一品牌的成败之上。假如某一品牌的产品失败了或者出现了低质情况，不会损害企业的名声。

对所有的产品使用共同家族品牌也有一些好处。引进一个产品的费用较少，因为不需要进行“品名”的调查工作，或者不需要为建立品牌名称认知和偏好而花费大量的广告费。此外，如果开发企业的声誉良好，产品的销路就会非常好。但是，如果开发企业开发建设截然不同的产品，则使用共同的家族品牌名称就不太适宜。这时，企业可对同类产品中质量不同的产品使用不同的品牌名称。

(3)选定品牌名称

房地产开发企业在选定品牌名称时，有下列一些可供参考的来源。

① 进行品牌延伸，即新产品采用已有的品牌名称。

② 采用销售商规定的名称。

③ 设计新的品牌名称。新品牌名称可根据外来词语、缩写和数字等设计。

④ 通过授权协议，即企业付费使用其他企业拥有的名称或徽标等商标符号。

⑤ 使用联合品牌，即同一产品使用两个或更多品牌名称，以从各个品牌的形象中获益。一般的做法是企业以授权协议的方式，将自己的品牌名称之一与另一家企业的品牌名称放在一起使用。

开发企业在选择品牌名称时，可先列一个清单，详细写明各种名称的含义，再进行挑选。在挑选时，可进行联想测试(名称能在心目中产生什么形象)、学习测试(名称的易读性如何)和记忆测试(名称的易记性如何)。

(4)使用商标

最后，房地产开发企业必须决定是否寻求商标保护。商标化使开发企业可以在以后的经营过程中始终独家使用某个词语、名称、符号、字母或数字的组合，使它们区别于其他开发企业的产品和服务。但是，商标保护属于自愿行为，需要商标保护，必须进行注册和履行一定程序。

2. 房地产企业实施品牌营销的途径

(1)保证优良的产品质量

房地产商品由于具有使用周期长、价格高等特点，消费者在选择房屋时，从质量、居住环境到物业管理都非常关注，因而开发商在品牌战略中应充分重视产品策略，特别要关注产品质量。房地产产品的质量包括房地产的许多方面，但首先是设计上要符合消费者的口味。开发企业应该在市场调研的基础上进行市场定位，在方案设计上下工夫，设计出满足客户需求的户型甚至社区环境。其次要选择合格的建筑材料，保证施工过程的规范性从而保证施工质量，确保用户的安全。最后，提供良好的物业管理，包括社区安全、社区卫生、社区工作人员的高质量服务。品牌的核心是产品质量，只有优质的产品质量才能为品牌竞争奠定良好的基础。

(2)对产品进行创新

“超前意识”是现在房地产界比较重视的一个理念，企业要“想”在前面，“做”在前面，利用自身的优势，找到最适合这个企业、这个市场的一个创新环节。目前房地产的创新主要应该体现在三个方面：①设计更新，改变传统的设计模式，户型向多样化发展。②功能更新，改变过去单一的居住功能，在功能设计上突出超前意识，满足现代人的需要。③投资价值创新，通过了解消费者的投资心理，在各方面挖掘房地产的投资价值。

(3)营造独特的产品文化

目前的房地产市场已经发展得较为成熟、理智，所以竞争也更为激烈，从单纯的物质需要发展到精神需要和物质需要两者兼备。良好的品牌形象正好可以满足某种身份、心理的要求，独特的房地产文化也可以为人们提供一种心理归宿。房地产企业在营造房地产文化时要克服仅仅依靠给楼盘起一个好名字来吸引消费者这样一个误区，而要真正了解目标消费群的文化需求，营造适当的文化氛围来迎合他们的心理。值得注意的是，任何企业文化都必须以“诚信经营”为基础，以获得消费者的信赖作为塑造企业文化的起点。

(4)注重品牌的定位和维护工作

准确的品牌定位有利于产品的个性化与特色化的创建，不同的品牌定位代表不同的产品特色，满足不同消费者的需求，适应不同的细分市场，能够使企业资源有效地与特定细分市场相结合。在营销战略上要首先考虑准确的品牌定位，其次重视品牌维护工作，品牌维护工作能加强消费者对该品牌的认识度和品牌美誉度，使房地产开发企业保持或增加市场占有份额。品牌维护应考虑以下三方面内容：

①建立品牌管理系统。建立品牌管理系统不仅是对单个产品品牌的管理，更要建立整体企业品牌的管理系统。可以成立企业内部的品牌资产管理小组，其成员不限于企业内部的人员，还可以外部聘请专家。品牌管理小组通过定期举行会议来做出对企业整体品牌维护和对单个品牌建立与维护的工作。

②建立品牌评估系统。企业的品牌管理小组定期通过专业手段对品牌资产的各个要素进行检测，包括品牌知名度、品牌美誉度、品牌忠诚度、品牌联想等方面。可以采用有效的评估体系对各品牌要素打分，结合知名企业的标准衡量自己的企业，以明确要加强的工作。

③持续一致地投资品牌。品牌管理小组必须从项目前期规划阶段开始就注意提醒企业要投入足够资源，在设计阶段、营销策划阶段和物业管理阶段全方位持续一致地打造品牌，不能过度关注成本以至缩减必要的品牌打造工作。

3. 房地产企业品牌的提升

品牌的提升要在以下三方面下工夫：

(1)持续不断地深度开发品牌产品

根据市场营销理论，企业拥有多个产品品牌能降低企业的经营风险，某一种类型的物业不受市场欢迎但是其他种类的物业就能弥补此种损失。

(2)深化品牌内涵

房地产品牌内涵的深化主要是体现产品差异化，增加物业附加值。规划品牌营销战略时对已有的和要塑造的品牌不能千篇一律，各个品牌依据各自不同的定位针对各个消费群体，在设计功能、性能质量和服务上各异。

(3)不断强化品牌的正向扩张力

即扩大市场占有率，扩大品牌认知度和美誉度。进行营销战略规划时，循序渐进地强化品牌的扩张力，每阶段均制订强化方法，并根据实施效果和市场的变化修改计划内容。

案例

2004～2006年沈阳酒店公寓产品市场

酒店公寓是指提供酒店式管理和服务的公寓，最早起源于欧洲，在我国，从20世纪90年代初期到现在已有十多年的发展历程。酒店式公寓一般位于城市中心或繁华地段，由于物业或服务标准明显高于普通住宅，所以价格相对较高，但一般户型较小。

沈阳第一家酒店公寓项目出现在2000年，发展到2006年末，市场类似在售项目不下30个，总体供应量在200万平方米左右。特别是2004年至2006年，沈阳的酒店公寓如雨后春笋一样不断涌现，一时间，“小户型”、“商住两用”、“公寓”等词语充斥着整个市场。

究竟是什么原因促使酒店公寓这种产品在沈阳一夜知名，且快速发展呢？

酒店式公寓之所以能够如此快速地发展，一方面是此类项目确有需求，另一方面是沈阳的房地产市场环境对这种产品也产生了较大的影响。

第一，土地的影响：近年来，随着沈阳市市中心可开发土地不断减少，开发商在中心区域拿到较大面积的土地已越来越困难，地段为先的开发模式仍然影响着大多数开发商，无法获取大面积土地的开发商只有选择小的地块，而酒店公寓项目不需要太大的占地，因此，从某种意义上说，小地块的增多成了酒店式公寓发展的温床。

第二，地价的影响：地价的上涨，使得开发成本不断增加，开发商要想获得更高的利润，必然选择开发投资回报率更高的产品，酒店式公寓一般容积率较高，销售价格也普遍高于同一区域的普通住宅，这也是酒店式公寓之所以受开发商青睐的原因。有什么样的消费者，就会有什么样的市场，有什么样的市场必然会有什么样的开发商，在中小面积户型产品为主流的沈阳房地产市场中，小户型的确有较大的市场空间，酒店式公寓刚好迎合了这方面市场，消费者所追捧的，当然是开发商所关注的，特别是当一个概念被频繁地炒作时，开发商当然会趋之若鹜。

第三，供求的影响：房地产业是一个高风险的行业，很多开发商开发酒店公寓项目也是在回避风险，一般的模式是在同一项目中包含很多种物业类型，住宅、写字间、商业、酒店、公寓多种产品混合，会在一定程度上减少项目的投资风险，因此不少酒店公寓项目是在这样一种前提下产生的。同时也暴露个别开发商对市场认知不够及信心不强的弱点。

第四，其他细分市场的影响：沈阳写字楼市场的冷淡，也促使了酒店公寓的发展，与写字楼相比，酒店公寓可以办公、可以居住，功能齐全，可以满足更多消费者的需求，于是对写字楼的改造，成为众多开发商的一种手段，在沈阳，这样的酒店公寓项目至少在 5 个以上。

其实，从酒店公寓的发展分析，我们不难看出其目标客户的容量是相对有限的，酒店公寓的需求者无外乎有以下几种：

(1)海内外常驻沈阳机构的商务人员、管理人员和技术人员；

(2)经常来沈阳办公的国内及海外商务人员；

(3)投资者；

(4)SOHO 族；

(5)居家自用者(极少数)。

而且公寓与酒店、写字楼、住宅之间有较强的替代性，其潜在竞争对象较多。因此，不分位置、地段和市场具体需求而大量建设酒店式公寓的做法可能招致较大的市场风险，甚至会降低整个房地产市场的形象。由于沈阳市场环境远不及北京、上海等一线城市，这就制约了外来需求的增加，因此酒店公寓仍以本地客户消化为主，由于本地消费者投资意识及消费能力并不是很高，也限制了酒店公寓的销售。可以说酒店公寓是一种较奢侈的房地产产品，其面向的是中高端甚至是高端消费客户。在沈阳这个以本地消化为主的房地产市场中，满足居住需求仍然是目前市场的主流，我们应该看到，毕竟酒店公寓这种产品从使用功能上还存在很大的局限性，200 万平方米的市场供应量已远远超出了市场的需求。据统计，沈阳的酒店公寓在 2006 年末整体消化率仅为 40％～50％。因此经过近三年的开发建设及市场洗礼，在 2007 年“酒店公寓”这个概念已渐渐淡化。一种产品在某一个城市的成功，并不代表在任何城市都可以成功；一种产品在某一段时间的成功，也并不代表它在任何时间都可以成功。

思考题

1. 房地产整体产品包含哪些层次？

2. 房地产产品的基本类型有哪些？

3. 什么是市场分析方法？市场分析方法的流程包括哪些内容？

4. 什么是建筑策划方法？建筑策划方法的研究领域如何划分？

5. 什么是房地产产品生命周期？包括哪几个阶段？各阶段可以选取的策略有哪些？

6. 房地产产品生命周期策略包括哪些方面？

7. 简述房地产差异化竞争策略的内容。

8. 房地产品牌有何作用？简述房地产企业实施品牌营销的途径。

第7章

房地产定价策略

7.1 房地产价格及其构成

7.1.1 房地产价格的概念

(1)经济学意义上房地产价格的概念:是指房地产开发、建设及其经营过程中,凝结在房地产商品中活劳动与物化劳动的货币表现。它是房屋建筑物价格和土地价格的统一,是房地产商品价值和地租资本化价格的综合性货币表现。

(2)营销学意义上房地产价格的概念:从营销学角度看,房地产价格是消费者对于房地产商品价值判断的货币表现。消费者对于房地产商品的价值判断,主要是根据房地产商品所具有的实用价值、贵重价值和稀少价值进行的。

房地产商品的实用价值,决定于房地产商品在使用过程中由其实体及其相关服务为消费者所提供的效用;房地产商品的贵重价值,是指房地产商品所具有的促使消费者想拥有的特性、特征或魅力的价值;此外,由于土地资源的不可再生性和房地产商品的不可移动性,使特定房地产商品的数量极其有限,因此消费者即使想购买也很难得到,此时房地产商品就具有一种与古董、名家字画一样的稀少价值。

7.1.2 房地产价格的构成因素

房屋买卖的理论价格的公式为

房屋买卖的理论价格=房屋建造全过程的造价+流通费用+利润+税金

具体地说,包括如下几项费用构成:

(1)房屋建筑安装工程费。房屋建筑安装工程费用又称为主体工程费。它主要包括建筑安装工程施工图预算的费用和开发企业直接支付的应计入项目成本的工程费用。它包括建造房屋过程中所耗费的各种材料、构配件、零件和半成品的用量以及周转材料的摊销量,按相应的预算价格计算的材料费,施工机械使用费、人工费等直接费,施工管理费和其他间接费。

(2)勘察设计费。它是指委托勘察设计单位为房屋建设进行勘察、规划、设计,按规定支付的工程勘察、设计费用;为房屋建设进行可行性研究等规定支付的前期工作费用;在规定范围内由建设单位自行完成的勘察、设计工作所需费用。

(3)土地开发使用费。包括土地出让金、征地拆迁费、土地直接开发费三项内容。

土地使用权出让金是国家以土地所有者的身份，将土地在一定年限内的使用权有偿出让给土地使用者所收取的费用。一般而言，这笔费用是在通过土地招标、拍卖、挂牌、协议出让等形式获取土地使用权时，交付给政府的。

征地费，包括土地征用费、征收安置补偿费。土地征用费是指对于那些位于乡村仍然属农民集体所有的土地，根据《中华人民共和国土地管理法》的规定，应当支付给农民的费用。其主要项目有：土地补偿费、劳动力安置补助费，水利设施维修费分摊，青苗补偿费，耕地占用税，耕地垦复基金，新菜地，鱼塘开发基金，征地管理费等。征收安置补偿费是指对于城镇地区的土地，国家或地方政府可依法有偿出让用作房地产开发，对因出让而使原用地单位或个人造成的经济损失，由新用地单位按规定给予的补偿费。

土地直接开发费，是指为了房屋建筑施工和使用，需要搞好建筑地段上的土地平整，达到通上下水、电、路、热、煤气、电信等而投入的费用。

(4)管理费用、销售费用和财务费用。管理费用是指企业行政管理部门为组织和管理经营活动而发生的各种费用。销售费用是指开发项目在销售过程中发生的各项费用，如广告宣传及市场推广费、销售代理费及其他费用。财务费用是指为筹集资金而发生的费用，主要包括借款利息及其他费用。

(5)利润和税金。利润是指开发企业销售商品房屋后的销售收入扣除全部生产、销售成本，并缴纳税金之后的净利润。它是开发企业应得到的收益，是在经营活动中实现的剩余价值的货币表现，是企业扩大再生产的资金来源。税金是政府向开发企业征集的列入商品住宅价格构成的营业税、城市维护建设税和教育附加费等项，反映了单位或个人对国家的贡献。在房屋生产建造和进入流通的全过程中，所涉及的生产者或经营者，都应将获得的利润向国家缴纳税金。利润和税金是房地产商品价值的重要组成部分。

7.2　房地产价格特征及其影响因素

7.2.1　房地产价格的特征

房地产商品的特殊性，决定了房地产商品的价格也具有不同于一般商品的特征。

1. 房地产价格具有明显的权利价格特征

由于房地产本身位置的固定性和不可移动性,不像其他商品一样通过买卖可以转移到任何地点使用,而是一种权利关系的转移,因而房地产价格实质上是权利价格。房地产权利包括房地产所有权和他项权利,这种权利体系称为“权利束”,即房地产权利是由一束权利组成的,房地产所有权是最完全、最充分的权利,由此派生出租赁权、抵押权、典当权。同时,又由于房地产使用价值的多样性,对于同一种房地产不同的人所需要的用途是不一样的,相应所需要的权利也就不一定相同,因而可以分享同一房地产的不同权利,这就形成了不同的权利价格,例如所有权价格、租赁权价格等。

2. 房地产价格具有特殊的形成机制

房地产价格受到房地产需求量变动的影响特别大。一方面是房地产的个别性使每一宗房地产都是唯一的,不可能因某宗房地产价格上升就大量生产一模一样的房地产商品,因而任何一宗房地产的供给都是缺乏弹性的;另一方面,房地产建设周期长和地区性的特点,也使供给有明显的滞后性,在一定时期供求关系不可能随时调整,一旦供过于求或供不应求,都要经过相当长时间(短则一两年,长则三四年)才能调整过来。房地产商品的供给弹性小,因而房地产均衡价格(指市场供给和市场需求相平衡时的价格)的形成主要是由需求量的变动所决定的。当需求量增加,供给量不能相应增加时,房地产价格便呈现出上升趋势。

同时,房地产价格受到房地产效用及其长期发展趋势的影响也特别明显。不仅不同的房地产有不同的效用,而且即使同一宗房地产,由于所处地段、房型、楼层、朝向等的区别,也具有不同的使用价值,这就直接决定了它们之间的价格差异。此外,房地产又是耐用商品,使用时间特别长,未来的供求变动对价格变动趋势会产生相当大的影响。购房者投资置业,总是希望所购置的房地产能保值增值,因此在购房时不只是考虑当前,而是更多地考虑未来的房地产发展趋势,因而价格预期的心理因素就成为影响房地产价格长期走势的一个不可忽视的因素。

3. 房地产价格具有显著的个别性

这里所说的个别性是指每宗房地产都有其不同于其他房地产的价格。其原因主要是由房地产物质实体的个别性所造成的。由于房地产空间的固定性、不可移动性,房地产实际的价值和使用价值是各不相同的,因而其价格也具有个别性。例如,一个按同一建筑设计方案所建造的住宅小区,其中每一幢楼都有不同的具体位置,因而在出入方便程度、景观条件、受噪音影响程度等方面都互不相同,房价也必然有所差别;再如,同一幢楼中还有不同楼层、不同朝向、不同位置的区别,房价也会有差别。正是由于每一套住宅都有自身独特的内在价值,因而表现出不同的市场价格。认识这一特性,对于开发企业的定价决策和具体操作有着十分重要的指导意义。

4. 长远性

房地产商品的构成及效用,往往会随着时间的推移而发生变化。通常某一房地产与其周围的其他房地产构成一个地区,但这种地区往往并不是固定的,其社会、经济地位经常处于扩大或缩小、集中或扩散、发展或衰退等的变化过程之中。因此,某一房地产的构成状态、效用是否最为恰当,往往也随着时间的推移而有所变化,从而决定房地产的价格也必然会随着其效用的变化而发生变动。可见,房地产价格通常是在过去至将来的长远考虑下形成的,今日的价格是昨日的展开、明日的反映。

5. 不易识别性

由于房地产商品所具有的不可移动性、个别性等自然特性,使其不同于一般商品,不易形成交易市场。其他商品可以进行商品交易、品名交易,其价格容易在交易市场上形成;而房地产商品却不能将其搬至一处作比较,要认识它,只有亲临现场观察。因此,房地产商品的现实价格通常是个别形成的,不具有任何人都能容易识别适当价格的条件。

7.2.2　房地产价格的主要影响因素

房地产价格受各种因素的影响而发生变动,要掌握房地产价格的运动规律,必须弄清影响房地产价格的因素。价格必须在对各种影响因素进行深入细致分析的基础之上制定。

根据各种影响房地产价格因素自身的性质,可以将其分为经济因素、社会因素、行政和政治因素、房地产内在因素和周边环境因素。

1. 经济因素

影响房地产价格的经济因素主要是国家、地区或城市的经济发展水平、经济增长状况、产业结构、就业情况、居民收入水平、投资水平、财政收支、金融状况。这些因素会影响房地产市场的总体供求,特别是影响需求。通常来讲,一个地区的经济发展水平越高、经济增长越快、产业结构越合理,就业率、收入水平和投资水平越高,财政收入越多、金融形势越好,房地产市场需求就越大,房地产价格总体水平也越高;反之,房地产价格总体水平越低。从中国的情况来看,改革开放 30 多年后的今天与改革初期相比，房地产价格有了巨幅增长，就是源于全国的经济发展水平、居民收入水平等一系列经济因素方面的迅猛发展。而从目前来看，沿海地区与内地，北京、上海、广州、深圳等大城市与一般城市之间，房地产价格水平有较为显著的差异，这主要是由于这些城市之间在以上经济因素方面存在的明显差异造成的。

2. 社会因素

影响房地产价格的社会因素包括人口、家庭、城市形成历史、城市化状况、社会治安、文化与时尚等。其中，人口因素包括人口的数量、密度、结构（如文化结构、职业结构、收入水平结构等）；家庭因素指家庭数量、家庭构成状况等；文化与时尚主要指文化氛围、风俗习惯、大众心理趋势等。

社会因素对房地产价格的影响作用是相当复杂的，它的作用方式不如经济因素那样直截了当，作用过程也比较长，是一种渗透性的影响。如城市形成历史，对一个地区房地产价格水平的影响，虽然不如经济因素的影响那样明显，但却常常是非常深远并具根本性的。在我国许多城市中，某一个特定的区域，由于其独特的发展历史，而始终成为房地产价格水平的高值区，如上海的外滩、徐家汇，厦门的鼓浪屿，青岛的八大观等。有些社会因素对房地产价格的影响在不同的阶段作用结果是不同的。如人口密度的提高，一开始会造成房地产需求增加，引起房地产价格上升，但发展到一定程度，则会造成生活环境恶化，有可能引起需求量减少，房地产价格下降。

3. 行政和政策因素

影响房地产价格的行政因素主要是国家或地方政府在财政、税收、金融、土地、住房、城市规划与建设、交通治安、社会保障等方面的一些制度、法规、政策和行政措施。政治因素主要指政局安定程度，国与国之间的政治、军事关系等。行政和政治因素都是由国家机器来体现的，因此它对房地产价格的影响作用也比较突出。如城市规划对一块土地用途的确定，决定了这一地块价格的基本水平。与经济和社会因素不同，行政和政治因素对房地产价格影响作用的速度相对较快，如果说经济、社会因素的作用是渐变式的，则行政和政治因素的作用就是突变式的。如加强宏观调控、紧缩固定资产投资规模、收紧银根政策等，会使所在地的房地产需求减少，房地产价格在较短的时间内迅速下跌。

4. 房地产内在因素和周边环境因素

影响房地产价格的内在因素和周边环境因素主要是指房地产自身及其周边环境状态，如土地的位置，由于开发商征用的土地地理位置不同，将直接影响项目成本，城市土地与农村土地费用相差很大，农村相对居民少，安置费用低，但地理位置差；而城市居民密度高，征收安置费用大。此外还有土地面积、形状，建筑物的外观、朝向、结构、内部格局、设备配置状况、施工质量，以及所处环境的地质、地貌、气象、水文、环境污染情况等。

房地产自身的内在因素对房地产的生产成本和效用起着重大的制约作用，从而影响着房地产的价格。如建筑材料涨价、地价上涨、商品房内在品质提高、效用增大也会造成房价上涨。再如，房屋的朝向也会影响房价。在中纬度地区，朝南的住宅就比朝北的住宅舒适，因而价格也高。由于房地产的个别性，房地产价格受自身因素（特别是一些与自然有关的因素）制约的现象是非常明显的。这是房地产与一般商品不同的一个重要表现。此外，房地产的使用离不开其周围的环境，因此房地产周边环境的因素也影响房地产的价格。如位于公园、绿地旁边的住宅，由于其安静、空气清新、风景怡人，价格往往也较高；而如果住宅紧临高速公路、机场等噪声源或垃圾处理场、臭水沟等空气污染源，则价格就低。

5. 其他影响因素

除上述因素外，还有一些其他因素对房地产价格有很大的影响，如开发商的发展目标、消费者心理等。

消费者心理因素包括很多方面，在不同阶段，购房者的需求特点也不相同。如深圳，1998 年以前，购房者选房时主要关注户型，即室内功能配置是否合理；1998 年以后，许多楼盘的户型已不再是需求的要点，随着人们对环境保护意识的增强，楼盘的小区环境及楼盘周边的环境已成为楼盘营销的新卖点。

根据房地产产品在市场中的定位，开发商可有多种定价方法。如果开发商的目标是引起消费者关注，击败竞争对手，扩大市场份额等，此时房地产产品的定价通常较低；如果开发商的目标是追求高额投资回报率，实现较高利润，此时定价通常较高。

7.3　房地产定价目标

定价目标是指企业通过制定一定水平的价格，所要达到的预期目的。定价目标是整个价格策划的灵魂。一方面，它要服务于房地产项目营销目标和企业经营战略；另一方面，它还是定价方法和定价策略的依据。房地产定价目标一般有利润目标、市场占有率目标、稳定价格目标等几种不同的形式。

1. 利润目标

利润目标是企业定价目标的重要组成部分，获取利润是企业生存和发展的必要条件，是企业经营的直接动力和最终目的。因此，利润目标为大多数企业所采用。由于企业的经营哲学及营销总目标的不同，这一目标在实践中有两种形式：

(1)以追求最大利润为目标。最大利润有长期和短期之分，还有单一产品最大利润和企业全部产品综合最大利润之别。一般而言，企业追求的应该是长期的、全部产品的综合最大利润，这样，企业就可以取得较大的市场竞争优势，占领和扩大更多的市场份额，拥有更好的发展前景。当然，对于一些中小型企业、产品在市场上供不应求的企业等来说，也可以谋求短期最大利润。

最大利润目标并不必然导致高价，价格太高，会导致销售量下降，利润总额可能因此而减少。有时，高额利润是通过先采用低价策略，待占领市场和销售形势喜人后再逐步提价来获得的；有时，企业可以采用招徕定价艺术，对部分产品定低价，成本价销售，以扩大影响，招徕顾客，带动其他产品的销售，进而谋求最大的整体效益。

(2)以获取适度利润为目标。它是指企业在补偿社会平均成本的基础上，适当地加上一定量的利润作为商品价格，以获取正常情况下合理利润的一种定价目标。以最大利润为目标，尽管从理论上讲十分完美，也十分诱人，但实际运用时常常会受到各种限制。所以，很多企业按适度原则确定利润水平，并以此为目标制定价格。采用适度利润目标有各种原因，以适度利润为目标使产品价格不会显得太高，从而可以阻止激烈的市场竞争，或由于某些开发商为了协调投资者和消费者的关系，树立良好的企业形象，而以适度利润为其目标。

由于以适度利润为目标确定的价格不仅使企业可以避免不必要的竞争，又能获得长期利润，而且由于价格适中，消费者愿意接受，还符合政府的价格指导方针，因此这是一种兼顾企业利益和社会利益的定价目标。需要指出的是，适度利润的实现，必须充分考虑产销量、投资成本、竞争格局和市场接受程度等因素。否则，适度利润只能是一句空话。

2. 市场占有率目标

市场占有率，又称市场份额，是指企业的销售额占整个行业销售额的百分比，或者是指某企业的某产品(如住宅盘或者商业盘或者写字楼盘)在市场上的销量占同类产品在该市场销售总量的比重。市场占有率是企业经营状况和开发项目竞争力的直接反映。作为定价目标，市场占有率与利润的相关性很强，从长期来看，较高的市场占有率必然带来高利润。例如，美国市场营销战略影响利润系统的分析指出：当市场占有率在10%以下时，投资收益率大约为8%；市场占有率为10%～20%时，投资收益率在14%以上；市场占有率为20%～30%时，投资收益率约为

22%；市场占有率为 30%～40%时，投资收益率约为 24%；市场占有率在 40%以上时，投资收益率约为 29%。这些数据不一定适合房地产，但有一定的参考价值。因此，以销售额为定价目标具有获取长期较好利润的可能性。

市场占有率目标在运用时存在着保持和扩大两个互相递进的层次。保持市场占有率的定价目标的特征是，根据竞争对手的价格水平不断调整价格，以保证足够的竞争优势，防止竞争对手占有自己的市场份额。扩大市场占有率的定价目标就是从竞争对手那里夺取市场份额，以达到扩大企业销售市场乃至控制整个市场的目的。

在实践中，市场占有率目标被许多企业采用，其方法是以较长时间的低价策略来保持和扩大市场占有率，增强企业竞争力，最终获得最优利润。但是，这一目标的顺利实现至少应具备三个条件：

(1)企业有雄厚的经济实力，可以承受一段时间的不盈利，或者企业本身的生产成本本来就低于竞争对手。

(2)企业对其竞争对手情况有充分了解，有从其手中夺取市场份额的绝对把握。否则，企业不仅不能达到目的，反而很有可能会受到损失。

(3)在企业的宏观营销环境中，政府未对市场占有率作出政策和法律的限制。比如美国制定有“反垄断法”，对单个企业的市场占有率进行限制，以防止少数企业垄断市场。在这种情况下，盲目追求高市场占有率，往往会受到政府的干预。但是，房地产业不同于其他行业，像香港的房地产市场，就是由几家大开发商垄断市场的，这有利于净化房地产市场。

3. 稳定价格目标

稳定的价格通常是大多数企业获得一定目标收益的必要条件，市场价格越稳定，经营风险也就越小。稳定价格目标的实质即是通过本企业产品的定价来左右整个市场价格，避免不必要的价格波动。按这种目标定价，可以使市场价格在一个较长的时期内相对稳定，减少企业之间因价格竞争而发生的损失。

以稳定的价格赢得企业形象，有利于在行业中树立长期优势。房地产市场需求价格弹性不大，但受其他因素影响，需求量波动很大。稳定的价格给人以产品信誉高、公司经营稳健的印象。良好的形象是企业无形的资产，只有精心维护，才能源源不断地创造产品附加值。新鸿基地产在香港市场上采取的就是稳定高价策略，其优质高档物业的定位也逐渐为市场所认同。品牌竞争是高层次的竞争，树立企业形象的定价目标应该与企业的长期战略相一致。

为达到稳定价格的目的，通常情况下是由那些拥有较高的市场占有率、经营实力较强或较具有竞争力和影响力的领导者先制定一个价格，其他企业的价格则与之保持一定的距离或比例关系。对大企业来说，这是一种稳妥的价格保护政策；对中小企业来说，由于大企业不愿意随便改变价格，竞争性减弱，其利润也可以得到保障。

将定价目标分为利润目标、市场占有率目标和稳定价格目标，只是一种对实践经验的总结，它既没有穷尽所有可能的定价目标，又没有限制每个企业只能选用其中的一种。由于资源的约束，企业规模和管理方法的差异，企业可以从不同的角度选择自己的定价目标。同一企业在不同的时期、不同的市场条件下也可能有不同的定价目标，即使采用同一种定价目标，其价格策略、定价方法和技巧也会不同。企业应根据自身的性质和特点，具体情况具体分析，权衡各种定价目标的利弊，灵活确定自己的定价目标。

7.4 房地产定价方法

定价方法，是企业在特定的定价目标指导下，依据对成本、需求及竞争等状况的研究，运用价格决策理论，对产品价格进行计算的具体方法。定价方法主要有成本导向、竞争导向、市场需求导向、顾客感受、可比楼盘量化等几种类型。

7.4.1 成本导向定价法

成本导向定价法是以产品成本作为确定价格基础的定价方法，通过对成本、销量和利润三者相互关系的分析，确定在某一销售量下为保证开发商不亏损所制定的房地产产品的最低价格。成本是企业开发经营过程中所发生的实际耗费，客观上要求通过房地产产品的销售得到补偿，并且要获得大于其支出的收入，超出的部分表现为企业利润。以产品单位成本为基本依据，再加上预期利润来确定价格的成本导向定价法，是企业最常用、最基本的定价方法。成本导向定价法又衍生出了成本加成定价法、目标收益定价法、边际成本定价法、盈亏平衡定价法等几种具体的定价方法。

1. 成本加成定价法

成本加成定价法中的成本是指从取得土地直到建筑物建成交付使用的全过程中开发商所支付的各种费用。这些费用包括直接的和间接的、物质的和非物质的，如土地使用权购置费用、工程设计和开发费用、人工费用、管理费用、销售费用、房地产开发企业的正常运作费用，以及各种税费和附加费等。所有这些费用的总和构成了房地产项目的总成本。

成本加成定价法中的加成则是指开发商预期获得的利润，由于利润的多少是按成本的一定比例计算的，习惯上将这种比例称为“几成”，因此这种方法被称为成本加成定价法。其理论公式为

单位产品价格＝单位产品总成本 ×（1＋预期利润率）

例如，某房地产企业开发某一楼盘，每平方米的开发总成本为 2 000 元，预期利润率为 20%，则该楼盘每平方米售价为

2 000×（1＋20%）＝2 400（元）

这一方法的主体为开发商，是从开发商的角度和思维方式为房地产定价的方法。而且这一方法也常常作为开发商心理价位的定价方式。甚至从准备获得土地开始，开发商就对这个房地产项目的总成本、利润率、均价等有一个总体的估计。这个估计的过程就是成本加成法。

采用成本加成定价法，确定合理的成本利润率是一个关键问题，而成本利润率的确定，必须考虑市场环境、行业特点等多种因素。某一产品在特定市场以相同的价格出售时，成本低的企业能够获得较高的利润率，并且在进行价格竞争时可以拥有更大的回旋空间。

在用成本加成方式计算价格时，对成本的确定是在假设销售量达到某一水平的基础上进行的。因此，若产品销售出现困难，则预期利润很难实现，甚至成本补偿也变得不现实。但是，这种方法也有一些优点：首先，这种方法简化了定价工作，便于企业开展经济核算。其次，若房地产行业的所有企业都使用这种定价方法，他们的价格就会趋于相似，因而价格竞争会最小。再次，在成本加成的基础上制定出来的价格对买方和卖方来说都比较公平，卖方能得到正常的利润，买方也不会觉得受到了额外的剥削。成本加成定价法一般在房地产业、建筑业、服务业以及批发零售企业中得到广泛的应用。即使不用这种方法定价，许多企业也多把用此法制定的价格作为参考价格。

2. 目标收益定价法

目标收益定价法又称目标利润定价法或投资收益率定价法。它是在成本的基础上，按照目标收益率的高低计算售价的方法。其计算步骤如下：

（1）确定目标收益率：目标收益率可表现为投资收益率、成本收益率、销售利润率、资金利润率等多种不同的形式。

(2)确定目标利润:由于目标收益率表现形式的多样性,目标利润的计算也不同,其计算公式有:

目标利润=总投资额×目标投资利润率

目标利润=总成本×目标成本利润率

目标利润=销售收入×目标销售利润率

目标利润=资金平均占用额×目标资金利润率

(3)计算单位产品价格:

单位产品价格=(总成本+目标利润)/预期销量

【例 7-1】 某房地产企业开发一个总面积为 20 万平方米的小区,估计未来市场上可实现销售 16 万平方米,总投资为 4.5 亿元,其中开发总成本为 4 亿元,投资回收期为 5 年,问该小区的售价为多少?

解 目标投资利润率=1/投资回收期×100% =1/5×100% =20%

目标利润=总投资额×目标投资利润率=4.5×20%=0.9(亿元)

每平方米售价=(总成本+目标利润)/预期销量

$=(4+0.9)\times 10^{7}/16\times 10^{4}=306.25$(元)

与成本加成定价法相类似,目标收益定价法也是一种生产者导向的产物,很少考虑到市场竞争和需求的实际情况,只是从保证生产者的利益出发制定价格。另外,先确定产品销量,再计算产品价格的做法完全颠倒了价格与销量的因果关系,把销量看成是价格的决定因素,在实际上很难行得通。尤其是对于房地产这种需求价格弹性较大的产品,用这种方法制定出来的价格,无法保证销量的必然实现,那么,预期的投资回收期、目标收益等也就只能成为一句空话。

3. 边际成本定价法

边际成本是指每增加或减少单位产品所引起的总成本的变化量。由于边际成本与变动成本比较接近,而变动成本的计算更容易一些,因此在定价实务中多用变动成本代替边际成本,而将边际成本定价法称为变动成本定价法。

采用边际成本定价法时是以单位产品变动成本作为定价依据和可接受价格的最低界限。在价格高于变动成本的情况下,企业出售产品的收入除完全补偿变动成本外,尚可用来补偿一部分固定成本,甚至可能提供利润。

例如,某开发商在一定时期内发生固定成本 80 万元,单位变动成本 70 元,预计销量为 1 万平方米。在当时市场条件下,同类产品的价格为 3 000 元/平方米。那么,企业是否应该继续生产呢?其决策过程应该是这样的:

固定成本＝800×10 000＝800(万元)

变动成本＝70×10 000＝70(万元)

销售收入＝3 000×10 000＝3 000(万元)

企业盈亏＝3 000－70－800＝2 130(万元)

按照变动成本定价法，企业出现了 2 130 万元的盈利，所以应该继续生产。

边际成本定价法改变了售价低于总成本便拒绝交易的传统做法，在竞争激烈的市场条件下具有极大的定价灵活性，对有效地对付竞争者、开拓新市场、调节需求的季节差异、形成最优产品组合发挥了巨大的作用。

4. 盈亏平衡定价法

盈亏平衡定价法又称收支平衡定价法、损益平衡定价法。盈亏平衡分析是在既定的固定成本、单位变动成本和价格条件下，确定能够保证房地产开发企业收支平衡的产(销)量；收支平衡点也称损益平衡点或盈亏平衡点。如图 7-1 所示，Q 为房地产商品产量轴，Q_0 为盈亏平衡点产量，P 为房地产产品销售价格，R 为房地产开发企业销售收入，F 为固定成本总额，TV 为可变成本总额，TC 为总成本，V 为单位房地产产品可变成本，则

$$R = PQ$$

$$TC = F + TV = F + QV$$

盈亏平衡时

$$R = TC$$

$$Q = Q_0$$

$$PQ_0 = F + Q_0V$$

$$Q_0 = \frac{F}{P - V}$$

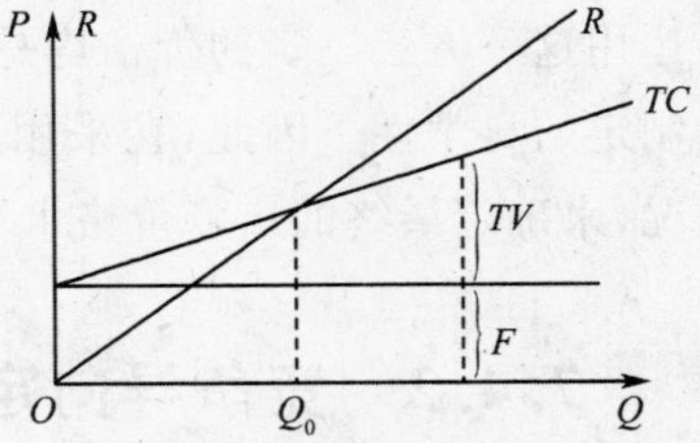

图 7-1　盈亏平衡示意图

即

盈亏平衡点产(销)量＝固定成本总额 /(售价－单位变动成本)

在此售价下实现的产(销)量使房地产开发企业刚好保本，因此，该价格是保本价格。即

$$售价 = \frac{固定成本}{盈亏平均点产(销)量} + 单位变动成本$$

盈亏平衡定价法侧重于总成本费用的补偿，这对经营多种房地产产品的开发企业极为重要。因为一种房地产产品的盈利伴随其他产品亏损的现象时有发生，开发某种产品时所获取的高盈利有可能被其他项目的亏损所冲抵。因此，定价时从保本入手而不是单纯考虑某种产品的盈利状况十分重要。在某种产品预期销售量难

以实现时，可相应提高其他产品的产量或价格，在整体上实现企业产品结构以及产量的优化组合。

这一方法的缺点在于，要先预测产品销售量。销售量预测不准，成本预测不准，价格就定不准，而且它是根据销售量来推算价格的。实际上，价格的高低对销售量有很大的影响。

例如，某房地产开发企业的固定成本为 200 万元，单位建筑面积可变成本为 2 500 元，预计项目完成后可销售面积 1 万平方米，则该项目的售价为

$$P=\frac{200}{1}+2\ 500=2\ 700(\text{元}/\text{m}^2)$$

即盈亏平衡时，该房地产产品的售价为每平方米 2 700 元。

以盈亏平衡点确定价格只能使企业的开发耗费得以补偿，而不能得到收益。因此，在实际中均将盈亏平衡点价格作为价格的最低限度，通常加上单位产品目标利润后才作为最终市场价格。有时，为了开展价格竞争或应付供过于求的市场格局，企业采用这种定价方式可以取得市场竞争的主动权。

从本质上说，成本导向定价法是一种卖方定价导向。它忽视了市场需求、竞争和价格水平的变化，在有些时候与定价目标相脱节，不能与之很好地配合。此外，运用这一方法制定的价格均是建立在对销量主观预测的基础上，从而降低了价格制定的科学性。因此，在采用成本导向定价法时，还需要充分考虑需求和竞争状况，来确定最终的市场价格水平。

7.4.2 竞争导向定价法

在竞争十分激烈的市场上，企业通过研究竞争对手的开发条件、服务状况、价格水平等因素，依据自身的竞争实力，参考成本和供求状况来确定商品价格。这种定价方法就是通常所说的竞争导向定价法。其规律是：价格与商品成本及需求不发生直接关系；商品成本或市场需求变化了，但竞争者的价格未变，就应维持原价；反之，虽然成本或需求都没有变动，但竞争者的价格变动了，则应相应地调整其商品价格。当然，为实现企业的定价目标和总体经营战略目标，谋求企业的生存与发展，企业可以在其他营销手段的配合下，将价格定得高于或低于竞争者的价格，并不一定要求和竞争对手的产品价格完全保持一致。

把竞争对手的同类楼盘（单元）价格作为定价的主要依据，根据自己楼盘（单元）的特点选择有利于实现开发商目标的价格的定价方法，主要包括随行就市法、主动竞争定价法。

1. 随行就市定价法

在垄断竞争和完全竞争的市场结构条件下，任何一家企业都无法凭借自己的实力而在市场上取得绝对的优势，为了避免竞争特别是价格竞争带来的损失，大多数企业都采用随行就市定价法，即将本企业某产品价格保持在市场平均价格水平上，利用这样的价格来获得平均报酬。此外，采用随行就市定价法，企业就不必去全面了解消费者对不同价差的反应，从而为营销、定价节约了很多时间。

采用随行就市定价法，最重要的就是确定目前的"行市"。在实践中，"行市"的形成有两种途径：第一种途径是在完全竞争的环境里，各个企业都无权决定价格，通过对市场的无数次试探，相互之间取得一种默契而将价格保持在一定的水准上。第二种途径是在垄断竞争的市场条件下，少数几个大企业首先定价，其他企业参考定价或追随定价。

2. 主动竞争定价法

与随行就市定价法相反，它不是追随竞争对手的价格，而是根据本企业房地产产品的实际情况与竞争对手的差异状况来确定价格。这种方法一般为实力雄厚或物业具有特色的房地产企业所采用。

从根本上来说，随行就市定价法是一种防御性的定价方法，它在避免价格竞争的同时，也抛弃了价格这一竞争的"利器"；主动竞争定价法则反其道而行之，企业通过不同的营销努力，使同种同质的产品在消费者心目中树立起不同的产品形象，进而根据自身特点，选取低于或高于竞争者的价格作为本企业产品的价格。

主动竞争定价法的运用，首先将市场上竞争对手价格与企业估算价格进行比较，分为较高、一般、较低三个价格层次；其次，将本企业房地产产品的区位、质量、配套、户型、设计、建筑面积等与竞争对手相比较，分析造成价格差异的原因；再次，根据以上分析结果确定本企业房地产产品的特色、优势及市场定位，在此基础上，按定价目标确定价格。

7.4.3 需求导向定价法

现代市场营销观念要求企业的一切生产经营必须以消费者需求为中心，并在产品、价格、分销和促销等方面予以充分体现，只考虑产品成本，而不考虑竞争状况及顾客需求的定价，不符合现代营销观念。根据市场需求状况和消费者对产品的感觉差异来确定价格的方法叫做顾客导向定价法，又称"市场导向定价法""需求导向定价法"。其特点是灵活有效地运用价格差异，对平均成本相同的同一产品，价格随市场需求的变化而变化，不与成本因素发生直接关系。需求导向定价法主要包括理解价值定价法、需求差异定价法和逆向定价法。

1. 理解价值定价法

所谓“理解价值”，也称“感受价值”或“认知价值”，是指消费者对某种商品价值的主观评判。理解价值定价法是指企业以消费者对商品价值的理解度为定价依据，运用各种营销策略和手段，影响消费者对商品价值的认知，形成对企业有利的价值观念，再根据商品在消费者心目中的价值来制定价格。

房地产企业在运用理解价值定价法时，首先要估计和测量营销组合中的非价格变量在消费者心目中建立起来的认识价值，然后按消费者的可接受程度来确定楼盘的售价，由于理解价值定价法可以与现代产品定位思路很好地结合起来，成为市场经济条件下的一种全新的定价方法，因此被越来越多的企业所接受。其主要步骤是：①确定顾客的认识价值；②根据确定的认识价值，决定房地产产品的初始价格；③预测产品的销售量；④预测目标成本；⑤决策。

理解价值定价法的关键和难点，是获得消费者对有关商品价值理解的准确资料。企业如果过高估计消费者的理解价值，其价格就可能过高，难以达到应有的销量；反之，若企业低估了消费者的理解价值，其定价就可能低于应有水平，使企业收入减少。因此，企业必须通过广泛的市场调研，了解消费者的需求偏好，根据产品的性能、用途、质量、品牌、服务等要素，判定消费者对商品的理解价值，制定商品的初始价格。然后，在初始价格条件下，预测可能的销量，分析目标成本和销售收入，在比较成本与收入、销量与价格的基础上，确定该定价方案的可行性，并制定最终价格。

2. 需求差异定价法

所谓需求差异定价法，是指产品价格的确定以需求为依据，首先强调适应消费者需求的不同特性，而将成本补偿放在次要的地位。这种定价方法对同一商品在同一市场上制定两个或两个以上的价格，或使不同商品价格之间的差额大于其成本之间的差额。其好处是可以使企业定价最大限度地符合市场需求，促进商品销售，有利于企业获取最佳的经济效益。

根据需求特性的不同，需求差异定价法通常有以下几种形式：

(1)以买家为基础的差别定价。它指对同一产品针对不同的顾客，制定不同的价格。比如，对老客户和新客户、女性和男性、残疾人和健康人等，分别采用不同的价格。在广州就常有开发商打出“30 年以上党龄的党员优惠×××元”“晚婚女性优惠×××元”“博士学历优惠×××元”等旗号，这实际上就是以买家为基础的差别定价法。当然，这也是一种促销手段。

(2)以地点为基础的差别定价。它随着地点的不同而制定不同的价格,比较典型的例子是影剧院、体育场、飞机场等。其座位不同,票价也不一样。例如,体育场的前排可能收费较高。在房地产行业,这一定价方法十分明显,比如单元房会因楼层、朝向、方位、景观等的不同而价格各异。这样做的目的是调节客户对不同地点的需求和偏好,平衡市场供求。

(3)以时间为基础的差别定价。同一种产品,成本相同,而价格随季节、月份甚至日期和钟点的不同而变化。例如,某开发商推出新盘,在开盘的第一天就常常采用诸如"前 30 名买家每套优惠 2 万元";"在某月某日十点钟前签订合同者,每套优惠 5 000 元"之类的方法,就是这一定价法的典型例子。

(4)以产品为基础的差别定价。不同外观、花色、型号、规格、用途的产品,也许成本有所不同,但它们在价格上的差异并不完全反映成本之间的差异,而主要区别在于需求的不同。例如,两居室是一种价格、三居室又是一种价格、复式和错层价格又各不相同。对于同一户型而仅仅方位不同的单元房,由于消费者偏好的不同,也可以制定不同的价格。

(5)以交易条件为基础的差别定价。交易条件主要指交易量大小、交易方式、购买频率、支付手段等。交易条件不同,企业可能对产品制定不同的价格。比如,集团购房,开发商就会给予较大幅度的优惠,也就是交易批量大的价格低,零星购买的价格高;在还没有银行按揭付款的方式时,开发商给一次性付款的买家一定优惠;期房比现房优惠等。

由于需求差异定价法针对不同需求而采用不同的价格,实现顾客的不同满足感,能够为企业谋取更多的利润,因此,在实践中得到广泛的运用。但是,也应该看到,实行需求差异定价必须具备一定的条件,否则,不仅达不到差别定价的目的,甚至会产生副作用。这些条件包括:

(1)从购买者方面来说,购买者对产品的需求有明显的差异,需求弹性不同,市场能够细分,不会因差别价格而导致顾客的反感。

(2)从企业方面来说,实行不同价格的总收入要高于同一价格的收入。因为差别定价不是目的,而是一种获取更高利润的手段,所以企业必须进行供求、成本和盈利分析。房地产定价,更应该千差万别,这样才能实现预期利润目标。

(3)从产品方面来说,各个市场之间是分割的,低价市场的产品无法向高价市场转移。这种现象是由于产品本身特点造成的。

3. 逆向定价法

这种定价方法主要不是考虑产品成本,而是重点考虑需求状况。依据消费者能够接受的最终销售价格，逆向推算出上市价格。逆向定价法的特点是：价格能反映市场需求情况，有利于使产品迅速向市场渗透，并可根据市场供求情况及时调整，定价比较灵活。

7.4.4 顾客感受定价法

这种方法的理论基础实际上是效用理论。对购房者而言，他实际上并不清楚也不十分关心市场上房地产商品的成本、造价等问题。他在选购房地产时，影响其作出决定的因素主要有两方面：一是其他同类房地产商品的价格如何；二是以一定的价位购买该项房地产是否值得。当购房者对某开发商的品牌有信心时，纵然定价较高，购房者基于享受优质物业管理的考虑或是为了体现自己的实力、身份等，仍会欣然前往；而当购房者对推出房地产商品的开发商没有信心时，一旦定价太低，购房者反而会怀疑其品质而不予信任。在同一个城市里，物质条件（如交通、绿化、生活服务设施等硬条件）相当的一些小区，有的定价较高却仍然卖得火爆，有的定价虽然较低，销售却冷冷清清，一个重要的原因就是顾客的感受。顾客的感受与推出该项房地产商品的开发商的社会信誉有关，也与该项房地产从策划阶段到营销过程中的宣传定位有很大的关系。

依据顾客感受而定价是大胆的作风，难以确定定量的理论依据并进行定量计算，所以，尽管房地产和其他商品一样，品牌信誉确实能影响甚至主导消费者的消费意愿，但房地产的定价亦不能太离谱，若超过顾客所能忍受的价位，销售反而不利了。

7.4.5 可比楼盘量化定价法

可比楼盘量化定价法简称比较定价法，是将本楼盘与周边楼盘及可比性较强的楼盘，根据比较因素及其权重进行量化的定价方法。比较过程是定价人员站在消费者的角度进行评比打分，是结合竞争导向定价法与需求导向定价法的具体定价方法，被广泛运用。进行量化统计的楼盘应为可比性较强的，地段、价格、功能、用途、档次都相近的现楼、准现楼或楼花。每一楼盘比较因素的具体考虑内容及评分划分只有落实到具体楼盘所在区域才能清楚描述。

这里共列出 18 个比较因素，见表 7-1。根据这 18 个因素，一般把可比楼盘定为 100 分，比较楼盘各因素与之对比，确定五个等级，“很差”、“较差”、“相同”、“较好”、“很好”。若“很差”或“较差”，则评分低于 100，差得越远，评分越低；若“较好”

或“很好”，则评分高于 100，状况越好，则评分越高。打分时最好由两个以上的人同时进行，评分加总后取平均分，以做出客观科学的评价。

表 7-1 比较因素表

比较因素	考虑因素	A 楼盘与本楼盘相比分值	B 楼盘与本楼盘相比分值
位置	距离区域中心的远近：商业为临街或背街，写字楼为临街或背街，住宅为距离所在区域市中心的远近		
配套	城镇基础设施：供水、排水、供气、供电；社会服务设施：文化教育、医疗卫生、文娱体育、邮电、公园绿地		
交通	大中小巴士路线数量，距公交车站远近，站点数量，大中小巴士舒适程度		
城市规划	规划期限(远中近期)，规划完善程度，所在区域重要性程度，规划现状		
环保	空气、噪声、废物、废水		
价格	百元以上为评分等级划分基础：商铺、写字楼、豪宅、普通住宅等级依次减少，价格是否有优势		
物业管理	保安、清洁卫生、机电、绿化率及养护状况、物业管理费(元/月)，是否人车分流，物业管理商资质		
建筑质量	是否漏水，门窗封闭情况，内墙、地板、排水管道情况		
楼盘规模	总建筑面积(在建及未建)、总占地面积、户数		
朝向	按方向，按山景，按水(海)景，按视野		
外观	是否醒目，是否新颖，是否高档，感官舒适程度		
室内装修	高档，实用，功能是否完善，质量是否可靠		
开发商实力及信誉	资产及资质，开发楼盘数量，楼盘质量，品牌		
付款方式	一次性付款，分期付款，按揭付款，其他		
户型设计	客厅和卧室的结构关系，厨房和卫生间的结构关系，是否有暗房，实用率大小		
销售情况	销售进度，销售率，尾盘现状		
广告	版面大小，广告频率，广告创意		
停车位情况	停车位数量，住户方便程度		

1. 比较因素权重的确定

权重是比较因素对楼盘等级高低影响程度的体现。由于影响楼盘的因素很多，不可能都被选择作为比较因素，只有在进行了重要性排序和差异性选择后确定的因素，才能作为楼盘的比较因素。不同地区、不同楼盘在确定各比较因素的重要性上均不同。因而，在制定比较因素表时，我们还要贯彻主导因素与综合分析相结合的原则，赋予每个具体的比较因素不同的权重，但权重之和为 100%。权重越大，重要性及影响力就越大，反之亦然。不同地区、不同楼盘在确定各比较因素权重上均不同，可视具体情况而定。

如某地区楼盘用上述的18个因素，按重要性及影响力的高低，确定每一因素的权重，具体见表7-2。

表7-2　可比楼盘综合因素量化统计表

比较因素	权重 W/%	序号	A楼盘与本楼盘比得分 F_1	B楼盘与本楼盘比得分 F_2	说明
位置	10	1			
配套	8	2			
交通	8	3			
城市规划	4	4			
环保	4	5			
价格	9	6			
物业管理	8	7			
建筑质量	10	8			
楼盘规模	4	9			
朝向	5	10			
外观	2	11			
室内装饰	6	12			
开发商实力及信誉	4	13			
付款方式	2	14			
户型设计	8	15			
销售情况	4	16			
广告	2	17			
停车位情况	2	18			

2. 楼盘比较后综合分值

$$P=\sum W_i\times F_i=W_1\times F_1+W_2\times F_2+W_3\times F_3+\cdots+W_n\times F_n$$

式中　P—— 总分（诸因素在区域内众楼盘优势上的综合反映）；

n—— 楼盘比较因素的总数；

W_i—— 权重（某比较因素对楼盘优劣的影响度）；

F_i—— 分值（某楼盘与本楼盘多人同时比较后的加权平均分）。

3. 确定价格

对每个可比实例的房地产价格依上式修正后，都可以求出一个待定价房地产的价格，最后再用求简单平均数或求加权平均数或中位数等方法，计算确定待定价房地产的价格。

【例 7-2】 某一宗房地产经过筛选，选取三个交易实例，根据三个实例修正得出房地产的价格分别为 100 万元、110 万元和 130 万元，则最后确定价格的方法主要有：

(1)简单算术平均法

$$P=(100+110+130)/3=113.3(\text{万元})$$

(2)加权算术平均法

赋予上述三个价格不同的权数，分别为 0.3、0.5、0.2(通常交易实例与待定价房地产越接近，权数就越大，反之则小)。

$$P=100\times0.3+110\times0.5+130\times0.2=111(\text{万元})$$

(3)中位数法

在上述三个结果 100 万元、110 万元、130 万元中取中间的一个数，即 110 万元。

7.5 房地产定价策略

房地产定价策略，是指企业为了在目标市场上实现自己的定价目标，所制定的定价指导思想和定价原则。定价策略应根据房地产产品本身的情况、市场情况、成本状况、消费构成及消费心理等多方面因素来制定。不同房地产在不同时间、不同地点可采用不同的定价策略。

7.5.1 新产品定价策略

新产品定价是开发企业价格策略的一个关键环节，它关系到开发建设的房地产产品能否顺利进入市场，并为以后占领市场打下基础。开发企业开发出新产品并投放市场时，可以选择采用撇脂定价策略、渗透定价策略和满意定价策略等。

1. 撇脂定价策略

撇脂定价策略，是一种高价投放策略，房地产企业为了在短期内赚取最大利润，对新开发建设的房地产产品在其刚进入市场时采取高价策略。撇脂定价策略的高价是相对同种品质房地产产品的均价而言的，其细分市场首先定位于需求弹性最小的高收入人群(挑剔物业品质，对价格最不敏感)，以求得最大利润边际。思路上正如先吸取牛奶上层的精华，再逐层深入。撇脂定价策略以阶段性高额利润为目标，能迅速回收资金，但仅适用于实力和信誉颇佳的大公司和有“新、奇、特”概念的房地产产品。当销售进入迟滞阶段，则需要调低价格，以吸引另一消费层次的人群。例如，李嘉诚开发香港最大的私人屋村时，经周密调查后选用的就是先高后低的价格策略。连续三次大幅度降价，反而使多个细分市场反应踊跃，李嘉诚旗下的长实集团也获益颇丰。对不同的人群采用不同的价格，正是经济学所说的“价格歧视”，也是需求导向中差异需求定价法的具体运用。

定高价的主要依据是：①企业开发的楼盘档次较高，价格弹性较小，高价造成的需求或销售量减少幅度很小；②该类楼盘的消费对象档次较高，对价格的关注较少；③企业对利润的期望值较高；④同类型的楼盘竞争相对较少；⑤在一定时期内，这一类型的楼盘供应缺乏，企业希望通过高价策略获得较多的利润；⑥企业希望通过高价树立品牌形象；⑦楼盘的特色、功能、服务及区位是独一无二的。

这种定价策略有以下几个优点：第一，开发企业能迅速实现预期的盈利目标，掌握市场竞争及新型房地产商品开发的主动性。第二，价格本身留有余地，如果预先估计有错误，高价影响销售量时，可以降价销售；而如果原来先制定低价，以后再提价就比较困难。第三，开发建设初期价格高一些，使市场需求不至于增加过快，企业的生产能力也能够从容应付。

这种定价策略的缺点是在高价抑制下，销路不易扩大；同时，高价厚利信号极易引发竞争，从而缩短房地产开发企业获取高额利润的时期。

2. 渗透定价策略

渗透定价策略是一种低价投放策略，即在一种新型房地产商品进入市场时，将价格定得很低，以低价获利，从而提高市场占有率。

这种定价策略通过有竞争力的价格吸引市场关注，刺激购买欲望，以销量促进早期资金回流，一旦树立物美价廉的印象后，再逐渐拉升价位，是低开高走策略。有些楼盘在开盘之初为了吸引顾客，规定在开盘初期的某一段时间内，给购买者一定的价格折扣优惠，为楼盘凝聚人气。当楼盘具有一定的知名度和美誉度时，开发企业就可以停止相应的优惠政策，可适当地提高售价。例如，绿洲城市花园以4 888元/平方米的低价进入上海市场，由于其品质（事前调查表明，该产品的市场认知价值在5 480元/平方米左右）与定价存在较大反差，加之“每天仅售30套，绝不多卖”的量控措施，引得每天购房者提早来售房现场排大队，热销势头被炒得淋漓尽致。绿洲城市花园售价一路攀升，销售第二年均价已达到6 000元/平方米，这不能不归功于渗透策略运用得恰到好处。从消费行为学的角度看，该策略是对买方趋利心理的纵向挖掘。

定低价的依据主要是:①扩大市场容量,转换有效需求,让无法支付高价的新消费者成为实际购买者;②企业的产品多为较低档次的商品房,其价格弹性较大,低价会促进销售,从而提高利润总额;③企业的开发成本较低,期望的利润值也低;④市场上同类楼盘相对过剩,市场竞争激烈。

渗透定价策略的优点体现在以下三个方面:第一,作为先发制人的竞争策略,有劫于企业夺取市场占有率。对于需求弹性大的房地产商品,消费者对其价格比较敏感,购买行为往往受求廉心理支配,因而低价容易拓展销路。第二,低价薄利,能有效地排斥竞争者进入市场,从而使企业较长期地占领市场。第三,随着房地产商品销路的扩大,开发规模也会相应扩大,成本会因规模生产而降低,从而增加盈利。

渗透定价策略的缺点是:第一,价格太低,投资回收期较长。第二,初次价格定得过低,当竞争者进入市场后,不易再降价与之竞争。若成本上升,需调整价格时,也会引起消费者不满,从而影响销路。新型房地产产品低价出售,会引起消费者对产品质量的怀疑,影响新产品的公众形象。

3. 满意定价策略

满意定价策略是一种介于撇脂定价策略和渗透定价策略之间的定价策略,以获取社会平均利润为目标。所定的价格比撇脂价格低,比渗透价格高,是一种中间价格。制定不高不低的价格,既能保证房地产企业获取一定的利润,又能为房地产消费者所接受,使企业和消费者双方对价格都满意。

此种定价策略优点如下:①产品能较快地为市场所接受,且不会引起竞争对手的对抗;②可以适当延长产品的生命周期;③有利于企业树立信誉,稳步调价,并使顾客满意。此种定价策略的缺点是,定价保守,不适应市场的需求多变和激烈竞争。

对于企业来说,撇脂定价策略、渗透定价策略及满意定价策略分别适应不同的市场条件,何者为优,不能一概而论,需要综合考虑市场需求、竞争、供给、市场潜力、价格弹性、产品特性、企业发展战略等因素才能确定。

7.5.2　心理定价策略

心理定价策略是为适应和满足消费者的购买心理所采用的价格决定策略,依据消费者心理上对产品的感觉价值决定产品价格,开发商应考虑价格的心理因素,而不应只考虑成本因素。只要消费者觉得值得就可以把价格定得很高。具体包括参考定价策略、畸零定价策略、声望定价策略。

参考定价策略是指开发商在制定价格时,可以运用消费者的参考价格,参考价格是存在于消费者的记忆中同类产品过去的定价。

畸零定价策略是指故意将产品的价格定为低于整数,让消费者心理上觉得便宜,从而促进销售。例如,定价为 99 元而不是 100 元。根据心理学家对消费者购买心理的研究调查,一个项目每平方米房价为 4 888 元要比每平方米 5 000 元对消费者有更多的吸引力,相差虽仅 112 元,但消费者有"四千"与"五千"之差的感觉。

声望定价策略是指房地产开发商可以利用企业已经建立起的良好的品牌形象和知名度来制定价格。使用此种策略应注意在功能设计、人性化、智能化、环保性能等方面不断进行创新,创造出与其他企业产品不同的差别优势,防止其他企业乘机发动价格战,抢占高端客户市场。

现代心理定价还有其他一些新的表现,如吉祥数字、吉祥门牌号定价策略,像每平方米 1 998 元这类定价。

随着房地产市场的进一步规范化,开发商们将不得不面对"微利时代"的来临,价格策略运用将显得更为重要,无论是"低开高走"的销售策略,还是和消费者大打心理战,都得根据自己的综合实力以及当时的市场状况来判定。

7.5.3　价格折扣与折让策略

价格折扣与折让策略是一种减价策略,它是在原价基础上减收一定比例的货款。灵活运用折扣与折让价格策略,是房地产开发企业鼓励购买、争取顾客、扩大销售的一种有效方法。常用的折扣与折让策略主要有现金折扣策略、数量折扣策略、季节折扣策略、职能折扣策略。

1. 现金折扣策略

指买方在一定的时间期限内付清购房款项所给予的价格折扣。典型的折扣条件是"5/10,30 天",表示付款期限 30 天,若客户能在 10 天内付清,则给予 5%的折扣。现金折扣的目的在于鼓励顾客提早付款,以降低公司收账成本。

2. 数量折扣策略

顾客大量购买时,则予以价格上的优待。这是开发企业薄利多销原则的体现,可以缩短销售周期,降低投资利息和经营成本,及早收回投资。但房屋价格高,金额巨大,而且每人所需有限,企业不可能以鼓励大量购买然后给予折扣的形式来销售,因此,这里的"数量"需要慎重确定。更多数量甚至整幢大楼的购买虽然不多见(有时会出现团购情况),但一旦如此,买方通常可以通过谈判获得更高的折扣。

3. 季节折扣策略

季节折扣，是指对在非消费旺季购买房地产商品的消费者提供的价格优惠。例如，在春节前后或酷暑、隆冬季节，对购房者给予一定的价格优惠。

4. 职能折扣策略

职能折扣又称贸易折扣，是开发企业根据中间商所负担的不同功能而给予的不同折扣。例如，从事房地产销售的中间商，有的只负责收集信息、联系客户，有的不仅联系客户、出售房产，而且还负责办理有关产权登记等工作。因此，开发商可根据不同的中间商采取不同的折扣，这样才能调动中间商的积极性，以促进本企业商品房的销售。但对于同一类型的中间商，应给予同样的折扣。

7.5.4　差别定价策略

实行差别定价策略的前提是影响每个单元销售的因素都存在差异，如朝向、楼层、视野、景观、户型等。对别墅来说，不存在朝向、楼层的差异；对板型楼来说也不存在朝向的差异，因此，在对其定价时不用考虑这些因素。实行差别定价的关键是要综合考查影响房屋销售的因素，找出最受客户欢迎的单元或户型，即在同等价格下客户会优先购买这些单元，因而可将这些单元售价定得高一些，而不影响其销售旺势。这样，在房屋成本固定的前提下，实行差别定价法就能利用现有的产品获得最大的收入。相对地，将另外一些单元或户型的售价适当降低，利用价差来争取另外的客户。

实行差别定价并不意味着一旦确定就不能变更，也可以根据销售情况改变原有的定价差别。因为原有的定价需要接受销售实践的检验，一旦实践后，发现原有定价差别与市场反响不符，就应该加以调整，不断修正，确定最佳的定价差别。

在商品房旺销的情况下，可分析差别定价对旺销的作用，一旦发现最旺销部分，差别定价后反响又不大，则可考虑继续提高这部分售价，扩大定价差别，赚取这部分的额外利润。

在商品房滞销的情况下，要重新利用差别定价的“调节器”作用，扩大定价差别，利用价格因素引导客户购买。

例如，北京国际友谊花园在销售时很好地利用了“差别定价”策略，在该项目 1 号楼初始定价中，楼层之间的差价为 1%，同一楼层朝向和户型因素差价为 10 美元到 20 美元或相应增加；在推出 1 号楼旺销后，经过分析，将 2 号楼的差别定价改为：扩大朝向户型差价、减少楼层差价，将楼层差价调整为 6‰，同层差价为 50 美元到 100 美元或相应增加，同样取得好的销售业绩，同时利用价差引导客户购买朝向差的户型，达到全部促销的目的，争取到了最大收入。

总之，商品房的定价是一个较为关键和复杂的环节，需要在销售实践中不断地总结和改进，才能制定出一个科学、合理的售价。

7.6 房地产价格调整

产品在定价以后，由于市场情况发生了变化，经常需要对价格进行调整。例如，某大厦刚刚推出时，由于前期市场形势较好，因此定价高，但成交很少。开发商迫于无奈降价，但又心存幻想，不愿轻易下调，因此没有一步到位，市场反响仍不好，于是反复下调。这样就使投资者产生了价格不稳、保值作用小的印象，开发商的形象严重受挫。而另一楼盘推出时虽然定价过高，市场反响一般，但开发商及时调整价位，一次性付款给予八八折优惠，立即产生了轰动效应。第一批 80 套形成了抢购热潮，三天售完。

在市场竞争环境中，房地产产品同所有商品一样，需随着供求关系的变化而发生价格转移，开发商应该时刻关注市场的变化，该调整价格的时候，应及时调整，不能无视市场的变化，心存幻想，按兵不动，这样做只能错过机会，永远跟不上市场的步伐。价格是消费者选择楼盘的重要依据，所以开发商应准确把握市场脉搏，选择合适的价格。

7.6.1 调价前提

开发商都希望维持一个较高的价格水平，但房地产市场风云变幻，加上房地产产品的差异性很大，实际上找不到两个完全相同的楼盘或单元，因此，开发商对一个小区或一个楼盘的平均价格确定以后，为了尽快把楼盘销售出去，就需要进行价格调整，调价有以下几个前提：

(1)面临强大的竞争压力。竞争是楼盘调价的主要原因，新竞争者的出现，竞争者价格的变动、促销手法的变化，都可能引起消费者需求的改变。此时，进行调价是一种十分必要的营销手段。

(2)楼盘成本费用发生改变。随着楼宇建设和销售的推进，预期成本的降低或提高使价格的底线产生了变动，从而必然引发价格调整。

(3)产品需求出现变动。如果房地产企业所提供的产品供过于求,空置面积上升,产品需求减少,则需要降低价格。相反产品供不应求,不能满足所有客户的需求,此时就可以提高价格,创造更大的效益。

(4)销售中的心理战术。针对消费者“买涨不买跌”的心理,为表明房地产产品具备很大的升值空间,楼盘可以相应采取提价措施。

(5)营销策略的改变。随着销售的深入,以及市场行情的变化,营销策略也随之不断调整,作为营销策略的一部分,价格也相应有调整的必要。

7.6.2 调价时机

一般说来,楼盘的销售期通常为 4～8 个月,而销售期两个月左右即有调价的必要,同时调价的时机还要结合销售率来确定,当销售率达到三成时即可调价。比如当销售期仅三四周即达到 30%的销售率时,就有调价的必要。若三成的销售率经过了很长的时间才实现,此时调价危险性较高。应分析消费者的接受程度,如果销售缓慢的原因在于价格,则维持价格是较优选择,除非希望制造热销的假象,但会引发消费者的逆反心理。

7.6.3 调价类型

在房地产营销过程中,基于市场情况的变化以及企业自身目标的调整,需要对房地产价格进行调整,其类型无非是降低价格或提高价格。

1. 降低价格

当卖方面临销售停滞不前、同业竞争极为激烈时,经常需要做降价的考虑。降价终将引起同业间的摩擦与价格战,但却是不得已而为之的。降低价格的另一个原因是生产能力过剩,产量过多,资金占用严重,而增加销售力量、改进产品或其他营销手段都无法达到销售目标,从而造成资金周转不灵,企业无法进一步扩大业务。于是一些房地产企业放弃“追随领导者的定价”的做法,而采用“攻击性定价”的方法,以便提高销售量。有时企业为了获取市场占有率,会主动降价,随着市场占有率的提高,生产成本又会因销售量的增长而下降。

2. 提高价格

提价会引起消费者及中间商的不满,但有时在外部环境剧烈变化时,房地产企业为了生存也不得不提价。例如，由于通货膨胀，成本高涨，但生产率无法提高，许多企业不得不以提高价格的方式来确保利润。提价虽然会招来顾客的抱怨，引起公司销售人员的困扰，但如果运用得当，成功的提价会给公司增加利润。

7.6.4 调价方法

1. 直接的价格调整

直接的价格调整就是房屋价格的直接上调或下调。它给客户的信息是最直观明了的，一般来说，价格上调，说明物有所值，买气旺盛。对于这样的正面消息，房地产企业最希望客户尽快了解，所以往往进行大张旗鼓的宣传，并由此暗示今后价格上升的趋势，以吸引更多的买家尽快入场。与此相反，价格下调则说明产品有这样或那样的缺陷，不为买家所看好，或者是经济低迷，整个市场不景气。应该说，除非万不得已，房地产企业通常是不会直接宣布其楼盘价格下调的，而是通过其他方式间接让客户感受价格下调的优惠，以维护其正面形象。直接的价格调整有以下两种方式。

(1)调整基价。基价的调整就是对一栋楼宇的计算价格进行上调或下降，因为基价是制定所有单元价格的计算基础，所以基价的调整便意味着所有单元的价格都一起参与调整。这样的调整使每套单元的调整方向和调整幅度都是一致的，是产品对市场总体趋势的统一应对。

(2)差价系数的调整。房地产实务中，通常是在基价的基础上通过制定不同的差价系数来确定不同套、单元的价格，各套、单元的价格则是根据房屋基价加权所制定的差价系数而计算的。但每套、单元因为产品的差异性而为市场所接纳的程度并不会和我们原来的预估相一致。在实际销售中，有的原来预估不错的实际上并不好卖，有的单元原来预估不好卖实际上却好卖。

差价系数的调整就是根据实际销售的具体情况，对原来所设定的差价体系进行修正，将好卖单元的差价系数再调高一点，将不好卖单元的差价系数再调低一点，以均匀各种类型单元的销售比例，适应市场对不同产品需求的强弱反应。

差价系数的调整包括楼宇位置系数、单元楼层系数和单元朝向系数的调整。

①楼宇位置系数。指在一个小区中，该楼宇的位置、坐向、临街状况，与其他楼宇的间距，与小区花园、公共建筑等配套服务的设施的距离，该楼宇的外观，每个梯间的户数等的综合影响系数。

一般来说，南北朝向，较大的楼间距，配套设施齐全，外观气派，每个梯间户数少，进出楼宇方便等的楼盘的价格较高。反之，则价格较低。

②单元楼层系数。指房间所处的层数，楼宇间距，朝向，采光时间，视野，景观，电梯配置情况，居民生活习惯等的综合影响系数。

如果是多层住宅，一般是一楼和顶楼较便宜，中间的楼层较贵，如果是高层公寓，一般是越高越贵。

③单元朝向系数。指该同一楼层中各户的朝向、通风、采光、视野、景观、平面布局和生活习惯等的综合影响系数。

一般来讲，正南朝向、视野开阔、景观秀丽的单元价格较贵，最大系数差可达到15%～20%。

差价系数的调整是经常应用的主要调价手段之一。有时候，一个楼盘的价格差价系数可以在一个月内调整近十次，以适应销售情况的不断变化，自然，这需要一个完善的决策机制与之相配套。

2. 调整付款方式

付款方式本来就是房价在时间上的一种折让，它对价格的调整是较为隐蔽的。分析付款方式的构成要件，可以发现，付款方式的付款时段的确定和划分、每个付款时段的款项比例的分配、各种期限的贷款利息高低的影响是付款方式的三大要件，而付款方式对价格的调整也就是通过这三大要件的调整来实现的。

(1)付款时间的调整：是指总的付款期限的减少或拉长，各个阶段付款时间设定向前移或向后靠。

(2)付款比例的调整：是指各个阶段的付款比例是前期高、后期低，还是付款比例的各个阶段均衡分布，或者是各个阶段付款比例前期低、后期高。

(3)付款利息的调整：如"免息供楼"、"首期零付款"等策略实际上是利息调整的例子。

3. 优惠折扣调整

优惠折扣是指在限定的时间范围内，配合整体促销活动计划，通过赠送、折让等方式对客户的购买行为进行直接刺激的一种方法。优惠折扣通常会活跃销售气氛，进行销售调剂，但更多的时候是抛开价格体系的直接让利行为。其在形式上缤纷多彩，也给企业标新立异提供了可能。

必须指出的是：优惠折扣要做得好，首先要让客户确实感觉到是在让利，而不是一种花哨的促销手段。其次，优惠折扣让利应该切合客户的实际需要，是他们所能希望的方式，只有这样才便于促进销售。如买了房屋要装修，提供免费装修或送家具是最为合适的。最后，不要与其他竞争楼盘的优惠折扣相类似也是一条基本准则。

案例

××楼盘定价方法

1. 户型与套数统计表(表 7-3)

表 7-3 户型与套数统计表

户型(室×厅×卫)	建筑面积/m^2	总套数/套	所占比例/%
2×2×1	92.00	9	3.2
3×2×1	116.40	32	11.3
3×2×2	129.30	181	64.2
4×2×2	146.7	40	14.2
总计		262	93
户型(室×厅×卫)	建筑面积/m^2	总套数/套	所占比例/%
2×2×1 顶层复式	155.40	1	0.3
3×2×1 顶层复式	195.00	2	0.7
3×2×2 顶层复式	216.80	14	5
4×2×2 顶层复式	241.50	3	1.1
总计		20	7

一期总户数为 282 户，根据本项目的产品特性，以及对市场、客户的调查分析，预计公开发售的销售目标为 150 套，约占总套数的 53.19%。

2. 价格定位策略

(1)总体思路：底价入市、逐步提升、快速销售、滚动发展

针对项目前期销售状况和项目周边市场现状进行分析，结合项目价格定位和该市房地产营销市场的特点，建议本项目的入市定价采取低开高走的策略，使得本项目在日后的销售过程中具有较大的市场弹性空间、较强的市场竞争力，实现先购者的物业升值，快速抢占市场份额，提升开发商的市场口碑。

(2)定价原则

首次销售一炮打响，赢取市场的主动，满足入市时市场消费者追求高性价比的需求，体现本项目不断提升的产品及品牌形象。

(3)价格定位

本项目采取市场比较定价法计算出项目均价。根据项目所在地区的市场竞争状况，本项目在其所在区域内与其类似的项目——A、B、C、D 4 个竞争较大的楼盘进行比较。具体为：

①列出可比楼盘综合因素量化统计表(表 7-4)

表 7-4　　可比楼盘综合因素量化统计表

比较因素	权重 W/%	序号	待定价楼盘	A	B	C	D	说明
位置	10	1	100	101	100	100	103	D楼盘离市中心最近
配套	8	2	100	103	97	99	101	
交通	8	3	100	99	99	97	101	
城市规划	4	4	100	103	98	100	100	
环保	4	5	100	98	97	103	101	B楼盘临近工厂
价格	9	6	100	97	99	99	103	
物业管理	8	7	100	103	101	98	98	A楼盘物业管理为国内品牌物业服务企业
建筑质量	10	8	100	101	98	100	101	
楼盘规模	4	9	100	101	101	98	103	
朝向	5	10	100	103	98	100	101	
外观	2	11	100	98	101	103	101	
室内装饰	6	12	100	101	101	98	97	D楼盘不包括装修
开发商实力及信誉	4	13	100	98	101	103	98	
付款方式	2	14	100	100	100	100	100	
户型设计	8	15	100	99	97	103	101	C楼盘实用率高
销售情况	4	16	100	103	98	101	99	A楼盘销售状况良好
广告	2	17	100	101	98	101	103	
停车位情况	2	18	100	98	100	100	101	

②根据因素比较表计算价格(表 7-5)

表 7-5　　价格计算表

可比实例项目	A	B	C	D
交易均价(元/m²)	5 700	5 800	5 800	6 100
各比较楼盘总分	102.58	98.97	101.89	100.76
因素比较系数	100/102.58	100/98.97	100/101.89	100/100.76
比准价格(元/m²)	5 557	5 860	5 690	6 054
修正后价格(元/m²)	5 790			

(三)计算说明

把本楼盘各比较因素定为基数 100,根据具体情况对可比楼盘的各比较因素做出评定,各比较因素得分与其权重相乘后求和,确定出各比较楼盘总分,再得出初步比准价格。最后用简单平均数的方法求出修正后价格。

由上表分析比较可得:项目销售时的市场比较价格 5 790 元/m²,对此进行上下 3%的误差修正,得出价格幅度为 5 617～5 964 元/m²。

(5)定位分析

根据本项目的品牌形象及高端产品形象定位，结合市场营销策略，对市场定价进行修正，修正考虑因素：

5 790 元/m^2 上下幅度的市场价格策略难以吸引高端买家的关注；

项目为国内某著名品牌在该市的第一个项目，具有较强的市场竞争力；

上调5%～10%的价格幅度能提高项目的整体形象。

因此，根据市场策略建议定价为：5 790×110%＝6 369 元/m^2。

(6)高定位策略补充说明

以较高价位入市，可从价格中体现及提升项目入市形象，拉开与中档市场的竞争距离。

从内部认购到公开发售这段时期，可通过对消费者的调查分析及市场的变化状态，做出灵活具体的修正。利用较大幅度的价格调整，使消费者产生物有所值的感觉，并且可提高实际的成交价格，较容易达到预期的理想目标，达到“进可攻、退可守”的效果。

(7)价格走势和付款方式策略

项目的入市价：本项目入市价是依据市场接受程度和适度引导消费能力而定的，因此，建议在原定价的基础上降低 5 个百分点，即均价在 6 051 元/m^2 左右入市，以刺激本项目市场消费，将销售波浪推向高潮。

项目的价格走势：本项目的价格走势分为三个时期：认购期、开盘期、热销期。每个时期将持续 20 天左右。认购期的价格比开盘期的价格低 2 个百分点，在开盘初期升 1 个百分点，热销期升 1 个百分点，才能与本项目的预期价格持平，在消费者心目中形成物业升值的趋势。

付款方式：一次性付款 9.8 折；银行按揭，首付 30%，其余 70%三十年按揭，无优惠。

思考题

1. 影响房地产定价的主要因素有哪些？

2. 房地产价格有哪些基本定价方法？

3. 房地产定价的主要策略有哪几种？

4. 房地产价格调整的方法有哪些？

第8章

房地产营销渠道策略

8.1 房地产营销渠道概述

8.1.1 营销渠道的概念

美国市场营销学的权威菲利普·科特勒认为:"营销渠道是指某种货物或劳务从生产者向消费者移动时,取得这种货物或劳务所有权或帮助转移其所有权的所有企业或个人。"简单地说,营销渠道就是商品和服务从生产者向消费者转移过程的具体通道或路径。企业营销渠道的选择将直接影响到其他营销决策,如产品的定价。它同产品策略、价格策略、促销策略一样,也是企业是否能够成功开拓市场、实现销售及经营目标的重要手段。

企业选择营销渠道有如下几种策略:

(1)直接渠道或间接渠道的营销策略

直接渠道是指生产者不经过任何中间环节,将产品直接销售给最终消费者或用户的分销渠道,基本模式为生产者——消费者。间接渠道指生产者通过流通领域的中间环节把商品销售给消费者的渠道,基本模式为生产者—中间商—消费者。

(2)长渠道或短渠道的营销策略

长渠道是经过两道以上中间环节后到达消费者手中的渠道。短渠道是指产品直接到达消费者或只经过一道中间环节的渠道。

(3)宽渠道或窄渠道的营销策略

分销渠道的宽度,取决于分销渠道内每个层次上使用同种类型中间商数目的多少。生产者在某一环节选择两个以上的同类中间商销售商品,称为宽渠道;生产者在特定市场上只选择一个中间商为自己推销产品的分销渠道称为短渠道。

(4)传统营销渠道和垂直营销渠道策略

传统营销渠道由独立的生产者、批发商和零售商组成。每个成员都作为一个独立的企业实体追求自己利润的最大化,即使它是以损害系统整体利益为代价也在所不惜。没有一个渠道成员对其他成员拥有全部的或者足够的控制权。垂直营销渠道是由生产者、批发商和零售商所组成的一种统一的联合体。某个渠道成员拥有其他成员的产权,或者是一种特约代营关系,或者某个渠道成员拥有相当实力,其他成员愿意合作。

(5)单一营销渠道和多营销渠道

单一营销渠道指企业只采用一种营销渠道销售产品。多营销渠道是指对同一或不同的细分市场，采用多条渠道的分销体系。

在当今的经济生活中，绝大多数的产品生产者并不是将产品直接销售给消费者，在生产者和消费者之间有大量的市场营销中介机构，他们各有各的名称，实行不同的功能，他们寻找客户，有时与生产者代表谈判，但不取得商品的所有权。房地产开发企业作为生产房地产产品的生产者，同样面临着营销渠道选择的问题。

8.1.2　房地产营销渠道的模式

从我国今后的房地产市场发展来看，房地产市场将面临更大的竞争，开发企业首当其冲地面对众多外来的竞争对手。以往开发企业采用的自产自销的营销模式已经不再适应目前的市场状况，原因之一是开发企业没有太多的精力做全面的市场调查，收集更多的信息资料；二是因为销售人员的专业性、熟练程度不够，销售门店、网点少，销售速度缓慢。对于开发企业而言，迅速回笼资金，提高经济效益才是主要的开发目的，因此，房地产开发企业对营销渠道的投资必须先行。

在房地产经济活动中，有些开发商并非将其产品直接出售给最终用户。在开发商和最终用户之间有执行不同功能和具有不同名称的营销中间机构。这些中间机构组成了营销渠道或分销渠道，有的中间机构买进商品，取得商品所有权，然后再出售商品，叫做房地产经销商；有的则寻找顾客，有时也代表开发商同顾客谈判，但是不取得商品所有权，叫做房地产代理商。还有一些(如银行和广告代理商)则支持营销活动，但它们既不取得商品所有权，也不参与买或卖的谈判，叫做房地产辅助机构。随着我国房地产市场的日趋发展，房地产营销渠道也呈现出多样性，目前主要有以下几种营销渠道供房地产开发商选择。

1. 开发商直接销售

开发商直接销售指房地产开发企业利用自己的销售部门对房地产产品进行直接销售，又称直销或自销。这种销售方式关系到企业能否将产品及时、顺畅地销售出去，也关系到企业的销售成本和盈利水平，而选择直接销售方式对于房地产开发企业收集房地产市场信息，树立企业信誉等有着特殊的作用。

目前我国绝大部分房地产开发企业都采用了以直接销售为主的营销渠道模式。最常见的形式是派出房地产销售人员，在一个固定的场所，主要是售楼处，为需要买房的顾客和准顾客提供服务。这种销售模式的优点在于场所固定，顾客有明确的目的，能够有目的地去询问和购买，并且房地产企业的专业度、权威度、可信度、服务的全方位程度都很高。这种销售模式渠道最短、反应最迅速、控制最有效。

但是，直销对房地产开发企业的条件要求很高。由于直销的方式要求房地产开发企业具有很强的销售力量，包括一个有效的营销机构和一批既熟练掌握房地产营销知识，又懂相关法规的高素质营销人员队伍，所以只在以下情况才采用这种渠道方式：

(1)房地产开发企业为大型房地产公司，内部有专门负责销售的公司或负责楼盘销售的部门。

(2)目前市场处于卖方市场，推出的楼盘供不应求，无需再去找代理商。

(3)楼盘素质特别突出，市场反应非常好，有时甚至由业主预付部分或者全部的建设费用，这种情况下也无需代理商。

此外，因为销售人员代表公司与客户洽谈、签订协议，所以要求销售人员不仅应具有较高的素质，而且必须掌握房地产专业的相关知识，对所推楼盘非常熟悉，对市场上同类竞争项目也有相当的了解，这样才能更好地向顾客推介楼盘。

2. 经销商销售

房地产经销商是指拥有房地产产品所有权和处置权的中间商。由于房地产产品价值量大，经营风险大，房地产经销商具有区别于一般商品批发商和零售商的独特属性，这种独特属性表现在以下几个方面：

(1)房地产经销商业务上的兼容性强。许多房地产经销商既经销其他房地产开发企业的房地产产品，同时也从事房地产开发业务。这种情况在我国比较普遍，我国的房地产经销商大多隶属于国营大型房地产企业。

(2)经销形式多种多样。房地产经销商一般没有批发和零售之分，他们既向房地产代理商以及团体客户批量提供房地产产品，也向个人消费者提供单元房地产产品。同时，房地产经销商既提供房地产销售服务，也经营房地产租赁业务。由于房地产价格昂贵，以转卖为主的经销业务往往带有投机性质，因此房地产经销商较少开展此种业务，而以经营为主的经销业务(如租赁)则是其主营业务。

(3)房地产经销商需要拥有很强的经济实力。由于房地产价值量大，因此要求房地产经销商具有很强的经济实力，否则，难以进行规模经营，获得较高的经济效益。

3. 代理商销售

房地产代理商是指接受房地产开发企业、用户或经销商的委托，从事房地产销售或租赁业务，但不拥有房地产产品所有权的中间商。经销商的目的是获取投资收益或转卖差价，而代理商只是为房地产开发企业、经销商、购买者以及承租者提供咨询、代办等业务，其目的是向交易双方或单方收取一定数额或一定比例的佣金。

房地产开发企业采取代理商销售可以简化商品市场的交易活动，节约开发商和顾客共同的时间和精力，缓解开发商人力、物力和财力的不足，提高企业运作的效率和效益。另外，采用这种委托代理销售的方式也可以分散开发企业的风险，更快地将产品推向市场，实现房地产产品的销售。

目前我国比较流行的代理方式有三种：

(1)独家代理。房地产代理公司受开发商的委托，全权负责房地产销售，双方在明确销售价格、销售进度之后签订委托销售协议，代理商按实际的销售额提取一定比例的代理费。在合同规定的销售期内，如果房地产开发商自行出售房屋，则无须支付佣金给代理商。代理商有独家代理销售该标的物的权利，开发商只能与一家代理商签订委托契约，不可同时与一家以上的经纪人或代理商签约。

(2)联合销售代理。这是指由多个销售代理商提供服务的代理模式。在大多数情况下，为了使开发商或私有房主能在较短的时间内将房屋出售，一个代理商取得了独家经销权后，通知代理服务中心，这样可以通过联合销售服务网络将所签合同转给所有会员，若由其他分代理商出售其代理协议中的房地产产品，则分代理商可以取得一部分佣金。这在房地产经纪人采用信息技术开展销售代理的全过程中运用得十分普遍。

(3)公开销售代理。这是指房地产开发企业给众多代理商一个平等销售房地产产品的机会，通知所有代理商以一个固定的价格出售房地产，如果有代理商找到了买主，他就有权取得佣金。在契约有效期内，开发商若自行售出房屋，则无须支付佣金给代理商。

4. 网络营销

网络的出现，在改变人们生活、工作方式的同时，也在深刻改变着房地产产品的营销渠道、服务模式和营销理念。随着客户对解决方案需求的不断加大，传统的房地产营销渠道正在受到冲击。市场的这种变化要求开发商的经营管理模式必须由原来的以产品为中心转向以客户为中心，并且也迫使营销渠道必须提供新的服务形式来适应这种新需求的出现。

网络中介代理市场开放自由，信息传播广泛迅速，供需双方可以选择多种方式交流，节省了场地和大量的人力、物力。房地产属于耐用消费品，它具有厚、重、贵、大的特点，消费者在做出购买决策之前往往要经历提出需求—信息收集—方案比较—购买决策—购买行为等几个阶段,每个阶段都需要足够多的信息,而房地产网站是一个信息发布、开展宣传、拓展业务的窗口,具有强大的消费市场。

5. 连锁式营销

连锁式营销渠道是近年来出现在深圳、上海等地的新的房地产营销模式。这种模式实际是实力雄厚的代理商提供专业化系统服务的新形式。目前,一个省会级城市房地产市场每年的接纳楼盘量是 200 个左右,而且大多数开发商采用直销渠道,掌握了 70%以上的市场份额,剩下约 30%的份额由区域内的三四百家代理商竞争,竞争的结果一般是由少数几个发展相对成熟的代理机构占有。因此,几年无盘可做的小代理商的生存空间会越来越狭小,直至逐渐退出市场。

房地产代理市场的发展趋势是规模化、专业化,因此有实力的代理商在兼并小机构的同时,也引进了麦当劳式的连锁经营方式,以其规模化经营、低成本运作、专业化服务改进经营模式,拓展服务范围,形成强大的市场竞争力,是市场的一支生力军。而连锁经营专业系统的服务给客户带来的安全感和便捷感,也是其他房地产营销渠道无法比拟的。

6. 全程代理

全程代理是指代理商介入房地产项目开发经营的全过程,即从项目可行性研究开始,提供市场调查、项目定位、提出建筑规划及设计要求、物业管理及经营规划、销售策划、推广执行策划、全面推广销售等一条龙服务。

由于有精于市场营销的代理机构参与房地产项目的每一个环节中,使各项定位落到实处,准确地瞄准市场变化的节奏,带有较大超前性,不仅能提高开发商的开发水平,而且能帮助开发商降低营销风险,提高获利水平。而且,全程代理有助于使项目的开发更贴近目标市场,这对长期以来房地产市场一直存在的盲目开发、恶性竞争状况的扭转将会起到一定的积极作用。

8.1.3 房地产营销渠道的作用

房地产营销渠道是连接房地产开发建设和消费的桥梁,其主要功能是将产品或服务分销给消费者。具体体现在以下几个方面:

(1)房地产营销渠道完成了房地产产品向消费者转移这一过程,房地产产品只有通过营销渠道,进入消费渠道,才能实现其价值。

(2)房地产营销渠道具有促进销售的作用,营销机构通过广告、人员推销、展示、现场参观等促销手段,刺激消费者的需求,引起购买的欲望,最终促成交易。这样，一方面可以使房地产产品很快转入消费领域，满足广大消费者的需求；另一方面，房地产产品流通的加快，可以加速开发商的资金周转，这对占用资金巨大的房地产开发企业来说具有重要的意义。

(3)房地产营销渠道具有信息渠道的作用，能帮助房地产开发商收集、传递消费者的需求，以便开发商对下一步的开发建设做出修正。另外，还可以帮助开发商收集竞争对手的信息，使企业做到知己知彼，在竞争中保持竞争优势。

8.1.4　房地产营销渠道的特点

由于房地产产品的特殊性，房地产营销渠道与一般商品的营销渠道相比有许多不同，认识房地产营销渠道的特点，有助于更好地掌握和理解房地产营销渠道的基本理论。

1. 房地产产品本身不会随着渠道的转移而转移

房地产产品本身具有不可移动的特点，所以它不像其他商品一样从工厂出来以后，先后转移到仓库、批发商处、零售商处直至消费者手中，房地产产品从所有者处到消费者处只是房地产所有权或使用权的转移，并不伴随房地产产品本身的转移。

2. 房地产营销渠道中商品的多样性

在房地产营销渠道中流通的房地产产品，不仅可以是新的房地产即增量房地产，也可以是旧的房地产即存量房地产，换句话说，二级市场的房地产和三级市场的房地产都可以在房地产营销渠道中流通。

3. 房地产营销渠道的长度相对较短

房地产营销渠道一般不会超过一个层次，即最多只经过一层中间商，而且采用直接营销即直销的比例也比较高，这是因为房地产产品价值量巨大，多一个层次就多一笔费用，尤其是中介代理费，层次多会徒增消费者的负担，消费者自然就会到房地产所有者处直接购买或租赁房地产产品。

4. 房地产中间商一般不拥有房地产产品的所有权

房地产中间商大多仅仅代理房地产产品的租售，这是因为房地产产品价值量巨大，动辄几百万元、上千万元，而房地产中间商的资金实力有限。另外，房地产的每次交易都需要缴纳契税等税收，无形中增加了交易成本。以上原因使得房地产中间商大多采用代理租售的方式，而不真正拥有房地产产品的所有权。

8.2 房地产营销渠道选择

就目前国内情况来看，开发商采取的营销渠道形式多以直销和代理销售为主，但具体如何选择，还要视市场情况和开发商自身情况而定。无论进行怎样的营销渠道选择，经济性标准的考虑自然是首当其冲的。开发商进行房地产开发的直接目的是为了盈利，因此在进行营销渠道选择决策时需要进行预期的投入产出评估，这就是对营销渠道经济性的考核。具体运作应该体现的总体原则是：第一，确定选择不同营销渠道的成本；第二，评估不同营销渠道的预期收益；第三，对选定营销渠道的结构进行优化。

8.2.1 影响房地产营销渠道选择的因素

1. 房地产产品本身的因素

(1)房地产价格

一般情况下，房地产价格越高，越可能通过代理商、经销商等中间商向消费者转移房地产产品；而房地产价格越低，越可能采用开发商直接销售的方式。这是因为房地产价格越高，其价格弹性越小；而房地产价格越低，其价格弹性就越大。房地产产品与一般商品不同，不仅具有消费品属性，还具有投资品属性。作为投资品，其价格形成机制和一般的商品不同，不是取决于市场上的供求关系，而是取决于未来的收益预期，预期价格上涨则需求增加，预期价格下跌则需求减少。

(2)房地产开发量

房地产开发量的大小也会影响房地产营销渠道的选择，开发量大的往往要通过房地产中间商，以扩大房地产的租售面，例如那些开发量超过十万平方米的楼盘大多都委托房地产中介代理销售，有的同时委托多家房地产中介代理销售；而开发面积小，如一两万平方米以下的楼盘，则多采用开发商直接销售的方式。

(3)房地产开发利润

经济适用房、安居房等一般利润率比较低，则多采用开发商直接销售的方式；而豪华住宅、高级商务楼等利润率较高的房地产产品，开发企业有条件也有能力支付中介代理费，因而采用委托代理销售的方式。

2. 环境因素

(1)政治环境

政治环境包括国家对房地产业的支持度,制定的政策法规对房地产企业的保护、限制等。如目前我国对房地产交易征收高利率税赋,以限制房地产经销商的增加。

(2)竞争环境

竞争环境主要指同一地域或同类项目的市场供求状况,市场竞争激烈程度、竞争对手的实力、地位及分布。随着市场竞争状况的激烈,房地产开发商会选择更宽、更深的营销渠道,即同时使用直销、代理销售、网络营销等多种营销渠道,并选择尽可能多的中间商以扩大市场。

(3)经济环境

经济环境指一个国家或地区的经济制度和经济水平。经济环境对房地产营销渠道的选择有着很大的影响。例如,经济萧条时,开发商就要考虑使用费用低廉的方式将房地产产品销售出去,必须尽量缩短营销渠道的长度;科学技术发展了,计算机网络普及时,消费者可以从网络上方便地查找其所需的房地产产品,房地产中间商的作用降低,企业便可选择较短的营销渠道。

(4)社会文化环境

社会文化环境包括一个国家或地区的思想意识形态、道德规范、社会风气、社会习俗、生活方式、民族特性等多种因素,以及与之相联系的消费者购买习惯、时尚爱好和其他与市场营销有关的一切社会行为。如西方国家的消费者习惯于通过房地产中间商租购房地产产品,而在中国大部分地区,消费者还是习惯直接面对房地产的所有者来租购房地产产品。因此,西方房地产企业大多选择经销商或代理商销售的方式,而中国的房地产企业则大多采用房地产企业直接销售的方式。

3. 顾客因素

顾客因素指项目消费者群体的特性,这些特性决定着项目的促销手段、营销渠道的规模及其分布。一般来说,影响房地产市场营销渠道决策的消费者群体特征主要有:

(1)潜在顾客的阶层:蓝领、白领还是富裕阶层。

(2)潜在顾客的分布及其规模:顾客群体规模大及地域分布广的项目,营销渠道规模自然也大。

(3)潜在顾客的消费特征:不同的消费心理及消费需求对营销品位、营销手法有不同的要求。

4. 房地产市场因素

(1)潜在消费者状况。如果潜在消费者多且分布分散,市场范围大,就要利用房地产中间商广为推销,辅以网络营销等方式;若市场范围小,消费者少且集中,则一般由开发商直接销售。

(2)需求量的影响。市场需求量大的房地产,一般应减少中间环节,由开发商直接销售,如普通居民住宅;对于需求量较小的房地产,开发商为了打开销路,往往需要房地产中间商等中间环节,如高级别墅的销售。

另外,房地产市场因素还包括市场性质、市场基础设施、市场条件等,这些因素对房地产营销渠道的选择影响相对较小。

5. 房地产企业自身的因素

(1)企业规模和品牌。一般来说,规模较大的房地产企业都建立了一套完整的营销系统和网络。而且由于企业的品牌效应,消费者往往会慕名而来购买和租赁该房地产产品,所以这类企业多采用直接销售的渠道。反之,一些规模较小、知名度不高、资金薄弱的中小房地产企业,则往往依赖于房地产中间商。

(2)企业的管理能力和水平。管理能力和水平较强的房地产企业多采用直接销售的方式,而管理能力和水平较差的企业一般将营销工作交给中间商来完成。

(3)企业对渠道控制的要求。如果企业采取间接营销渠道模式,则要与中间商协调配合;如果企业有较强的控制营销渠道的欲望,一般选择直接销售的方式。

(4)企业的经营决策和目标。以为消费者提供满意服务、优质楼盘为经营目标的企业,一般选择直接营销的渠道。

8.2.2 房地产营销渠道选择的原则

1. 效益原则

在确定房地产营销渠道策略时,首先应考虑效益原则。也就是说,能做到以最小的投入获得最大的产出。采用不同的营销渠道策略,就会增加不同数额的流通费用。一般情况下,房地产企业直接销售费用较低,经销商销售费用居中,委托代理销售费用较高。但这并不等于都要采取直接销售的方式,因为除了考虑流通费用外,还要综合考虑成本、营业额、销售速度等各种因素。也就是说,哪种销售渠道策略能为房地产企业带来最大的效益,就采用哪种策略。

当然,在讲求经济效益的同时,还要兼顾社会效益,充分考虑企业在社会公众心目中的声誉,树立良好企业形象。

2. 协同原则

企业在选择、管理营销渠道时，不能只追求自身的效益最大化而忽略其他渠道成员的局部利益，应合理分配各个成员间的利益。协同原则就是要做到真诚合作，也就是哪一类中间商能与本企业密切合作，能够在兼顾两方利益的前提下灵活销售本企业的产品，就应该选择哪一类中间商。房地产业作为生产企业，与中间商的矛盾焦点往往表现在竣工验收时间、定价变化幅度、信息通报、不可预测风险（如意外损失、补税、罚款等）的共担比例、销售利润分成等涉及双方责、权、利的问题，这些问题不仅应在合同上写明，而且在行为上也要严格遵守。对那些屡屡不遵守协议、不守信誉的中间商不应该与之继续合作。

3. 可控性原则

可控性原则指房地产企业在决定营销渠道时，必须始终掌握主动权，充分体现主体地位，对整个营销行为起到有效的控制作用。可控性原则有两个方面：

（1）哪一种营销渠道能够充分实施有效控制作用，就选择哪一种渠道，在均衡各种营销渠道策略的利弊得失时，可控性是一个重要的价值判断标准。

（2）一旦选定中间商代理销售，为防止失控现象，要留有一定的余地。首先，在签订经销合同时，力求全面完整，不留漏洞。其次，在寻求中间商后，房地产企业仍然保留一部分自销渠道，万一中间商撕毁协议，擅自提价、压价、欺骗用户，仍能有力量扭转制止其不当行为，挽回损失。

4. 风险原则

房地产营销具有高回报性和高风险性。在选择营销渠道时一般应遵循风险适中原则，既不宜过大，也不宜过小。房地产产品的特殊性表现在投机性、营利性与风险性并存，选择获利最大的营销渠道，也就意味着产品全部直接销售时，获利系数虽然是最大的，但是风险系数也是最大的；选择风险性最小的营销渠道，虽然风险分给了中间商，但同时也把大部分利润分给了中间商。

5. 优质原则

在选择代理商时，应挑选素质较好的代理商作为自己的合作伙伴。代理商素质条件大体有如下几个方面：

（1）实力素质

一般来说，代理商的实力雄厚，其租售成功的概率就比较大，因此，在同等情况下，应选择实力强大的代理商。

(2)管理素质

代理商的管理水平与其租售成功率有直接关系。一般来说,管理水平高的代理商,租售效率和效益也会好;管理水平低的代理商,租售的成功率也不会很高。因此,在其他条件相同时,应尽可能选择管理素质好的代理商。

(3)信誉素质

代理商的信誉素质如何,不仅关系到合作能否顺利,而且也关系到开发商产品的租售情况。信誉高的代理商,顾客会有安全感。

(4)经验素质

所谓经验素质,是指对产品的熟悉程度,对产品的性能、用途、保养、维修有很深的了解,曾有过良好的租售业绩。一般来说,具有丰富的房地产产品租售经验的代理商来说,其租售成功率会比较高。所以在相同条件下,应选择租售经验丰富的代理商。

8.2.3 房地产营销渠道的设计

1. 建立营销渠道目标

营销渠道目标也就是在企业营销目标的总体要求下,选择营销渠道应达到的服务产出目标。这种目标一般要求建立的营销渠道达到总体营销规定的服务产出水平,同时使全部营销渠道费用减少到最低限度。企业在认真分析影响营销渠道选择决策的主客观因素的基础上,划分出若干分市场,然后决定服务于哪些分市场,并为之选择和使用最佳营销渠道。

2. 确定营销渠道模式

确定营销渠道模式,即决定营销渠道的长度,首先要根据影响营销渠道的主要因素,决定采取什么类型的营销渠道,是选择自设售楼处的短渠道,还是选择通过中间商的长渠道,以及通过什么规模和类型的中间商。确定营销渠道模式首先要确定营销渠道的长度。当然,营销渠道的长与短只是相对而言,因为随着营销渠道长短的变化,其产品既定的营销职能不会增加或减少,而只能在参与流通过程的机构之间转移或替代。

3. 确定中间商的数目

确定中间商的数目,即决策营销渠道的宽度。每个营销渠道层次使用多少个中间商,这一决策在很大程度上取决于产品本身的特点、市场容量的大小及市场需求面的宽窄。通常有三种可以选择的形式:

(1)密集经销策略

实施这一策略的企业尽可能多地通过中间商销售其产品,使渠道尽可能加宽。密集经销策略的主要目标是扩大市场覆盖面,使消费者和用户可以随时随地了解到楼盘信息,从而刺激消费者的购买欲望,达到顺利销售房地产产品的目的。

(2)独家经销策略

实施此策略的企业在一定区域仅通过一家中间商经销或代销,通常双方协商签订独家经销合同,独家经销公司享有该产品经销的特权,其经营具有排他性,开发商规定经销商不得经营竞争对手的产品。独家经销对生产者的好处是有利于控制中间商,提高中间商的经营水平,加强产品形象,并可获得较高的利润率。

(3)选择性经销策略

这是介于密集经销和独家经销之间的销售形式,即开发商在某一销售区域精选几家最合适的中间商销售本企业的房地产产品。这种策略的特点是:比独家经销面宽,有利于开拓市场,展开竞争;比密集经销面窄,有助于开发商对中间商进行控制和管理,同时还可以有效地节省营销费用。这一策略的重点在于着眼稳固企业的市场竞争地位,维护产品在该地区的良好声誉。同时,促使中间商之间彼此了解,相互竞争,使被选中的中间商努力提高销售水平。

4. 确定营销渠道成员的条件和义务

开发商在确定了营销渠道的长度和宽度之后,需要进一步规定营销渠道成员彼此的条件和应尽的义务,即制定“贸易关系组合”协议,协议主要涉及价格政策、销售条件、地区权利以及每一方为对方提供的服务及应尽的责任义务。

价格政策要求开发商制定价目表,对不同地区、不同类型的中间商和不同的购买数量给予不同的价格折扣比率,价格政策的原则及主要内容应得到中间商的理解和认可。

销售条件是中间商的付款条件及开发商的担保。开发商对及时全部付清货款的中间商应给予现金折扣,还应向中间商提供有关产品质量保证和跌价保证。

除上述条件外,开发商还应明确中间商应具有的特许权利。对于双方的义务和权利,必须十分谨慎地确定,尤其是采用特许经营或独家代理等营销渠道时,更应当明确双方的义务和责任;在确定了开发商与经销商之间的贸易组合协议之后,营销渠道的设计还应认真地研究经济成本,即比较不同营销渠道方案的销量及成本。

5. 选择营销渠道成员

中间商选择合理与否,对房地产产品进入市场、占领市场、巩固市场和发展市场有着关键性的影响。选择中间商时,应主要考虑以下因素:

(1)服务对象

不同的开发商具有不同的目标市场,不同的中间商具有不同的服务对象。开发商选择营销渠道时,应首先考虑中间商的服务对象是否与本企业要求达到的目标市场相一致。

(2)地理位置

中间商的地理位置直接影响到房地产产品能否顺利到达目标顾客手中。因此,选择中间商必须要考虑其地理分布情况,要求既接近消费者,又有便利的交通条件。

(3)经营范围

在选择中间商时,如果其同时经营主要竞争对手的产品,就需要格外谨慎,不宜轻易选择。当然,若本企业产品在品质、价格、服务等方面优于同类产品,也可以选择。

(4)销售能力

即考察中间商是否有稳定的、高水平的销售队伍,健全的销售机构,完善的营销网络和丰富的营销经验。

(5)财务状况

中间商财务状况的好坏,直接关系到其是否可以按期付款,甚至预付货款等问题。在选择中间商时,必须对此严加考察。

(6)合作诚意

若没有良好的合作诚意,再有实力的中间商也不能选择。

(7)营销经验

开发商要尽可能选择营销经验丰富的中间商,以便房地产产品顺利地通过中间商推销出去,如果中间商不具备较好的经营知识和能力,则不宜选用。

6. 对营销渠道方案进行评估

营销渠道方案确定后,开发商就要根据各种备选方案进行评价,找出最优的渠道。通常营销渠道评估的标准有三个,即经济性、可控性和适应性,其中最重要的是经济性。

(1)经济性

主要是比较每个方案可能达到的销售额及费用水平。

①比较由本企业推销人员直接推销与使用销售代理商这两种方式,哪种方式销售额水平更高。

②比较由本企业设立销售网点直接销售所花费用与使用销售代理商所花费

用，看哪种方式支出的费用大。

开发商对上述情况进行权衡，从中选择最佳营销方式。

(2)可控性

开发商对营销渠道的选择不应仅考虑短期经济效益，还应考虑其可控性。因为营销渠道稳定与否对企业能否维持并扩大其市场份额、实现长远目标关系重大。企业自销对营销渠道的控制能力最强，但由于人员推销费用较高，市场覆盖面较窄，因此不可能完全自销。利用中间商分销就应充分考虑渠道的可控性，一般说来，建立特约经销或特约代理关系的中间商较容易控制，但这种情况下，中间商的销售能力对企业的影响又很大，因此应慎重决策。

(3)适应性

每一营销渠道的建立都意味着渠道成员之间的关系将持续一定时间，不能随意更改和调整，而市场却是不断发展变化的。因此，在选择营销渠道时必须充分考虑其对市场的适应性。首先是地区的适应性，在某一特定的地区建立商品的营销渠道，应与该地区的市场环境、消费水平、生活习惯等相适应；其次是时间的适应性。根据不同时间商品的销售状况，应采取不同的营销渠道与之相适应。

8.3　房地产营销渠道管理

房地产营销渠道管理是保证所选的营销渠道有效运行的重要条件，涉及的问题主要包括：营销渠道冲突管理、营销渠道成员激励、营销渠道评估与控制以及营销渠道调整等方面。

8.3.1　房地产营销渠道成员激励

为了促使中间商尽心尽力地为开发商工作，完成开发商所要求完成的营销职责，对所选的中间商采取适当的措施并给予激励是非常重要的。随着开发商追求的目标不断细分和丰富，营销渠道奖励也有了更多的指向，如追求进入特定的市场等。从营销渠道经营与管理的各个阶段来看，营销渠道奖励的政策经历了从单一到多层次的演变过程。

营销渠道奖励所追求的目标和提供的内容与开发商的市场目标，与所经营产品以及用户构成等许多问题都有关联，并受其制约。最小的投入、最大的积极性和最大的产出是开发商激励渠道成员所遵循的原则。

1. 营销渠道奖励的多元化

随着渠道的发展，竞争的日益激烈，渠道激励被赋予了更多元化的目标。促进渠道销售量，渠道激励是最基础的诉求点。渠道激励总是与代理商的销售量挂钩的，完成某一数量级的销售任务，代理商就会得到相应的返点作为奖励。这一诉求就是为了提升渠道的销售积极性。

(1)吸引中间商，维护渠道忠诚度

在竞争激烈的市场环境下，渠道的利润空间受到了挤压。而渠道激励作为渠道利润来源的一部分，对渠道的吸引力还是相当大的。因此，渠道激励的额度、内容、支付形式等也成了渠道成员选择开发商时所考虑的一个重要因素。以渠道激励吸引中间商、维系和提高渠道忠诚度也成了开发商渠道激励的目标之一。

(2)以渠道激励为手段，对渠道进行管理

对于渠道激励的支付，渠道是否完成了开发商所规定的销售任务往往不是能否拿到渠道激励的全部条件。如果中间商在某些环节违反了开发商的渠道政策，那么开发商也可能以不支付或不完全支付渠道激励作为一种惩罚手段，或用渠道激励对某些遵循渠道政策但却因此蒙受了损失的中间商进行补偿。从这个角度来看，渠道激励也成为谋求渠道平衡、对渠道进行有效管理的一种手段。

(3)明确和强调开发商的渠道、市场、产品策略

渠道激励目标多元化说明了渠道激励有了更多的指向性，这些指向性向渠道成员明确了开发商的渠道、市场、产品策略。有的开发商针对行业市场，规定在重点行业打开局面的中间商可以获得更多的奖励，这就为渠道指明了开发商的行业发展策略。在产品上，高端产品高奖励、主推产品多奖励已是常见的现象，这表明了开发商的产品策略。

(4)实现对市场的应急性反应

市场是多变的，经常会有意想不到的情况发生。为保住客户资源，受到冲击的开发商授意代理商以更低的价格竞标，用奖励的形式弥补代理商的损失并保证其利润。在客户受到突然性冲击时，开发商可利用渠道激励实现对市场的应急性反应，使渠道能够服从开发商的指令而不受到损失。

(5)以多样性的渠道激励推动渠道的发展

渠道的长远发展是开发商所追求的终极目标。多样性的渠道需要不同的支持内容。多样性的渠道激励可以适合不同类型中间商的需求，有针对性的奖励资源能够帮助渠道从长远意义上提升实力。

2. 营销渠道的激励措施

由于开发商与中间商目标的差异性，容易对同一房地产产品在销售策略、促销方式等方面意见不一致，因此开发商应主动调整与中间商的利益关系。

(1)直接激励

①对中间商的激励首先体现在向其提供价廉物美、适销对路的产品。只有经销畅销商品，中间商才能加速资金周转，增加企业盈利。因此，提供适销对路的优质产品就是对中间商的最好激励。

②对中间商激励的另一种方式是合理分配利润。开发商与中间商在一定程度上是一种利益共同体，因此必须"风险共担、利益均沾"，这就要求开发商合理分配双方利润，否则中间商就没有销售的积极性。所以，对中间商要视情况采取"胡萝卜加大棒"的政策。对销售指标完成得好的中间商可给予较高的折扣率，提供一些特殊优惠，还可以发放奖金或给予广告补助、促销津贴等；若中间商未完成应有的渠道责任，则对其进行制裁，可降低折扣甚至终止关系。

③实施销量返利。要认识到销量返利实质上是一种变相降价，可以提高渠道成员的利润，这无疑能促进中间商的热情。但同时也要认识到，销量返利只能创造即时销量，从某种意义上讲，这种销量只是对明日市场需求的提前支取。

(2)间接激励

间接激励是指通过帮助中间商进行营销管理以提高房地产产品的销售量和效果来激发中间商的积极性。

对中间商的间接激励主要体现在资金、信息、广告宣传和经营管理等方面。资金方面，可适当延长中间商的付款期限，放宽信用条件，以解决其资金不足的困难。信息帮助是指将企业了解的市场信息和产品信息等及时传递给中间商，为其扩大产品销售提供信息方面的依据。广告宣传是指帮助中间商策划当地的促销活动，并提供广告津贴、陈列经费、宣传品等。经营管理帮助是指通过帮助中间商管理其客户网络以加强中间商的营销管理以及帮助中间商建立客户档案，并根据客户的不同要求将他们进行分类，据此告诉中间商对待不同的客户应该采用不同的支持方式，从而帮助他们更好地服务于不同性质的客户，提高客户的忠诚度。

在营销渠道的实践中，很多企业都能非常熟练地运用直接激励的各种形式，很少甚至不会运用间接激励的方法与中间商的合作。事实上，间接激励的重要性远远大于直接激励。

房地产开发企业在对中间商进行积极鼓励性激励外，还可以采取消极惩罚性的激励措施。如减少所提供服务、推迟结算佣金，甚至终止双方关系等。但是房地产企业在使用激励措施时，要多用鼓励措施，尽量少使用惩罚措施，以免对其他中间商产生不利影响。

8.3.2 房地产营销渠道成员的绩效评估

房地产开发企业和中间商作为不同的利益实体，在营销渠道中处于不同的位置。房地产开发企业在从自身利益角度出发来衡量营销渠道的绩效时，主要考察中间商的营销业绩、营销能力、适应能力以及顾客满意度等。

(1)中间商营销业绩评价

①市场渗透的比较。即与本地区的其他竞争对手相比，该中间商是否已经为房地产企业创造了较高的市场渗透率。

②销售收入的比较。即在上一年度，该中间商为房地产企业带来的销售收入是否比本地区竞争对手的其他中间商要高。

(2)中间商营销能力评价

①营销技能的评价。即评价该中间商是否具备成功经营房地产企业产品所必需的技能。

②营销经验和知识的评价。即该中间商在房地产产品的经营方面是否有足够的经验，是否拥有对房地产产品以及服务应必备的知识。

③掌握市场信息程度的评价。特别要了解该中间商对企业竞争对手的产品及服务等方面是否有足够的了解。

(3)中间商适应能力评价

①对房地产市场发展趋势把握能力的评价。即该中间商是否能觉察出房地产市场的长期发展态势并能根据情况来调整自己的营销行为。

②创新能力评价。即该中间商在营销房地产产品时是否有很强的创新能力。

(4)顾客满意度评价

满意度是指期望值与现实值之间的对比关系，让顾客满意是市场营销中的核心问题。房地产企业衡量顾客是否满意中间商的服务的标准主要有：

①房地产企业是否会经常受到顾客对中间商的抱怨和投诉。

②在处理与房地产企业的产品和服务的有关问题时，该中间商是否能向顾客提供及时、友好和高效的帮助。

③该中间商是否经常尽各种努力来使顾客满意，例如，中间商和顾客进行良好的沟通，包括组织顾客参加中间商组织的一些联谊活动、让顾客参加一些必要的讲座及培训等。

8.3.3 房地产营销渠道冲突管理

营销渠道的冲突是指在营销渠道内部或营销渠道之间出现相互矛盾冲突的现象。房地产营销渠道内部冲突常出现在开发商同时委托几家中间商代理租售房地产的情况下，如果渠道设计不合理或者旧有渠道结构在新市场条件下不能良好运作，渠道成员会因而产生矛盾。如果渠道间或渠道内成员的目标或利益不一致，就很容易爆发渠道冲突。例如，个别中间商为促销而少拿佣金，但却损害了其他中间商的合法利益。

1. 营销渠道冲突的分类

(1)按照渠道成员的关系类型，渠道冲突可分为水平冲突、垂直冲突和多渠道冲突。水平冲突是指同一渠道中同一层次的中间商之间的冲突，这种冲突可能出现在同类中间商之间，也可能出现在同一渠道层次的不同类型的中间商之间；垂直冲突是指同一渠道中不同层次的成员之间的冲突；多渠道冲突是指当某个开发商建立了两条或两条以上的渠道向同一市场出售其产品或服务时，发生于这些渠道之间的冲突。

(2)按照产生的原因，渠道冲突分为竞争性冲突和非竞争性冲突。竞争性冲突，是指两个或多个渠道成员在同类或类似的市场上竞争时发生的冲突；非竞争性冲突，是指渠道成员在目标、角色、政策及利润分配等方面存在不一致引发的冲突。例如，经销商、代理商对开发商的定价和促销政策持不同意见引发的冲突；两个代理商为获得开发商较优惠的政策而相互诋毁等。

(3)按照显现程度，渠道冲突分为潜在冲突和现实冲突。潜在冲突是指渠道成员由于在目标、角色、意识和资源分配等方面存在着利益上的差异和矛盾，而这种差异和矛盾还没有导致彼此行为上的对抗的一种冲突状态；现实冲突是指渠道成员彼此之间出现的相互诋毁、报复等对抗行为的冲突状态。

2. 营销渠道冲突产生的原因

(1)目标差异

在营销渠道中，每个渠道成员的目标通常都与其他成员不兼容，甚至会产生利益冲突。目标的差异决定了渠道成员的行为，客观上会阻碍或不利于其他成员目标的实现，从而引发渠道冲突。例如，中间商一般经销多家房地产企业的产品，其最重视整体销售利润目标，要促使大多数顾客对各种房地产产品的购买，并重视某一家房地产企业的产品。而房地产开发企业最关心的是本企业商品价值的实现。

(2)知觉差异

在一定的市场条件下,所有渠道成员都是根据其可获得的信息以及先前的经验对现实做出不同的判断。由于获取信息手段的局限性以及经验的主观性,导致了对现实分析的差异性。例如,房地产企业可能对房地产市场的发展态势表示乐观,而经销商或代理商却对发展前景不看好。

(3)沟通失败

房地产企业与其他渠道成员进行及时有效的沟通是营销渠道系统正常运转的重要保证。如果房地产企业没有及时和渠道中的其他成员交换重要信息或沟通受到干扰,从而造成在一条分销渠道中信息不对称或者成员对同一信息具有不同理解时,潜在冲突就会增加。

(4)任务和权利不明确

渠道成员应该明确界定各自的权利和义务。当任务和权利模棱两可时,将会导致渠道成员之间的冲突。一种情况是房地产企业自己的营销队伍和其授权的经销商同时向同一目标市场销售同一房地产产品,从而造成人力、物力、财力的极大浪费。另一种情况则存在于地位平等的两个中间商之间,当他们的业务发生重叠时,即几个中间商争抢同一个业务或竞争同一目标市场时,冲突随之产生。

3. 营销渠道冲突的解决

渠道成员有时会在冲突的萌芽阶段,甚至在冲突发生之前,制定一些政策来处理冲突。这些政策会被制度化,成为渠道关系所处环境的一部分。

(1)向中间商提供适销对路的优质产品。房地产开发企业应该注重产品质量,同时更应注意产品功能的齐全和式样的创新,引导消费潮流。

(2)适当地分配销售利润。房地产开发企业应该把划出的利润总额细分,并依据销售工作绩效的大小去合理分配。

(3)协作促销。房地产开发企业要开展各种形式的市场推广活动。如举办展览,派人员指导等。

(4)帮助中间商提高售后服务能力。房地产开发企业要为中间商培训售后服务人员,或提供咨询及必要的人、财、物的帮助,以服务取信顾客。

8.3.4 房地产营销渠道调整

市场营销环境是不断发展变化的,原来的营销渠道经过一段时间以后,可能已不适应市场变化的要求，因此开发商应随时依据市场条件的变化、渠道成员的评估结果对渠道成员进行调整。例如，一个大型高级别墅区的开发商以往是通过设置售楼处来租售其别墅，当其销售速度明显降低后，该开发商才发现其他竞争者已经采取了许多创新渠道。例如，许多高级别墅通过代理商租售，越来越多的竞争者和代理商对高级写字楼挨门挨户访问推销，或者聘请海外营销机构做独家代理。无疑上述渠道的变化趋势必然迫使开发商考虑各种可能的渠道策略，对现有营销渠道做必要的修正和改进。

通常企业调整营销渠道的策略有如下几种：

(1)增减营销渠道中的个别中间商

由于个别中间商的经营不善而造成市场占有率下降，影响到整个渠道效益时，可以考虑对其进行削减，以便集中力量帮助其他中间商搞好工作，同时重新寻找几个中间商替补；市场占有率的下降，有时可能是由于竞争对手营销渠道扩大而造成的，这就需要考虑增加中间商数量。

(2)增减某一个营销渠道

随着市场的变化，房地产企业有时会发现自己的销售渠道太多，从营销效率的角度考虑，可以适当地缩减一些销售渠道；相反，适当增加一些销售渠道，或者随着时间的推移，剔除某些效益下降的渠道，增加某些效益良好的渠道。

(3)调整整个营销渠道

这是渠道调整中最复杂、难度最大的一类，因为它要改变整个渠道策略，而不只是在原有基础上缝缝补补。例如，放弃原来的直销模式，而采用代理商进行销售；或者建立自己的营销机构以取代原来的间接渠道。这种调整不仅是渠道策略的彻底改变，而且产品策略、价格策略、促销策略也必须作相应调整，以期和新的营销系统相适应。总之，营销渠道是否需要调整、如何调整，取决于其整体营销效率。因此，不论进行哪一层次的调整，都必须做经济效益分析，看销售能否增加，营销效率能否提高，以此鉴定调整的必要性和效果。

例如上面例子中的别墅开发商，通过详细分析对比后对原来的营销渠道做了如下调整：①在本地区聘请了五家专门从事高级别墅租售的房地产中介代理商；②招聘了一批房地产经纪人，专门从事上门推销；③在港、澳、台地区挑选了一家著名房地产中介做独家代理商。采用上述决策后，该开发商为此多支付了佣金，但他们一方面节省了广告费用，另一方面租售量大大增加，盘活了资金，结果租售率和租售利润都提高了。可见对营销渠道的调整取得了成功。

案例

"丽城星座"项目的销售代理计划

"丽城星座"地处沈阳市一环附近,占地面积11 400平方米,共有六栋多层公寓楼,总建筑面积23 863平方米,总销售额为8 500万元。该公寓是一个独立的居住组团,公寓规划力图体现"以人为本"的设计思想。

园区内除建筑四周绿化外,还设计有800平方米的中心花园、林阴道、休闲庭廊;公寓楼绕园错落布局、斜坡屋面、曲线檐口、大面白墙嵌红格窗条。公寓科技含量高,配置进口中央空调、电梯、变频恒压供水系统,配置家用燃油锅炉,24小时供应热水,配置变压式排气道;配置水、电、气三表计量出户微机管理系统、周边防盗报警和入口处监控对讲系统。

"丽城星座"配有豪华会所,建筑面积达6 000平方米,包括游泳池、台球室、棋牌室、乒乓球室、健身房、篮球场、羽毛球场、儿童活动中心、老人活动中心等。

"丽城星座"户型共有八种,分为平面式和错层式两类,面积从73.54平方米至150.43平方米不等。该项目由开发商委托某房地产经纪公司做独家代理,由代理商派驻销售人员进入开发公司的现场售楼处进行销售。

开发商之所以选择独家代理销售方式进行该项目的销售,主要是出于以下几个方面考虑:

1. 开发商自身的销售力量较为薄弱,销售人员不足,缺乏销售经验,无法保证在销售期内完成销售额并收回成本。

2. 代理商是该地区实行独家代理方式进行房地产销售的中介公司中实力较为雄厚的一家,销售经验丰富,销售网络和信息网络健全,信誉较好,专业化程度和专业人员素质较高,且过去有很不错的销售业绩。

3. 开发商与代理商在房地产的前期策划阶段已经开始合作,虽然合作是松散型的,但由于代理商对于市场状况、顾客品位、宏观政策等方面非常熟悉,因此在项目定位、配套设施、平面布局、市场推出时机等方面给予开发商许多有益的建议,为代理商成功地拿下该项目的代理权打下良好的基础。

"丽城星座"公寓项目的基准价格(表8-1)由开发商确定。代理商根据开发商制定的基准价格,经协商后制定出楼层差价系数(表8-2)。

同时确定购房款计算方法:

购房款=基准价×(1+楼层差价系数)×面积×优惠后百分点

合同中规定,代理商与开发商共同成立销售价格领导小组,协调销售折扣,确定团购的最大让利幅度，规定了代理商的浮动权限，具体见表 8-3。

表 8-1　　基准价格

楼号	价格
02、03 栋	4 200 元/平方米
06 栋	5 000 元/平方米
01、04、05 栋	4 800 元/平方米

表 8-2　　楼层差价系数

楼层	楼层差价系数					
	01	02	03	04	05	06
八						−2%
七		0%	0%			+3%
六	0%	−2%	−2%			+7%
五	+4%	+3%	+3%	+4%	+4%	+7%
四	+7%	+7%	+7%	+7%	+7%	+7%
三	+7%	+7%	+7%	+7%	+7%	+7%
二	0%	0%	0%	0%	0%	0%
一	−2%	−2%	−2%	0%	0%	0%
备注	一梯一户	普通型	普通型	错层式	错层式	框架结构

表 8-3　　代理商的浮动权限

销售阶段	浮动权限
房屋交付使用前	最低至销售价格的 95%
房屋交付使用后	最低至销售价格的 96%
销售至总量的 50%	最低至销售价格的 97%
销售至总量的 80%	最低至销售价格的 98%

同时规定，一次性付款的购房者，房屋价格优惠 2%，如在签约 7 天内能支付房款总额的 50%以上者，再优惠 2%。

合同中规定佣金取费费率占销售总额 8 500 万元的 1.2%。之所以在合同中降低取费费率，主要原因是该项目的广告费用支出由委托方全部负担。此外，确定这样的取费标准主要还考虑以下三个方面的因素：

(1)此价格是计算了代理商进行独家代理所需的成本加上利润和税金后得出的。

(2)虽然代理价格与进行普通居间介绍的佣金取费费率比相差不多，但是实行独家代理以后，在销售期内代理商的佣金收入得到了保证。

(3)这个价格是开发商能够承受的价格。

制定出房地产销售价格和项目代理价格以后，开发商又将销售任务按照季度划分出来，并且确定佣金的支付办法和支付时间，以控制和激励代理商完成代理任务。

开发商将销售总额8 500万元分解为几个部分：第一季度1 500万元，第二季度1 000万元，第三、第四季度均为3 000万元，代理商得到的佣金按销售额所占比例在每季度末由开发商支付，即第一季度支付佣金总额的18.2%，第二季度支付佣金总额的11.8%，第三、第四季度分别为35%。第一季度由于跨越年末，开发商希望能够尽可能多地回笼资金，同时，在正式发售楼盘以前，已经做了大量的广告宣传工作，所以开发商安排的第一季度销售任务比较重，并且还规定，如果代理商能在第一季度内完成销售总额的20%，开发商便将第一季度的佣金比例提高一倍予以奖励；第二季度由于跨越春节，因此任务分摊较少；第三、第四季度进入销售旺季，任务分摊也相应较多。开发商同时也规定了如果代理商没有按期完成任务，将在代理佣金费用中进行扣减，扣减比例与代理商未完成合同额的比例相同，即

佣金额＝佣金总额×本季度佣金比例×(1－未完成合同额/本季度合同额)

如果代理商连续两次未完成合同中规定的销售任务，则开发商有权取消代理商的独家代理权，并且终止合作关系。

代理商在签署委托代理合同之后，根据开发商的实际情况，从代理公司派出人员组建该物业的现场售楼处，以扩大销售范围，全面代理开发商的销售工作。

代理商还采取了以下几种营销策略：

(1)广告宣传

代理商着手制作广告并通过报纸、电台加以宣传。由于销售期的第一个阶段跨越年底，所代理的房屋未正式交付使用，因此，代理商在这一阶段的广告宣传主要侧重于介绍该项目总体定位，以激发购房者的兴趣，没有标注出房屋的实际售价。房屋正式交付使用后，代理商自元旦起，多次通过报纸电台发布房地产广告，由于此时是现房，因此广告宣传取得了非常好的效果，代理商超额完成了第一季度的销售任务。

(2)参加房地产交易会

由于恰逢沈阳市冬季房地产交易会，代理商利用这次机会，投入力量制作现场广告展板及现场摊位，并制作售楼书现场发放，吸引了一部分目标客户购买房地产产品。

(3)通过销售网络进行营销

代理商利用其专业的销售人员，固定的销售网络，不断地收集有关买房者的信息，进行上门服务，向有购买意愿的社会集团和个人定向发放资料。由于信息来源准确，定向发放资料取得了比较好的销售效果。

(4)与其他代理商进行合作

代理商把销售物业的情况包括销售价格、平面布局、套型设计、物业管理、水电暖设备等基本情况介绍给其他代理商，其他代理商利用其销售渠道对该物业进行销售，然后按其销售额的比例提取相应佣金。

经过代理商的种种促销活动，不但第一季度超额完成了销售指标，而且截至第三季度，代理商已经完成了销售任务的 85.4%，回收资金 7 259 万元，得到了开发商的好评，并获得了超额奖金，也为开发商与该代理商的长期合作打下了坚实的基础。

思考题

1. 房地产营销渠道的类型有哪些？
2. 何为独家代理？它与联合代理有何区别？
3. 影响房地产营销渠道选择的因素有哪些？
4. 如何确定中间商的数目？
5. 营销渠道产生冲突的原因是什么？
6. 如何激励营销渠道成员？
7. 怎样选择一个合适的中间商？

第9章

房地产促销组合战略

9.1 房地产促销

9.1.1 房地产促销的定义与作用

1. 房地产促销的定义

促销是指企业以各种有效的方式向目标市场传递有关信息，以启发、推动或创造对企业产品和劳务的需求，并引起购买欲望和购买行为的一系列综合性活动。促销的本质是企业同目标市场之间的信息沟通。

房地产促销是房地产市场营销管理中最复杂、最富技巧、最具风险的一个环节，促销策划主要应围绕促销的基本方式来进行。所谓房地产促销是指房地产企业向目标顾客传递产品信息，促使目标顾客作出购买行为而进行的一系列说服性沟通活动。它是房地产市场营销组合的四个构成要素之一。

2. 房地产促销的作用

(1)提供商业信息。在房地产产品进入市场之前，房地产企业必须把有关的产品情报传递到目标市场的消费者、用户和中间商那里，引起人们的注意以打开销路，从而解决在房地产市场不健全情况下，房地产企业寻找顾客和顾客握着货币不知去何处买房的矛盾。同时，房地产企业要了解顾客的要求，包括房屋的建筑形式、平面布局、装修标准、色彩等，摸清规律，改进产品，使其更适销对路，扩大市场份额。房地产促销可以使房地产企业形成有效的传递和反馈信息系统。

(2)突出产品特点，提高竞争能力。房地产企业通过促销活动，宣传本企业产品的特点，努力提高产品和企业的知名度，增强用户的信任感，以提高企业和产品的竞争力。在房地产促销活动中，预付购房款、期房成交的情况较多，顾客只能从房地产企业以前的产品及其在社会上的形象和信誉决定是否购买其房地产产品。房地产开发企业通过促销活动，可以宣传本企业产品的突出特点以及它给消费者或用户带来的特殊利益，并让更多的潜在顾客了解企业的规模、特征、地点、主要产品类型和所取得的成绩，以提高企业知名度，开拓更大的市场。

(3)强化企业形象，巩固市场地位。房地产企业通过促销活动，可以树立良好的企业形象和商品形象，培养和提高消费者“品牌忠诚度”，增强产品的市场竞争力，扩大市场份额。在竞争激烈的环境下，通过促销活动，房地产企业能够锁定细分市场中的目标客户，从而稳定销售，即使是规划、配套设施、交通等方面完全相同的两个竞争性楼盘，也能通过促销使目标消费者认识到它们在价格、质量、档次和其他方面的不同之处，并以这些不同属性满足消费者的需求，使产品更有竞争性。

(4)影响消费，刺激需求。通过促销沟通可以引起顾客的购买欲望，引发他们的购买行动，从而增加老产品的销售量，同时扩大新产品的销售。由于房地产产品的相关信息具有较强的专业性，通过促销，可以告诉消费者什么才是适合他们的商品，从而改变不合理的消费行为，使消费者的需求能够适应时代的发展，如节能住宅的推广、住宅郊区化的引导等。

9.1.2　房地产促销方式

房地产促销方式主要有四种：广告促销、人员促销、营业推广和公共关系。

1. 广告促销

广告促销是房地产企业用来直接向消费者传递商品信息，输送某种观念的最主要的促销方式。广告利用其灵活的表现形式，可以将有关信息不知不觉地灌输到消费者的脑海里，从而影响消费者的购买决策，激发消费者的购买欲望。因此，房地产企业广泛使用广告宣传的手段，以扩大市场销售量。

2. 人员促销

对某些处于一定销售阶段的产品，人员促销是一种最有效的促销方式，尤其是在争取顾客偏好，建立顾客对本企业房地产产品的信任和促成交易等方面有显著的效果。但是由于人员促销接触的顾客面较窄，所以，与其他促销手段相比，它是一种相对较昂贵的沟通工具。

3. 营业推广

营业推广直接针对房地产产品展开促销，可以刺激消费者采取购买行动，或刺激中间商的销售人员努力销售房地产产品。因此，房地产企业为在短期内引起消费者对其房地产产品的注意，扩大销售量，常采用这种促销方式。

例如，某楼盘采取九成“按揭”的方式进行促销，以高于同地段、同品质楼盘 1 000元/平方米左右的价格，实际销售了 10 000 平方米的商品房，使开盘的 4 个半月中完成了可销售面积 51.5%的销售量。但这种促销方式容易引起竞争者模仿，并会导致公开的相互竞争，同时如果这种促销方式使用频繁或长期使用，会使促销效果迅速下降。

4. 公共关系

公共关系促销与广告促销、人员促销和营业推广有着明显的区别，公共关系促销不是由企业直接进行的宣传活动，而是借助于公共传播媒体，由有关新闻单位或社会团体以新闻等形式进行，因而可以引起公众的高度信赖和注意。

以上四种促销方式各有其优缺点，见表 9-1。

表 9-1　　四种促销方式的优缺点

促销类型	优点	缺点
广告促销	传播广泛；传播信息规范；易于控制	费用高；广告效果难以度量；难以与目标者沟通
人员促销	信息表达灵活；易于与消费者沟通，建立关系；促销目标明确，促成及时成交	单位接触成本高；对销售人员素质要求高；难以进行大面积销售
营业推广	促销刺激直接；易引起消费者的注意与反应；效果明显	容易引起竞争；促销效果难以持久
公共关系	可信度高；影响面广；易建立企业和房地产产品的形象；促销作用长久	针对性较差；企业难以进行控制

房地产促销方式的详细内容见本章其他各节。

9.1.3　房地产促销组合

房地产促销组合是指为实现房地产企业的促销目标而将不同的促销方式进行组合所形成的有机整体，即如何确定促销预算及其在各种促销方式之间的分配。企业应该根据促销组合的特点和影响促销组合的因素，对四类促销方式进行有效的组合，使企业能够以最少的促销费用达到所确定的促销目标。

1. 房地产促销组合的特点

(1)房地产促销组合是一个有机的整体

为了达到费用最低且效果最好，房地产企业往往不会只使用一种促销方式，而是将不同的促销方式作为一个整体同时使用，使其发挥规模效应。也就是说，如果各种促销方式配合默契，几种促销方式共同使用发挥的作用远大于独立使用各种促销方式产生的效应之和。然而如果各促销方式使用时相互制约，相互影响，则会出现规模无效应的结果。

(2)促销组合是一种动态组合

促销组合策略必须建立在一定的内外部环境条件基础上，并且必须与企业营销组合的其他因素相互协调。有时候，一个效果好的促销组合在环境条件变化后会成为一种效果很差的促销组合。因此，必须根据环境的变化调整企业的促销组合。

(3)促销组合是一种多层次组合

每一种促销方式中，都有许多可供选择的促销工具，每种促销工具又可分为多种类型，进行促销组合就是适当选择各种促销工具。因此，企业的促销组合策略是一种多层次的策略。

2. 影响房地产促销组合的因素

(1)产品市场的类型和目标

各种促销方式对消费品和产业用品的促销效果不同。一般说来，从事消费品营销的企业，最重要的促销方式是广告，其次是营业推广，然后是人员促销，最后是公共关系。与此不同，从事产业产品促销的企业分配促销预算的次序，则首先是人员促销，其次是营业推广，然后是广告，最后是公共关系。总之，广告比较适用于价格较低、技术性弱、买主多而分散的消费品，面对消费者市场；人员促销比较适用于价格较昂贵、技术性强、买主少而集中的产业用品，面对产业市场和中间商市场；营业推广和公共关系是相对次要的促销方式，在对两类产品的适用性方面差异不大。由于房地产产品是一种价格昂贵、购买风险较大的耐用消费品或生产资料，其购买者往往倾向于理智消费，并不满足于一般广告所提供的信息，而是希望能得到更为直接可靠的信息，所以除广告促销外，人员促销是很重要的促销手段。

企业目标市场的不同状况，也影响促销手段的选择。当企业面临的是地域分布广阔而且分散的目标市场时，广告的作用就显得很重要，例如一些外销楼盘，因为相对于人员促销，其单位成本比较低；当目标市场比较窄而且又相对集中时，人员促销和营业推广等就比较容易奏效，而此时广告的相对成本则可能很高。

(2)购买准备过程的阶段

顾客的购买准备过程一般分为 6 个阶段，即知晓、认识、喜欢、偏好、确信和购买。在不同阶段，企业应采用不同的促销组合策略。在知晓阶段，广告和公共关系的作用较大；在认识和喜欢阶段，广告作用较大，其次是人员促销；在偏好和确信阶段，人员促销的作用较大，广告的作用略小于人员促销；在购买阶段，则主要是人员促销在发挥作用。

(3)房地产建设的不同阶段

影响企业促销组合决策的另一个因素是产品在其生命周期所处的阶段，对处于不同阶段的产品，促销的重点目标不同，所采用的促销方式也有所不同。在项目开工的前期阶段，多采用公共关系和广告促销组合，以提高企业及房地产产品的知名度；在项目施工阶段，采用广告和营业推广相结合的促销组合，此时也要加强人员促销的力度；项目竣工后，促销组合中人员促销起的作用将增强，同时广告、营业推广、公共关系等促销方式也要调整并组合使用。因此，在房地产建设的不同阶段，应选择不同的促销组合，以达到最好的促销效果。

(4)促销预算

促销预算对促销方式的选择有很大的制约。促销预算不足的情况下，费用昂贵的促销方式，如电视广告、收费较高的报纸广告等促销方式就不适合使用。房地产企业实力、房地产本身的利润以及市场供求状况等决定了促销预算的大小，应根据促销预算，合理地选用促销方式，使促销费用发挥最大的效果。

(5)营销环境

营销环境也会在一定程度上影响企业促销手段的选择。如某地区对大众传播的控制程度以及该地区接触传播的可能性(如报刊订阅率、电视机和收音机的拥有率等)，会极大地影响广告的宣传效果；一些社会活动(如体育运动会、旅游节、庙会等)可能为营业推广和公共关系创造良好的机会；某些政策法令会对各种促销手段的应用形式起到直接或间接的促进或制约作用；甚至政策的变化和某些社会重大事件也会因其舆论导向的作用而成为某些促销手段实施的契机。所以促销手段的选择和应用必须充分注意其对营销环境的适用性。

3. 房地产促销组合策略

(1)推式策略

推式策略(图 9-1)就是房地产企业促使房地产中间商积极促销，并使房地产中间商积极寻找顾客进行促销，将房地产产品租售出去。即从房地产生产者推向中间商，再由中间商推向消费者。

图 9-1

(2)拉式策略

拉式策略(图 9-2)是房地产企业针对最终消费者开展广告攻势，把产品信息介绍给目标市场的消费者，使之产生的购买的欲望，形成急切的市场需求，然后拉动中间商纷纷要求经销这种房地产产品。在拉式策略中主要使用广告和营业推广，辅以公共关系宣传。

图 9-2

(3)推拉结合策略

房地产企业有时可以将上述两种策略配合起来使用，在向中间商大力促销的同时,通过广告刺激房地产市场需求。

显然,如果企业采取“推动”策略,则人员促销的作用最大;如果企业采取“拉引”策略,则广告的作用更大些。在房地产营销实践中,一般是两种策略结合使用。

9.2　房地产广告

9.2.1　房地产广告的概念和特点

1. 房地产广告的概念

房地产广告指房地产企业按照一定的预算方式,支付一定的费用,通过一定的媒体将商品信息传送给广大目标顾客的一种沟通方式。

房地产广告可以从两个角度来理解:从狭义上讲广告是房地产企业以付费的方式利用各种传播媒体向目标市场的公众传递房地产产品和服务信息的经济活动。从广义上讲,它是房地产企业与外界接触的一种手段。

2. 房地产广告的特点

(1)传播广泛

因为传播媒体能够大量地复制信息并广泛地进行传播,所以广告的信息覆盖面相当大,可以使企业及其产品在短期内迅速扩大影响。一般来说,购房者在做出购买决定前会反复考虑才会形成购买决定。因此房地产广告必须尽可能地把项目的位置、价格、付款方式、物业特点、开发商、售卖地点和时间等信息全部交代清楚,购房者将相关信息了解清楚之后才会决定是否去售楼现场。

(2)时间性强

房地产广告宣传非常重视促销效果,广告的时间性极强,开发商在投入广告前要注意宣传的覆盖率,即启动多种宣传媒介以全面覆盖目标消费群。一笔广告费投下去必须在较短的时间内换回一定的销售额,房地产广告在宣传量上达不到一定的饱和度,就无法保证短时间内的大量成交。

(3)媒体效应

由于消费者是通过传播媒体来获得产品和服务信息的,因此媒体本身的声誉、吸引力及其接触的可能性都会对广告信息的传播效果产生正反两方面的效应。

(4)经济效益性

由于广告对传播媒体的利用是有偿的,因此企业的广告活动就必须重视经济效益,必须对广告费用的投入及其产生的促销政策进行精确的核算和比较。采用不同的媒体广告成本费用不同,如电视广告成本费用较高,而报刊广告则较低。

9.2.2 房地产广告媒体

在广告传播活动中,企业都希望能以最小的成本获得最好的广告效果。在广告媒体运用时,如何选择媒体、媒体组合及把握媒体的推出时机,都牵涉到广告预算及广告效果的评价,因此,必须精心策划,从众多广告媒体中做出正确的选择。

1. 广告媒体的种类

(1)报纸

报纸是传播的最主要工具,其发行量大,覆盖面宽,读者稳定,传递灵活迅速,新闻性、可读性、知识性、指导性和记录性"五性"显著,白纸黑字便于保存,可以多次传播信息,制作成本低廉,是一种非常重要的广告媒体。但报纸广告也有一定的局限性,它以新闻为主,广告版面不可能居突出地位,且广告有效时间短,日报只有一天甚至半天的生命力,多半过期作废。广告的设计、制作较为简单粗糙,广告照片、图画运用极少,大多只用不同的字体编排,千人一面,呆板单调,广告用语也过于模式化。

(2)杂志

杂志广告是指利用杂志的封面、封底、内页、插页为媒体刊登的广告。杂志广告的优势是:第一,杂志所具有的地位和对它的有利评价会给广告以极大的影响;第二,杂志的针对性较强,选择性好,可以针对特定读者阶层的心理做广告表现,宣传效率高;第三,由于杂志给人的视觉记忆深刻持久,而且一般广告独占版面,加上印刷水平高,使读者视觉集中,印象强烈;第四,杂志的反复阅读率高,传读率高,机动性强,保存时间长,可以较长期地促进销售。但是杂志媒体也存在一些缺点:发行范围不够广,发行周期比较长,时效性差,不像广播、电视那样传播迅速而及时。

(3)广播

广播是传播信息最快,并且覆盖面广泛的听觉广告媒体,广播媒体的优势十分明显:首先,广告信息传递迅速、及时;其次,广播媒体传播的范围广泛,由于广播诉诸听觉,能使人们在不知不觉中毫无抗拒地加深印象。对知识程度较低或者文盲听众,广播媒体的宣传效果最强;再次,广播媒体制作简单,费用低廉,很适合广告预算不多的企业。但是由于广播媒体只有声音没有形象,信息不易保存,对房地产的许多特点难以很好地表达,缺少在视觉的上刺激;另外,由于听众分散,无法了解收听的情况。

(4)电视

电视广告集声音、形象、音乐于一体,有利于消费者对房地产产品的了解,并能使人们产生丰富的联想,作为现代社会信息传播中最具魅力的工具,其广告效果也是最为明显的。电视广告的表现方式丰富多彩,可以通过故事式、名人推荐式、解决问题式、引证式、示范式、赋予广告以生命力的幽默式等形式,提高电视广告的吸引力。电视媒体的局限性是消逝速度快,且费用较高。

(5)户外广告

户外广告主要包括路牌、霓虹灯、旗帜、招贴、灯箱等形式。如果能在城市的主要交通路口、人群汇集地选择引人注目的位置,用独特的方式进行户外广告,效果是非常好的。户外媒体一方面可以根据地区的特点选择广告形式,同时又可以根据某地区消费者的共同心理特点、风俗习惯来设置。户外媒体可较好地利用顾客在途中、在散步游览时、在公共场所时经常产生的空白心理,在这种时候,设计精美的房地产广告、霓虹灯多彩变化的光芒常能给人留下非常深刻的印象,引起较高的注意率,更容易使其接受广告,而且利用户外媒体的费用较低。户外媒体的弱点在于广告的注释率不够集中,可供选择的地方有一定的限制,且内容修改难度较大,时效性差。

(6)交通广告

主要指在那些流动性很强的公共交通工具上做的广告。房地产企业把广告做到了行驶在繁华路段的公共汽车的车厢上,能收到很好的效果。交通广告由于其流动性强,因此被注意的程度相对来说要高得多,广告触及面广,对于销售周期较长的房地产产品来说,交通广告是一种有效的宣传途径,而且费用比较低。但交通广告对设计要求较高,内容要求简短,使人们能在车厢行驶过去的几秒钟内就捕获有效信息。

(7)邮寄广告

邮寄广告主要指通过邮局直接寄发给广告对象的信函,向消费者或用户推销广告中的商品。它包括广告信、宣传册、购买邀请函等。这类媒体的最大特点是针对性强,采用广告对象易于接受的广告表现形式,直接邮寄到他们的单位、家庭,往往使收信人产生优越感,从而减少了对广告的抗拒心理,注意率高。邮寄广告可采用多种表现形式,可以用精美印刷品给人留下强烈印象和记忆,产生较好的反复阅读率,而且,这种媒体的费用较低。但在邮寄广告的设计上,从信封到内部印刷品都不能马虎,应该做到准确、形象、美观、个性鲜明,以减少目标消费者对此类广告的排斥心理。

(8)网络

随着 Internet 的发展,网络广告越来越得到广泛的运用。网络媒体有传播面广、时间长、诉求力强、表现力丰富、更新便捷、信息量大等优点,有的网站发布的房地产广告还带有项目的视频资料可供购房者点击浏览,使购房者有身临其境的感觉,非常直观。不足之处是制作复杂、效果难以测定,尤其对特定人群的传递率不十分理想。

2. 影响广告媒体选择的因素

选择房地产广告媒体,总的来说,要从房地产广告所要达到的目的出发,做到花较少的费用,达到最好的广告效果。具体来说,要考虑以下各种因素:

(1)市场方面的因素

①要考虑购房者的属性。由于消费者会根据个人口味来选择合乎他们需要的传播媒体,因此,不同教育程度或职业的购房者对媒体的接触习惯也不同。例如,教育程度高者较偏重于印刷媒体,教育程度低者较偏重于电波媒体。因此,房地产营销人员应认清消费者的性别、年龄、教育程度、职业、地域等特性,再决定选择何种广告媒体。普通商品房消费群体主要是工薪阶层,高档楼盘的消费者是城市的高收入者。这样,在媒体选择上,前者只需要选择大众易于接受的一般性媒体;后者不仅要选择一般性媒体,还要选择高收入阶层涉及的专业性媒体。

②要考虑商品的特性。商业、普通住宅和别墅的商品特性并不相同。因此,房地产营销人员要针对不同商品的特性来选择广告媒体。比如高级写字楼多采用向公司主管人员直接邮寄楼盘资料的方式;有的楼盘面向海外,则可以在国际互联网上推出。

③要考虑商品的数量及销售范围。建筑个案总销金额大的,可考虑将市场扩大到全国性销售;建筑个案总销金额小的,则只限于地方局部市场。

(2)项目方面的因素

①项目的规模。如果项目规模较大,开发周期较长,除报纸、电视外,还需要选择一些户外广告,如在公交车站点、主要交通要道等地方设立固定的广告牌,在市区高大建筑物、公交车等载体上发布广告,会长期被人知晓。如深圳的百仕达花园在深圳深南大道上的两个高层建筑物顶上树立巨大的广告牌,无论白天黑夜,市民远远就可以看见,而且广告期长达 3 年之久,效果较佳。

②开发商的资金实力。开发商的资金实力是选择主体广告的先决条件,如果实力雄厚,项目规模又大,就应该展开主体广告攻势,尽可能顾及全部目标客户顾及。如果资金有限,就要选择阅读或视听最广的媒体重点发布广告,尽量节省费用。

(3)媒体方面的因素

①要考虑媒体的传达范围。广告媒体所能达到的范围要与所要求的房地产销售信息传达范围相适应。如果房地产的销售范围是全国性的，销售信息希望在全国范围内传递，就不能选择地方性的报纸、杂志、电视及广播媒体，而应采用网络、卫星电视等手段。

②要考虑媒体读者层或视听的价值。销售人员要考虑产品广告欲传达的对象平时对哪种媒体有更多的收看或收听习惯，从而有针对性地宣传，以提高广告的有效性。比如普通低价房的开发商，把一般工薪阶层作为销售对象，就没有必要在价格昂贵的白领杂志上做广告，而应选择大众性的报纸、电视、网络及广播等传播手段。

③要考虑广告的出现频率。广告的出现频率一定要与所要求的房地产销售广告信息出现的次数相一致。如果房地产销售信息要求一天出现几次，那就只能选择电视或广播作为媒体；如果房地产销售信息可以相隔一段时间出现一次，就可以选择报纸、杂志等作为媒体；如果在某一特定时间内要做大量广告，那就可以同时选择几种媒体。

④要考虑媒体的费用和效果。各种广告媒体的收费情况相差较大，有的比较昂贵，有的比较便宜，就是同一种广告媒体也存在价格差别。因此，在选择房地产广告媒体时要选择费用比较少、效果比较好的媒体做广告。

由于各种广告媒体均有其特性，购房者接触的媒体也各有不同，因此为了达到广告效果，广告信息不能只使用某一种特别的媒体，而必须借助于各种不同媒体的组合(称为广告媒体组合)，来达到预期的销售目标。

3. 广告媒体组合

(1)广告媒体组合的方式

广告媒体常采用以下几种组合方式：

①瞬间媒体与长效媒体的组合。瞬间媒体指广告信息瞬时消失的媒体，如广播、电视等媒体，由于广告一闪而过，信息不易保留，因而要与能长期保留信息，可供反复查阅的长效媒体配合使用。长效媒体一般是指那些可以较长时间传播同一广告的印刷品、路牌、霓虹灯、公共汽车等媒体。

②视觉媒体与听觉媒体的组合。视觉媒体指借助于视觉要素表现的媒体，如报纸、杂志、户外广告、招贴、公共汽车广告等。听觉媒体指主要借用听觉要素表现的媒体，如广播、音响广告，电视可以说是听觉、视觉完美结合的媒体。听觉媒体更抽象，可以给人丰富的想象；视觉媒体更直观，给人以一种真实感。

③大众媒体与促销媒体的组合。大众媒体指报纸、电视、广播、杂志等传播面

广,声势浩大的广告媒体,其传播优势在于"面"。但这些媒体与销售现场脱离开来,只能起到间接促销作用。促销媒体主要指招贴、邮寄、展销,户外广告等传播面小、传播范围固定,具有直接促销作用的广告媒体,它的优势在于"点"。若在采用大众媒体的同时又配合使用促销媒体,能够点面结合,起到直接促销的效果。

(2)广告媒体组合的优势

广告媒体组合策略之所以能使房地产产品产生轰动效应和良好的促销效果,主要由于它具有以下三方面的优势:

①重复效应。由于各种媒体覆盖的对象有时是重复的,因此媒体组合的使用将使部分广告的听(观)众或读者增加,广告接触次数增多,也就是增加了广告的传播深度。消费者接触广告次数越多,对产品的注意度、记忆度、理解度就越高,购买的冲动就越强。

②延伸效应。各种媒体都有各自覆盖范围的局限性,假若将各种广告媒体组合运用则可以增加广告传播的广度,延伸广告覆盖范围。广告覆盖面越大,产品知名度越高。

③互补效应。即以两种以上广告媒体来传播同一广告内容,对于同一消费者来说,其广告效果是相辅相成、互相补充的。由于不同媒体各有利弊,因此组合使用能取长补短,相得益彰。

9.2.3 房地产广告设计

房地产广告策略的出发点是引起消费者的注意和兴趣,激发消费者的购买欲望,并最终促使消费者购买房地产产品,因此房地产广告的设计一定要易于理解、记忆和接受。要达到上述目的,必须在房地产广告的设计上下工夫。

1.房地产广告的设计原则

广告效果不仅决定于广告媒体的选择,还取决于广告设计的质量。高质量的广告必须遵循下列原则来设计:

(1)真实性。广告的生命在于真实。虚伪、欺骗性的广告,必然会丧失企业的信誉。广告的真实性体现在两方面:一方面,广告的内容要真实,包括广告的语言文字要真实,不宜使用含糊、模棱两可的言辞;画面也要真实,并且两者要统一起来,艺术手法修饰要得当,以免使广告内容与实际情况不相符合。另一方面,广告主与广告商品也必须是真实的,如果广告主根本不生产或经营广告中宣传的商品,甚至连广告主也是虚构的单位,那么,广告肯定是虚构的、不真实的。企业必须依据真实性原则设计广告，这也是一种商业道德和社会责任。

(2)社会性。广告必须符合社会文化、思想道德的客观要求。要遵循党和国家的有关方针、政策，不违背国家的法律、法令和制度，有利于社会主义精神文明，有利于培养人民的高尚情操，杜绝损害我国民族尊严的，甚至有反动、淫秽、迷信、荒诞内容的广告等，如“用黑社会交易来反映产品紧俏、短缺以劝诱购买”的广告创意是不足取的。

(3)针对性。广告的内容和形式要富有针对性，即对不同的商品、不同的目标市场要有不同的内容，采取不同的表现手法。由于各个消费者群体都有自己的喜好、厌恶和风俗习惯，为适应不同消费者群体的不同特点和要求，广告要根据不同的广告对象来决定广告的内容，采用与之相适应的形式。

(4)艺术性。广告是一门科学，也是一门艺术。广告把真实性、思想性、针对性寓于艺术性之中。利用科学技术，吸收文学、戏剧、音乐、美术等的艺术特点，把真实的，富有思想性、针对性的广告内容通过完美的艺术形式表现出来。只有这样，才能使广告像优美的诗歌，像美丽的图画，成为精美的艺术作品，给人以很高的艺术享受，使人受到感染，增强广告的效果。这就要求广告设计构思新颖，语言生动、有趣、诙谐，图案美观大方，色彩鲜艳和谐，广告形式不断创新。

2. 房地产广告的诉求重点

一般来说，房地产广告的诉求重点包括以下几个方面：

(1)地段优势

地段优势指对位置敏感的房地产和拥有优越位置的房地产开发项目的广告宣传应突出其地段上的优势。当然，对于任何物业来说，位置都是非常重要的因素，而且不同类型物业的位置优劣标准是不同的，对此，在宣传地段优势时，应当有充分的认识。

(2)产品优势

对产品优势的宣传，不能仅停留在对其形式产品优势的介绍上，还应该突出其核心产品和附加产品层次的优势，展示产品的整体优势。

(3)价格优势

物美价廉是人们的一般消费心理，对于面向工薪阶层销售的房地产产品来说，价格相对较低自然是一种优势。但这种情况不能作为房地产广告宣传价格优势的一般法则。事实上，房地产价格优势的内涵体现在多方面，单价和总价的高低、分期付款的安排、楼盘按揭的安排、附赠商品及服务的安排均可作为价格优势的宣传重点。

(4)交通便捷优势

房地产广告中应强调其项目所在地的对外交通便利情况,并介绍其面临或接近的交通要道和主干城市街道情况,如项目距火车站、公交车站、地铁站、飞机场、码头及各繁华地段的距离及交通便捷程度等。

(5)学区优势

指房地产项目所在地有完善的托儿所、幼儿园、中小学等教育机构,且教学质量较高。学区的优劣不仅决定着孩子就学的便捷程度,还会直接影响对孩子的教育,甚至影响孩子的前途,因此对于为人父母或即将为人父母的购房者来说,质量好的学区无疑是一种很大的吸引力。

(6)公共配套设施优势

公共配套设施优势指项目周围的医疗、购物等的便捷程度以及项目本身的配套设施,如超市、健身房、游泳馆、采暖设施、对外联系设施(电话、网络)等的完备程度。

(7)社区生活环境质量优势

社区生活环境包括自然环境和建筑景观以及高品位的人文观景,如社区内的居民素质、文化氛围、治安状况等。

3. 房地产广告的创作风格

(1)规则式风格

这种创作风格有点近乎公式化,在格调上比较正规、刻板。对房地产名称、地段、类型、价格、付款方式等作平铺直叙的介绍。这种风格的好处是内容具体,介绍全面,缺点是平淡枯燥,缺乏特色和吸引力。

(2)情理结合风格

①情景式广告:常以房地产的真实情景创作广告,使消费者有设身处地的感觉。如某城市花园的电视广告,通过对住宅区内各项方便的生活设施的现场拍摄,突出了其硬件一流的特点。

②诱导式广告:直接从满足消费心理、需求心理和购买心理的角度来付诸广告语言。如某高级住宅广告语为“生命中的每一刻,都该是顶级的豪情享受,换未来,精选第一排名宅;换生活,让每一刻都是休闲无价,豪宅只站首排舞台;换环境,让未来的每一刻都是享受,花最少的预算住最阔的名宅”。

③证言式广告:其特点是把广告诉求的语言文字直接以已购买者推荐的口气来表达,使广告的诉求意愿正好同消费者的心理相一致。如某花园别墅广告,分别请了四位消费者在广告上说明为什么买该别墅。第一个人说“我实在想不到,在市

区里有这么好的绿色住宅”。第二个人说“如果说这里是孩子的乐园，一点都不过分”。第三个人说“我是个生意人，打惯了算盘，算来算去，还是这里最划算”。第四个人说“我们信得过它”。

4. 房地产广告的时机

房地产营销有周期性强的特点，广告自身也有着运作周期和规律，但完整的广告周期必须根据项目的营销周期来实施。通常，房地产营销分为开盘前期、开盘期、强销期和持续期四个阶段。

(1)开盘前期

以报纸广告告知型为主，广告重点是突出项目形象、突出项目特征和优势以引起购买者的注意和兴趣，并建立市场知名度。配合现场广告和户外固定性广告的制作，目标是树立鲜明的楼盘形象，主要传播概念性信息。

(2)开盘期

报纸广告范围扩大，表现在投放数量的频繁和刊登报纸种类的增多，提高传播频率和密度。伴随着开盘庆典活动和促销活动，广告宣传以告知型和促销型为主，重点在于稳固项目形象，提高楼盘的认知度、市场认同感和促进销售。同时推出与项目主体紧密关联且深度和广度出众、突出诉求点的系列软文，如某公司在系列软文广告的诉求点上，推出了环境篇、产品篇、开发商篇、物业服务篇等，这种循序渐进的宣传手法，较易打动消费者。此时，也要适量投放电视广告等辅助媒体协同宣传。

(3)强销期

进入强销期要有大量的报纸广告继续跟进，同时增强投放电视广告、广播广告、杂志广告、网络广告等各种媒体组合，形成全方位、立体化、多层次的宣传攻势，以强有力的诉求打动和震撼消费者。这种立体化、多层次的媒体攻势保证了传播的稳定性，也可以导致和引发销售促动效果。

(4)持续期

此阶段广告投放量相对减少，主要加深楼盘形象。重点在于提升楼盘形象，灵活运用报纸和电视、广播广告，以新的诉求点推进市场，再创销售佳绩。

5. 房地产广告策略

有效的广告促销不仅能吸引人们的注意、引起人们的兴趣、加深人们的印象，还能激发人们的需求，促成购买行为。要达到广告的目的，就需要运用适当的策略。一般房地产广告策略主要有以下几种：

(1)阻隔策略

在房地产建设方案正式确定以后，在建设工地竖起大型围墙式广告，一方面向顾客预告即将推出的房地产产品，另一方面阻止顾客进入，暂不进行销售，这样会给消费者造成悬念，产生迫切期待房地产投入市场的心理。

(2)重点突破策略

明确目标后，采取直接邮寄的方式，针对某一特定区域或某一特定对象，连续邮寄大量具有说服力、印刷精美、能激发好奇心的印刷品广告，吸引潜在购买者到工地参观，然后配之以人员促销，进而诱发他们的购买欲望。

(3)全面攻击策略

动用所有的广告宣传工具，最大限度地扩大宣传面，延长宣传时间，以期在短时间内造成一种声势，塑造产品形象。并运用报纸夹页广告弥补报纸广告的不足，打破报纸版面的限制，造成全版广告的震撼效果。

(4)强化攻击策略

采取海报派发方式，对特定区域内的居民进行地毯搜索式派送，强迫目标对象接触有关广告信息。

(5)短兵相接策略

在房地产建设工地现场布置有亲切感的接待中心、精致的样品屋、精美的说明书和突出耀眼的户外广告，以吸引路过的目标对象，并使参观人产生深刻印象。选用能力高、反应快、经验丰富、熟悉市场行情及居民习俗的销售人员留守现场，进行产品说明与销售，同时加强追踪访问，形成高效的销售网络。

(6)因地制宜策略

不同的国家和地区，其政治、宗教、文化、习俗、经济水平不同，消费特点不同，对广告有很大的制约性，要因地制宜，有的放矢。例如，在贫困地区，广告强调商品价廉或许是必要的，但在富裕地区，广告再强调价格更便宜，就会适得其反。

(7)促销性活动策略

选定节假日或房交会等适当时间，邀请社会名流剪彩，举办影星表演、趣味竞赛以及社区亲子活动等，吸引大批人前来参观，加深消费者对该项房地产的特别印象，促进销售达到高潮。

9.2.4 房地产广告预算

房地产广告预算，是指房地产企业在一定时期为了实现广告目标而投入广告活动的费用计划。它规定广告活动期间从事广告活动所需的费用总额以及使用范围。房地产企业可以根据以往的经验并且参照竞争对手的费用投入，进行广告费用的估算。

1. 房地产广告预算的构成

(1)市场调研费，包括前期市场研究、广告效果调查、广告咨询费用、媒介调查费用等。

(2)广告设计制作费，包括印刷广告的制版、印刷、摄影以及美工等费用。

(3)广告媒介费，包括购买报纸、杂志的版面费用，购买广播、电视的时间费用，购买户外广告的场地占用费用以及邮寄广告、招贴广告等费用。这部分费用是广告费用的主体，占全部广告费用总额的绝大部分。

(4)广告机构的办公费用，包括广告部门工作人员的工资、办公费以及差旅费等。

(5)促销与公关活动费用。

(6)其他广告活动过程中的杂费。

2. 广告预算的影响因素

(1)产品所处的生命周期阶段

对房地产企业要销售的房地产产品而言，销售总量是固定的。在房地产产品销售前期或初期，房地产企业的广告目标在于提高产品的知名度和潜在顾客的认同感，广告费用较高；当销售进度达到近一半时，房地产企业的广告往往会列出产品的种种优点或卖点，以提高市场占有率，此时投入的广告支出最多；但当销售接近尾声时，广告费用就会很低。

(2)竞争状况

在竞争激烈的房地产市场中，竞争者的数量越多，房地产企业的广告花费就越大。因为只有这样，才能使潜在的顾客有机会在众多广告中注意并熟悉本企业的房地产产品，以提高房地产产品在市场中的占有率。

(3)广告频率

把本企业的房地产产品信息传达到目标顾客那里所需要的重复次数，也会决定广告促销预算的大小。国外学者研究发现，目标沟通对象在一个购买周期内需要接触 3 次广告信息才能产生对该广告的记忆；接触次数达到 6 次一般被认为最佳频率；当广告频率超过一定限度，一般认为 8 次以后，将会产生负面影响。但有时也不一定受这些具体数字的约束，有些房地产企业通过这些广告频率的负面影响来提高楼盘的知名度。因此，房地产企业在进行广告宣传时，要针对广告的有效传递情况确定适当的频率，以控制广告预算。

(4)企业品牌

一个知名的品牌所需投入的广告费用可以远远少于一个普通企业的产品。因为既然是知名的品牌,就无须再为提高企业的知名度而花费巨额的广告费用,而只需告知消费者有楼可卖的信息,消费者可能就会争先恐后地去购买了,而广告费可能仅需其他楼盘的几分之一就可以把楼卖出去。

3. 制定广告预算的方法

房地产企业制定广告预算最常用的方法往往来自实践和经验。实际上,可以运用多种方法制定预算。

(1)量力而行法

尽管这种方法在市场营销学上没有正式的定义,但不少房地产企业都在采用。即企业确定广告预算的依据是他们所能拿出的资金数额,也就是说,在其他市场营销活动都优先分配了经费之后,尚有剩余时再供广告之用。房地产企业由于项目开发投入资金数量大,在进行广告宣传以前资金状况往往比较紧张,于是多采用这种方法。企业根据其财力情况来决定广告开支多少并没有错,但应看到,广告是企业的一种重要促销手段,企业做广告的根本目的在于促进销售,但这种安排预算的方法完全忽视了广告对销售量的影响,所以严格地说,量力而行法在某种程度上存在着片面性。

(2)百分比法

百分比法是以一定时期的销售额或利润额的一定比率来确定广告费用的方法,包括销售额百分率法和利润额百分率法。

①销售额百分率法即企业按照销售额(上年度销售业绩或次年度预计销售额)的一定百分比来决定广告开支。这就是说,企业按照每完成100元销售额需多少广告费来决定广告预算。例如,某房地产企业预计今年的销售额为2亿元,计划将销售收入的2%作为今年的广告费用,那么今年该公司的广告预算是400万元。而实际上如果房地产企业的销售收入因竞争等因素而下降,为了扩大销售额,企业应增加广告支出。但按销售额百分率法,销售收入下降就要减少广告支出,因此这种因果倒置的方法有时是不符合实际需要的。此外,广告预算按照每年销售收入的升降而变动,也不利于企业制定长期发展计划。

②利润额百分率法即企业按照利润额(上年度利润额或次年度预计利润额)的一定百分比来决定广告开支。采用利润额百分率法来计算较销售额百分率法更为恰当,因为利润是企业经营成果的最终表现。但是,当企业没有利润,出现亏损时,此法便失去了可操作性。

(3)竞争平衡法

竞争平衡法是指房地产企业根据市场中的竞争企业来调整、平衡本企业的广告预算,以保持竞争上的优势。即整个行业的广告费数额越大,本企业的广告费数额也越大;反之,则越少。这种方法把广告作为商业竞争的武器实行针锋相对的宣传策略。采取这种方法的一般都是实力雄厚的大型开发企业。

具体计算方法如下:

①市场占有率法。先计算竞争对手的市场占有率和广告费用,求得单位市场占有率的广告费,再乘以预计的本企业市场占有率,便得到本企业的广告预算。例如,竞争对手的市场占有率为 25%,它的广告费总额为 500 万元,则其每 1%的市场占有率花费广告费 20 万元。本企业下年度预计的市场占有率为 30%,则广告费应花费 600 万元。

②增减百分比法。即将竞争企业本年广告费比上年广告费增减的百分比,作为本企业广告费增减的百分比参考数。

采用竞争平衡法的前提条件是:企业必须能够获悉竞争对手确定广告预算的可靠信息,只有这样才能随着竞争对手广告预算的变化而变化;竞争对手的广告预算能代表企业所在行业的集体智慧;维持竞争优势能避免各企业之间的广告战。

但事实上,上述条件很难具备。这是因为:企业没有理由相信竞争者所采用的广告预算确定方法比本企业的方法更科学;各企业的广告信誉、资源、机会与目标并不一定相同,甚至可能相差很远,因此某一企业的广告预算不一定值得其他企业仿效;即使本企业的广告预算与竞争者势均力敌,也不一定能够稳定全行业的广告支出。

(4)目标任务法

目标任务法是企业首先确定其促销目标,根据所要完成的促销目标决定必须执行的工作任务。这种方法的优势是以目标为依据做预算,针对性强,解决实际问题能力强;局限性是需要更多技巧,而且任务的内容和成本的确定有明显的不确定性。

总之,在决定广告预算时,不同的房地产企业应根据本企业的特点、营销目标与营销战略,选择合适的促销预算决定力法,作为企业比较合理的广告预算。

9.2.5　房地产广告效果评价

房地产广告效果是通过广告媒体传播之后所产生的影响。这种影响可以分为信息传播效果和广告销售效果。

(1)信息传播效果

房地产信息传播效果的研究目的,在于分析房地产广告活动是否将房地产信息有效地传送给目标消费者。这种评估在事前和事后都要进行。广告事前测定，是在广告作品尚未正式制作完成之前进行各种测验，或邀请顾客代表、广告专家等对已经准备好的广告进行现场观摩，或在实验室采用专门仪器来测定人们的心理活动反应，从而对广告可能获得的效果进行评价。广告的事后测定，主要用来评估广告出现于媒体后所产生的实际效果，企业可再邀请一些目标顾客，向他们了解是否见过或听过这一广告，是否能够回忆起该房地产广告的内容等。

(2)广告销售效果

房地产广告销售效果的评估，就是评估广告传播之后使房地产企业增加了多少销售额和利润额。这种评估很困难，因为房地产销售额的增长，不单单取决于广告，而是取决于许多因素，如经济发展、顾客可支配收入增加、房地产产品本身质量的提高和功能改进、销售效率提高、价格合理调整、其他促销方式的效果提高等。因此，单独衡量房地产广告对销售额的影响比较困难。

目前有些企业尝试采用历史资料分析法和实验设计法来进行广告效果的评估：

历史资料分析法。是由研究人员根据同步或滞后的原则，利用最小平方回归法求得企业过去的销售额与企业过去的广告支出二者之间关系的一种测量方法。

实验设计分析法。按照这种方法，可以把某种房地产产品的销售市场作地区划分，在甲地区使用电视广告，在乙地区使用杂志广告，在丙地区使用报纸广告等，各种媒体的广告预算相同，经过一定时期后，检查各地区销售额增长情况。通过这种检查，企业可大致分析出哪种媒介有效。此外，企业还可以采用另一种方法，即在其中某些地区进行比平均广告水平强50%的广告活动，在另一些地区进行比平均水平弱50%的广告活动。从150%、100%、50%三类广告水平地区的销售记录，就可以看出广告活动对企业销售究竟有多大影响。

9.3 房地产公共关系策略

9.3.1 房地产公共关系的概念和特点

1. 房地产公共关系的概念

公共关系是企业在市场经营中的一种促进销售的手段和管理职能。公共关系是利用各种传播手段，同包括顾客、中间商、社区民众、政府机构以及新闻媒介在内的各方面公众沟通思想情感，建立良好的社会形象和营销环境的活动，目的是着眼于企业长远发展，维持企业的盈利性和社会性之间的平衡。

房地产公共关系不同于其他促销方式，首先，它是以信息沟通为基本手段的促销形式，但并不直接介绍、宣传和推销企业产品，而是通过积极参加各项社会活动，宣传企业的营销宗旨，协调与公众的关系，赢得社会各界的理解、支持和信任，从而增强企业的知名度度，树立良好的企业形象，进而增强企业产品的信任度，达到促进销售的目的。其次，房地产公共关系活动并不能立即生效，不可能马上促成房地产交易行为，扩大企业产品的销售。它对企业营销的促进作用主要是长期效应，因为提高企业的知名度，树立良好的企业形象和产品信誉是要经过长期努力的，而一旦成功，就能在较长时间内促进产品销售，获得收益。

2. 房地产公共关系的特点

(1)高度可信

房地产公共关系不仅是促销企业的房地产产品，而主要是为了树立房地产企业的整体形象。新闻报道和特写看上去比广告更加可信、真实，有助于树立本企业的良好形象，改善企业的营销环境。

(2)无偿传播

房地产公共关系的传播手段比较多，可以利用各种传播媒体，也可以进行各种形式的直接传播。因此，公共关系活动本身虽然需要支出一定的费用，但其通常是以新闻报道的形式传播，而不像广告那样需要支付费用。

(3)影响面广

房地产公共关系的作用面比较广泛，不像广告那样只是针对企业产品的目标市场，而是作用于房地产企业内外的各个方面，将公共关系活动中所有的关系人列为作用面，有利于培养长期客户、潜在客户。

房地产公共关系促销正日益引起房地产企业的重视，各企业都想通过此促销方式强化房地产产品在公众心中的形象。但房地产公共关系促销往往不是针对房地产本身的促销，因而促销针对性较差，并且房地产企业常常难以对这种促销方式进行有效的控制。

3. 房地产公共关系宣传的原则

(1)不可好大求全

营销公共关系的基本法则之一就是传达的信息越复杂，被接受者感知、理解和记忆的可能性就越小。对于各种各样的产品信息和消息，消费者实际上只能看到和记住向他们传递的信息中极小的一部分。这一特征在信息爆炸的背景下日趋明显。要让一项公共关系宣传发挥效力，就应使它尽量言简意赅，也就是让它只包含数量极少的信息、想法和论据。

(2)重复和反复论证

要使信息在异常激烈的竞争环境中被接纳，就要不断地反复强调同一信息命题。公共关系宣传的其他形式，如赞助活动、文献提供等，更多地遵循反复论证的原理。反复论证是公共关系的一项重要法则。

(3)持续性和长期性

公共关系行动要从长计议，连续性是其中的核心法则。然而，各类公共关系策略经常存在两个缺陷，一是企业的公共关系宣传投资经常具有很强的随机性，在时空中过于分散；二是公共关系宣传定位和承诺变化过于频繁。

(4)整体的协调性

一个企业发布的信息一般具有多种形态。一方面，它可以覆盖几个不同的产品，有时是企业的整体；另一方面，它可以使用多种形式的媒介载体，如广告、赞助活动、促销活动等。因此，各种口径的统一和协调是十分必要的，他们之间应该方向一致或互相补充。

(5)笃信真实

公共关系宣传要恪守以下三条原则：

①产品的真实——产品的主要性能指标要真实。

②企业的真实——每个企业的特性和企业文化要真实。

③消费者的真实——公共关系宣传应适应消费者的期望。

9.3.2 房地产公共关系的主要工具

1. 公益活动

企业应积极参与各种有意义的公益活动，如参与社会赞助活动，举行义卖活动，用以支持体育、文化、教育、社会福利和慈善等事业的发展。这不仅可以充分显示企业雄厚的实力，充分体现企业积极承担社会责任的精神，在公众中树立企业关心公益事业的美誉，同时还可以为企业赢得政府及相关公众的支持，为企业生存和发展创造良好的环境。

2. 新闻事件

对市场营销人员和公关人员来说，特殊事件无疑可以制造新闻。可以通过开展各种有益的社会活动，如以房地产企业名称命名的体育比赛、文艺演出，评选优秀运动员，智力竞赛等，扩大企业的社会影响。此外，可以积极参加社会赞助、捐款等公益活动，以赢得社会好评。可以有意制造一些新闻事件，以吸引新闻媒介的注意。制造新闻并不是捏造事实，而是对事实进行适当的加工。如利用新闻人物的参与，创造一些引人注意的活动形式，在公众所关心的问题上表态亮相等，都可以使事实的新闻色彩增强，从而引起新闻媒介的注意并予以报道。无论是新产品的新闻发布会，还是举行一项工程的揭幕典礼，都提供了引起新闻界注意的极好机会。争取报刊采用新闻稿、举行记者招待会或新闻发布会，需要营销技巧和人际交往技巧。与新闻界的交往越多，企业获得较好的新闻的可能性也就越大。

3. 社区关系

社区关系是指房地产企业与所在地政府、社会团体、其他组织以及当地居民之间的睦邻关系。社区关系的好坏，取决于企业的行为和社区居民的意向。这对于企业的生存与发展有着重要影响。如对各有关方面的礼节性、策略性访问，逢年过节发礼仪电函，送节日贺卡；进行经常性的情况通报和资料交换，举办联谊性舞会、酒会、聚餐会、招待会等；甚至可以组建或参加一些社会团体组织，如联谊会、俱乐部、研究团体、房地产业协会等，同社会各界建立长期、稳定、友好的关系。

4. 举办专题活动

房地产企业常通过举办或参加专题活动，强化与各有关公众之间的信息、交流和情感联络。例如，房地产企业通过民意调查等多种方式来收集企业内部与外部环境的变化信息，了解消费者对企业，对房地产的价格、质量、服务、功能、房型等诸方面的意见和建议，并及时将改进后的情况告知消费者，以跟踪消费者的需求趋势，尽力满足消费者的要求，这实际上是在消费者中开展公共关系活动。

5. 出版物

出版物是一种由房地产企业出版的连续出版物或小册子。出版物散发的对象是投资者、研究机构和顾客等，其目的是宣传企业的组织产品和服务项目，是一种促进公共关系开展的工具。企业可以通过发行其自办刊物宣传企业文化、企业产品，也可以制作业务通讯，定期举行企业经营信息及物业市场走势的专家论谈活动，还可通过设计企业独特的标志、品牌，定做员工制服，印制专用信笺、台历等建立企业识别系统，塑造出企业独特而美好的形象，以加深公众的印象，培养潜在目标顾客的偏好。

6. 社会理念营销

社会理念营销，就是指房地产企业不仅要满足消费者的需求和欲望并以此获得利润，而且要符合消费者自身和整个社会的长远利益，要正确处理好消费者的欲望和利益与社会长远利益之间的矛盾。例如，刊登公益广告，呼吁保护耕地、减少环境污染、劝告戒烟等，都是社会理念的推广。

9.3.3 房地产公共关系的预算

1. 可支配的预算总额

可支配的预算总额对传播手段选择的影响反映在两个方面。首先，可支配的预算总额越大，可同时确定使用的传播媒体数量越多。其次，有些媒体的使用费用极高，房地产企业只有在可支配预算总额很高的情况下才可能选择使用。

2. 房地产企业实行公共关系的对象人群和预期目标

在选择传播手段之前，必须准确地了解企业公关的对象是谁。对于确定的每个对象人群，房地产企业的公关目标是什么。这些对象人群可能是多种多样的，如消费者、经销商、金融界人士、政界人士和政府行政官员等，房地产企业的公关宣传目标应是企业在营销整体战略框架内确定的营销目标的延伸和体现。

3. 手段与目标的相对匹配

每一种不同的传播手段对不同的公关对象和目标的适应能力是不尽相同的。例如，媒体广告对象人群广泛、差异性不大，追求的目标是提高产品知名度、改善产品形象，效率比较高；公共关系或资助活动最适合于改善产品品牌或企业整体形象的公关宣传行动；直邮对于内部差异较大的特殊对象人群是特别有效的方法；各种消费促销，如免费散发样品、临时降价、馈赠奖品或礼品、抽奖或有奖竞猜等则主要用于促进某项产品的试用推广或购买。

4. 公共关系要素的组合

公共关系要素的组合主要有以下一些步骤：

(1)把确定的公关宣传计划的每一对象和每一目标，同与之可能最相适应的传播手段一一加以对照；

(2)就选定的每一手段的有效实施，做出成本测算。

这个程序完成时，要进行复核，保证所有计划实施所需总开支要与企业可支配的预算总额相适应。否则，就需要进行压缩和调整。

5. 公共关系宣传要素组合的多元性

编制公共关系宣传要素组合要考虑的因素数量极多，最后确定的组合方案的形式和内容，在行业之间、企业之间，甚至在一个企业内部的不同产品之间或不同年份之间，都可能有巨大的差异。在房地产消费领域，公共关系宣传要素组合传统上是围绕媒体广告、促销和商品装潢几种传播手段来编制的。而其他形式的媒介，如直邮、赞助活动等，最多只起次要作用。

9.3.4　房地产公共关系的效果评价

房地产公共关系实施以后，到底效果如何，需要进行反思与评价。这是房地产公共关系活动的一个不可缺少的环节，主要的评价方法如下：

1. 自我评价法

自我评价法就是由主持和参与公共关系计划实施的人凭自我感觉评价公共关系。

2. 公众评价法

根据公众的反映评价公共关系的效果。公众的反映可以通过调查研究或民意测验获得。通过调查公众反映，便可确认公共关系活动在影响特定公众的认知、态度和行为等方面的效果。

3. 媒体评价法

媒体评价法就是通过观察新闻媒体对企业的报道情况，有效地分析和概括出企业形象的信息，以此评价公共关系活动的效果。分析评价的具体内容有以下四个方面：

(1)报道的篇幅和时效。篇幅越大，出现的频率越高，时效越快，引起公众注意和兴趣的程度就越高。

(2)报道的内容。对企业的成就、发展情况报道得越多，效果就越好，就越能在公众心目中树立良好的形象。

(3)媒体的层次性与重要性。发行量大、覆盖面广、权威性高、影响力大的媒体，往往比其他媒体更有利于提高企业的知名度和美誉度。

(4)报道的时机。准时、及时而适时的报道，能促进企业的发展。

4. 专家评价法

专家评价法就是聘请企业外部的公共关系专家对企业的公共关系活动进行评价。专家通过调查、访问和分析，能对企业的公共关系活动效果做出客观的评价，并能对企业今后的发展提出有价值的建议和咨询。

9.4 房地产营业推广

9.4.1 房地产营业推广的概念和特点

1. 房地产营业推广的概念

房地产营业推广，是指房地产企业运用各种短期诱因，鼓励消费者进行购买以促进房地产产品销售的所有措施。房地产营业推广的形式多种多样，如陈列、样板间展示、参加房产交易会、有奖销售、转让折扣等，其基本目的是刺激潜在消费者购买房地产产品。房地产营业推广与其他促销方式的显著区别在于：它以特殊的优惠和强烈的呈现为特征，给顾客以不同寻常的刺激，从而激发起他们的购买欲望。房地产营业推广不能作为一种经常性的促销手段来加以使用，但在某一个特定的时期内，对于促进销售的迅速增长则是十分有效的。

2. 房地产营业推广的特点

(1)非规则性和非周期性

典型的房地产营业推广不像广告、人员促销、公共关系那样作为一种常规性的促销活动出现，而是用于短期的和额外的促销工作，其着眼点在于解决某些更为具体的促销问题，因而是非规则性、非周期性地使用和出现的。

(2)灵活多样性

房地产营业推广的方式繁多，这些方式各有其特点，可以根据企业经营的不同商品的特点和面临的不同市场营销环境，灵活地加以选择和运用。

(3)短期效益比较明显

一般来说，只要营业推广的方式选择运用得当，其效果可以很快地在经营活动中显示出来，而不像广告、公共关系那样需要一个较长的周期。因此，营业推广最适宜应用于完成短期的具体目标。

3. 房地产营业推广的作用

(1)加速房地产产品进入市场的过程

当消费者对刚投入市场的新建房地产产品还未能有足够的了解和做出积极反应时，通过一些必要的推广措施可以在短期内迅速地为新产品开辟销路。

(2)有效地抵御和击败竞争对手的促销活动

当竞争者大规模地发起促销活动时，如不及时采取针锋相对的促销措施，往往会大面积地损失已享有的市场份额。对此,可采用如打折销售、赠送物业费或赠送面积等方式来增强本企业房地产产品对顾客的吸引力,以此来稳定和扩大自己的顾客队伍。

(3)刺激消费者购买和向消费者灌输对本企业有利的意见

当消费者在众多的房地产产品中进行选择,尚未做出购买决策时,及时的营业推广手段的运用往往可以产生出人意料的效果。

9.4.2　房地产营业推广的方式

1. 房地产展销会

参加房地产展销会是营业推广的有效形式。通过展销会,房地产企业可以集中展示推出新楼盘。参加展销的企业、产权交易部门、银行等的一条龙服务及展销会期间的多种优惠措施,均有助于促进消费者的购买。

2. 样板房展示

样板房展示是对拟推出楼盘的某一层或某一层的部分进行装修,并配置家具、各种设备,布置美观的装饰品,以供消费者参观,使其亲身体验入住的感受。除样板房外,对于售楼处的大堂、入口也要进行装修,并保持整洁,尽量给顾客留下美好的第一印象。值得注意的是,样板房的装修应突出个性化设计,切忌简单地以豪华装修材料堆砌。

3. 价格折扣

这是房地产营业推广中运用最多的方法,无论是对消费者还是中间商,这个方法都很有效。对消费者来说,价格折扣可以使房价降低很多,刺激他们的购买欲望;对中间商来说,价格折扣可以让他们在代理销售时更有利可图。另外,价格折扣使代理的风险降低,有可能促使一批中间商包销房地产。

4. 变相折扣

所谓变相折扣是指通过免去物业管理费,免付开发商贷款利息或代付贷款利息等而变相折扣的营业推广方法。如某开发商宣布,凡申请公积金贷款购买他们住宅的消费者,将由开发商代付每年的公积金贷款利息。还有的开发商提出 15 天内购房,免付 5 年的物业管理费和电梯费。虽然这些方法都能取得一定的效果,但由于很容易被各企业模仿,因而使得它的效果持续时间不是很长。

5. 赠送促销

为了吸引消费者购买，通常推出赠送活动，如赠送空调等实用家用电器，赠送某些厨卫设备，赠送装饰装修，有的企业还赠送阁楼、花园等。其目的只有一个，就是刺激消费者购买。但有时这种方法显得比较牵强，如“买大房赠小房”，其实质就是折价，故弄玄虚反而会引起消费者的反感。另外，附赠商品的价值往往与房地产本身价值相差悬殊，消费者很难被打动。

6. 召开房地产项目解析会

这是房地产营业推广中很好的方式。例如，居住区建成后由于销售量很大，可采取项目解析会的方式向购房者详细介绍项目的各个方面，并现场解答购房者的疑问；同时散发印刷品，扩大宣传，以便在较短的时间内，打开销路。这种方法集视听、文字材料及与潜在购买者面对面介绍情况于一体，往往影响较大。在充分做好准备工作的前提下，效果较为明显。

7. 活动营销

除公共关系活动以外，配合营业推广的各类活动营销可谓层出不穷，有楼盘体验式营销的、有利用名人明星效应开展营销活动的、有通过研讨会介绍楼盘特点的等，最多的是按照项目开发顺序及工程进度开展奠基仪式、开盘庆典、入住仪式、社区业主联谊活动等。

9.4.3 房地产营业推广方案的制订

1. 建立营业推广目标

营业推广目标在总体上是受企业市场营销总目标制约的，是这一总目标在促销策略方面的具体化。在不同类型的目标市场上，营业推广的目标是各不相同的。对消费者来说，营业推广目标可以确定为吸引消费者购买，改进和树立品牌形象等；对中间商来说，实施营业推广策略的目的在于鼓励他们经销或代理本企业开发的房地产产品，建立中间商对本企业的信任和忠诚，获得新的营销网点。

2. 选择营业推广工具

营业推广的工具是多种多样的，各有其特点和使用范围。在选择营业推广的工具时要考虑的主要因素包括：

(1)市场类型。如生产者市场和消费者市场的需求特点和购买行为有很大的差异时，所选择的推广工具必须适应企业所面对的市场类型的特点和相应的要求。

(2)营业推广目标。特定的营业推广目标往往对促销工具的选择有着较为明确的条件要求和制约,从而规定着这种选择的可能范围。

(3)竞争条件和环境。包括企业本身在竞争中所具有的实力、条件、优势与劣势及企业竞争者的数量、实力、竞争策略等因素的影响。

(4)促销预算分配及每种推广工具的预算。总的市场营销费用中有多少用于促销费用,其中又有多少份额用于营业推广,往往也对推广工具的选择形成一种硬约束。

此外,往往有这样的情况,即同一推广目标可以用多种推广工具来实现。这里就有一个推广工具的比较选择和优化组合问题,目的是为了实现最优的推广效益。

3. 制定营业推广方案

在制定营业推广方案时,要注意以下几点:

(1)比较和确定刺激程度

要使营业推广取得成功,一定程度的刺激是必要的。刺激程度越高,引起的销售反应也会越大,但这种效应也存在递减的规律。因此,要对以往的推广实践进行分析和总结,并结合新的环境条件,确定适当的刺激程度和相应的开支水平。

(2)选择营业推广对象

营业推广是面向目标市场的每一个人,还是有选择的某类团体,范围控制在多大,哪些人是推广的主要目标,这种选择的正确与否,都会直接影响营业推广的最终效果。

(3)选择营业推广的时机

在何时开始发动营业推广战役,持续多长时间效果最好等,也是值得研究的主要问题。持续时间过短,由于在这一时间内无法实现重复购买,很多应获取的利益不能实现;持续时间过长,又会引起开支过大和损失刺激购买的力量,并容易使企业产品在顾客心目中降低身价。因此,营业推广时间的安排,应考虑一个理想的开始时期,并保持一个合适的持续阶段。比如房地产开发企业可以在节假日举行营业推广活动,采用的手段可以以价格为主,也可以采用推出保留房型、赠送礼品等多种形式,或者在开盘初期进行营业推广,如前 100 名购房者将免缴一年的物业管理费和车位费等。

(4)确定营业推广的预算

这要考虑各种推广工具的使用范围、额度,各种产品所处的生命周期的不同阶段等多种因素来加以平衡和确定。可以参照上期费用来测算本期费用,或根据一定比例从总促销费用中提取营业推广费用。

4. 实验、实施和控制营业推广方案

虽然营业推广方案是在经验的基础上确定的，但仍然需要进行必要的实验来检验推广工具的选择是否适当，刺激程度是否理想，现有的途径是否有效。实验可采取询问消费者、填写调研表、在有限的地区内试行方案等方式进行，当实验同预期相近时，便可进入实施阶段。在实施中，要密切注意和测量市场反应，并及时进行必要的推广范围、强度、频度和重点的调整，保持对推广方案实施的良好控制，以顺利实现预期的目标。

9.4.4　房地产营业推广的效果评价

在营业推广方案实施后要对其有效性进行总的评估，最普遍的方法是比较推广前、推广期间和推广后的市场份额变化。此外，营销人员也可以采用消费者调研的方式来了解事后有多少人能回忆起这项推广活动；他们如何看待这项推广活动，有多少人从中得益；这项活动如何影响他们后来的品牌选择行为等。基本方法有如下三种：

1. 销售量变化比较评价法

销售量变化比较评价法是通过比较营业推广的前、中、后各时期销售量的变化情况，来评价营业推广效果的一种方法。如果营业推广活动结束后，销售量没有明显变化，这表明营业推广未取得长期的效果；如果活动结束后的销售量经过一段时期以后超过活动以前的水平，说明营业推广取得了长期的效果。

2. 营业推广对象调查评价法

通过对营业推广对象进行调查，了解营业推广对象对营业推广促销的反应和行动，是评价营业推广效果的一种方法。如通过调查发现，多数营业推广对象对营业推广活动记忆深刻，或有许多消费者前往售楼处参观或咨询，那就说明营业推广取得了预定的效果；相反，如果营业推广对象对营业推广活动印象不深，也没有多少消费者前来咨询参观，则说明营业推广效果不好。

3. 实验评价法

实验评价法是通过选择一定的营业推广对象进行实验，测试能够反映房地产企业营业推广目标的有关指标的变化情况，以评价营业推广效果的一种方法。通过进行实验评价，可以避免因营业推广决策或方案中出现的某些不足可能给房地产企业带来的损失。因此，在对房地产营业推广方案进行实验时普遍采取这种方法。

9.5 房地产人员促销

房地产销售人员作为房地产企业与购房者之间信息沟通的桥梁，承担着满足购房者的购买需求和为公司创造利润的双重责任，如何招聘与培养优秀的销售人员，直接对房地产企业的营销业绩产生影响。据统计，美国五百多家房地产企业，52%以上的销售额为人员促销完成。所以销售人员的选择对房地产企业而言显得十分重要，销售人员的个人素质与能力不仅直接影响楼盘的销售量和销售速度，还直接关系到房地产企业这只“木桶”的装水量——盈利水平，同时也将给楼盘的市场形象带来长久的影响。

9.5.1 房地产人员促销的概念和特点

1. 房地产人员促销的概念

房地产人员促销是指房地产企业派出专职或兼职人员，通过主动与消费者进行接触和洽谈，向消费者宣传介绍本企业的房地产产品，促进房地产产品销售的活动。这是一种直接向潜在购买者进行的促销活动，虽然是一种最古老的促销方式，但也是房地产促销方式中最有决定性的手段。

2. 房地产人员促销的特点

(1)具有很大的灵活性

在促销过程中，买卖双方当面洽谈，易于形成一种直接而友好的相互关系。通过交谈和观察，促销人员可以掌握顾客的购买动机，有针对性地从某个侧面介绍房地产产品的特点和功能，抓住有利时机促成交易；可以根据顾客的态度和特点，有针对性地采取必要的协调行动，满足顾客需要；还可以及时发现问题，进行解释，解除顾客疑虑，使之产生信任感。

(2)具有选择性和针对性

在每次促销之前，可以选好具有较大购买可能的顾客进行促销，并有针对性地对未来顾客作一番研究，拟定具体的促销方案、策略、技巧等，以提高促销成功率。这是广告所不及的，因为广告促销往往包括许多非可能顾客在内。

(3)具有完整性

促销人员的工作从寻找顾客开始，到接触、洽谈，最后达成交易。除此以外，促销人员还可以担负其他营销任务，如安装、维修、了解顾客使用后的反应等，而广告则不具有这种完整性。

(4)具有公共关系的作用

一个有经验的促销人员为了达到促进销售的目的，可以使买卖双方从单纯的买卖关系发展到建立深厚的友谊，彼此信任，彼此谅解，这种感情增进有助于促销工作的开展，实际上起到了公共关系的作用。

3. 房地产人员促销的作用

(1)发现并培养顾客

房地产促销人员的首要目标就是寻求本企业房地产产品现实的和潜在的顾客，通过和顾客面对面地沟通，了解顾客的需求，寻找为顾客服务的机会。

(2)传递信息

房地产促销人员除了向消费者介绍房地产产品的各种情况，如地段、价格、房型、物业等以外，还可以将房地产产品的有关图片和文字资料带给消费者，这么大的信息量是广告、营业推广以及公共关系所不能比的。

(3)促销产品

房地产商品与普通商品不同，它具有价值量大、不可移动等特点，消费者购买时极为谨慎。房地产促销人员可以在和消费者交谈过程中，有效地根据消费者的不同需求，做出有针对性的解释和说明，帮助顾客分析购买各种房地产产品的得失利弊，引导顾客合理地选择购买本企业的房地产产品。特别是在价格等关键问题上，通过双方面议容易取得一致意见，得到令双方满意的结果，最后促成交易。

(4)提供服务

房地产促销人员主动向顾客提供咨询、技术性协助、资金融通以及迅速办理各种手续等(如办理产权产籍证、交纳契税等)服务。

(5)进行市场调研，搜集市场情报

房地产促销人员经常和顾客打交道，他们对市场最了解、最熟悉、最敏感。他们通过对市场的研究和对顾客的访问，可以及时向企业提供房地产销售情况、价格涨跌趋势、顾客反应、竞争对手动向等情报。

9.5.2 房地产人员促销的程序

在众多的促销理论中，应用最广泛的是“公式化促销”。该理论把促销过程分成下列七个不同阶段：

1. 找出潜在顾客

促销工作的第一步就是找出潜在顾客。对于潜在顾客的信息，一般可以通过以下途径：

(1)查阅各种市场资料：包括各种工商名录、电话号码簿、专业杂志、先前的各种销售记录、电话记录、分析报告、房地产中介代理公司提供的客户名单、公司名录等，从中发现潜在消费者；

(2)通过人员介绍，这些人可以是你的亲戚朋友，也可以是同事或上司，还有可能是你现在和过去的客户；

(3)通过房地产展销会等活动去发现潜在消费者；

(4)通过分析有关竞争对手的情况，从他们的客户中寻找潜在消费者。

2. 事前准备

促销之前，销售人员必须具备三类基本知识：①促销楼盘的基本情况；②顾客知识，包括潜在顾客的个人、家庭、所在单位的情况等；③竞争者知识，包括竞争对手的楼盘特点、竞争能力和竞争地位等。同时，要选择最佳的接近方式和访问时间。可见，房地产企业对销售人员进行培训是十分重要的。

3. 接近顾客

接近是指与潜在顾客开始面对面地交谈，此时房地产销售人员应有三个主要目标：①给对方一个好印象；②验证准备阶段所得到的全部情况；③为后面的谈话做好准备。

在进行充分的准备工作后，销售人员就要开始设法接近潜在消费者。这时促销人员最需要注意的就是要有礼貌。礼貌不仅体现在言谈举止上，还体现在衣着仪表上。销售人员应着装整洁，稳重大方，举止文明，表情友善，态度诚恳，声音亲切，给顾客留下良好的第一印象。另外，在谈话过程中，要顺其自然地接近顾客，可以先将谈话重点放在双方共同感兴趣的话题上，如客户所喜欢的音乐、体育等话题，然后慢慢渗入楼盘信息。

4. 介绍房地产产品

介绍阶段是促销过程的中心。房地产产品可以用房地产模型、效果图、照片、宣传小册子等形式加以说明。介绍可以通过顾客的多种感官进行传达，其中视觉是最重要的一个，因为在顾客所接收到的全部印象中，通过视觉得到的占比重最大。在介绍房地产产品时要说明购买本企业房地产产品可享受到的服务及优惠。

5. 应付异议

销售人员应随时准备应付否定意见。如顾客讲某个公司的房地产位置比你的好，价格也比你便宜。一个有经验的销售人员应当具有与持不同意见的买方洽谈的技巧，随时准备对付否定意见的适当措辞和论据。

6. 促进成交

这是销售人员要求对方购买的阶段。多数销售人员认为，接近和成交是促销过程中两个最困难的步骤。在洽谈过程中，销售人员要随时给对方以成交的机会，介绍过程中如果发现对方有愿意购买的表示，应立即抓住时机成交。在此阶段，销售人员还可提供一些优惠条件，促成交易。

7. 事后跟踪

如果销售人员希望确保顾客满意并为企业做宣传，那么跟踪这个阶段就是必不可少的。销售人员应认真执行房地产转让合同中的保证条件，诸如按时交房、提供融资性服务或技术性协助等。跟踪访问的直接目的在于了解买主是否对自己的购买感到满意，发现可能产生的各种问题，表示销售人员的诚意和关心，以促使顾客做出对本企业有利的行为。

9.5.3 房地产人员促销队伍的管理

1. 销售人员应具备的基本知识

房地产业是一个涉及很多专业知识的行业，随着市场经济的发展，房地产业务本身也越来越专门化，这就要求房地产销售人员具有较高的知识水平和业务素质。销售人员不仅应熟练掌握房地产销售的业务和运作知识，还必须对相关的行业知识有所了解。

(1)房地产市场营销的行业知识

销售人员应了解房地产营销的各个宏观环境，特别是经济环境，同时还应对国内外房地产行业的发展现状及趋势有所了解。

(2)房地产的产品知识

销售人员只有掌握了房地产产品基本的性能、用途、规格等相关知识后，才能非常有把握地向消费者介绍产品。相反，如果销售人员不了解自己所销售的商品，那么在对消费者进行销售的时候就会缺乏自信。

(3)房地产交易过程中应具备的知识

即交易过程中的服务项目、环节、条件、交割程序以及行业术语等。销售人员能否得到客户的认可与信赖，取决于销售人员对房地产交易知识与技巧的掌握和熟练程度。

(4)同房地产专业相关的学科知识

房地产业是一个与其他行业，如建筑、保险、金融、法律、营销、管理等密切相关的行业，因此销售人员也应该对这些行业的相关知识有所了解，以便增强在销售过程中的说服力。

另外，销售人员在销售的过程中还要具有能够胜任促销工作的个人素质。销售人员在促销商品的同时也在促销自己。所以，销售人员必须有良好的气质和职业素养，仪表端庄，热情大方，谦虚有礼；必须具有一定的沟通和社交能力，能够与各种各样的人打交道，善于倾听和说服；必须具有自我控制能力，无论遇到什么情况，都能沉着冷静，应付自如。

2. 销售队伍组织结构的确定

房地产企业在建立销售队伍组织结构时，可在下述三种类型中进行选择：

(1)地区型结构

这是一种最简单的组织结构，即将促销员按划定的市场进行分配，每一组促销员负责本企业所有产品在该地区的促销。这种结构适用于产品组合比较单一但市场分布较广的房地产企业。它的优点是：比较容易评价个别促销人员的促销业绩；促销人员容易和顾客建立长期关系；差旅费用较少。

(2)产品型结构

在企业的产品组合面广、各种产品线黏度不大的情况下，如既销售普通住宅，又销售工业厂房、商业用房时，宜采用此种结构。即每一组促销人员促销某一类特定的产品。这种组织结构的优点是：促销员可以在技术和业务上十分熟练，并能对该产品的目标市场有全面的了解。

(3)顾客型结构

不少企业按顾客类别来组织销售队伍，即每一组促销员面对一种类型的顾客。例如，有专门面对代理商的促销员，也有专门面对经销商的促销员，有专门面对老年顾客的，也有专门面对青年顾客的。顾客型结构的优点是：促销人员可以更加熟悉和了解自己的顾客，更能掌握其需要的特点及购买过程。

3. 销售工作安排

房地产销售工作安排是指在销售队伍规模既定的条件下，销售人员在产品、顾客和地理区域方面分配的时间和资源。

(1)时间安排(顾客方面)。大多数市场的顾客都是互不相同的,因而,每位销售人员在做销售时间安排时会涉及这样三个问题:在潜在顾客身上要花费多少时间;在现有顾客身上要花费多少时间;如何在现有顾客和潜在顾客之间合理分配时间。

(2)资源分配(产品方面)。一支销售队伍通常要推销一系列产品。所以,销售人员必须寻求一种最为经济的方式在各个产品间配置推销资源(时间)。企业在决策时不能仅看到近期的销售额和利润率,必须着眼于长远利益。

4. 销售人员的评价和报酬

对销售人员进行评价的主要指标是:销售量增长情况、毛利、每天平均访问次数及每次访问的平均时间、每次访问的平均费用、每百次访问收到订单的百分比、一定时期内新顾客的增加数及失去的顾客数目、销售费用占总成本的百分比等。

销售人员的报酬主要有两种形式:一是销售定额制,即规定销售人员在一年中应销售多少数额并按产品加以确定,然后把报酬与定额完成情况挂起钩来。二是佣金制,即企业按销售额或利润额的大小给予销售人员固定的或根据情况可调整比率的报酬。佣金制度能鼓励销售人员尽最大努力工作,并使销售费用与现期收益紧密相连,同时,企业还可根据不同产品、工作性质给予销售人员不同的佣金。但是佣金制度也有不少缺点,如管理费用过高等。

案例

龙腾雅苑营业推广策略

一、项目概况(略)

二、龙腾雅苑营销推广的主题

1. CBD 商务中心,东三环水景写字楼,真正的地铁上盖物业

主题针对购买商住公寓的客户,通过"CBD"突出项目优越的地理位置;通过"商务中心"告知项目办公楼的性质;通过"水景写字楼"突出项目良好的办公环境;通过"真正的地铁上盖物业"突出项目紧临地铁口,交通具有得天独厚的优势。

2. CBD 财富投资,精装现房,真正的地铁上盖物业

主题针对投资客户,通过"CBD 财富投资"吸引热衷在 CBD 投资的客户;通过"精装修"提高项目投资价值;针对投资客户希望尽快得到回报的要求,突出项目"现房"的投资优势;通过"真正的地铁上盖物业" 突出项目紧临地铁口,具有较高

的投资价值。

3. CBD 水景豪宅，精装高档公寓，真正的地铁上盖物业

主题针对居住客户，通过“CBD”突出项目优越的地理位置；通过“水景豪宅”吸引对居住品质要求很高的高端客户群体；通过“精装修高档公寓”提升项目档次；通过“真正的地铁上盖物业”突出项目紧临地铁口，出行便利。

三、营业推广的内容

1. 推广时间（略）

2. 推广范围（略）

3. 推广定位

针对购买商住公寓的客户，宣传推广建议突出项目以下优势：

(1) CBD 地区良好的商务氛围，给企业带来广阔的发展前景。

(2) 项目紧临地铁 10 号线呼家楼地铁站，会给在龙腾雅苑上下班的工作人员带来巨大的便利。

(3) 企业的客户如果以 CBD 区域内的大企业为主，在龙腾雅苑办公可以节约发展业务的成本。

(4) 租用的写字楼不能成为企业资产，而公寓可以成为企业的优良资产。

(5) CBD 中低档次的写字楼价格基本上都在 16 000 元/平方米以上，而龙腾雅苑的售价只有 11 000 元/平方米，且购买写字楼最多只能办理 6 成 10 年按揭，公寓最多可以办理 8 成 30 年按揭。

(6) 公寓的使用年限 70 年，而写字楼的使用年限只有 50 年。

(7) 项目紧临团结湖公园，有良好的自然环境，良好的办公环境。

(8) 通过比较龙腾雅苑与周边商住公寓的售价，突出项目的价格优势。

针对投资客户，宣传推广建议突出项目以下优势：

(1) 项目位于 CBD，是房地产投资的黄金地段。

(2) 项目紧临地铁 10 号线呼家楼地铁站，是真正的地铁上盖物业，可以通过发达城市地铁上盖物业的发展过程向客户举例说明，龙腾雅苑具有非常高的投资价值。

(3) 在报纸、楼书及网站上明示龙腾雅苑投资回报率的计算公式，用较高的投资收益吸引投资客户。

(4) 通过比较龙腾雅苑与周边商住公寓的售价，突出项目的价格优势。

(5) 突出项目是精装修高档公寓，具有很高的投资价值。

(6) 由于项目是现房，因此投资可以立刻得到回报。

四、营业推广方案

1.报纸广告

在项目内部认购期间(筹备期),利用报纸媒体作为主要的推介手段宣传告知并招揽人气,媒体选择主要以北京最为知名、权威的《北京青年报》为载体,以北京发行量最大的《北京晚报》和新兴媒体《新京报》为辅,针对不同报纸的不同读者,最大限度地扩大项目宣传的覆盖面。通过报纸媒体对项目的地理位置、投资价值、周边环境、产品特点等方面进行宣传告知。

(1)硬性广告

对于硬性广告,建议增加项目推广方式,不但采用常规半版或整版形式,新推出的横版竖放、跨页半版、报尾版的形式可以在推广中进行采用,多方式报纸广告形式将给予我们项目宣传更多的活力、生命力,达到超过预期的效果。

在龙腾雅苑内部认购期间,为了重新塑造项目形象,让大众对项目有一个较为深刻的影响,初步拟定报纸推广(硬性广告)的频率为每周一次,共计5次。建议以“CBD商务中心”和“CBD财富投资”为主题的广告各发布两次,以“CBD水景豪宅”为主题的广告发布一次。吸引不同的客户群体,增加客户访问量。

同时,根据市场反映情况,客户来访量、成交量,定期对报纸推广计划进行检讨,根据检讨结果,制定新的报纸推广计划。

(2)软性广告

在内部认购初期蓄势阶段,应该让客户对项目从侧面有一个潜移默化的认识,通过对项目新闻形式的介绍,让客户对项目进行了解,用一种不断制造市场新闻的手段,引起大众的注意。要在硬性广告发布的同时,配合以相应的软文,软文内容应该与同期项目宣传的主题一致。例如,通过对有意投资房地产的客户讲授投资知识,比较各种投资领域的投资优劣性,引导客户关注龙腾雅苑财富投资的营销概念,《北京青年报》、《北京晚报》等非房地产类硬性广告与新闻形式相结合,通过对项目的宣传,用软性文章进行铺垫,让客户关注项目。

内容可以包括:

①“投资高档公寓应该注意什么”。在文章中可以用建议的形式,推荐一些性价比较高的公寓项目,其中包括龙腾雅苑;

②地铁10号线建设进度,周边楼盘价格不断上涨;

③探讨什么是真正的商住公寓,强调交通便利、良好的商务氛围和办公环境是商住公寓最应具备的。

要在硬性广告发布的同时,配合以相应的软文,软文内容应该与同期项目宣传的主题一致。

2.路牌广告

路牌广告是目前北京市楼盘全方位的广告推广中，宣传效果较好的一种方式。相对于报纸广告、电视广告等宣传方式，它更能够引起人们的注意，且宣传持续时间较长。

由于东三环车流量大，龙腾雅苑又紧临东三环，因此建议路牌广告竖立在东三环沿线上。

3.直销宣传

(1)DM直投

①投递报刊选择

《北京青年报》、《北京晚报》、《京华时报》等发行量较广的报纸媒体，夹杂宣传折页有较好的阅读效果。

②投递时间

在内部认购后期进行直投广告的宣传，配合硬性广告、软文宣传，全面展开项目的推广，强化项目在客户心中的印象，使项目推广的商住概念、投资概念深入人心。

③价格情况(略)

(2)海报张贴

在前期阶段对项目进行推广的一种更加直接深入大众的方式则是海报、宣传资料的传播。在目标客户范围内通过张贴海报的形式将会更加醒目，有说服力。

张贴位置建议选择在：

①北京市知名写字楼的大堂。

②北京市购物档次较高的商场。

③其他人员密集的场所，例如较大型的集会、展会、活动中心。

4.网站的宣传推广

(1)网站建设(略)

(2)网络整合宣传

针对目标客户的习惯行为，在网络上进行相应的网络整合宣传。

①按钮广告(Button)或画中画广告(PIP)(略)

②在相关网站发表软文(略)

5.电台推广

(1)电台选择

根据北京广播电台网上统计结果，北京交通台经常收听率达到45.77%(共有

7个电台参与统计)，在北京电台七套节目中占有绝对优势，因此龙腾雅苑的电台推广，建议选择北京交通台。

(2)广告发布时间选择

建议在龙腾雅苑1座开盘的时间段进行播出。本段时间是龙腾雅苑开盘前的重点推广期，应充分利用此阶段时间，迅速加强宣传广度，强化正式销售前期的客户积累。

建议电台推广持续一个月，同时对这一个月的宣传效果进行分析，然后决定是否继续加强广播广告的宣传力度。

(3)费用估算(略)

6.车身广告的推广

(1)看房专车(略)

(2)公交车的广告宣传

①车身广告类型的选择

车身广告分为彩贴广告、彩绘广告两种，由于彩绘广告画面效果要好于彩贴广告，更容易引起人们的注意，因此建议车身广告选择彩绘广告。

②公交线路的选择(略)

③费用估算(略)

思考题

1.促销的主要作用有哪些？

2.房地产促销的方式有哪些？各自有什么优缺点？

3.广告媒体的种类有哪些？不同的媒体如何进行组合？

4.开发商如何选择广告媒体？

5.在房地产营销的不同阶段，广告宣传的策略有何不同？

6.房地产广告预算的构成包括哪些方面？

7.房地产公共关系的主要工具有哪些？

8.房地产营销推广的方式有哪些？

9.房地产人员促销的主要程序是什么？

10.一名优秀的房地产销售人员应具备哪些基本知识？

11.请为您所在学校附近的一个楼盘制定一份营业推广计划。

第10章

房地产项目前期策划

10.1 房地产项目前期策划概论

10.1.1 房地产项目与房地产项目前期策划

1. 房地产项目的生命周期划分

房地产项目是指在房地产开发中，通过规划设计、建设施工、产品销售等一系列工作而形成的最终产品。它的生命周期有前期、中期和后期三个阶段，前期包括市场调研、市场定位、项目选址、投资分析、规划设计等工作；中期主要是建设施工；后期包括产品销售及售后服务。在房地产项目生命周期中，前期和后期是房地产开发最主要的工作，也是房地产策划最主要的方面。抓住了房地产项目的前期和后期，就抓住了房地产策划的重心。随着房地产市场的日益发展和成熟，消费者对购买物业后的维护、服务越来越关心，从而使得开发商对物业管理的重视程度也在不断提高，并将其作为品牌建立及产品甄别的有效途径，物业管理也就成为房地产项目生命周期中一个不可或缺的组成部分。

2. 房地产项目前期策划的含义

房地产项目策划是为达到房地产项目预期的目标，根据对现状的充分了解、对未来发展的科学预测，围绕项目目标所采取的方式、方法、程序等进行全面、缜密的构思、设计及优选。

这里所说的房地产项目前期策划是指站在项目的最高点，从统领全局的角度出发，对房地产项目的总体运作作出有决定性的前瞻性统筹。

10.1.2 房地产项目前期策划的特征及作用

1. 房地产项目前期策划的特征

(1)功利性

房地产项目前期策划的功利性是指策划能给投资方带来经济上的最大回报。功利性是房地产项目前期策划要实现的目标，是策划的基本功能之一，也是策划存在的前提。

(2)社会性

房地产项目前期策划要依据国家、地区的具体情况来进行，它不仅要注重项目本身的经济效益，更应关注项目的社会效益，经济效益与社会效益两者的有机结合才是房地产项目前期策划功利性的真正意义所在。因此，房地产项目前期策划要体现一定的社会性，只有这样才能为更多的受众所接受。

(3)前瞻性

房地产项目前期策划基于现在，预测未来，具有明显的前瞻性，其肩负着重要的任务，要想达到预期的目标，必须具有前瞻性。

(4)创造性

房地产项目前期策划必须要有新思路、新创意，要想不断地取胜，必须不断地创造新的方法。

2. 房地产项目前期策划的作用

(1)房地产项目前期策划是房地产开发的基础

房地产项目前期策划可以甄别优劣项目，经过科学系统的分析，为决策者提供项目投资回报能力的可靠结论，是决定项目是否投资的先决条件。

(2)房地产项目前期策划是房地产项目成败的关键

房地产项目前期策划对项目的开发模式、规划设计、客户群体定位等方面进行了界定和初步定型。房地产项目进入中后期的建设、销售环节后，其操作已被限定于前期策划制定的大框架、大方向下，其他策划理念服从于前期策划中制定的总体思路，即前期策划统领整个项目各阶段的工作。

(3)房地产项目的前期策划是房地产项目开发成功的保证

房地产项目开发前期策划与决策是方向性的问题，方向有了偏差或失误，就会造成项目的失败；而做好了前期策划与决策，房地产项目就有了成功的可能和保证。

10.1.3　房地产项目前期策划的基本原则

1. 市场定位原则

房地产项目前期策划的市场定位是指在详细的市场调研和分析的基础上，选定目标市场，确定消费群体，明确项目档次，设计建设标准。

项目由于规模的限制，不可能也不必要做到满足市场上所有消费者的要求，而应对市场进行细分，选取最能达到最大经济效益的那部分客户的要求进行前期策划即可。市场定位的中心是目标客户的现实需求和潜在需求。

2. 主题贯穿原则

主题是策划的灵魂，统率着整个房地产项目前期策划的创意、构想、方案、形象等各要素。

房地产项目前期策划中的主题要坚持目标如一，并贯穿前期策划的始终。项目前期策划的项目规划、环境营造、户型设计、建造工艺革新等方面要支撑及体现项目的主题，以使主题在项目中构造立体的表现体系，避免出现主题空泛、平白的弊病。

3. 项目营销原则

房地产项目前期策划以项目盈利最大化为目的，达到目的必须借助营销，而营销策划是连接产前市场与产后市场之间的一种行为方式。由于房地产开发的长期性以及市场反馈的间接性和滞后性，使得产前、产后市场不尽相同，而营销策划就是沟通产前、产后市场的桥梁。

4. 重点突出原则

房地产项目前期策划的各个因素中，有的因素相当重要，不重点抓好就会影响全局；而有的因素则相对次要一些。

一般情况下，目标客户定位和规划设计定位是前期策划的最主要因素，它影响着其他各方面因素。在市场策划中，关键是寻找项目的目标客户，目标客户群找到了，其他问题就迎刃而解了。而在规划设计中，如何使规划设计与目标客户群的需求相吻合就显得非常重要。

5. 战略介入原则

战略定位是以适度的超前意识对房地产项目进行总体规划，关键是在项目前期策划阶段体现出来。项目开发期间政策、环境、消费行为和消费观念、消费方式以及人们对房屋的功能结构要求往往有较大的变化，且这种变化有加快的趋势。为了适应这种变化，符合新的消费时尚，就需要掌握变化的走势。

目前的房地产行业内产品同质化十分严重，仅仅依靠战术上的创新难以保持产品的领先地位，只有在项目开发前战略介入前期策划，以适度超前的战略思想策划项目，才能在较长的时间内占领行业的制高点，获取丰厚的经济回报。

10.2 房地产市场分析

10.2.1 房地产市场策划的含义与目的

1. 房地产市场策划的含义

房地产市场策划是指依据项目发展的总体要求，从房地产市场的角度出发，对项目进行内外部经济环境调研、市场分析与研究，找出项目的市场空白点，最后进行房地产项目定位的创造性过程。市场策划是房地产项目前期策划的基础性工作，为以后项目投资策划和产品策划从市场的角度提供专业性意见，使项目的发展符合市场的要求。

2. 房地产市场策划的目的

房地产市场策划的目的是指针对房地产项目开发的市场进行调研与预测，确定项目的市场位置，找出项目现有的潜在目标客户，分析目标客户的需求方向，从而对项目进行总体定位，为项目的进一步策划打下良好基础。

10. 2. 2　区域经济调研

区域宏观经济分析一般从两个角度展开：一是从时间长度上进行分析，从历史的波动来推测未来的发展趋势；二是从时间的横断面上进行分析，分析某一时点或某一时期各影响因素的作用方向、部位和结果，主要从两个方面进行分析：

其一，总体国民经济和区域经济的发展状况和趋势。经济形势总体走势和发展速度与房地产业总体走势和发展速度是相关的。

其二，国家及区域经济政策的整体方向和动态。跟踪政策动向，有利于把握经济脉络，预测经济波动对房地产市场的影响。

1. 宏观经济总量分析

区域宏观经济总量分析是指针对能够反映区域经济发展状况的主要社会经济指标，通过历年数据的统计和分析，观察其变化趋势。由于反映宏观经济状况的指标众多，为了使分析更加具有针对性和有效性，而且与房地产的相关性强，在此将众多指标分成五个大类，见表 10-1。

表 10-1　　与房地产相关的宏观经济指标

类别	指标
M—生产类	M1—国民经济总产值、M2—国内生产总值、M3－GDP 指数、M4—人均 GDP 等
I—投资类	I1—固定资产投资、I2—吸收外资等
F—财政金融类	F1—财政收支、F2—银行存贷余额、F3—证券发行量和交易量等
P—人口劳动类	P1—人口数、P2—户数、P3—人口结构(年龄、教育等)、P4—就业率、P5—行业从业人数等
R—居民生活类	R1—家庭人均可支配收入、R2—家庭人均消费支出、R3—居民消费支出结构、R4—人均居住面积等

2. 区域未来经济走向分析

(1)未来宏观经济走势

未来宏观经济走势分析，是对未来宏观经济将会产生影响的因素按照有利因素和不利因素分别进行判断，确定其对经济走势的影响方面和影响程度。

(2)未来区域发展规划

要分析的区域发展规划主要包括三个方面的内容：

①经济发展规划：包括经济增长速度、产业发展规划等。

②社会发展规划：包括人口规划、就业规划、教育规划等。

③城镇建设规划：包括区域城市布局规划、功能分区规划、重点区块规划、基础设施规划、交通网络规划等。

10.2.3 市场分析

市场分析即对区域总体市场或细分市场的供给量、需求量、价格水平区块分布等市场数据指标进行整理统计，从而分析归纳出房地产市场特征及预测其未来变化趋势。

1. 市场分析基本框架

对市场的基本分析着重从分级市场和物业细分市场两个体系进行：

(1)区域房地产分级市场分析

区域房地产分级市场分析的依据是按照房地产开发的流程将房地产市场划分为土地市场、增量房市场和存量房市场，即房地产一、二、三级市场。由于不同的市场具有不同的特征，对不同市场进行分析的内容便有了差异，见表10-2。

表10-2　分级市场分析

<table>
<tr><th colspan="2">分级市场</th><th>分析内容</th></tr>
<tr><td colspan="2">土地市场分析</td><td>土地出让面积及分布分析、出让土地结构状况(级别、用途等)、土地价格走势、土地开发投资量、未来土地出让规划、土地市场存在的问题</td></tr>
<tr><td rowspan="4">增量房市场分析</td><td>整体供应分析</td><td>商品房开发投资量、商品房施工面积、商品房新开工面积、商品房竣工面积、商品房批准预售面积、商品房批准预售面积等量的历年数据分析、商品房的类型结构特征</td></tr>
<tr><td>整体需求分析</td><td>商品房预售登记面积和预售额、商品房登记预售面积和预售额等量的历年数据分析、商品房需求特征分析</td></tr>
<tr><td>价格分析</td><td>不同区域历年商品房的价格水平、价格指数的变动</td></tr>
<tr><td>新开楼盘分析</td><td>新开楼盘总体情况、新开楼盘的位置分布情况、新开楼盘的价格分布情况</td></tr>
</table>

（续表）

分级市场	分析内容
存量房市场分析	交易总量分析、交易价格变动分析、交易物业类型分析、交易户型及面积分析、交易热点区域分析

(2)区域房地产物业细分市场分析

不同的房地产物业具有不同的产品特征和市场需求特征，它决定了不同物业细分市场具有不同的市场特征，可按照物业类型对房地产市场进行横向划分，对不同的物业细分市场分别进行分析。

2. 供需分析

(1)供给分析

为了保证数据的准确性，可以通过政府主管部门获得较充分的供应信息，这些信息可以使房地产企业全面掌握市场的状况。如果政府部门能够通过一个共享的信息资源系统将这些信息合理地利用，就可以得到相对准确的市场供应量数据。

对任何市场的供给分析都应包括供给量和供给结构两大项内容。

①供给量分析。供给量分析分为现有供给量分析和潜在供给量分析。

a. 现有供给量分析。该分析可以根据在售物业数据来统计。随着行业信息的公开化、透明化进程的发展，市场现有供给量的获取难度变小。

b. 潜在供给量分析。潜在供给量可以依据政府部门审批开发项目过程中形成的各种数据进行统计获得，即以房地产开发程序为基础进行分析。

②供给结构分析。供给量的分析只能提供一个总量的概念，还需对供给结构进行深入分析，包括区块供给量结构分析、细分物业供应量结构分析等。

对于区域供给结构分析可以从以下两方面进行：

a. 单一区块的供给结构分析。分析区域市场供给量结构时，一般都是按照区块和物业类型两维指标来划分，即在供给量分析基础上收集某一区块某类型物业的资料，然后对该区域的该类产品按户型、面积、价位进行分类，分别计算其供给量，这样就能得到统一区块的不同物业类型供给机构和同一类型物业的不同区域供给结构。

b. 不同区块供给结构分析比较。在对某个区域的市场供给量结构进行分析以后，还可以将各区块的供给结构进行对比，从而发现各区块市场供给特征的异同。

(2)需求分析

需求分析包括成交需求分析和未来需求分析两部分。

①成交需求分析

已成交需求的数据应从行业主管机构处获得。因为对行业部门而言，区域的每一笔成交数据都需要在房地产管理部门的数据库中进行登记。

成交需求的分析基本上能够涵盖以下要点：区域分布、建筑类型、户型面积、单价结构、总价结构、交付标准、付款方式等。

②未来需求分析。

a. 未来需求潜力分析。未来需求潜力分析的重点是住宅，其主要有两种分析方法：一是运用人口资料进行分析；二是运用收入资料进行分析。

b. 未来需求偏好分析。未来需求偏好分析的依据主要是对市场需求的直接调研采访。为了能够及时把握市场的需求动向，在策划时可以联合调研公司进行定期的未来需求偏好调研。未来需求偏好的调研应按物业类别分别进行。

(3)供需对比分析

可以用政府部门公布的批准预售面积与登记预售面积之比、批准销售面积与登记销售面积之比两个指标进行分析。当该指标比值大于1时为供大于求，接近1时为供求基本平衡，而小于1时则为供不应求。这种分析结果能够在一定程度上反映市场的总体供需状况，同时还要对供需结构进行对比。

①供应量与需求量对比分析。成交需求反映了当前市场需求的现实状况，通过当前的市场供应量与成交需求量之间的对比，来反映供需之间的数量对比关系。

②供给结构特征与需求特征对比分析。总量的供需对比平衡与否并不能反映供需结构是否平衡，市场供需结构的对比分析能够在市场细部结构上为宏观调控和微观项目开发提供一定的依据。

3. 外部关键影响因素分析

外部关键影响因素是指房地产政策和城市规划。

(1)房地产政策影响分析

房地产政策影响分析是一项科学和艺术共融的市场分析工作，它的主要难点在于收集足够的政策信息，对政策的未来作用进行有效预期。要整理、理解和分析房地产政策，可以从政策目标号召力、影响市场行情程度、可操作程度、影响部位、政策部位、政策效果、政策实施主体、政策决策主体等多方面进行。

房地产政策影响分析的基本思路分为以下三个步骤：

①进行政策信息的收集。房地产市场的相关政策很多来自本行业的主管机构，也有部分来自上级主管机构或本行业以外的兄弟单位。

②正确理解房地产政策信息的内容，分析其背景、政策目标以及潜在的政策

目标。

③对政策的影响进行分析，包括政策影响的市场主体、市场部位，判断政策影响程度。

(2)城市规划影响分析

城市规划影响分析是分析房地产整体市场及细分市场的一种重要的基本分析方法。

由于城市规划的实施对城市的影响是局部的、渐进的、分时段的，城市规划对房地产市场的影响是个别的，因项目地点不同而不同，因此，对城市规划影响的分析主要分为区块整体功能性规划和基础设施规划两部分。

4. 市场基本预测分析

市场基本预测分析方法主要分为两大类：定性分析和定量分析，详见第 4 章。

10.2.4　市场要素研究

1. 消费者研究

对消费者的研究包括以下几个方面：

(1)消费者的购买行为

具体内容见 3.4.1。

(2)消费者的购买力水平

消费者的购买力水平是影响购房消费最重要的因素，它直接决定了消费者的购房承受能力。消费者购买力水平的主要指标是家庭年收入。

(3)消费者的购买倾向

消费者的购买倾向主要包括物业类别、品牌、户型、面积偏好、位置偏好、预期价格、物业管理、环境景观等。

影响顾客购买倾向的因素主要有两类：一类因素来自顾客本身；另一类因素来自可供选择的产品。

顾客自身的因素主要是顾客的偏好。导致顾客形成特定偏好的影响因素有很多，比如性别、年龄、性格、社会阶层、收入水平、居住区域等。这些因素都属于顾客属性因素。这些因素可以用来作为企业进行市场细分的依据。各细分依据上的差别可以用来区分具有不同偏好的消费群体，从而划分出特定的产品市场。

(4)消费者的共同特征

主要包括消费者的年龄、文化程度、家庭结构、职业、原居住地等。

2. 竞争者研究

(1)确定研究内容

对竞争对手的研究可从以下几个方面进行考察：

①专业化程度。竞争对手将其力量集中于某一产品、目标客户群或所服务的区域的程度。

②品牌知名度。竞争对手主要依靠知名度而不是价格或其他度量进行竞争的程度。目前，房地产企业越来越重视品牌知名度，不仅重视项目品牌，更重视企业品牌。

③推动度或拉动度。竞争对手在销售楼盘时，是寻求直接在最终用户中建立品牌知名度来拉动销售，还是通过支持分销渠道来推动销售的程度。

④开发经营方式。竞争对手对所开发的楼盘是出售、出租还是自行经营，如果出售，是自己销售还是通过代理商销售等。

⑤楼盘质量。竞争对手所开发楼盘的质量，包括设计、户型、材料、耐用性、安全性能等各项外在质量与内在质量标准。

⑥纵向整合度。竞争对手采取向前(贴近消费者)或向后(贴近供应商)方式进行整合所能产生的增值效果的程度，包括企业是否控制了分销渠道；是否对建筑承包商、材料供应商施加影响；是否有自己的物业管理部门等。

⑦成本状况。竞争对手的成本结构是否合理；企业开发的楼盘是否具有成本优势。

⑧价格策略。竞争对手的商品房在市场中的相对价格状况。价格因素与其他变量关系密切，如财务、成本、质量、品牌等。

⑨开发情况。竞争对手历年来的项目开发情况。

⑩未来发展状况。竞争对手的土地储备情况以及未来的开发方向及开发动态。

(2)对比分析

在上述针对竞争对手的调研基础上进行对比分析，评价竞争对手的优势和劣势。将研究成果提供给项目开发企业决策部门，为企业实施开发战略提供准确的依据。

3. 竞争性楼盘研究

竞争性楼盘分为两种类型，一类是与所在项目处于同一区域的楼盘；另一类是不同区域但定位相似的楼盘。竞争性楼盘调研包括楼盘区位、产品特征、销售价格、销售情况等方面。

(1)楼盘区位

①地点位置,指楼盘的具体坐落方位,与本项目的相对距离以及相邻房地产的特征。

②交通条件,指地块附近的交通工具和交通方式,包括城市铁路(地铁)、公路、飞机等。

③区域特征,指相对聚集而产生的、依附于地域的特有的一种物质和精神形态,主要取决于地域的经济发展水平、产业结构、生活水准、文化教育状况等。

④发展规划,指政府对城市土地、空间布局、城市性质的综合部署和调整,是一种人为的行为。

⑤周边环境,指开发地块周围的生活配套情况,还包括由人口数量和素质所折射出来的人文环境和生态环境。

(2)产品特征

①建筑参数。主要包括该项目总建筑面积、总占地面积以及容积率等,它是决定产品形态的基本数值。

②面积户型。一个楼盘的面积和户型基本决定了其产品品质的好坏,其中包括各种户型的使用面积、建筑面积、使用率以及面积配比、户型配比等。

③装修标准。一是公共部位的装修,包括大堂、电梯间、走道以及房屋外立面;二是对户内居室、厅、厨、卫的处理。

④配套设施。一是满足日常生活的最基本设施,如水电、燃气、热力、电信、防盗系统、车库、商业饮食网点和中小学等;二是为住户专门设立额外设施,如小区会所、健身馆等相关的娱乐设施。

⑤绿化率。绿化率越来越受到人们的重视,成为判断住宅品质的一条重要标准。

(3)销售价格

一般从单价、总价和付款方式来描述一个楼盘的价格情况。

①单价。它是楼盘各个因素的综合反映,是判断一个楼盘真正价值的指标,可从以下几方面来把握:a. 起价,这是一个楼盘最差房屋的销售价格,一般不能作为参考依据。b. 平均价,指总销售金额除以总销售面积得出的价格。c. 主力单价,是指总销售面积比例最高的房屋的标定单价,它是判断楼盘客户地位的主要依据。

②总价。总价是销售价格和销售面积的乘积,单价反映的是楼盘品质的高低,而总价反映了目标客户群的选择。通过楼盘总价或一套住宅总价的调研,能够掌握产品的市场定位和目标市场。

③付款方式。这是房屋总价在时间上的一种分配,实际上也是一种隐蔽的价

格调整手段和促销工具，用以缓解购房人的付款压力，扩大目标客户群的范围，提高销售率。付款方式有下面几种类型：a. 一次性付款；b. 按照工程进度的建筑期付款；c. 按照约定时间付款；d. 按揭付款，即利用商业贷款或公积金贷款付款等。

(4)销售情况

①销售率。这是一个最基本的指标，它反映了一个楼盘被市场的接纳程度。

②销售顺序。这是指不同房屋的成交先后顺序，可以按照总价的顺序，也可以按户型的顺序或是面积的顺序来排列。可从中分析出不同价位、不同面积、不同户型的房地产单元被市场接纳的原因，它反映了市场的需求结构。

③客户群分析。通过对客户群职业、年龄、家庭结构、收入的统计，可以反映出购房人的信息，从中分析其购买动机，找出楼盘影响客户购买行为的因素，以及各因素影响的大小。

10.2.5 项目自身分析

1. 项目基本情况

项目基本情况一般包括以下几项内容：

(1)项目经济技术指标。包括用地性质、总用地面积(其中包含建设用地面积、绿地面积、道路用地面积及其他用地面积)、建筑容积率、建筑覆盖率、建筑间距、建筑限高(高度与层数)、建筑面积比例关系等。

(2)项目开发现状。包括土地的成熟程度(毛地、熟地)、地块附着物、市政配套情况、项目的进展阶段(地面状况、房屋征收情况)等。

(3)开发(投资)商简历。了解企业总体情况，如企业的开发战略和文化理念等。

2. 项目地盘解析

项目地盘解析的目的是为了较清楚地了解项目自身的情况，为确定项目的发展战略做准备，在实际操作中，一般从以下几方面进行分析：

(1)地块所处位置及四周范围。

(2)地块的形状。

(3)地块的规划布局。

(4)地块四周的景观状况分析。

(5)项目周边配套设施。

3. 项目自身研究

项目自身研究一般采用 SWOT 分析法进行，具体方法见 2.4.2。

10.2.6　确定目标细分市场和发现目标客户

1. 确定目标细分市场

通过对不同的细分市场进行评估，从中发现一个或几个值得进入的细分市场，并确定要进入的细分市场。进入细分市场的模式具体见 5.2.3。

2. 发现目标客户

在目标市场确定以后，项目的目标客户就明确了。找到了楼盘的目标客户就找到了项目的市场，因为项目最终是由客户消费出去的。但是，如果只是停留在明确项目目标客户层面，没有进一步细分到特定群体，准确进行客户定位，并有针对性地量身定做合适的产品，那么这样的市场细分还没有到位。凡是成功的楼盘，项目定位都非常有针对性，目标客户很明确，开发商一切活动都是围绕目标客户群下足工夫的。

10.3　房地产项目市场定位

选择目标市场是房地产业在市场竞争中取得优势的关键。而目标市场选定以后，企业必须进行市场定位，使企业或者产品在市场上形成一定的特色，塑造预定的形象，并争取目标顾客的认同，向目标市场说明本企业与现有的及潜在的竞争者有什么区别，使产品在消费者心目中能形成一个清晰的印象。

市场定位是勾画房地产企业形象及其所提供的价值的行为，以使目标顾客理解和正确认识本企业有别于其竞争者的特征。因此，如果将目标市场的选择看成“获得消费者”，项目的市场定位就可以看成“获得消费者的心”。

10.3.1　房地产项目市场定位战略

房地产开发商可遵循以下几个定位战略：

1. 定位于使用功能特征

这是最常用的一种定位战略，它直接点明项目与众不同的特点，如：

奥林匹克花园：运动就在家门口；

光大花园：大榕树下，健康人家。

2. 定位于档次

这也是经常使用的一种战略，一般用于中高档房地产项目，如：

王府花园：顶级生活的体验；

万科俊园：非常空中，非常豪宅。

3. 定位于情感

这是以目标买家的生活需求出发，通过定位使目标买家产生共鸣，如：

中信东泰花园：美好生活在等你；

万科四季花城：美一刻，美一生。

4. 定位于个性

通过彰显项目的个性，且这一个性与目标买家的生活态度相符而产生效果，如：

白云堡豪苑：尊贵精神，无处不在丽景湾：水边的香格里拉；

现代城：你准备 SOHO 了吗？

帝景苑：追求卓越，华彩不绝。

5. 定位于文化

有人说，策划的背后是文化，这也有一定道理，如：

白云高尔夫：寻常人家的高尔夫生态家园；

朗晴居：城市精英首选。

6. 与竞争对手比较的定位

特别适合中小型项目和中低价项目，实质也是一种借用手法，如：

客村苑：半价购现楼；

远锋大厦：同样的价钱，你何必舍近求远。

7. 混合性的定位

用一种综合的方法，来归纳项目的特点，如：

海昌欣城：大连国际性城市样板生活社区；

合生创展：优质生活，完美实现。

最后，房地产开发商还可以综合使用以上这些定位战略。很明显，一个项目的核心开发理念是项目的基本市场定位，也许不一定用一句话来表达，但却必须是清晰的。

10.3.2　房地产项目市场定位的方法

房地产项目市场定位的方法有多种，主要有以下四种：

1. 根据产品特色定位

以房地产产品特色进行定位，如某办公用房强调所处的区域优势和优良的物业管理；住宅小区则突出地理位置、户型合理，配套设施齐全、智能化、环境幽雅等。

2. 根据利益定位

这种定位方法注重强调消费者的利益，如有的房地产产品定位侧重于"经济实惠"、"价廉物美"，有的侧重于"增值快速"、"坐拥厚利"，而有的则强调"名流气派"、"高档享受"。

3. 根据使用者定位

开发商常常试图把他们的产品指引给适当的使用者或某个细分市场，以便根据该细分市场的看法创建恰当的形象，如有些企业把普通住宅定位于"工薪阶层理想的选择"。

4. 根据竞争需要定位

如果企业所选择的目标市场已有强劲有力的竞争对手，则可以根据竞争需要进行定位，一般有两种策略：

(1)与现有竞争者并存。就是将自己的产品位置确定在现有的竞争产品的旁边，从实践看，一些实力不太雄厚的中小房地产企业大多选用这种策略。采用这种策略必须具备两个条件：首先目标市场区域内有一定量还未得到满足的需求；其次，企业开发的产品要有一定的竞争实力，要能与竞争对手相抗衡。

(2)逐步取代现有竞争者。就是将竞争者赶出原有位置并取而代之，占有他们的市场份额。这种策略主要为实力雄厚的房地产大企业所选用。同样必须具备两个条件：首先新开发的产品必须明显优于现在的产品；其次，企业必须做大量的宣传推销工作，以冲淡对原有产品的印象和好感。

事实上，许多开发商进行市场定位的依据往往并不只是一个，而是多个结合使用，因为作为市场定位所体现的企业及其产品的形象必须是一个多维的、丰富的立体形象。

10.3.3 房地产项目市场定位的步骤

1.识别可能的竞争优势

竞争优势一般包括成本优势和产品差别化两种基本类型。识别可能的竞争优势包括以下三个方面：

(1)选择竞争对手

开发商在了解自己楼盘优劣的同时，亦应该全面、充分掌握竞争对手楼盘的优势与劣势，这样才可在制定营销策略时做到收放自如，让自己的项目在激烈的市场竞争中脱颖而出。

在选择竞争对手楼盘时可以使用这样的标准：

①周围2～3公里以内的房地产项目。

②价格相差10%～15%之间的其他现卖或潜在项目。

③本城区最畅销的前20名项目。

④知名开发商现正在发售或即将发售的项目。

明确潜在的竞争优势，要求从以下三个方面寻找明确的答案。

①目标市场上的竞争者做了什么？做得如何？包括对竞争者的成本和经营情况做出准确的估计。

②目标市场上的足够数量的顾客确实需要什么？他们的需求满足得如何？

③本企业能够为此做些什么？仍从成本和经营方面进行考虑。

通过以上分析会发现，并非每一家房地产企业在成本和经营方面都能获得充分的竞争优势，且有些企业往往只具备微弱的优势，这些优势极易为他人效仿，不能长久保持下去。

(2)分析竞争对手

对竞争对手深入的、细致的、全方位的分析，是确定自身地位、在不同竞争态势下采取不同的市场定位和不同的促销手段的需要。

(3)分析自己的竞争优势

可以从以下几方面来寻找或构筑自己的竞争优势：

①成本优势。成本优势的目标在于形成价格优势。竞争者往往通过设计、管理、风险转移(如工程发包)及各种有效的经营管理手段千方百计地降低项目开发及经营成本。成本优势意味着在开发商能维持满意的利润水平情况下，以更低的价格向消费者提供同类产品或服务。

②规模优势。规模大的企业，所拥有或可调配的资源更多，讨价还价的能力也越强，在竞争过程中可处于优势地位；同时规模大的项目，便于形成规模效益，从而有利于降低成本、聚集人气、造就声势，因此可获得明显的竞争优势。

③差异化优势。值得注意的是，差异化并不意味着一定能够形成竞争优势。严格地说，房地产产品由于其自身所具备的特性，任何一件产品都是独一无二的，都有区别于其他产品的特质。问题的关键是如何更好地利用差异化来满足该项目特定的消费对象及其特定的需求，从而构筑起吸引这些潜在消费者的营销组合。唯有这样，差异化才能真正形成竞争优势。

④品牌优势。品牌之所以可以形成竞争优势，源于市场交换过程中信息的不对称性。这种现象在房地产产品的交易过程中表现得尤为明显。商品房的许多质量特性（尤其是那些至关重要的内在质量特性）、功能及其他属性，对消费者而言是无法把握和检验的。于是，消费者不得不依赖品牌来间接予以评价。

品牌在市场竞争中之所以可以成为一种优势，还源于消费者消费心理的作用。

2. 显示独特的竞争优势

选定的竞争优势不会自动地显示出来，房地产企业要进行一系列营销活动，通过自己的一言一行使其独特的竞争优势进入目标顾客的头脑中，并留下深刻的印象。

(1)建立与市场定位相一致的形象。房地产企业应经常积极、主动地与顾客沟通，让目标顾客知道、了解和熟悉企业的市场定位，并对其认同、喜欢和偏爱。

(2)巩固与市场定位相一致的形象。在建立了初步形象的基础上，企业要继续经常性地与顾客保持沟通，强化目标顾客的印象，不断向顾客提供新观念、新论据，并采取强有力的营销活动，加深顾客的行为与感情的倾向。

(3)矫正与市场定位不一致的形象。一旦目标顾客对企业市场定位的理解出现偏差，必须及时加以矫正，否则容易引起误解。

3. 选择合适的竞争优势以建立市场定位战略

若企业已经发现了自身若干个潜在的竞争优势，接下来的任务就是必须选择其中的几个竞争优势，据以建立起自身的市场定位战略。在这一过程中，企业必须决定促销多少种以及哪几种优势。

应促销多少种优势？许多开发商认为企业针对目标市场只需大力促销一种优势即可。例如，中海地产始终宣传它的楼盘质量，万科始终宣传它的品牌，碧桂园始终宣传它的物美价廉，丽江花园则始终宣传它的社区文化。企业若着重围绕自身最具竞争力优势的某个特点进行宣传，并且为实现这一特点坚持不懈，就很有可能因此而闻名，被消费者记住。

也有开发商认为企业的定位只要不多于七个不同的因素即可（心理学家认为，人脑能够处理的不同概念的信息单元小于或等于七）。但值得注意的是，在企业增加品牌特性数量的同时，也承担了不被人相信的风险，并可能会因此而失去明确清晰的市场定位。

应宣传哪些不同的竞争优势？并不是所有的品牌差异都有意义或有价值，也不是每一种差异都能成为很好的区别因素。同时，每一种差异都有可能在给顾客带去利益的同时增加企业的成本，因此应挑选区别于竞争对手的因素。

10.4 房地产项目产品定位与规划设计

房地产开发的种类很多，如住宅、办公楼、商业建筑、工业建筑等。而其中最大量的是住宅区。一个成功的住宅项目规划，应该是在开发资金的限度之内，使住宅区的总体规划、建筑及环境设计达到最佳，使住宅的居住质量达到最高水平。这是关于住宅整体框架设计的重要步骤。项目的规划设计，就是要制定整个工程的设计原则，给项目的最终成功奠定坚实的基础。下面以住宅为重点说明项目产品定位与规划设计。

10.4.1 房地产项目产品定位的内容

房地产项目产品定位主要包括以下内容：

(1)环境定位。环境包括交通环境、生态环境、商业购物、医疗、景观、繁荣程度、风向、龙脉、地脉、文脉等，以及区内环境、建筑物大体布局等。

(2)功能定位。功能是人们购买房子的第一利益着眼点。根据功能不同，房地产可划分为商用房、住宅、工业用房等。此外还可以把“功能定位”进一步细分，如分为中央商务区、高级别墅区、文化居住区、涉外公寓区等，不同的功能社区对房子的设计、施工、管理等的要求明显不同。

(3)户型定位。任何产品都有核心层、紧密层、外围层、无形辐射层之分。消费者买房最主要的是买核心层——户型与面积。

(4)材质定位。不同的功能、风格、户型显然需要不同的材质。材质若定位准确，开发商可大大节省成本，客户则心满意足。

10.4.2 房地产项目规划设计的内容

以商品住宅区为例，房地产项目规划设计的具体内容主要有如下几个部分：

1. 住宅及其用地的规划布置

住宅是居住区规划设计的主要内容，它的面积往往占居住区总建筑面积的80%以上，它的用地则占居住区总用地面积的50%左右。购买住宅是购房者的终极目的，因此住宅规划设计的成功与否，直接关系到开发能否成功。并且住宅也是所有建筑中建设量最大的建筑，其对城市面貌的影响是很大的，因此，要合理地选择和确定住宅的类型，并进行与居住区总的规划结构相适应的规划布置。

2. 居住区公共服务设施的规划布置

公共服务设施是居民基本的物质和精神生活方面的需要，是城市规划服务设施系统的社会基础设施，其设置的总体水平不仅反映了居民对物质生活的客观需要和对精神生活的需求，也体现了社会对人的关怀，是城市生活的缩影和写照。公共服务设施设计布置的内容和布局直接影响到居住生活的质量。

3. 居住区道路的规划布置

居住区道路是城市道路的延续。车行道担负着居住区与外界及居住区内部的交通联系；步行道往往与居住区各级绿地系统结合，起着联系各类绿地、户外活动场地和公共建筑的作用。居住区道路是居住空间和居住环境的一部分，它既是交通空间，又是生活空间，并且还是居住区环境设计的重要组成部分。

4. 居住区绿地的规划布置

居住区绿地是城市绿地系统的重要组成部分，它量大面广，与居民关系密切。居住区绿地具有释放氧气、杀菌除尘、净化空气、调节空气温湿度、减噪、隔热、防风以及美化环境的作用，并能创造四季各异的环境景观，对调节居民心理，改善居民生活环境和城市生态环境也具有重要作用。

5. 居住区的环境景观设计

居住区的环境景观设计除住宅和公共建筑的设计外，还包括户外空间的各种设施设计，因为它们也是构成环境的重要部分。户外生活是居民居住活动的重要组成部分，因此居住区不仅要为居民提供活动场地，还要创造一种美观怡人的外部空间环境。

10.5 住宅户型选择

住宅户型设计是指住宅单元室内的功能区分和空间利用的方式、方法。在绝大多数的住宅项目中,户型设计是能最直观表现消费实用性的概念,对楼盘最终销售的影响是举足轻重的。在很多户型多样的小区中,都很容易找到这样的案例:这个小区往往有一两种户型特别好卖,这样的户型,即使开发商将价格提高,依然比较抢手。而有的户型则很少有人问津,甚至将价格下调10%以上仍然卖不动。

住宅户型策划一是户型的形式、各房间面积的安排及功能关系的组合;二是户型比例关系和套型面积。前者是设计策划的重点,后者是营销策划的重点。

好的户型可以概括为两点:一是住宅中各种用房之间的数量组成、面积分配比例合理,适宜家庭活动,使用率高;二是各种用房之间的关系安排恰当,符合现代居住生活行为,使用方便。

10.5.1 住宅的户型分类

住宅的户型是指住户的规模、类型结构等特征。住宅的户型可以按照家庭结构、家庭生活行为方式与住宅的经济性三种方式加以分类。

1. 按照家庭结构分类

(1)以小家庭的两代户作为主导户型。从家庭的结构分析,我国家庭的代际构成从过去以三代家庭为主,已逐步过渡到以两代家庭为主。此种户型与家庭小型化的趋势是一致的。

(2)两代居的住宅户型。受传统伦理道德观念的影响以及由于一定的经济联系,我国的核心家庭保持着“分而不离”的特点,年轻夫妇大多希望与父母“离”且“近”,既可以照顾老人,又能减少由年龄差异形成的生活差异带来的相互干扰。基于这种社会需要,出现了“两代居”、“老少户”、“双核心户”等新的住宅户型。

(3)青年公寓。从社会的年龄结构分析,每年有众多的新婚夫妇急需大量的结婚用房。新婚小家庭人员构成单纯,但经济实力往往不够,小户型的青年公寓能满足这种需要。

(4)单身公寓。单身公寓有增长的趋势。

(5)老年住宅。人口平均寿命的增长和出生率的下降,导致人口老龄化。我国已经进入老年型国家，目前我国老年人口已达 1.77 亿人，占总人口的 13.2%。因此，老人住宅和老人公寓将成为社会的需求。

2. 按照家庭生活行为方式分类

(1)工作学习型。希望有安静学习和工作的空间环境。这类家庭主要包括由教师、作家、干部和科研人员等知识分子组成的家庭，他们大部分时间是学习工作，希望户内有安静的、不受干扰的学习或工作空间。

(2)生活交往型。家中活动主要以生活娱乐交往为主，户型设计中往往强调大的公共活动空间，希望有大的客厅和餐厅，并尽量避免这种公共空间对户内其他空间的干扰。

(3)生活休养型。这种生活模式主要是家庭规模小的核心家庭(1～3 口)，家庭生活特点是以生活、休养为主。其同样需要较大的起居空间，也可合并为多功能空间。

3. 按照住宅的经济性分类

(1)安置型。其居住对象是收入少、经济困难，需要由国家补助的家庭。这种住宅户型小，设施相对简陋，造价低，居住面积在 50 平方米以下。随着人们生活水平的提高，这类户型将逐步减少。

(2)实用型。住宅设计主要从功能出发，基本满足人们生活要求，寻求有限度的较合理的平面格局，属经济型住宅。实用型住宅的居住对象是经济收入属于中、下水平的家庭，面积为 50～75 平方米，二室一厅，相当于次小康型住宅，装修中档，具备良好的声、光、热环境，达到现代家庭生活配套和居住卫生方便的环境质量目标。此类住宅是目前开发量最大的住宅，随着经济的发展，实用型将逐步向舒适型转变。

(3)舒适型。具有舒畅适宜的居住环境，有家庭文明的气息，文化品位较高，装修个性较强，是一种符合现代家庭生活方式的住宅。居住对象是城市中收入较高的白领阶层。面积通常在 75～100 平方米，二室二厅或三室二厅，设施齐全，有良好的景观，家居是一种享受。它是现代住宅的发展方向。

(4)豪华型。它满足高级生活需要，追求居住生活的享受，属高档豪宅，面积为 100～300 平方米。其面积大，房间多，户内空间大，多为独院或复式设计，户内常设有健身房、娱乐室、桑拿室、书房等。设施齐全，装修豪华，极具个性化，用料讲究，景观优美。居住对象主要集中在城市的高收入家庭。随着经济的发展，人们居住概念的变化，此种住宅呈增加趋势。

10.5.2　住宅户型的功能要求

1. 住宅设计的功能分区

人是住宅的直接使用对象，住宅设计优劣也以提供给人的使用质量为衡量标准。设计强调空间组合的层次清晰、布局合理，其功能分区原则如下：

(1)内外分区：把住宅分成内区和外区，主要按照空间使用功能和私密程度的层次来区分，即家庭内部活动(对内)与接待客人活动(对外)分区。一般把起居室(兼接待客人功能)、客厅、门厅划分为外区，卧室、卫生间、厨房等划分为内区。内外有别，严格划分，互不干扰。

(2)动静分区：动静分区是指按要求安静的空间与交往等活动的空间分区。动静分区也可以说是昼夜分区，一般来说会客、起居、用餐和厨房是住宅中的动区，卧室是静区，而工作和学习也属于静区。

(3)洁污分区：洁污分区主要指住宅的厨房、卫生间与起居、卧室之间的分区，体现在用水与非用水之间的分区上，即干湿分区；而厨房和卫生间的污水、垃圾，烹调的油烟、气味等，在设计中也应加以分隔，以保证居室清洁卫生的要求。

2. 住宅的生理分室

生理分室即就寝分室，包括“主卧就寝”、“复数就寝”、“性别分寝”和“个室确保”四个方面。“主卧就寝”即是家庭户主夫妻就寝主卧室，幼儿6～8岁以下可在主卧室与父母同寝；“复数就寝”即是9～11岁以下子女可合住中(大)卧室；“性别分寝”即是12～14岁以上子女要按性别分室就寝；“个室确保”即是18岁以上成年人要保证一个人居住一室。

3. 功能的空间分离

居住水平的提高，反映在居住功能上就是功能空间专用程度的提高。功能空间的专用程度越高，功能的使用质量相对亦越高。功能空间的逐步分离过程，即功能质量不断提高的过程。

(1)公私分离。根据居住行为模式，把家庭生活行为空间分为家庭私密区和家庭公共区。把卧室、工作室、专用卫生间等私密性要求高的房间划分为私区，而把起居厅(室)、餐室、厨房、公用卫生间、门厅等划分为公区。按公私分离原则进行生活行为单元组合设计，公私分离愈明确，居住质量就愈高。

(2)餐寝分离、居寝分离。旧式住宅，用餐、起居与睡眠合在同一空间，功能混杂、相互干扰、影响使用，越来越引起住户不满。新住宅平面模式要求将用餐功能从卧室分离出来，形成餐寝分离。同时又将起居功能从卧室分离出来，形成“居寝分离”。住宅设计不仅强调设置起居空间，而且也强调设置用餐空间，或设置专用的餐厅，在面积条件许可的情况下应优先考虑设置专用的餐厅。在设置专用餐厅较因难的情况下，通常做法是用餐空间附带在起居空间内或附带在厨房内形成餐室厨房，也可附带在门厅内。总之，强调专用的餐室或用餐空间的设计时，应在大、中户型中考虑设置第二起居室。

10.5.3　住宅户型的面积标准

1. 面积标准的制定以小康居住指标为基础

根据我国小康住宅研究，建议城市住宅户型面积标准见表 10-3。

表 10-3　　城市住宅户型面积标准

项目		类别			
		一	二	三	四
户型面积系列标准/m^2	使用面积	42～48	53～62	64～71	75～90
	建筑面积	55～65	70～80	85～95	100～120

随着我国国民经济持续、稳定、快速的发展，人们生活水平提高的速度也在不断加快，故住宅标准更替的周期也会缩短，住宅建成后，一般使用年限要求不低于 50 年。如果确定的住宅标准太低，将来住宅改造十分困难，所以住宅的最低标准也应考虑今后人类居住的持续发展。该标准因属于小康住宅示范标准，因而比一般城市住宅的户型面积高一些，体现出了示范性、引导性和适度超前性。

2. 户型面积要与目标客户需求相适应

根据目标客户的需求进行户型面积设计，是指调整住宅产品结构，使开发的住宅产品更加适合市场需要。

现代人的家庭结构基本为夫妇两人或带一子女，三代同堂乃至四代同堂的意识已逐渐淡化，因此户型设计以二室为主，三室为辅及少量一室户型。而三室也不同于原来的三间卧室的概念，而是其中两间设计为卧室，另一间作为备用房，供有特殊需要爱好的家庭自行装修设计为书房、家庭影院、琴房、临时客房等。每一种户型设计都具备多样性、适应性，并可转型，隔墙拆卸方便，为用户留出更多的装修空间。

3. 户型面积大小的弹性化设计

由于建筑结构科学的发展及施工技术的进步，使得住宅的物质老化期为 100

年以上，而住宅使用功能老化期仅为20年左右，住宅内的装饰及配件的老化期仅为8～10年。为充分利用建筑物的物质生命周期，必须按照居民家庭生活循环周期、家庭生命循环周期的规律解决住宅对家庭动态的适应性问题。在销售阶段应根据消费者的需要做具体空间分隔处理，使客户有较大的选择余地。灵活可变的户型设计可延长住宅的功能使用周期。其途径是设计建设能够调整用途、调整空间、调整支配权的灵活可变式住宅；实现套内可变、同层可变，从而延长住宅的功能循环周期。

10.5.4 户型比例确定

户型比例是指在一个项目中各种户型所占有的比例。它的确定是以项目的定位分析为基础的。每个楼盘必然有其预期的目标客户群，针对目标客户群的不同需求特点，细分出各个特征群体，然后再根据各个群体的购买力、购买目的、购买心理等因素进行研究分析及调查摸底，确定对应的户型比例。在确定户型比例时有以下原则：

1. 避免户型的单一

家庭的居住人口差异、居住模式差异，都会导致住户对住宅户型的不同需求。如果不考虑这些差异，势必造成产品的单调，人们不能寻求到能满足自身需求的户型，自然产品的竞争力就会大大降低。户型的单一，还会造成建筑形象上的单调。

2. 突出主导户型

虽然户型的多样化能满足家庭居住模式的差异，获得丰富多变的建筑形象，但如果户型过多，往往使建筑的消费层次定位难以实现，体现不出项目的档次和形象定位。在确定户型时，应突出与项目定位一致的主导户型，使项目能得到相应消费层次的认同。

3. 主导户型差异不宜过大

在购房心理上，人们大多存在一种消费层次的认同，希望居住在同一楼盘中的家庭具有大致相同的经济水平、文化层次及鉴赏品位。主导户型如果差异过大，将拉大购房者的层次，势必给设计和管理带来一定的难度，同时也难以得到购房者的认同。

10.6　房地产项目的经济分析与财务评价

10.6.1　房地产项目投资费用估算

1. 房地产项目投资成本费用构成

对一般房地产开发项目而言，其投资及成本费用由开发成本和开发费用两大部分构成。

(1)开发成本

①土地费用：a. 土地使用权出让金；b. 土地征用及安置补偿费。

②前期工程费：a. 项目策划及可行性研究费；b. 规划设计费；c. 勘察测绘费。

③建安工程费：a. 土建工程费；b. 设备及安装工程费。

④基础设施费。

⑤公共配套设施费。

⑥开发期间税费。

⑦不可预见费。

(2)开发费用

开发费用主要包括管理费用、销售费用、财务费用。

2. 房地产项目投资成本费用估算

(1)开发成本的估算

①土地费用

a. 土地使用权出让金。国家以土地所有者的身份，将土地在一定年限内的使用权有偿出让给土地使用者，并由土地使用者向国家支付土地使用权出让金。土地使用权出让金底价的估算一般参照政府定期出让的类似地块的出让金数额并进行时间、地段、用途、临街状况、建筑容积率、土地出让年限、周围环境状况等因素的修正得到；也可以依据政府颁布的城市基准地价或平均标定地价，根据项目用地所处的地段等级、用途、容积率、使用年限等因素修正得到。

b. 土地征用及安置补偿费。土地征用费是指国家建设征用农村土地发生的费用，主要有土地补偿费、劳动力安置补偿费、水利建设维修分摊、青苗补偿费、耕地占用税、耕地复垦基金、新菜地和鱼塘开发基金、征地管理费等。这些费用的估算可参考国家和地方有关标准进行。安置补偿费是因国家出让土地使原用地单位或个人造成经济损失，新用地单位应按规定给予合理的补偿。

在国家实行土地挂牌出让或拍卖出让以后，按法律程序经拍卖得到的“三通一平”的土地，一般来说地价已经包括了土地使用权出让金和土地征用及安置补偿费两项内容。

②前期工程费

前期工程费主要包括开发项目的策划（含可行性研究）、规划、设计、水文地质勘测以及“三通一平”等土地开发工程费支出。

a. 项目策划、规划、设计所需的费用，一般可按项目总投资的一个百分比估算。

b.“三通一平”等土地开发工程费用，主要包括地上原有建筑物、构筑物拆除费用、场地平整费用和通水、电、路的费用。这些费用的估算可根据实际工作量，参照有关计算标准估算。

③建安工程费

建安工程费是指直接用于工程建设的总成本费用，主要包括建筑工程费（结构、建筑、特殊装修工程费）、设备及安装工程费（给排水、电气照明、电梯、空调、煤气管道、消防、防雷、智能系统等设备及安装）以及室内装修工程费等。

在项目策划及可行性研究阶段，建安工程费的估算可以采用单元估算法、单位指标估算法、工程量近似匡算法、概算指标估算法等，也可根据类似工程经验估算。

④基础设施费

基础设施费包括供水、供电、道路、绿化、供气、排污、排洪、电信、环卫等工程费用。基础设施费通常采用单位指标估算法来计算。

⑤公共配套设施费

公共配套设施费主要包括不能有偿转让或部分有偿转让的开发小区内公共配套设施发生的支出，如教育、卫生、文娱、商业服务、公用设施等。公共配套设施费的估算可参考“建安工程费”的估算方法。

⑥开发期间税费

开发项目投资估算应考虑项目在开发过程中所负担的各种税金和地方政府或有关部门征收的费用。在一些大中城市，这部分税费已成为开发建设项目投资构成中占较大比重的费用。各项税费应当根据当地有关法规标准估算，部分费用有的城市收，有的城市不收。这部分税费包括：a. 配套设施建设费（简称配套费）；b. 建筑工程质量与安全监督费；c. 用电负荷费（供电增容费）；d. 预算定额管理费；e. 建设工程交易中心招投标服务费；f. 工程建设监理费；g. 其他税费（包括开发建设报建费、排水设施有偿使用费、城市占道费等）。

⑦不可预见费

不可预见费包括备用金（不含工料价格上涨备用金）、不可预见的基础或其他附加工程增加的费用、不可预见的自然灾害增加的费用。它依据项目的复杂程度和前述各项费用估算的准确程度，以上述①～⑤项费用之和为基数，按 3%～5%计算。

(2)开发费用的估算

①管理费用。管理费用是指企业行政管理部门为管理和组织经营活动而发生的各种费用。管理费用以项目前述开发成本之和为基数，取一个百分比计算，一般为 3%左右。

②销售费用。销售费用是指开发建设项目在销售产品过程中发生的各项费用以及专设销售机构或委托销售代理的各项费用，主要包括如下三项：a. 营销策划、广告宣传及市场推广费，为销售收入的 2%～3%；b. 销售代理费，为销售收入的 0.5%～2%；c. 其他销售费用，为销售收入的 0.5%～1%。

以上各项合计，销售费用占销售收入的 3%～6%。

③财务费用。财务费用是指为筹集资金而发生的各项费用，主要为借款利息和其他财务费用。借款利息主要包括长期借款利息和流动资金利息。

a. 长期借款利息的计算。其计算公式为

每年应计利息＝(年初借款本息累计＋1/2 本年借款额)×年利率

长期借款本息的偿还方式有两种：每年等额偿还本息和；等额还本，利息每年照付。

b. 流动资金利息。流动资金借款部分按全年计息，利息计入财务费用，每年照付，期末一次还本。

(3)投资与成本费用估算结果的汇总

为了便于对房地产开发项目各项成本和费用进行分析和比较，常把估算结果以汇总表的形式列出，见表 10-4。

表 10-4　　房地产开发项目投资与成本费用估算汇总表

项目	计算依据	单价/(元/m²)	合计/万元
1. 开发成本	以下 1.1～1.7 项之和		
1.1 土地费用			
1.2 前期工程费			
1.3 建安工程费			
1.4 基础设施费			
1.5 公共配套设施费			
1.6 开发期间税费			
1.7 不可预见费	1.1～1.5 项之和的 3%～5%		
2. 开发费月	以下 2.1～2.3 项之和		
2.1 管理费用			
2.2 销售费用	1 项的 3%		
2.3 财务费用	销售收入的 3%～6%		
3. 合计	1 项＋2 项		

3. 房地产销售税费

房地产销售税费主要是指在销售与交易阶段发生的税费，它们不参与投资与成本费用的构成，只是作为销售收入的扣减。

(1)与转让房地产有关的税费

①营业税。营业税是对在我国境内提供应税劳务、转让无形资产或者销售不动产的单位或个人所获得的营业额征收的一种税。房地产经营销售按营业额(销售收入)的5%计征。

②城市维护建设税。城市维护建设税是对在我国境内既享受城镇公共设施，又有经营收入的单位和个人征收的一种税。以单位和个人实际交纳的营业税税额为计征依据，按照纳税人所在地实行差别税率：市区的适用税率为7%，县城、建制镇的适用税率为5%，其他地区的适用税率为1%。

③教育费附加。对房地产销售而言，以单位和个人实际交纳的营业税税额为计征依据，附加税率为3%。

④印花税。印花税是对经济活动中书立领受各种凭证而征收的税种。房地产经营活动中书立设计、建筑施工承包合同、房产租赁合同、借款抵押合同、房地产转让合同、领受产权证书等，均要规定缴纳印花税。计税标准是按房地产交易价的1‰，买卖双方各负担一半，即各负担0.5‰。

⑤房地产交易服务费。该费用包括了与房地产交易有关的一切手续、估价及表格、资料等费用，按当地房地产管理部门的有关规定标准缴纳。

(2)土地增值税

土地增值税，是以转让房地产取得的增值额为征税对象征收的一种税，其实质是对土地收益的课税。

土地增值税实行四级超率累进税率。增值额未超过扣除项目金额50%的部分，税率为30%；增值额超过扣除项目金额50%，未超过扣除项目金额100%的部分，税率为40%；增值额超过扣除项目金额100%，未超过扣除项目金额200%的部分，税率为50%；增值额超过扣除项目金额200%的部分，税率为60%。

由此可知，土地应纳税额的计算，按下列公式进行：

$$土地增值额=转让房地产的总收入-扣除项目金额$$

$$应纳税额=土地增值额\times适用税率$$

若土地增值额超过扣除项目金额50%以上的，即同时适用于二档或二档以上适用税率，则需分别计算。

(3)企业所得税

企业所得税是指对在我国境内实行独立经济核算的企业或组织的生产、经营所得和其他所得征收的一种税，按企业应纳税所得额（房地产经营利润）的一定比例计征（目前为 25%）。

10.6.2　房地产项目投资收入估算与资金筹措

1. 房地产项目投资收入的估算

从投资分析的角度出发，市场分析与预测的最终目的就是对投资项目租售方案的确定、租售价格的确定和经营收入的估算。

(1)租售方案的确定。房地产项目应在项目策划方案的基础上，制定切实可行的出售、出租、自营等计划。

(2)租售价格的确定。租售价格应根据房地产项目的特点确定，一般应选择在位置、规模、功能和档次等方面可比的交易实例，通过对其分析与修正，最终得到房地产项目的租售价格。

(3)经营收入的估算。经营收入是指向社会出售、出租房地产产品或自营时的货币收入。房地产投资项目的经营收入主要包括房地产产品的销售收入、租金收入、土地转让收入、配套设施销售收入（以上统称租售收入）和自营收入。

①销售收入。销售收入包括土地转让收入、商品房销售收入和配套设施销售收入。

②租金收入。租金收入包括出租房租金收入和出租土地租金收入。

这里应注意空置期（项目竣工后暂时找不到租户的时间）和出租率对租金收入的影响。

③自营收入。自营收入是指房地产开发企业以开发完成后的房地产为其进行商业、服务业等经营活动的载体，通过综合性的自营方式得到的收入。

2. 房地产项目投资的资金筹措

(1)项目投资资金的来源分析。房地产项目资金来源的渠道主要有资本金（股本金）、银行贷款、预售收入。

除此之外，建筑承包商带资承包和合作开发也经常作为筹资的渠道。

(2)资金筹措计划和使用计划。资金筹措计划是根据房地产项目对资金的需求以及投资、成本与费用使用计划，来安排资金来源和相应数量的过程。

当分析资金来源的情况以后，需要对资金的使用确定一个计划。房地产项目的资金使用计划应根据可能的项目施工进度与资金来源渠道进行编制，其表格形式见表 10-5。

表 10-5　　投资计划与资金筹措表　　单位:万元

序号	项目	合计	1	2	3	…	N
1	项目投资						
1.1	开发建设投资						
1.2	经营资金						
2	资金筹措						
2.1	资本金						
2.2	借贷资金						
2.3	预售资金						
2.4	预租资金						
2.5	其他收入						

注:以上表中的期间均可按年、半年、季度、月划分。

10.6.3　房地产项目投资财务分析

1.房地产项目投资财务分析基本报表

房地产项目投资财务分析的基本报表主要有现金流量表、资金来源与运用表、损益表和资产负债表。

(1)现金流量表

现金流量表反映房地产项目开发经营期的现金流入和流出,按期编制,用以计算各项评价指标,进行财务盈利能力分析。

按投资计算基础不同,现金流量表一般分为:

①全部投资现金流量表。该表不分投资资金来源,以全部投资作为计算基础,用以计算全部投资财务内部收益率、财务净现值及投资回收期等评价指标,考察房地产项目全部投资的盈利能力,为各个投资方案(不论其资金来源及利息多少)进行比较建立共同的基础。全部投资现金流量表见表 10-6。

表 10-6　　全部投资现金流量表　　单位:万元

序号	项目	合计	1	2	3	…	N
1	现金流入						
1.1	销售收入						
1.2	出租收入						
1.3	自营收入						
1.4	净转售收入						
1.5	其他收入						
1.6	回收固定资产余值						
1.7	回收经营资金						

（续表）

序号	项目	合计	1	2	3	…	N
2	现金流出						
2.1	开发建设投资						
2.2	经营资金						
2.3	运营资金						
2.4	修理费用						
2.5	经营税金及附加						
2.6	土地增值税						
2.7	所得税						
3	净现金流量						
4	累计净现金流量						

计算指标：1.财务内部收益率；2.财务净现值；3.投资回收期（年）。

②资本金现金流量表。该表从投资者整体的角度出发，以投资者的出资额作为计算基础，把借款本金偿还和利息支付视为现金流出，用以计算资本金财务内部收益率、财务净现值等评价指标，考察项目资本金的盈利能力。资本金现金流量表见表 10-7。

表 10-7　　资本金现金流量表　　单位：万元

序号	项目	合计	1	2	3	…	N
1	现金流入						
1.1	销售收入						
1.2	出租收入						
1.3	自营收入						
1.4	净转售收入						
1.5	其他收入						
1.6	回收固定资产余值						
1.7	回收经营资金						
2	现金流出						
2.1	开发建设投资						
2.2	经营资金						
2.3	运营资金						
2.4	修理费用						
2.5	经营税金及附加						
2.6	土地增值税						
2.7	所得税						
2.8	借款本金偿还						
2.9	借款利息支付						
3	净现金流量						
4	累计净现金流量						

计算指标：1.资本金内部收益率；2.财务净现值。

③投资各方现金流量表。该表以投资各方的出资额作为计算基础，用以计算投资各方财务内部收益率、财务净现值等评价指标，反映投资各方投入资金的盈利

能力。投资各方现金流量表见表 10-8。

表 10-8　　投资各方现金流量表　　单位:万元

序号	项目	合计	1	2	3	…	N
1	现金流入						
1.1	应得利润						
1.2	资产清理分配						
(1)	回收固定资产余值						
(2)	回收经营资金						
(3)	净转售收入						
(4)	其他收入						
2	现金流出						
2.1	开发建设投资出资额						
2.2	经营资金出资额						
3	净现金流量						
4	累计净现金流量						

(2)资金来源与运用表

资金来源与运用表反映房地产项目开发经营期各期的资金盈余或短缺情况，用于选择资金筹措方案及偿还计划。资金来源与运用表见表 10-9。

表 10-9　　资金来源与运用表　　单位:万元

序号	项目	合计	1	2	3	…	N
1	现金来源						
1.1	销售收入						
1.2	出租收入						
1.3	自营收入						
1.4	资本金						
1.5	长期借款						
1.6	短期借款						
1.7	回收固定资产余值						
1.8	回收经营资金						
1.9	净转售收入						
2	现金运用						
2.1	开发建设投资						
2.2	经营资金						
2.3	运营资金						
2.4	修理费用						
2.5	经营税金及附加						
2.6	土地增值税						
2.7	所得税						
2.8	应付利润						
2.9	借款本金偿还						
2.10	借款利息支付						
3	盈余资金						
4	累计盈余资金						

(3)损益表

损益表反映房地产项目开发经营期各期的利润总额、所得税及各期税后利润的分配情况，用以计算投资利润率、资本金利润率等评价指标。损益表见表 10-10。

表 10-10　　**损益表**　　单位：万元

序号	项目	合计	1	2	3	…	N
1	经营收入						
1.1	销售收入						
1.2	出租收入						
1.3	自营收入						
2	经营成本						
2.1	商品房经营成本						
2.2	出租房经营成本						
3	运营费用						
4	修理费用						
5	经营税金及附加						
6	土地增值税						
7	利润总额						
8	所得税						
9	税后利润						
9.1	盈余公积金						
9.2	应付利润						
9.3	未分配利润						

计算指标：1. 投资利润率；2. 投资利税率；3. 资本金利润率。

(4)资产负债表

资产负债表是反映房地产投资在计算期内各年末资产、负债与所有者权益变化及对应关系的报表。该表主要考察项目资产、负债、所有者权益的结构，进行项目清偿能力分析。资产负债表见表 10-11。

表 10-11　　**资产负债表**　　单位：万元

序号	项目	合计	1	2	3	…	N
1	资产						
1.1	流动资产总额						
1.1.1	应收账款						
1.1.2	存货						
1.1.3	现金						
1.1.4	累计盈余资金						
1.2	在建工程						
1.3	固定资产净值						
1.4	无形及递延资产净值						

（续表）

序号	项目	合计	1	2	3	…	N
2	负债及所有者权益						
2.1	流动负债总额						
2.1.1	应付账款						
2.1.2	短期账款						
2.2	长期借款						
2.2.1	经营资金借款						
2.2.2	固定资产投资借款						
2.2.3	开发产品投资借款						
	负债小计						
2.3	所有者权益						
2.3.1	资本金						
2.3.2	资本公积金						
2.3.3	盈余公积金						
2.3.4	累计未分配利润						

2. 房地产项目投资财务盈利能力分析

财务盈利能力分析主要考察房地产项目投资的财务盈利能力水平。根据房地产项目研究阶段、研究深度以及项目类型的不同，通过上述报表，有选择地计算下列评价指标：

(1)财务内部收益率(FIRR)

(2)财务净现值(FNPV)

(3)投资回收期(主要适用于出租和自营的房地产项目)

投资回收期是指以项目的净收益抵偿总投资所需要的时间，一般以年表示，并从项目开发期的起始年算起。投资回收期可根据财务现金流量表(全部投资)中累计净现金流量求得。

(4)投资利润率

$$投资利润率=年平均利润总额\div总投资\times100\%$$

(5)资本金利润率

$$资本金利润率=年平均利润总额\div资本金\times100\%$$

10.6.4 房地产项目投资不确定分析

房地产项目投资不确定分析主要包括敏感性分析、临界点分析和概率分析。可进行不确定分析的因素有：租售价格、销售进度、出租率、开发周期、项目总投资、土地费用、建安工程费、融资比例、融资成本等。

1. 敏感性分析

敏感性分析是通过预计房地产项目投资不确定因素发生的变化，分析对项目经济效益产生的影响；通过计算这些因素的影响程度，判断项目投资经济效益对于各个影响因素的敏感性，并从中找出对经济效益影响较大的不确定因素。

2. 临界点分析

临界点分析是测算一个或多个不确定因素发生变化时，项目投资达到允许的最低经济效益时的极限值，并以不确定因素的临界值组合显示项目的风险程度。不确定因素临界值的分析计算可以采用列表或图解的方法。通常可进行临界点分析的因素有：

①最低售价和最低销售量、最低租金和最低出租率；

②最低土地价格；

③最高工程费。

3. 概率分析

概率分析是使用概率研究预测不确定因素对房地产项目投资经济效益影响的一种定量分析方法，通过不确定因素的变化情况和发生的概率，计算在不同条件下房地产项目投资的经济评价指标，说明其在特定收益状态下的风险程度。

10.6.5　房地产项目投资方案比选

该部分内容在此不赘述，可参见有关“技术经济学”、“工程经济学”等书中相关内容的详细介绍。

案例

沈阳“温馨佳园”前期策划方案

一、项目概况

“温馨佳园”项目主要规划技术指标：

(1)主体建筑使用性质：住宅、商铺、业主会所、幼儿园；

(2)用地面积：48 000m²，其中建筑覆盖率为 35%，绿化面积占 45%；

(3)建筑面积：100 800m²，其中住宅建筑面积 89 300m²，包括 6 栋高层，每栋 20 层，建筑面积 64 100m²；多层 6 栋，每栋 7 层，建筑面积 25 200m²。高层住宅一、二层设置裙楼，其中部分作为业主会所和幼儿园、保卫室等用途，面积 1 620m²，剩余部分作为商铺销售，可销售面积 9 880m²。

(4)建筑容积率：2.1。

二、项目市场需求分析

2.1　市场宏观背景

1.沈阳市商品房市场分析

(1)2000 年以来沈阳市商品房市场发展状况(略)

2004 年沈阳市房地产投资额已大幅度攀升，比 2003 年增长 93.2%，占固定资产投资的比重从 2002 年的 30.4%增长到 35.3%，商品住宅供应增长较快，房屋施工面积同比增长 61.3%。商品房销、预售面积 770 万平方米，同比增长 49%。

据沈阳市房地产交易中心统计，2004 年沈阳市商品住宅平均价格为 2 836 元/m²，比 2003 年增长了 3%，上升平稳。

(2)2004 年沈阳市市区商品住宅区域价格分布

目前，沈阳市市区内商品住宅价格呈现"南富北贵、东西低、中价高"的分布特征(各区域的销售价格图示略)。

(3)2004 年沈阳市市区各区域商品住宅销售面积比例(略)

(4)2004 年沈阳市商品房市场运行特征

①开发投资与销售比例逐步协调；

②商品房价格涨幅趋于平缓；

③理性消费，购房自住比例较大，投资炒房比例相对较小，炒作空间不大，市场稳定；

④大众住房消费将逐渐演变为市场主流，住房梯次消费结构已经形成；

⑤外籍和外埠开发商大举进入沈阳开发市场。目前，已经有 91 家外资企业和 38 家外埠企业来沈投资，结束了沈阳市多年以来以中小开发企业为主的时代。

(5)当前沈阳市商品房市场存在的主要问题

①住房供给结构失衡现象仍然比较严重

沈阳市住房供给结构失衡现象主要反映在如下两个方面：

一方面，住房供求面积失衡，根据调研，沈阳市居民需求的住房面积，与在建商品房的状况对比，结果见表 10-12。

从表 10-12 可以看出，沈阳市居民住房面积供求差距是相当大的。只有在 100～120m² 这个面积区间供求基本平衡，100m² 以下商品房求远大于供，120m² 以上的商品房供远大于求，供求结构错位较大。

表 10-12 2004 年沈阳市居民住房供求面积对比表

商品房建筑面积	居民需求比例/%	供给比例/%	供求差距(以求为基数)/%
$60m^2$ 以下	14.7	2.6	−12.1
$60\sim100m^2$	43.2	18.9	−24.3
$101\sim120m^2$	21.1	22.3	+1.2
$121\sim150m^2$	12.5	24.2	+11.7
$150m^2$ 以上	8.5	32.0	+23.5

另一方面，居民住房供求价格失衡。根据调研，沈阳市居民所能承受的价格，与在建商品房的状况对比结果见表 10-13。

表 10-13 2004 年沈阳市居民住房供求价格对比表

商品房销售单价	居民能承受价格比例/%	供给比例/%	供求差距(以求为基数)/%
2 000 元/m^2 以下	47	0.9	−46.1
2 001～3 000 元/m^2	46	50.1	+4.1
3 001～4 000 元/m^2	6	13.8	+7.8
4 001 元/m^2 以上	1	35.2	+34.2

由表 10-13 可见，沈阳市居民住房价格供和求差异相当大。只有在 2 001～3 000元/m^2 这个区间上供略大于求，供求基本平衡；除此以外，居民需要的低价房太少，居民难以承受的高价房供应过多。

②结构性空置房问题突出

沈阳市空置的商品房 85.1%是商品住宅，目前空置 1 年以上的商品住宅中，面积在 $100m^2$ 以下的仅占 4.9%，面积在 $120m^2$ 以上的占 74.1%，其中面积在 $150m^2$ 以上的空置住宅占全部空置量的 43.8%。所以，当前沈阳市空置商品住宅中，大户型住宅居多，属于较为严重的结构性空置。

③商业地产有过热的迹象

虽然沈阳市具有明显区位优势，商业地产潜力较大，但从现在商业地产发展势头看，有些过热和过猛的征兆，尤其是酒店式公寓和写字间原有空置量较大，而且新供应量较大，并且趋同性较强，限于当前沈阳市的经济发展水平，近期难于大批消化。

2. 沈阳市商品房市场未来走势判断

(1)价格和销售量总体上扬，短期平稳

(2)房地产开发商面临“个股时代”和“品牌竞争”

(3)住宅郊区化的发展趋势明显提速

3. 皇姑区商品房市场分析

(1)皇姑区区域概况(略)

(2)商品房市场分析

① 商品房价格分布以从西向东、从北到南呈递增趋势

② 商品房销售量剧增,但销售价格略有回落

③ 楼盘整体素质有所提升

④ 具有教育地产与生态地产的优势

⑤ 一环内区域适合投资

⑥ 商业地产发展迅猛

(3)皇姑区商品房市场发展趋势判断

① 房地产市场发展速度进一步加快

②产品档次逐步从中低端向中高端过渡

③价格将逐步、稳步上涨

2.2 片区市场分析

1.片区在售竞争性楼盘调研分析(略)

2.片区商品房市场概况

(1)价格

片区中档住宅平均价格:多层:3 600 元/m^2;小高层:3 800 元/m^2;高层:4 000元/m^2;

(2)项目规模:主要集中在 10 万 m^2 以内;

(3)户型面积:户型面积偏大;

(4)产品组合:竞争楼盘的产品中,两房占 40%左右,三房占 45%左右,市场销售证明,两房的市场接受度相对较高,本项目在产品组合定位上应提高两房的比例;

(5)设计单位:规划和园林设计单位一般为国外的品牌设计公司和沈阳本地的设计公司——本项目应致力于聘请国外知名品牌公司进行合作;

(6)车位情况:车户比在 0.4 以内,但已不能满足目前购房者的需求;

(7)物业管理:采用聘请沈阳本地的物业公司管理及聘请国内的知名物业服务企业做顾问的方式。

3.片区房地产三级市场分析

(1) 三级市场活跃

(2)片区二手住宅价格稳中有升

(3)一房、两房成为三级市场主流

2.3 项目分析及评价

(1)项目地理位置(略)

(2)交通道路状况(略)

(3)项目地块所附建筑物现状

地块内现有建筑物总量为39幢，主要建筑物有辽宁大学高等职业技术学院、辽宁大学家属区、铁路机械学校工厂和市第八十四中学，主要建筑物情况表略。

(4)项目地块周边配套设施状况

项目地块周边配套设施完善，教育、医疗、餐馆、娱乐等设施齐全。

(5)公交线路状况

目前，途经本项目的公交线路共有7条，覆盖沈河区、和平区、皇姑区大部分区域，具体路线表略。

三、项目SWOT分析

3.1　优势

1.地理位置优越

2.生活配套齐全

3.交通方便

4.项目所在区域居住概念逐步提升

3.2　劣势

1.项目规模较小

2.容积率较大

3.3　机会

1.良好的开发时机

2.潜在购买需求增大

3.4　威胁

1.片区内竞争

项目临近的物业与本项目相比，地域条件相似，但同时还具有规模优势与品牌优势，因此如果本项目没有独特的、可展示的优势和可持续发展的潜力，将会失去市场竞争力。

2.片区外竞争

浑南、铁西片区的住宅项目因为综合质素的大幅提高，片区整体形象不断提升，吸引了大批客户跨区购买，也必将会分流部分本项目的潜在客户。

四、项目市场定位及其评估

4.1　项目客户定位

(1)客户定位分析

①从区位条件看：本项目位于皇姑区中心地带，地段优越，交通便利，周边生活

配套齐全，这些因素对皇姑区以及周边地区大多数置业者都是富有吸引力的，如附近各类企事业职工等。

②从核心价值看：本项目具备地段优越、充满文化氛围的核心价值和升值潜力，相信会吸引片区内大量高素质、具有相当购买力的客户入市、如各大院校教师、政府机关单位的公务员等。

③从开发时机看：根据拟订的开发计划，与沈阳市“金廊工程”齐头并进。金廊地段涉及大面积拆迁，近期形成大量的购房需求，成为本项目的重要客户群。应使本项目尽快投入开发、尽快上市，以免客户群被迅速分流。

(2)目标客户定位(表10-14)

表10-14　　项目客户定位一览表

重要次序	客户群	预计比例/%
1	本区原有工厂、企业职工，各大院校工作人员、教师，政府机关公务员	55
2	受拆迁影响的原金廊居民	25
3	皇姑区周边买家	20

4.2　项目户型定位

为满足市场需求，本项目户型面积主要为75～115m²，占总套数的83%，具体户型设计规划见表10-15。

表10-15　　户型规划方案一览表

户型	建筑面积/m²	套数/户	套数比例/%
一室一厅一卫	60～70	100	10.31
二室一厅一卫	75～85	210	21.65
二室二厅一卫	86～95	420	43.30
三室一厅一卫	105～115	175	18.04
三室二厅一卫	120～140	65	6.70
合计	89 300	970	100

4.3　方案评估意见

从项目地块性质来看，本项目所在地是较理想的商住建筑用地。根据项目SWOT分析，本项目定位为现代生态化高尚人文社区比较合理。在操作的同时应准确定位客户群，针对特定客户确定项目的相关定位，并尽快投入建设，以获得更好的收益。

五、项目投资估算与资金筹措

5.1　项目总投资估算

1.测算原则及前提条件

(1)项目技术指标

具体见“项目概况”。

(2)测算期确定

按项目开工建设开始至发售完毕为止确定计算期，即2005年11月1日开工至2008年1月末全部销售完毕。

(3)贷款利率确定

目前中国人民银行公布的1～3年期贷款利率为5.76%，如在贷款期内人民银行利率调整，则应作相应的调整。

(4)基准收益率确定

本项目属高档房地产项目，基准收益率取房地产行业平均水平，这里设定基准收益率为12%。

(5)关于建设经营期

本项目建设经营期包括建设期和销售期，以开工为起点，从2005年11月至2008年1月，整个建设经营期按季度划分为9期，其中建设期为开工后1～6期，销售期为开工后4～9期。共分两期销售，其中一期为6栋多层，二期为6栋小高层住宅。

2.固定资产投资总额

根据测算，本项目的开发成本为33 662.76万元，单位面积成本为3 339.56元。下面简要说明本项目的投资估算(表10-16)。

表10-16　　项目开发成本估算表

序号	项目	总投资	单位投资/(元/m^2)
1	开发建设投资	33 662.76	3 339.56
1.1	土地费用	10 944	1 085.71
1.2	前期工程费	217.44	21.57
1.3	配套费用	1 900.8	188.57
1.4	开发建造成本	15 579.9	1 545.63
1.5	管理费用	859.26	85.24
1.6	不可预见费用	1 180.06	117.07
1.7	财务费用	1 860.77	184.60
1.8	销售费用	1 120.53	111.16
2	经营资金	—	—
3	项目总投资	33 662.76	3 339.56
3.1	开发产品成本	33 662.76	3 339.56
3.2	固定资产投资	—	—
3.3	经营资金	—	—

总投资估算说明：

(1)土地费用：包括土地出让金、土地开发费、契税等共计10 944万元。

(2)前期费用：主要包括项目前期规划设计费、工程勘察费、报批报建费、场地平整费等共计217.44万元。

(3)配套费用：包括城市基础设施配套费、小区基础设施配套费(含小区内给水、排水、供电、供暖及其他)、绿化、景观、道路、公共配套(保安系统、监控系统、大门、会所、保安室)共计1 900.8万元。

(4)开发建造成本：包括工程设计费、监理费、建筑安装费共计1 5579.9万元。

(5)管理费用：按(1)、(2)、(3)、(4)之和的3%计算为859.26万元。

(6)不可预见费：按(1)、(2)、(3)、(4)、(5)之和的4%计算为1 180.06万元。

(7)财务费用：总投资的65%来自银行贷款，贷款在建设期均匀投入，贷款利息按5.76%计算。

(8)销售费用：主要包括销售广告、营销策划、销售代理，以上费用合计按销售收入的2.5%估算。

5.2 资金筹措

1.资金来源

本项目开发投资的资金来源包括两个渠道：一是企业自有资金；二是银行贷款。

2.项目筹资方案

温馨佳园项目的总投资约为33 662.76万元，计划在开发期27个月内分9期投入。在项目建设前期由开发商以自有资金投入总投资的35%，为11 781.97万元，其他资金向银行申请贷款，总额为21 880.79万元。

5.3 投资使用计划

(1)项目地价款投入计划

本项目已付清地价款，取得土地使用证。由于本项目计划于2005年11月开工，本报告测算期自2005年11月计起。由于自2005年8月起至10月对该地块实行拆迁，所以视为地价款于2005年11月前以自有资金方式已经投入。

(2)建设工程款投入计划

项目建设工程款的投入计划按照项目的开发计划及工程进度投入，不考虑施工单位垫资和工程款支付滞后的情况。地价款为自有资金投入，贷款视为在建设期间均匀投入，贷款利息按照中国人民银行公布的1～3年期贷款利息计算。

5.4 各类物业销售收入估算

本项目建成后，全部物业用于销售，预计可实现销售收入48 515万元。各类物业销售收入估算详见表10-17、表10-18。

表10-17　　销售收入预测

序号	项目	可售量	总额/万元	备注
1	住宅销售	89 300m^2	38 399	均价4 300元/m^2
2	商铺销售	9 880m^2	6 422	均价6 500元/m^2
3	合计		44 821	

表10-18　　销售净额预测

序号	项目	金额/万元	备注
1	销售额	44 821	
2	营业税及附加	2 263.46	销售额的5.05%
3	印花税	22.41	销售额的0.05%
4	销售净额	42 535.13	

5.5　项目销售回款计划

销售收入分期按比例测算，详见表10-19。

表10-19　　资金回笼预测表

序号	项目	可售量/m^2	总额/万元	资金具体回笼的预测说明
1	住宅销售	89 300	38 399	销售按6期共18个月计，各期完成销售率分别为25%、25%、20%、15%、10%、5%，均价4 300元/m^2
2	商铺销售	9 880	6 422	销售按4期共12个月计，滞后住宅2期开始销售。各期完成销售率分别为35%、25%、20%、20%。均价6 500元/m^2
	合计	—	44 821	

5.6　资金来源与运用分析(表10-20)

表10-20　　资金运用预测表

序号	项目	总额/万元	资金具体流出的预测说明
1	土地费用	10 944	由开发商先期支付
2	前期工程费	217.44	由开发商先期支付
3	配套费用	1 900.8	建设期内第1期投入25%，第2～6期投入15%
4	开发建造成本	15 579.9	第2～6期分别投入10%、30%、30%、25%、5%
5	管理费用	859.26	建设期和销售期均匀投入
6	不可预见费用	1 180.06	建设期内均匀投入
7	财务费用	1 860.77	在建设期和销售期均匀投入
8	销售费用	1 120.53	在销售期内平均投入
	合计	33 662.76	

※以正式开工为起点，建设销售期按季度划分为9期，其中建设期为开工后第1～6期，销售期为开工后第4～9期。

5.7 销售利润

本项目销售利润分析详见表10-21。

表10-21 财务评估表

序号	项目	金额/万元	备注
1	销售收入	44 821	住宅、商铺、车位销售收入合计
2	开发成本	33 662.76	含财务费用
3	经营税金及附加	2 285.87	按销售收入的5.1%计
4	毛利润	8 872.37	
5	所得税	2 927.88	按利润的33%计
6	净利润	5 944.49	
7	年资本金回报率	30.12%	毛利润/资本金11 781.97万元/2.25
8	年投资回报率	10.54%	毛利润/开发成本/2.25

六、财务评价

6.1 盈利能力分析

1.动态盈利分析

(1)现金流量分析

现金流量分析详见《全部投资现金流量表》。

(2)财务净现值FNPV

根据测算:本项目在计算期内的累计净现值为:

税前FNPV=2 451.78万元;税后FNPV=213.69万元。

项目税前、税后全部投资的FNPV均大于0,说明本项目可行。

(3)财务内部收益率FIRR

经计算,本项目的财务内部收益率FIRR为:

税前FIRR=22.05%;税后FIRR=13.00%。

温馨佳园项目税前、税后全部投资的FIRR均大于基准收益率12%,说明本项目可行。

(4)动态投资回收期

经计算,本项目的动态投资回收期为:

$$T=7-1+\frac{|-3\ 199.54|}{6\ 215.64}=6.51\text{季度}=19.53\text{月}=1.62\text{年}$$

2.项目盈亏平衡点分析

从项目销售收入可看出,本项目商铺与车位的销售收入占总销售收入的10%,所占份额小,因此在分析项目盈亏平衡点时,重点参照住宅盈亏平衡点。具体分析如下:

(1)假设商铺及车位已售出

①项目面积盈亏平衡点

$$(总成本－商铺销售收入)/住宅销售单价=63\ 351m^2$$

在商铺及车位已售出的条件下，住宅销售面积达到 63 351m^2(占可销售面积的 70.9%)，项目即可实现盈亏平衡。

②项目价格盈亏平衡点

$$(总成本－商铺销售收入)/住宅可销售面积=3\ 050\ 元/m^2$$

在商铺及车位已售出的条件下，住宅销售单价达到 3 050 元/m^2(为销售均价的 70.9%)，项目即可实现盈亏平衡。

(2)假设商铺及车位未售出

①项目面积盈亏平衡点

$$总成本/住宅销售单价=78\ 285m^2$$

在商铺及车位未售出的条件下，住宅销售面积达到 78 285m^2(占可销售面积的 87.67%)，项目即可实现盈亏平衡。

②项目价格盈亏平衡点

$$总成本/住宅可销售面积=3\ 770\ 元/m^2$$

在商铺及车位未售出的条件下，住宅销售单价达到 3 770 元/m^2(为销售均价的 87.67%)，项目即可实现盈亏平衡。

6.2　项目不确定性分析

(1)土地价值

本项目的土地位于皇姑区中部，皇姑区区域比较成熟，土地升值潜力相对较小，所以本项目地价增加的可能性不大。

(2)建造成本

从去年开始全国及沈阳市建筑材料价格上涨幅度相对前几年较高，但本次测算成本时已考虑了这一因素，预计 2005 年建材涨幅相对于 2004 年末增加的可能性不大，而且本项目的内部收益率为 22%，建筑成本有 10%的上浮空间方达到基准收益率，因此本项目建筑成本增加对项目的风险影响不大。

(3)销售价格

从沈阳市统计信息网公布的数据来看，本项目所在的皇姑区房地产价格指数在近年来是稳中有升的，随着 2006 年世界园艺博览园会的召开，众多知名开发商进驻开发，皇姑区房地产市场发展前景广阔，升值潜力大。若本项目能趁势加快开发步伐，避开日益激烈的市场竞争，更能保证销售价格的实现与提升。

(4)开发期

本项目的总工期预计约为27个月(从2005年11月～2008年1月),开发期较短,且项目开发商已经成功开发多个楼盘,在沈阳市拥有较强的实力和良好的信誉,同时拥有丰富的房地产开发经验,为把握项目开发节奏提供了保障。

6.3 社会效益和影响分析(略)

6.4 结论与建议

1.拟建方案的结论性意见

根据前述对国内、地区及片区经济发展及房地产市场情况的论证分析,本项目市场定位准确,开发风险较低,建议尽早、尽快开发。

2.项目主要问题的解决办法和建议

与皇姑区即将开发的大盘相比,本项目规模小、内部配套设施不足是影响本项目销售的主要问题,而且众多知名开发商已进驻皇姑区,皇姑区楼盘的供应量在未来3年内将明显上升。为避免与区内的其他楼盘进行正面竞争,建议本项目应尽快开工。

3.项目风险及防范建议

(1)市场竞争风险

(2)工程管理风险

(3)资金风险

七、附录

项目开发成本估算表、全部投资现金流量表、投资计划估算表、销售收入与经营税金及附加估算表(略)。

思考题

1.简述房地产项目前期策划基本原则。

2.对项目竞争对手的研究应从哪几方面进行考察?

3.简述住宅的分类方式、类型、特点与住宅选型原则。

4.竞争楼盘调研包括哪些内容?

5.建筑风格在当前房地产开发中有什么意义?以你所在的城市为例,举例说明几种建筑风格。

6.简述住宅的户型分类、户型确定依据。

7.以你所在的城市为例,说明户型设计呈现什么新趋势?

8.简述项目投资成本费用的构成。

9.分别说明现金流量表、资本金现金流量表、投资各方现金流量表、资金来源与运用表、损益表和资产负债表的作用。

第11章

房地产营销策划

11.1 房地产营销策划概述

11.1.1 房地产营销策划的含义

房地产营销策划是以综合运用市场营销学及相关理论为基础,以房地产市场调研为前提,从项目竞争的需要出发,科学地配置企业可运用的资源,制定切实可行的营销方案并组织实施,以实现预定的营销目标。

房地产营销策划是一个综合性、系统性的工程,需要在先进的营销理论指导下,运用各种营销手段、营销工具来实现房地产价值的兑现,实质上是一个从了解市场、熟知市场到推广市场的过程,其中心是顾客。

房地产营销策划属于市场要素整合学。任何一宗房地产在市场上都是独一无二的。针对不同房地产的营销策划是因时、因地、因人而完全不同的排列组合过程。

11.1.2 房地产营销策划在房地产策划中的地位

房地产营销策划作为房地产策划的一个不可缺少的组成部分,可以从以下几方面来把握它的地位:

(1)从房地产建设的时间来看,房地产策划分为前期和后期,前期是房地产项目策划,后期就是房地产营销策划。

(2)从房地产策划的内容来看,前期房地产项目策划的侧重点是项目的市场定位和产品设计,而房地产营销策划的侧重点是楼盘销售和市场推广,两者的具体操作有很大不同。

(3)从房地产营销策划本身来看,它的主要目的是完成项目的营销目标,把将建或建好的楼盘销售出去,从这一角度来讲,它是房地产策划最终实现的关键所在,也是房地产企业开发经营的最终目的。

因此,房地产营销策划的好坏,直接影响企业的生存和发展,作为企业决策者来说,应引起相当的重视。

11.2 房地产销售策划

11.2.1 房地产销售策划概述

1. 房地产销售策划的含义

房地产销售策划是指为了实现项目或楼盘的销售目标，对楼盘的销售计划、价格、推广、促销等一系列工作进行有意识的整合，使楼盘按照规范的操作手段进行运作，从而实现项目或楼盘的总体目标的一种创意活动。

房地产销售策划是房地产营销策划中最主要的一项策划工作，后面讲到的形象策划和广告策划实际上也是销售策划的一部分，都是围绕销售策划进行的。

2. 房地产销售策划的内容

房地产销售策划的内容主要有：

(1)房地产销售计划与周期；

(2)目标客户群分析与定位；

(3)房地产定价策划；

(4)房地产推广策划；

(5)房地产公关活动策划；

(6)房地产销售费用与推广效果；

3. 房地产销售策略的制定

(1)建立销售总体目标

在房地产开发中，销售总体目标是指为了让自己的项目能够树立良好的形象，推出市场后一炮打响，营造热烈的市场氛围而制定的销售额。比如，某月某日，推出多少幢，多少单元；某月某日，加推多少幢，多少单元；某月某日前，销售额为多少。

(2)营销整体战略架构部署

具体可表示为：市场调查→销售目标体→目标客户→价格定位→销售推广→公关计划→成本预算→形象定位→执行监控。

(3)营销整体部署执行的工作细则

作为开发商，应在项目面市前，做好以下具体的准备工作：

①企业发展战略的把握；②市场调查与分析；③市场定位企划方向的确认；

④与建筑师协调沟通产品规划特性；⑤楼盘的标志；⑥销售现场和促销活动的场地安排；⑦接待中心主要销售道具；⑧样品屋或实品屋的装修；⑨印刷媒体的制作；⑩报刊媒体制作与安排；⑪ 广告发布计划；⑫ 各项事务的发包与控制；⑬ 价格制定与价格控制；⑭ 推出时间计划；⑮ 业务训练计划；⑯ 现场销售执行；⑰ 房屋销售相关文件；⑱ 促销活动的主题选择；⑲ 广告效果和销售状况分析；⑳ 销售总结。

11.2.2 楼盘销售周期

1. 销售周期划分

房地产项目销售阶段从销售工作组织的角度来看，分为销售准备阶段、销售实施阶段、销售服务阶段。

从产品销售推广的角度看，分为认筹期（导入期）、解筹期（成长期、预热期）、开盘期（强销期、热销期）、持续热销期（成熟期）、扫尾清盘期（衰退期）。

(1)认筹期。即指项目未取得预售许可证前的对外宣传阶段，主要是对项目主要卖点进行宣传，以提升楼盘形象，积聚客户，预热市场。

(2)解筹期。指项目取得预售许可证后，试探市场反应，检验产品定位等营销策略的对外销售阶段，主要是通过认筹期客户资料的收集，论证项目的定位。

(3)开盘期。指项目热销阶段，主要是利用公开发盘，营造旺销的气氛，同时加强宣传力度，开发潜在客户源。

(4)持续热销期。总结前期销售状况，针对竞争楼盘测定有效的推广策略，针对第一批推出单位的阻力产品进行策略调整，吸引更多上门客户，同时更新宣传主题，重新刺激市场。

(5)扫尾清盘期。项目销售达到 90％以上的销售阶段，主要针对困难产品有重点地进行推广，实现重点突破，最终实现开发商总体利润，达到整体销售的目的，同时对开发商和楼盘形象进行持续推广，为开发商开发下一个项目做铺垫。

2. 各阶段销售策略

(1)入市期销售策略

房地产市场的发展越来越成熟，置业者在购房时都会反复比较和挑选，寻求性能价格比最高的物业，多注重眼见为实。比之于现房，置业者对期房的信心相对不足。因此，入市的动机往往一方面取决于当时市场的竞争状况，而更重要的取决于入市时的工程形象和展示是否到位。

①入市期的作用。一般来说，项目在正式进入市场前都要有一个预热及提前

亮相的阶段，这就是入市期。入市期有以下几种作用：a. 在不具备销售条件的情况下，提前发布将要销售的信息以吸引客户等待。b. 面对日益激烈的竞争市场，提前预销可分流竞争对手的部分客户。c. 为了在开盘进行中能达到开门红，先行在市场中建立一定知名度和客户基础。d. 对目标客户及市场进行测试，为正式开盘时的销售策略提供准确依据。

②入市期认筹流程。入市期形式多数采取认筹方式，即排号内部认购。内部认购是房地产营销的一支先头部队，是检验市场反应和调控市场的手法。内部认购除了在公开发售前提前笼络一批买家之外，最主要的目的还是在于营造氛围，只要有足够的人认购，开发商就可宣称开盘之日即销售出多少数量，造成一片热销的大好形势。

认筹流程：填写客户认筹表—交纳诚意金—领取收据—按先后次序编号—领取 VIP 卡。

(2)热销期销售策略

此阶段一般为项目正式进入市场销售，其策略体现为：投入大量的广告、推广费用，开盘仪式以及其他各种促销活动等紧密配合，相应此阶段的销售数量及能力要求也较高。

热销期内需注意以下问题：

①保持销售势头、较充足的房源供应量，否则有可能造成客户资源的浪费，如需保留房号，数量不宜超过总量的 15%。

②此阶段现场热销气氛非常重要，因此应加强促销，不要轻易停止，可根据实际情况变换不同方式，以保持热销场面。

③价格调整不能一次太多，一般每次不超过 1%，但在客户可接受的前提下，可采用小步慢跑式(即提价可多几次，但每次幅度较小)。

④此阶段为项目的最关键阶段，如在市场中成功建立入市形象及市场认同感，则可为持续期及尾盘期奠定较好基础。

11.2.3　楼盘销售主题与入市策略

1. 楼盘销售主题

(1)销售主题的作用

①有助于楼盘的品牌化。

②有助于加深消费者对楼盘的印象。

③有助于楼盘保持发展方向。

(2)楼盘销售主题的要求

①目的性。主题是一个项目的灵魂,要使项目充满生机、灵气,必须给项目一个确切的中心或是一个确切的目的,并使项目朝这个方向发展。

②鲜明性。楼盘的主题突出、个性鲜明是项目成功的一个关键,楼盘的整体若能充分表现出鲜明的主题,将会带来强大的震撼力。

③时代性。唯有紧跟时代的步伐,项目才经得起考验。销售主题作为一个项目的灵魂,其时代性更为突出。

④灵活多变。销售的主题要经得起考验,要在不同的时期有不同的表现形式,主题虽然是永久的,但社会文化丰富多彩、瞬间万变,主题必须有足够的灵活性以适应这种变化。

(3)确定销售主题的步骤与方法

①确立一个核心思想。销售主题要保持永不过时,才是最有效的。一定要给主题确立一个核心思想,让跟随时尚"变动"的主题始终围绕着这一核心思想。

②围绕核心思想确定一个或多个销售主题。根据"顾客是最健忘的"和"顾客也是很容易厌烦的"的特点,开发商需在适当的时候调整主题,这就涉及确定一个还是多个销售主题的问题。一般说来,宣传周期不太长的话,可仅确定一个销售主题,这样容易给客户留下比较深刻的印象,也不会使之感到厌烦。但若宣传周期很长就需要确立多个主题,才能给客户留下完整的、稳定的、深刻的印象。否则,就容易给客户留下支离破碎的印象。

③使销售主题富于表现力和感染力。楼盘利用销售主题可制造精神支柱和基准点,这些基准点可以令顾客在更大的情景范围内联想到该楼盘并辨别出它的地位。如果销售主题能够满足以下条件:第一,被用作表达某一企业的核心价值或使命,或者某一品牌特征;第二,在较长的一段时期内得到重复和改善;第三,被发展为整套相互关联的观点,那么销售主题就可以鲜明地表达出来。

2. 楼盘入市策略

(1)市场态势分析

市场态势分析又称项目的二次调查。市场态势分析内容主要有两大方面:竞争者项目分析和项目的目标客户群分析。

(2)确定入市时机

确定入市时机的前提有几个方面内容:

①营销推广组织建立。为实现项目营销推广的目标,入市前必须建立一个合

理的营销推广组织，从架构来看，主要包括销售部、策划(招商)部、广告部等。

②形象包装策划完成。项目入市，形象策划至关重要，从工地环境、营销中心、会所、园林、广场、样板房，到企业办公室、周边交通等硬件包装，尽可能使整体形象塑造与氛围创造给人焕然一新的感觉。软件包装包括对销售人员的培训、考核等工作都必须同步完成。

③销售物料准备就绪。入市前，销售物料必须全部到位，物料数量与制作质量必须满足入市营销需要。

④广告预热策略实施。在营销广告计划如销售策略、广告策略完成并启动的情况下，入市前 1～2 个月必须加大广告策略攻势，预热市场，为入市造势，形成良好的效应。

⑤项目法律手续具备。入市前，必须办理好必需的相关法律手续，如土地使用权证、建设用地规划许可证、建设工程施工许可证、商品房预售许可证、房地产证等，确保项目经营的合法。

⑥看好市场预期商机。周边竞争项目推售和项目本身工程进度是决定项目进入市场销售的主要因素之一。通过对市场态势的动态了解、分析与预测，必须确定某一目标市场现时需求情况有利于项目时，才可以考虑入市。

以上各项工作都没有问题，就可以确定入市时机了。

(3)入市时机安排

项目何日何时入市，是策划的难点，入市时机安排手法很多，目前常用的有以下几种方法：

①开工典礼法。以建筑施工单位开工日为标志，进行入市操作。

②开盘法。以取得预售证或主体封顶为标志，进行入市操作。

③节假法。以国家法定节庆日为标志，进行入市操作。

④区域文化法。借助当地同期举行的文化活动，联动操作入市。

⑤牛市法。看准某一目标市场需求旺盛时，像股市一样，趁市道行情看涨上扬时，迅速操作入市。牛市法是项目充分获取利润的较好做法。

⑥逆行法。在市场低迷时进行入市操作，通过热点炒作，带动与诱导需求，力挺供求压力，容易创造品牌。

⑦从政法。把项目纳入市政规划的形象工程、政府城建或投资项目的样板工程，与政府行为同步，操作入市。如新开发区的形象工程揭幕庆典、政府重大招商项目开工等政府行为。从政法容易获取政府政策支持，节省营销开支，创造社会效益。

11.2.4 目标客户群定位

所谓目标客户群，是指楼盘销售时所针对的那部分客户群体。如果项目或楼盘将“谁来买”和“针对谁来建”这两个问题搞清楚，目标客户群体也就确定了，楼盘销售就没有问题。因此，目标客户群是开发商寻找的客户对象。

以购买住宅为例，目标客户群分类大致有：

(1)从收入划分：高收入阶层、中收入阶层和低收入阶层。

(2)从职业划分：三资企业高级白领人士、个体私营企业主、国有企业高级管理人员、IT 人士等高收入职业，其他多为中低收入职业。

(3)从年龄划分：18～25 岁收入较低；26～50 岁收入最高；51 岁以上收入中等。

(4)从学历划分：高中以下收入较低；大学生收入居中；研究生以上收入较高。

(5)从行业划分：电信、金融、科技、房地产、烟草等行业收入较高，其他行业收入次之。

从以上可以看出，在五个方面的分类中，都有高收入、中收入和低收入阶层，因此，在进行目标客户分析时应综合考虑这几个方面的因素，才能真正反映社会客户群体的具体特征。

11.2.5 房地产定价策划

1. 房地产定价策略

所谓定价策略，是指企业为了在目标市场上实现自己的既定销售目标所规定的定价指导思想和技巧，有效的定价策略和技巧既能使有效需求得以释放，又可以给开发商带来较高的投资回报。房地产品在不同发售阶段、不同地点采用不同的定价策略。

(1)新开楼盘定价策略

根据房地产企业的主要定价目标，新开楼盘的定价策略一般可分为低价策略、高价策略、中价策略三种，每种定价策略各有其不同的定价依据。

①低价开盘策略

所谓低价开盘是指开盘以低于市场行情的价格销售。

该策略的优点是：a. 便于市场渗透，促进良性循环。b. 便于日后的价格控制。

低价开盘，价格的主动权在开发商手里。c. 便于周转，加快资金回笼。

其缺点是：a. 利润相对较低，投资回收周期长。b. 楼盘形象难以提升，高价位不一定代表高品质，但高品质是需要高价位来支撑的。

一般来讲，对于较低档次的新开楼盘，由于企业的开发成本较低，产品特色不明显，无法实现特色经营，而且竞争相对激烈，适宜采用低价策略。

②高价开盘策略

所谓高价开盘是楼盘开盘时以高于市场行情的价格销售。

该策略主要优点：a. 便于开发商获取较大的利润，树立楼盘的品牌形象，创造企业的无形资产；b. 高价开盘后，后期逐步调低价格，消费者也会感到一定的实惠。

其缺点是：a. 若价位偏离当地主流价位过多，则难聚人气，有时会形成有价无市；b. 楼盘销售速度会受到较大的影响，导致资金周转缓慢；c. 日后的价格调控余地很小。

一般来说，具有下列特点的新开楼盘可以采用高价策略：

a. 具有竞争楼盘所没有的明显特点，如有更为先进、合理、经济的户型设计；有新采用的付款方式、产品配套等。这样的楼盘突破了市场原有的思维定式，能带给客户全新的购买感受，即使定价较高，也会受到客户的追捧。

b. 产品的综合性能较佳。高单价大多对应高品质。当楼盘地点、规划、户型、服务等产品的综合性能为客户所接受和钟爱，它所提供的产品品质与客户所能接受的心理价位相符，甚至略高，也利于使用高价开盘策略。

c. 开发量适合，开发商信誉好。如果一个楼盘的价格在当地主流价格范围之内，产品的开发量适合，并且公司的品牌好，市场需求大，则高价开盘完全有市场基础，基本上在短时间内就能销售一空。

d. 在一定时期内，这一类型的楼盘供应相对缺乏，企业期望通过高价策略获得较多的利润时，也可以采用高价开盘。

③中价开盘策略

所谓中价开盘是指楼盘以市场行情的价格来销售。

中价开盘策略一般适用于房地产市场状况较为成熟稳定、竞争偏弱、成交量较大的区域内的楼盘，开发企业希望在现有状况下保持其市场占有率，谋取其中的利润。当然，这一策略也适合新进入的房地产企业。

总之，无论是哪种策略，它们都有各自的实施条件和优缺点，究竟采取哪种策略，要视具体情况而定。

(2)整体销售过程定价策略

房地产产品的整体销售过程是指楼盘或小区从预售开始到售完为止的全过

程，由于该过程相对比较漫长，应不断调整价格策略手段，争取每一个策略运用都能收到良好的经济效果。整体销售过程定价策略一般有以下几种：

①低开高走定价策略

所谓低开高走定价策略，就是根据项目的施工进度和销售进展情况，每到一个调价时点，就按预先确定的幅度有计划地调高一次售价的策略。

这种策略是房地产产品发售时较常见的定价策略，多用于中低档项目的期房销售，尤其适用于宏观经济转好阶段或人气较旺的待售楼盘。

但是，低价开盘后，如果价格调控不力，例如单价升幅过大，或者升幅节奏过快，都可能对后续的客户造成一种阻挡(放弃或观望等待)，从而造成销售呆滞的局面，不但使预先设定的期望利润落空，而且会抵消已经取得的销售业绩。因此，运用这种策略必须掌握一定的技巧。

a. 掌握好调价的频率和幅度。调价频率的关键是吸引需求，一般是以一周为一个周期，调价幅度的关键是“小幅递增”，一般每次涨幅为3%～5%。

b. 调价初期可配以适当的折扣或优惠政策作为过渡，有新生客源时再撤销折扣。

c. 提价要精心策划，高度保密，才能收到出奇制胜的效果。

d. 提价时要勾勒新的卖点，刺激消费信心，提价后要加大对已经购买的业主的宣传，让其知晓所购物业已经升值，向亲戚朋友宣传，起到口头传播的作用。

e. 最差的单元一定要在开盘初期推出来，并尽最大的努力将其卖掉，这是保证后期顺利发售的先决条件。

低开高走定价策略的运用模式。开盘起价低、均价也低，即开盘时整体售价低。随着项目工程进度的推进，项目进价、均价随之微调。一般中低档项目多采取这种策略。

②高开低走定价策略

高开低走定价策略类似“撇脂定价法”，其目的是开发商在楼盘上市初期以高价开盘销售，迅速从市场上获取丰厚的利润，然后逐步降低，力求尽快回笼资金。

由于房地产的保值、增值性，消费者买涨不买跌的心态较多，一旦高价开盘后市场反应冷漠，则降价可能更是雪上加霜。因此，在价格下调时一定要把握一定的技巧。在调价时一次调价幅度不可太大，否则易引发市场恐慌，丧失消费信心。可以采用“隐蔽式”方法，用这种方法下调收到的效果相对较好，如通过公关活动进行优惠赠送，推出付款期、付款方式、成交数量折扣等。可以强调“尾盘”发售，也能起到刺激购买的良好效果。

高开低走定价策略一般适用于以下两种情况：

a.适用于一些高档商品房，开发商在以高价开盘取得成功，基本完成了预期的营销目标后市场竞争趋于平缓，希望通过降价将剩余部分迅速售出，回笼资金。

b.适用于楼盘或小区销售处于宏观经济周期的衰退阶段，或者由于竞争过度，高价开盘并未达到预期效果，开发商不得不调低售价，以推动市场吸纳物业，尽早收回投资。

事实上，无论是高开低走，还是低开高走，都不是绝对的。因为销售过程中的价格变化较为微妙。一般开发商都采取"低—高—低"的价格变化节奏。

③稳定价格策略

这种价格策略是指在整个发售期间，楼盘的售价始终保持相对稳定，既不大幅度提价，也不大幅度降价。对于开发规模较小，以及房地产市场状况稳定的区域，宜采取稳定价格策略。

(3)时点定价策略

除上述所讲的较为系统的定价策略外，在整个价格操纵过程中，开发商往往还要用到一些辅助的时点定价策略，即根据不同的销售状况，适当在不同的销售时点采用不同的销售技巧，以促成价格策略的顺利推行和价格的最终实现。如折扣和折让策略；心理定价策略；差别定价策略；产品组合定价策略(具体内容见第 7 章)。

2.垂直价差和水平价差的确定

(1)垂直价差的确定

①垂直价差的含义及分布规律

所谓垂直价差指同一幢楼中不同楼层之间的价格差异，通常以每平方米的单价差额来表示。

一般而言，除非楼盘的最底几层(一般为 5 层以下)因为商业用途而使楼盘的价值随楼层的增高而减少外，对于带电梯住宅而言，楼层越高，楼价越高；反之，则低。高层住宅部分的顶楼，相对其他楼层，均有价值较高的特殊性。

根据这一原则，在实际操作中宜就垂直层区分价值等级。以一般带电梯住宅(一楼为商业用)为例，均可按基层分为二楼以上到顶楼的各个部分。就二楼以上而言，不论是小高层，还是高层，其最高单价楼层几乎全在顶楼，最低单价楼层则为二楼，至于其他楼层之间价格高低顺序可以依据实际情况划分等级。顶楼之所以价格最高，主要在于私密性好，采光、通风、视野等条件较佳，而且楼层越多，顶楼的价格也越高。

一旦决定了各楼层之间价格的高低顺序之后，接下来即需选定垂直价格的基准层，即垂直价差为 0 的楼层，其他楼层即可根据基准层来制定正负价差。有关基准层的确定一般须视住宅楼层的数量而定，且以取价格顺序居中的楼层最为常见，如楼高为7层的多层住宅（带电梯），可选择4层为基准层，14层的小高层可选择7层或8层作为基准层等。

②影响垂直价差的因素

影响垂直价差的因素主要有楼层数、均价水平以及目标客户的购房习性等。

a. 市场状况。当市场状况较好时，价差幅度大；反之，当市场状况不佳时，价差幅度小。

b. 均价水平。当房地产产品单价水平高时，价差幅度大；当房地产产品单价水平低时，价差幅度小。

c. 目标客户的购房习性。如果目标客户的购房习性比较保守（通常为区域性较强的楼盘），大多无法接受差异大的价格，价差的幅度则不宜过大；反之，若目标客户多来自本区域之外，或客户的背景多元化，则价差的幅度可以较大。

③楼层的购买习惯

一般而言，无论一楼作为住宅还是商场来使用，其价格制定的方式大多以二楼以上平均单价的倍数来计算。倍数的大小视环境、配套设施、绿化宽度或庭院大小来确定。

若一楼作为商铺使用，由于商铺与住宅的价值差异较大，因此其价格与二楼以上的平均价格的差距可能达到2.5～5倍，倍数的大小受行业结构、商业规模、附近商铺的开店率等因素的影响。

(2)水平价差的确定

①水平价差的含义

所谓水平价差，是指同一楼层不同户别的每平方米的价格差异。在同一水平层面，已经排除了楼高的差异。

在制定水平价差时，须先确定同一水平层面的户数或单元数。如只有单栋建筑，则以同一楼层的不同户别分别制定水平价差；如果有多栋建筑，比较系统化的方式是先制定各栋之间的水平价差，再分别就各栋同一楼层的户别制定价差；如果建筑物各个楼层的户数相同，而且相对位置也相同（一般俗称这类楼层为标准层），则只需制定一个楼层的水平价差，其余楼层均可参照；但如果楼层之间的户数不同，或者户数虽然相同，但相对位置却不同，则须各自制定不同楼层水平价差；还有一种情况是户数及相对位置均相同，但楼层之间的邻近环境却不同，6楼以下均有邻栋建筑，7～8楼无遮挡，则会影响相互间的水平价差。

②影响水平价差的因素

一般而言，影响水平价差的因素包括以下几项：

a. 朝向。朝向通常是指客厅的朝向，简易的判断方式是以客厅邻接主阳台所朝的方向为坐向。传统的房屋朝向观念是“东南向最好、西北向最差”。

b. 采光。采光通常指房屋所邻接采光面的多少或采光面积的大小，若设单面采光者为零，再以同楼层作比较，则无采光的暗房价差可为 100～200 元/m^2，两面采光者可比单面采光者加 100～200 元/m^2，三面采光者则可由两面采光之价格再加 50～150 元/m^2，四面乃至于四面以上采光者（如某些多边形造型之住宅）每增加一个采光面，每平方米加价 50～100 元/m^2。至于应采用何种调整幅度，则视暗房、栋距、道路宽度、日照、楼层位置等不同，而做上下调整。

c. 私密性。私密性是指私有空间与公共空间或其他户别私有空间隔离的程度，可用栋距来评估。至于应采用何种调整幅度，则视同一楼层户数多少、管理好坏、防火间隔、与邻房高低差乃至与大门入口距离等的不同，而做上下调整。

d. 景观。景观对于住宅购房者而言，常具有决定性的影响力。在制定景观价差时，最好事先观察基地区域的现况图及城市规划图，以判别是否有遮挡和正对他户的屋角，以及潜在景观条件等因素。

e. 格局。在同一楼层中，最好平面格局与最坏平面格局的价格差距，最小以低于 100 元/m^2，最大以不超过 300 元/m^2 为参考的适当价差范围。至于价差调整幅度，可根据格局形状、室内动线规划、产品价位、功能配置、室内空气流通等方面进行权衡。

水平差价制定的目的，在于适当反映同一水平层面各户之间相对优劣的程度。就预售楼盘而言，水平差价制定得越成功，各户销售的速度和可能性越一致。但由于水平定价相当依赖于人员对各个价格因素主观的评定，因此，宜采用三至五人的评估小组提供专业意见进行综合考量。

11.2.6　销售推广策划

1. 销售推广的概念

销售推广也称营业推广和销售促进，是指通过采用不属于公关促销、广告促销、人员促销的一些促销活动，用以刺激目标顾客，使其对企业的销售活动产生有利促进或响应，即企业人员对销售有积极性、购买者对产品有强烈的购买欲望和要求。

2. 销售推广的类型

一般情况下，销售推广按其作用来分可分为以下四种：

(1) 刺激购买欲望的销售推广。刺激购买欲望的销售推广针对购买者的销售推广方式通常有有奖销售、分期付款等，这种类型的销售推广冲击力强、市场影响大、针对性强。但这种销售推广类型物质利益明显，相对来说，方式单一，企业以让利为代价，副作用大，且管理困难。

(2)建立客户信息的销售推广。这是扩展企业影响、解答客户疑虑、促进客户依赖和增加购买的销售推广类型，如房展会。他的优点是销售隐蔽性强、规模较大，购买者信任；缺点是销售推广的冲击弱，见效慢。

(3)调整中间商销售的销售推广。由于中间商可以代理多家开发商的产品，为了尽快销出去有时会损害开发商的信誉，因此，必须也应该对他们进行必要的激励，以调动其销售的积极性。他们的优点是有利于开发商同代理之间的协调和合作；缺点是管理工作困难。

(4)消除销售障碍的销售推广。开发商的销售障碍可能来自多方面，如销售员积极性不高，项目内外小组之间缺乏应有的配合等。为此，可以开展以消除这些障碍为目的的销售促进，如销售收入与销售额挂钩，这些方式激励性和针对性强，管理较方便；缺点是销售成效标准单一，缺乏周全性，费用投入较大。

3. 销售推广方式

具体内容详见第 9 章。

4. 销售实施

(1)制定内部认购销售操作方案

①内部认购目的

正式发售前的内部认购对整个项目的作用是不可低估的，其目的在于以下几个方面：a. 能从内部认购中获取客户，从而更清楚地掌握客户的购房意向及市场需求。b. 项目处于期楼阶段，没有现房，没有样板房，不能给客户目睹实在的东西，通过内部认购、开推介会等营销手段让社会认识和了解项目，是一种正式销售前的技巧，也是项目前期的必要工作。c. 给售楼员在培训中一个亲临现场实习的机会，可以运用所学知识方法、技巧去接待客户，回答客户的提问，从而不断锻炼售楼员，提高其业务水平和业务素质，为以后进行正式销售打下坚实的基础。d. 内部认购时，以最优惠的价格出售商品房给对项目有信心的客户，令其得到最大收益，同时聚集人气。

②内部认购时间

根据综合工程进度以及经营推广的进度，把内部认购期定为某年某月某日至正式发售前。

③人员安排

人员安排主要包括以下几个方面：

a. 售楼员：负责内部认购期间客户推广、接待及项目介绍，签订认购书，收集楼市信息并及时向上级汇报，记录客户档案等工作。b. 销售公关：开发客户，跟踪目标客户，整理客户档案，收集内部认购期间销售信息，定期调研市场走势，结合项目提出对策。c. 其他人员：配合工作，协助售楼处推进销售。

④销售场地安排

销售场地安排主要是价格表和楼书两个方面。

(2)正式开展公开发售

①工作流程及内容

主要有以下几个方面：

a. 市场调研，收集、整理信息是一个不可间断的工作，公开发售期间继续进行市场调研，继续完善潜在客户档案，掌握潜在客户的整体数量指标。

b. 通过媒介、广告等综合宣传诱导消费者对项目的需求。

c. 通过开工典礼和推介会，向消费者诉求项目信息，引导消费者的消费欲望，从而实现购房。

d. 客户直接上访或潜在客户上访时，热情、详细地向客户介绍楼盘情况，并着重强调购买期楼的好处和投资价值。

e. 巧妙处理客户异议，业务员或销售主管多次协调达成交易。

f. 与客户签订认购协议书，按有关程序收取定金、首期房款。

g. 对已认购业主进行跟踪服务，在他们当中建立良好口碑，以老业主带新客户。

②收款方式

收款过程是销售过程中的最后一个环节，收款的过程可分为以下几种方式：

a. 现金收款：客户带现金购房时需要去指定银行填写现金缴款单，银行收款后回执进账单，表示银行已收到房款。

b. 支票收款：客户带支票购房时需要去指定银行填写进账单，收款后银行回执进账单表示已收到房款。

c. 银行存折：客户带存折购房时需要去指定银行填写取款单，再填转账单或现金缴款单，收款后银行回执进账单表示银行已收到房款。

d. 客户提供账号：客户首先签代收费用协议，填写委托收款单，银行收款后回执进账单表示已收到这笔房款。

e. 银行卡：客户用银行卡购房时，可在售楼地点通过资金监管专用 POS 机刷卡交付房款。该方式具有安全、简便、快捷等特点，是目前常用的一种收款方式。

在以上五种收款方式中必须确定收款后才开收据给客户，以免引起不必要的经济纠纷。

③工地参观

公开发售期间，销售人员可应客户要求，带客户到工地现场参观，现场向客户讲解项目情况，以巩固客户对项目的信心。从安全等方面考虑，销售人员务必先与工程部接洽以安排适当时间前往参观。

(3)公开发售推广策略

①定价方案

根据可行性研究报告等一系列经济指标及项目立项后的再一轮市场调研结果，反复比较周边重点项目和竞争对手的价格销售政策，考虑项目成本及项目市场接受能力，拟定项目销售定价。

②付款方式和进度

付款方式和进度，与优惠比例相联系，设计时体现以下原则：各种方式现值相等；付款方式不同；无折扣。

5. 销售控制

销售控制策略主要包括：价格控制、客源控制、房源控制、房号控制以及促销活动控制等。

(1)价格控制

在销售过程中，一般价格控制应低开高走，并且分时间段制定出不断上升的价格走势。价格控制的原则为“逐步走高，留有升值空间”，这样既能吸引投资，又能吸引消费。同时，楼层差价的变化也并非是直线型的变化，而是随心理需求曲线的变化呈不规则变化。价格控制在保证开发商利润要求情况下，必须考虑如下原则操盘：

①付款方式。在物业定值情况下，实施多种付款方式选择，满足置业者需求。

②优惠幅度及折扣比例科学化。价格优惠幅度控制在一定区间幅度内，同时推出优惠单元的总数量要控制，确保利润合理化。

③付款方式优缺点分析。可以适当对置业者进行付款方式引导，对置业付款数据进行客观性分析，让置业者感到付款方式可以变通，既灵活又实在。

④在按揭方面，明晰项目按揭资料。对按揭流程或所需资料要进行提示，以方便置业者。尽可能扩大年限到 30 年，争取给置业者最低投资或购房门槛。必要时，对按揭比例进行控制。

(2)客源控制

客源控制关键点是扩大客流，其策略是：巩固忠诚客、稳定意向客、抢夺中间客、挖掘潜在客、引来参观客。具体对应策略见表 11-1。

表 11-1　　**客源控制策略**

控制内容	对应策略
巩固忠诚客	业主答谢活动、社区主题文化（儿童绘画赛、运动会）、社区会员组织（俱乐部）、介绍购房奖励等
稳定意向客	重在惊喜赠送推销活动，提高性价比等
抢夺中间客	加大广告投放力度，价格促销，与竞争项目利益分析比较等
挖掘潜在客	加强物业卖点软性新闻炒作等
引来参观客	活动促销，热点不断，制造事件新闻等

（3）房源控制

进行房源控制的目的是使项目达到该阶段的销售率，保证后期销售高潮的实现及价格提升。房源控制必须用三种办法结合进行：

①房源控制配合策略

控制方法有以下几种：

a. 进度控制法。房源控制必须充分考虑工程能否如期竣工交付使用。销售进度要符合工程进度和市场需求的规律。

b. 销量控制法。在整个销售过程中，应始终保持适当房量，根据市场变化情况，分时间段按一定比例逐步放盘。做到既能有效地控制前期放盘火热过头，又能控制后期的好房源入市时不至于冷市，争取取得价格走高的利润空间。

c. 价格控制法。一般地，价格控制应以“一房一份”为基础，每个单元价格必须有差异，实现“好房卖高价、差房卖好价”。

d. 时间控制法。根据销售的四个阶段，以时间为基础，根据不同的时间段如依据工程进度等进行时间控制，确定与之对应的销售策略和价格，并且围绕该时间的诉求重点进行放盘。随着时间的推移，不断地将价格按不同的时间段进行调整，并根据不同的时间段放出不同的销量。

②房源控制推盘策略

尽可能像挤牙膏般控量节点放盘，制造“人多粥少，客多房少”的抢购氛围。

从总体看，房源按一定的比例面市，放盘量节奏通常采用纺锤形。初期量小，试探市场；中期看准目标后，放量大爆发，力图强销；后期量小，消化尾盘。

③房源控制现场管理策略

房源控制现场管理策略主要是指按照销售工作进度总表与销售控制表等来进行房源控制。

a. 销售工作进度总表，是指该项目完成销售所需的时间及每个时间段需要实现的销售进度。

销售工作进度总表一般以周为单位，一周一次，每周周末对销售进度表进行分析，主要目的是为了找出销售的规律。

b.销售控制表(销控表)。为促进项目销售、拉升售价而分批次、少量陆续推出销售房屋,以便于一旦形成抢购局面,立即抬高房价的办法称为销控。反映这种销售状态的表格称为销控表。销控表分为内部房号控制表与对外销售情况表。一般购房者在销售部看到的是对外销售情况表,销售情况表是经过处理的表格,是制造销售效果给消费者看的。其中表中哪些单位是暗中保留的,购房者是看不出来的。保留单位只能在内部房号控制表中体现。

(4)房号控制

①房号的策略控制

一般情况下,房号控制可以采取"劣房先推、好货可居"的次序进行。综合素质较差的单元,可以作为促销单元进行超低价处理;综合素质较好的单元,尽可能保留到热销阶段推出,谋求高价。个别特殊房号可以采取竞争拍卖的形式实现价格最大化。

②房号的现场管理

售前一定统一安排房号(经书面确认),对整层保留、交叉保留、自然保留进行计划。对外有统一的售价与房源结合的资料,每天关注房号的变化。

(5)促销活动控制

进行促销的有效控制,是达到促销目标同时又降低由于促销产生的副作用的有效手段。促销活动必须把握以下几个原则:

①必须目标明确、主题突出。要求活动的开展要有针对性,如活动的目的是产品推入,活动的主题必须以突出介绍产品为主;如活动的目的是为了显示竞争优势,则活动的主题必须以展现产品的特点和优点为主;如活动的目的是为了展现企业形象,提高知名度,则活动主题必须围绕企业形象建设开展。当然,在举办活动点,目标往往并不是单一的,这就要求组织者在组织活动时做到主次分明。

②选择恰当的时机。活动应当结合本项目的实际及市场动态灵活开展,而不能盲目、随意。一般来说,活动大都是在房地产营销的重要时期举办,如开盘期、旺销期、销售低谷期、尾盘期。当然,市场上新增加了竞争对手时,为了保证本项目不受影响,亦可举办活动。

③活动必须具有广泛的受众参与。举办活动的根本出发点就在于扩大影响、促进销售,这就要求活动必须具有广泛的群众参与性,参与的受众应当是具有代表性的潜在消费群体。

④活动开展必须有个性。举办活动必须服务于产品营销总体策略,要结合产品自身的特点、价格策略、市场变化开展,而不能盲目追从。这就要求举办的活动有个性,特点突出。

⑤活动必须全程进行把控。如促销工具的利用、促销活动的组织、促销活动的效果控制、促销活动的效果评估等都要监控到位。

⑥促销活动控制可采用 VIP 卡、折扣、送、奖、多种付款方式等形式进行调整。

11.2.7　房地产公关活动策划

具体内容详见第 9 章。

11.3　房地产形象策划

11.3.1　房地产形象策划概述

1. 房地产形象策划的含义

房地产形象或者说楼盘形象是指楼盘文化物质形态，是项目在人们心目中形成的总体印象和评价。楼盘竞争优势的形成往往首先依靠楼盘形象的影响力。

房地产形象策划是指对楼盘的形象、命名、视觉、理念、行为各子系统的规范与整合的过程，通过 CIS 项目识别系统来实施。CIS 可以帮助项目树立建筑形象、企业形象，提高消费者对项目的认知程度，实质是帮助项目实施差异化发展战略。

2. 房地产形象策划的内容

房地产形象策划的内容主要有：

(1)房地产形象定位；

(2)楼盘命名策划；

(3)楼盘形象设计；

(4)楼盘形象包装。

11.3.2　房地产形象定位

1. 房地产形象定位的含义

房地产形象定位是指为房地产的具体项目或楼盘塑造一个恰当的公众形象，通过这样的形象体现楼盘的各方面优势和卖点，经过形象的表现和推广，达到房地产项目的营销目的。

房地产形象定位与一般商品的形象定位一样，首先承担表现产品、告知信息和塑造形象的功能，最后达到促进销售的目的。但与普通商品形象定位相比又有自己的特殊之处。如房地产产品本身比较复杂，不像普通商品一下能介绍清楚，同时消费者购买行为也比较复杂，往往是各种因素综合作用的结果，很少有普通商品的纯功能性购买和冲动性购买。所以，房地产形象定位一般都要同时解决项目独特性和整体综合性两个问题，增加了定位的难度。

2. 房地产形象定位的内容

房地产形象定位的内容主要包括对产品与客户的诉求。在对产品与客户的卖点罗列以后，要提炼出符合产品与客户特征的诉求，易于楼盘特点传播，引起目标客户的共鸣。

房地产形象定位的具体内容有：

(1)项目形象主题。项目形象主题是在项目总主题下的具体化和深化，它是房地产项目形象的抽象化体现。在项目推广过程中，楼盘形象主题体现在标语口号、广告诉求语以及各项推广活动中。

(2)建筑立面形象定位。房地产项目在前期的设计策划和产品策划中，根据市场调研和目标客户群的定位，已经对建筑立面的总体形象进行了定位，但这还不够，在进入营销策划时，还应根据楼盘当时的市场态势进行完善和补充，有时还要作一定的修改，使楼盘形象更加丰满和鲜明。这一方面是因为前期定位随着时间的推移，市场会发生变化的原因外，另一方面更是为了丰富和提升楼盘的突出形象。

(3)市场推广形象定位。在市场推广过程中，售楼处的布置、户外广告的安排、样板房的格调、现场工地的包装、各种营销活动的展开等，都要在项目形象定位的基础上进行体现。

(4)视觉识别形象定位。视觉识别是凭借形态、色彩、文字来构建形象的一种可视符号。当文字、形态、色彩等各种信号不断地作用于顾客的视觉时，会引起顾客的注意和激发顾客的心理要求。对视觉识别形象定位，要依据楼盘的形象定位思路进行具体实施。

11.3.3 楼盘命名策划

1. 楼盘名称的分类

(1)以楼盘名称的内容划分

①地段位置类。就地取材是这类案名的最大特点，案名直观地反映了楼盘的

区域，以独特的黄金地段吸引目标客户。如“朝阳园”、“中街北苑”、“正阳小区”、“东海岸”、“新外滩花园”、“陆家嘴国际华城”、“浦江苑”等。

②异域风情类。这类楼盘多以极具欧美风情的名称来提升楼盘的文化品位，旨在用一种命名的方法改变买房人的平淡生活，让国人足不出户便可领略异国风情，让“海归派”的“海派情结”在此诠释演绎。如“米兰寓所”、“格林小镇”、“罗马花园”、“英伦花园”、“欧陆经典”、“维也纳森林”、“金色维也纳”、“曼哈顿庄园”、“阳光加州”、“东方威尼斯”等。

③田园山水类。这类案名多以富有诗情画意的山水字眼，勾勒出迷人的田园风光，让人遐想无限，满足生活在喧嚣都市中的人们回归自然、返璞归真的愿望。如“江南山水”、“锦绣江南”、“水清木华”、“风林绿洲”、“碧水云天”、“桃源居”、“枫林雅苑”、“阳光翠竹苑”等。

④财富尊贵类。财富是社会地位和实力的象征，身份显贵、家境殷实的社会群体需要彰显豪宅的价值。其常用的“豪、金、银、华、帝、皇”等字眼，让人联想起业主的富足和高贵。如“新银座”、“紫荆豪庭”、“王府世纪”、“荣宁园”、“富贵园”、“时代金领”、“金都王府”、“御景华城”等。

⑤前卫时尚类。此类案名极尽个性张扬之能事，领时代风气之先。如“花样年华”、“香域中央”、“锋尚”、“新风尚”、“未来窗”、“大宅门”、“公馆·艺术·生活”、“非常宿舍”、“非常男女”、“自由自宅”、“玲珑1.8”等。

(2)以楼盘名称的形式划分

①楼盘总名。即楼盘的总体名称，它是宣传推广的主要名称。

②建筑(单体)名称。即每栋楼的具体名称，可以用汉文、英文、阿拉伯数字来命名。

③道路名称。即楼盘内各条小区道路的名称。

④组团名称。对于一些大盘，往往分为几个组团建设，在总体楼名下，每个组团还要进行具体命名，以作区别。

2. 楼盘命名的方法

综合全国各地楼盘名称，主要有以下几种命名方法：

(1)地理位置命名法

地理位置是房地产营销策划的一个硬性指标，如果项目本身有很强的地理位置优势，命名时就可以考虑添加位置标示性词组，向客户传达项目所在位置、产品属性等主要信息，让人们听到或看到后一目了然。如“朝阳园(北京)”、“庐山花园(南昌)”等，地理位置优势显现。这些位置的经济价值和人文价值在当地顾客心目中已成定式，开发商是把其楼盘名称作为主要的营销手段之一来命名的，迎合了顾客的消费心理，体现了区位的经济价值和人文价值在当地顾客心目中的心理定位。

(2)品牌形象命名法

突出产品生产者的字号和信誉，突出品牌形象，加深消费者对企业的全面认识。以企业品牌名称命名，可达到以最少的广告投入获得最佳的传播效果的目的。如"万科·城市花园"、"万科·四季花园"的命名采用的就是这种方法。

对于其他行业转行搞房地产的，建议采用"企业+项目"的形式，便于地产企业形象的统一，集中体现资金、技术、产品，减少营销成本，易于迅速被消费者接受。如美的集团，其操作的楼盘就叫"美的海岸花园"。这种形式使企业的各种品牌利益紧紧联系，促使企业自上到下、自下到上顾大局、树立维护品牌与共同承担品牌风险的责任感。

(3)楼盘连锁命名法

由于先期开发的楼盘得到了市场认可，取得了成功，则可以将品牌楼盘名称与地域名称结合统一，统一后的名称作为标示性品牌。通过个性宣扬，口碑传播，为顾客对楼盘的初步感性认识提供了鲜明的引导。楼盘连锁命名法对于品牌楼盘的宣传和企业品牌的提升，都有积极的正面作用，加强了企业和楼盘的影响力与知名度。如"广州奥林匹克花园"、"北京奥林匹克花园"；"广州碧桂园"、"南海碧桂园"等。

(4)楼盘特色命名法

命名可以体现楼盘的特色，反映楼盘的个性。一般来说，一个楼盘的营销策略中都会有一个重要宣传点，它是项目的主卖点，配以完善的市政配套设施、浓郁的文化底蕴等向顾客传达、引导一种新的居住理念。如具有欧陆特色的"欧陆经典"、"英伦名苑"、"爱丁堡"等，体现了顾客追求时尚、希望享受一种异域情调的心理。

(5)目标客户命名法

有的开发商对新开楼盘的命名，是锁定顾客群体的，根据目标客户群体的特征来命名，使楼盘名字与顾客的身份特征相符，也是销售楼盘成功的有效方法。如"苹果园"、"钻石王"(目标客户定位为高收入阶层)、"万家灯火"(普通收入阶层)、"学府雅居"(目标客户定位为教师等知识分子，文化气息较多)等。对于这些以目标客户特征命名的案例，客户的心理感受是倾向于寻找阶层群体感觉和归属感，寻找显现高尚身份的感觉或家的温馨感觉。

(6)名称字数命名法

楼盘的命名就如同人起名一样，命名时采用二、三、四个字甚至更多字，要根据实际情况仔细斟酌定夺。若用两个字命名，如"橘郡"、"新村"等，给客户以简洁响亮的感受。相对于两个字的案名而言，三四个字的案名在起名时则有着不同的要求。若用三个字的案名，如“碧桂园”、“世纪城”、“文秀阁”、“盛唐苑”、“太阳园”等，给客户的感受是整体感强，读起来朗朗上口；而四个及四个字以上的案名，则要求名称意义的传达更为完善，以展示项目本身的特色为主，如“欧陆经典”（强调楼盘的风格特征）、“海湾豪景”、“大西洋海景城”（强调项目所体现的海洋特色）等。这些都可以称之为优秀案名的范例。

(7)民族特色命名法

楼盘名称多富于民族民间色彩，在音、形、义上讲究民族风俗和地方特色。可以考虑蕴涵“王者、贵族、财富、丰茂、和顺、大业”等寓意。有历史标示型，以古代帝王名家命名，令人引起思古之幽情，楼盘名字中出现“帝”、“王”、“御”、“龙”等字，如“帝景苑”、“万顺御花园”等；有吉利标示型，以吉祥如意或名利双收命名，让人仿佛能沾点福气，如“吉祥苑”等。

(8)中西合璧命名法

许多楼盘命名取自国外与国内风景优美、风光宜人的地名，中西结合、五彩缤纷，让人如置身于异国或异地风情中，如“优诗美地花园”。

(9)时尚创意命名法

此类命名讲究时尚创意，领先时代潮流，楼名怪异，字义艰涩，追求新潮，如“未来窗”、“自由自宅”、“城市 33”等；或以英语音译为中文或以时代特征为主题进行楼盘命名，如“苏豪”(SOHO)、“万德福”(Wonderful)、“格林豪森”(Green housing)等。无论名字普通还是怪异，重要的是楼盘名称应具备自己的独特性，能产生“案名效应”。

11.3.4 楼盘形象设计

楼盘形象设计是房地产形象策划的核心部分，它帮助房地产企业把楼盘理念、楼盘形象以及楼盘的整个优势传递给公众，让消费者对楼盘产生良好的印象。

对楼盘形象的设计，一般是通过 CIS，即企业形象识别系统来完成。CIS 是企业理念、企业行为和视觉标志三者的有机统一体。其三个系统之间相互联系、层层递进，形成一个完整的形象识别系统。

MI(理念识别系统)是 CIS 的核心和原动力，是其他子系统建立的基础和依据。然而，MI 又是一个较为抽象的系统，其内涵和实质必须通过企业行为和视觉标志体现出来。

BI(行为识别系统)是 CIS 的动态识别形式，它以 MI 作为核心和依据。然而，社会公众对于企业的行为规范也不能轻而易举地全面掌握，还必须通过视觉识别系统的设计与运作，来传达给社会公众。

VI(视觉识别系统)是CIS的静态识别系统，是企业理念精神和行为规范的具体反映，它是最直观、最具体、最富于传播力和感染力的子系统。

因此，CIS是三个子系统的有机统一体，只有通过对三个子系统的策划和设计，制定系统化的CI战略，才能有效地塑造企业的良好形象。

11.3.5 楼盘形象包装

1. 楼盘形象包装的含义

楼盘形象包装是指为促进销售、倡导新的生活理念，运用一定的技术手段、工具和策略对房地产内外形象、销售现场形象和概念性地产形象的设计和实施过程。

包装是对楼盘形象的总体设计，包装的直接目的不是自我表现，而是目标客户群体为满足自己的需要进行的文化和观念消费。形象也不是空洞无物的，在形象之中，暗含着与目标客户群体心理需求千丝万缕的联系。形象只有指向目标客户群体的情感和潜意识，才能被目标客户群体认可和消费。因而包装不是一种外在的形式，而是构成形象的过程，是形象产品和目标客户的联系过程。

2. 形象包装阶段策略

(1)楼盘包装整体策略

主题与风格相一致时，对楼盘具有很好的促销作用；相反，就会对楼盘的促销有反作用，开发商就应调整包装策略，以达到对楼盘的促销作用。楼盘包装细分具体见表11-2。

表11-2　　楼盘包装细分

		概念	包括内容
楼盘包装	地盘包装	楼盘范围内的一切广告宣传及销售设施和用具(硬件)	广告幅、板、旗、牌，售楼处、样板房、人工景观
	销售包装	“软件”的包装	销售人员的管理、谈吐、语言、着装，气氛的营造，活动、表演
	施工建设包装	施工现场的整体管理	涉及开发商的实力、销售进度、建设质量等问题，需作好统筹计划安排
	管理组织包装	对工程进度、销售进度总体的筹划和把握	何时动工，加快进度，何时封顶，何时全面竣工，何时入伙

(2)入住工地前期阶段楼盘包装策略

①外墙广告。主要包括常规模式与创新模式两类。常规模式:将外墙用墙柱分隔成多面,每面的内容图案颜色相同,主要是楼盘名、楼盘标志、电话等,以达到统一形象,加深买家印象的目的,包含投资商、开发商、代理商、承建单位、设计单位的名称及标志。创新模式:外墙及搭建的围墙其实是最佳的宣传位置,因为它面积大、范围广、称得上是最大的户外看板,开发商可在这方面认真研究如何加以利用。

②户外广告看板。主要包括常规模式与 LOGO 设计。常规模式:立在售楼处顶部或两侧、外墙以及主要入口处的大型看板,内容一般是楼盘透视效果图、楼盘名称、广告语、租售电话、楼盘标志、交通图等。LOGO 设计:即楼盘独有的标志。

(3)施工阶段楼盘包装策略

开发商在开发项目时,施工阶段整洁的包装会给销售带来很大的促进作用,在实际操作中,一般采取以下策略。

①入口牌楼。即在楼盘入口或主要道路入口处搭建的大型牌楼。

②施工进度板。具体形式如图 11-1 所示。

本项目已建到________层;
预计还有________天完工;
超额________。
……

图 11-1　施工进度板

③充气拱门

充气橡胶做成的弧形拱门,商业物业、写字楼物业的包装中应用较多,一些大型庆典活动及表演也常用,有时也用数个充气拱门及幕布做成充气棚房,起到防雨防晒作用。

(4)预售阶段楼盘包装策略

①路旗。在楼盘旁边的主要道路两旁设置的宣传旗帜,内容主要为楼盘名称及楼盘标志。路旗对于某些地处偏僻位置,或者有一定纵深的楼盘起着重要的引导作用。②小彩旗。一般是三角小彩旗,利用小彩旗可以装点现场、营造气氛。③景观庭园。有条件的楼盘,可以在售楼处前面的空间布置一些庭园式小景观,如假山、雕塑、喷泉、微型花园等。景观庭园特别适宜于住宅楼盘的包装。④售楼处。售楼处的建筑外观风格应与楼盘的类型、档次相吻合,颜色、造型尽量与楼盘配合,格调一致。

(5)收尾阶段楼盘包装策略

树立入住率广告板,把销控表做大胜于任何一种宣传方式。逐步回撤各种包装工具,有步骤地撤回路旗、彩旗、充气拱门等,注意清洁。

3. 楼盘形象包装的内容

(1)项目整体形象包装

项目整体形象包装是多方面的,如通过新闻媒介、售楼书、公关促销活动、户外广告、地盘工程形象、企业形象以及项目的形象设计等,体现项目自然地理位置、经济地理位置的优越,树立设计一流、施工质量一流、环境绿化一流、管理服务一流,开发商实力雄厚的高素质、高品位、引领时代生活方式、意识超前的项目整体形象。

(2)开发商形象包装

通过介绍开发企业的概况、发展历史、企业实力、开发业绩、企业信誉以及企业管理制度、企业标志、员工形象、精神风貌和企业理念等,充分展示开发商的良好形象。

(3)楼盘外在形象包装

楼盘外在形象包装主要包括以下内容:

①体现楼盘的文化品位。楼盘作为没有生命的建筑物,一旦注入文化内涵,注入楼盘的主题概念,就拥有了生命活力,拥有了生机,就具有较高的文化品位。因此,应考虑怎样在楼盘中体现出文化品位,用什么样的方式去表现楼盘的文化品位,如何使文化与楼盘有机结合起来等。

②使楼盘品牌化。品牌具体表达形式既是有形的,又是无形的,主要包括楼盘VI形象系统,以及楼盘的色彩、绿化和造型等。

(4)楼盘内在形象包装

楼盘的内在形象是实实在在,摸得着,看得见的,必须进行系统的功能开发与定位。

①街区功能的充分利用与延伸。当某一个楼盘处于一条街时,这条街及附近的环境是什么,都需要去调查。

就街道而言,每个街道的情况是不同的,比如区域性质、交通和人流量、商业网点、公益场所、其他建筑物、居住人的文化及收入职业等。如何利用街道功能可能较容易些,较难的是怎样进行街区功能的再造和延伸,实际上这就是功能定位、市场定位及身份定位的综合作用。

②楼盘区域布局。无论楼盘所占面积是大是小,位置如何,建筑物、公共设施、绿化等都应有一个科学合理的布局;如何能够增加艺术性和文化品位,如何更人性化,如何能更多接受阳光,如何使车道、人行道更合理、更安全,如何能够更有效地防盗,如何采取更卫生的措施等,都需要一个整体科学的布局。

③楼盘的配套设施功能。楼盘品质的好坏,对配套设施的完备程度有很高的要求。配套设施可分为公共设施和特有设施。公共设施是普通楼盘都有的,比如双气、公用卫星电视、电话、空调等。特有设施就是一般楼盘所没有的,比如游泳池、广场、网球场、图书室、商场、健身房、会所、幼儿园、小学等,这些都是特有的设施。在不影响交通的情况下,尽可能增加一些供人们使用的设施,是能够增加人们的购房兴趣的。

④房型结构的合理化和人性化。在对质量提出要求的同时,对房型结构也提出了新的要求。例如,怎样符合当地居民的文化习俗及心理、风格要求,怎样具有未来性和超前性,怎样更具人性化,怎样增加实用面积而不让面积浪费,等等。

(5)现场销售形象

楼盘都是通过一定的形式销售出去的,其中现场销售占很大的成分,因而要求对现场销售的形象特别重视,以保持应有的形象。

①销售人员形象。很多销售部的销售人员专业知识与技巧太差,回答不了顾客所提出的问题,必须进行全方位的培训。

作为销售人员,应具备的形象素质有:

a. 端正的相貌和身材,气质和仪表更重要;b. 思维敏捷、口齿伶俐、心理承受能力强;c. 专业知识和技巧要高;d. 自信心强,热情开朗;e. 服饰恰当,举止大方;f. 不怕麻烦。

②现场售楼处形象。售楼处是消费者和销售人员接洽的第一现场,是消费者了解项目的最主要的渠道之一,对项目形象宣传、推广和销售起着极其重要的作用。应综合运用楼盘标志、标准字、标准色、广告词、售楼书、宣传画以及楼盘模型、楼型结构图等,对售楼处进行合理布置,塑造售楼处良好的形象。

③现场样板房形象。销售商品房,只听介绍不行,还需要借助现场样板房的布置来发挥作用,刺激顾客的购买欲。样板房集中了开发商对目标客户的承诺兑现,其关键是设计的理念及表现问题,即个性、格调、气氛及布置等。

④现场工地形象。业主和往来人流以及参观者往往都是通过工地围墙与施工现场对项目形成最初的印象和了解,因而工地围墙的概念已不仅仅是"围"墙的概念了,它在某种意义上代表了楼盘的形象。现场工地形象的塑造和合理布置,也是现场销售形象不可忽视的问题。

4. 售楼处包装设计

售楼处又称销售中心,是向客户介绍楼盘和展示楼盘形象的地方,同时也是客户作出购买决定并办理相关手续的地方,销售现场的准备是营销推广工作非常重要的一环。诚意客户在接收到楼盘销售的信息后,决定来现场参观,营销中心现场状况将直接影响其购买行为。现场工作包括楼盘建筑模型、看楼通道、样板房、形象墙、户外广告牌、灯箱、大型广告牌、导示牌、彩旗、示范环境、施工环境等都要精心安排。

售楼处(营销中心)的位置选定非常重要,装修设计风格要根据项目具体情况进行包装与设计。

(1)售楼处选址原则

一是位置显眼,有利于展示项目形象,最好迎着主干道(或主人流方向),在进行营销活动时,易于吸引过往人流。

二是交通便利,有利于置业者快捷到达。人车都能方便到达,且有一定停车位,最好也能方便到达样板房。要求场地扩容性较强,使客户停车方便,也容易进行交通疏通。

三是位置相对固定,与施工时序高度结合,营销中心位置要相对固定,与施工场地容易隔离、现场安全性较高,不能因为施工时序的推进而经常变动。营销中心场地开阔或环境和视线较好,便于开展大型主题营销活动。项目的售楼处(营销中心)设在会所是不错的选择,既保证展示项目形象,位置又相对固定,不会因为项目进度而随时拆掉。

项目所处的城市面积较大或目标客户分布范围大时,项目要设置营销分点或设置接送点,提供专车接送看楼服务。

(2)售楼处设计布置

房子在消费者眼里是一个倾尽半生心血来交换的美好梦想。尤其是对于期房销售,如何让看楼者提前感受到未来的生活方式与工作气息,对于强化消费者对期房的信心起着重要作用。

对于售楼处环境的整体设计和细化,从有利于销售的角度出发,应功能分区明确,一般设有:门前广场、停车场、接待区、洽谈区、展示区、放像区、办公区、客户休息室、儿童游戏区、卫生间、储藏室、更衣室等;进入销售中心前要有明确的导示,如挂旗、灯杆旗、彩旗、指示牌等;入口广场上要有渲染氛围的彩旗、花篮、气球、绿化等。在空间够大时,还可以布置水体、假山石、花架、休闲椅等。

①售楼处室内外展示设计

室外展示设计包括:营销中心大门横眉、路旗、广告牌、绿化小品、围墙等;室内展示设计包括:背景板、展板、功能牌、台面标牌、导示牌、售楼员胸卡、售楼员名片、绿化小品等。

②售楼处功能分区提示

a. 接待台(区)。接待台是置业顾问等候、接待客户,临时休息和摆放楼盘资料的场所，同时也是营销中心的“门户”，应布置在离入口较近，且方便销售人员看到来往客户的位置。

在接待区要通过背景板营造视觉焦点，背景板可以展示楼盘的 LOGO(标志)、名称，也可以用图片营造一种氛围。

b. 展示项目环境与主题区。营销中心的整体环境需运用造景手法体现项目系列开发理念，如可以在营销中心剖析本项目科技创新的水景系统、灯光系统、装修材料等。

c. 模型展示区。平面规划模型，需成为客户进入营销中心的首要视觉冲击要素，主要包括总体模型、标准单位的户型等，应对模型比例尺度与数量进行策划。

d. 洽谈区。洽谈区是销售代表向客户详细介绍项目情况和购房程序的区域。可以全开放布局，也可以封闭或半开放布局。洽谈桌的尺寸应小于等于 0.80 米，要对桌椅数量进行合理安排。

e. 签约处。作为项目的办公区域，为客户办理购房手续。

另外，售楼处内还应设有儿童活动区、影音播放区、资料取阅架、饮水设备、银行营业点、公证处办公点等相关功能区域。

③售楼处大门横眉设计

售楼处大门横眉设计主要是项目名称。

④售楼处形象墙设计

好的形象主要是通过客户的视觉感受产生出来的，而影响客户视觉的常见因素有：项目的标志（或 VI）、营销中心的形象墙（或门脸、LOGO 墙）等。其中形象墙是影响人第一感觉的重要视觉因素，可以改变客户对项目的看法，因此设计必须大胆、新颖、有效，使整个售楼处焕然一新。

⑤台面设计

根据售楼处室内空间进行弧形、方形等造型设计，对尺度、色彩风格等提出策划建议。

⑥展板设计

展板更多的是告诉客户项目的优点，而是不创造抽象的、客户不明白的艺术作品。因此，展板设计应尽量体现项目的卖点，在艺术表现方面可以生动、形象、有适度创意，应对展板内容文案与数量包装进行策划。

⑦售楼处导视牌

导视牌的设计首先是服务于客户的，在设计方面应与营销中心的颜色相称，同时体现项目的特色与内涵，对营销中心功能区进行指引，如指示示范单位的标牌、指示洗手间的标牌。

(3)销售人员与物料包装

①销售人员服装设计提示

销售人员着装应给人热情周到、亲善友好的感觉。服装设计要求款式美观大方,有利于提高工作效率。

②销售用品系列设计

a.名片。一般情况下,项目要独自设计名片,内容风格与项目保持一致。

b.折页。内容主要对项目卖点或物业特点进行提炼,图文简单,是楼书的简缩本。

c.宣传单张(主题海报)。文案内容为阶段性推广主题活动,多为软性文章并配图。

d.户型单张。制作价格低、印刷量大,根据主推户型,分营销阶段派发,一般限于在营销中心派发。

e.楼书。全面、整体地展示项目的卖点与价值,制作成本较高,装帧精美,印刷量需控制。

5.工地现场包装

工地现场包装主要包括楼体、围墙、交通指示、绿化、现场办公室、工棚等方面的包装。工地现场包装策划技巧包括:楼体广告要少而精;围墙广告要主题新、个性强;交通指示广告要位准图简;环境绿化要分批分量;现场办公室要简易灵活;工棚要整洁环保。

(1)建筑物主体

建筑物主体在建造到一定的高度时,整体形象基本凸现,要进行楼体广告包装,制造"中观"效应,即使置业者在较远距离也能看到楼体广告语,体会到建筑的进度形象与营销活动气氛。这就必须要求楼体的横幅(条幅)广告语简洁易记,即要求广告字数少、制作尺度大。一般依据营销活动需要,可分作固定广告语与临时广告语包装。固定广告语内容包括项目名、项目主题、销售电话。临时广告语内容包括物业阶段性卖点,比如楼盘新近获得荣誉、阶段性活动主题、竣工封顶、入住、物业服务企业入驻等内容。

(2)工地围墙

用于分隔施工现场,保证客户看楼的安全和视线的整洁,一般可用普通的砖墙,也可用围板。选择人流量大或景观视野较好的位置实施工地围墙重点包装。"四至(东、南、西、北)"范围不大的项目,工地围墙可以采取广告喷绘膜或展板;项目"四至"范围较大的,可采取砖墙面喷绘或广告铁架节点式摆设形式。

(3)主路网及指示路线

在项目周边主要交通路口或市政道路指示不明确的情况下，必须进行交通指示系统包装，装设项目位置指示图。施工现场内外环境必须按照文明与安全施工要求进行包装。

施工现场的进出口要装设项目总平面区域划分与交通指示图。现场施工办公室与工棚要进行物业导视系统包装。

(4)环境绿化

环境绿化包装要充分考虑养护、维护的难易程度，依据工期进度与营销活动需要进行建议包装，注意要逐步包装，不能一步到位。一般先进水体造型、雕塑小品等设计施工，如喷泉、叠泉、假山石、坐椅、花架等；然后种植绿植、花草类；接着在开展营销活动（如开盘）时再进行绿化丰富，如用时令花卉与装饰灯品进行点缀，以渲染气氛。

11.4　房地产广告策划

11.4.1　房地产广告策划的主要内容

房地产广告策划的内容主要有：①房地产广告策划流程；②房地产广告目标确定；③房地产广告主题与表现；④房地产广告媒体选择与运用；⑤房地产广告设计与创意；⑥房地产广告预算与安排；⑦房地产广告效果与反馈。

11.4.2　房地产广告策略的阶段划分

根据销售过程的预热期、强销期、持销期、尾盘期阶段性划分，房地产广告策略可以相应地分为四个阶段：

1. 预热期的广告策略

这个阶段的广告策略是信息提示、强化攻击策略，营造并提升有效时机，以表现整个项目的形象推广，突出项目的物业主题为主，展示楼盘的基本情况，不需要涉及具体情况，主要是让目标客户知道整个项目的主题和倡导的生活方式等。这一阶段不是简单地将创意通过平面方式表现出来，而是让消费者能够接受项目的主题。

这是整个楼盘的档次、定位的最重要阶段，是奠定项目可持续发展基础（价格基础、人气基础、客户基础）的时期。这个阶段需要进行全面的形象包装，并包括适量的预告性广告策略实施。楼盘入市前，必须实施全方位、不间断的形象炒作，此阶段广告策略的实施必须做到首战必胜。

2. 强销期的广告策略

该阶段的广告策略是全面总攻策略（报纸、电视、电台为主要媒体进行配合）。将预热期的形象推广与实际项目的品质相结合，以突出物业卖点为主，吸引大量的目标客户关注，使其产生共鸣，利用三维空间媒体组合进一步深化项目主题，并让消费者切身感觉到传播是实实在在的。例如，对于居住项目，可以结合园林的规划设计、生活空间的畅想、户型、生活的方便快捷等进行炒作。

该阶段广告推广一般由广告公司和代理商共同完成，活动推广则主要由开发商和代理商配合完成。广告预算达到顶点。

3. 持销期的广告策略

在持续销售阶段时间较长，销售相对比较困难，对整个项目是否能够成功销售尤为关键。在这个阶段可以加强广告主题深化内容，给人以丰富的联想空间，要有大量的促销活动来支持，积聚人气。此阶段是项目持续性内力大比拼阶段，广告表现策略可以强调价格优势，利用灵活的价格策略，针对已成交客户的某些需求特征，变化推广主题来吸引准客户成交。

平面广告主要是由代理和广告公司共同来确定并推行，而促销则需要开发商和代理商来配合完成。

4. 尾盘期广告策略

一般项目销售到85%以后，逐步进入尾盘期。在尾盘期，一般不做华丽的广告，而以朴实的宣传为重点，可以全面、系统、连续地以装修、入住、社区文化活动等广告宣传为主，并辅助以适量的价格策略，进行情感广告诉求，潜移默化地进行渗透，引起共鸣。该阶段的工作主要以代理商和广告公司为主。

11.4.3 房地产广告目标确定

房地产广告目标主要应包括以下五个方面的内容：

（1）宣传房地产企业或一项具体的房地产项目。

（2）宣传发布某项目的动工或建设进展情况。

（3）宣传房地产项目的优势、品质特点及目标消费对象。

(4)告知房地产项目的具体功能。消费者为什么买或不买？要传达给消费者的信息是什么？

(5)发布项目竣工入住消息，引导顾客购买。怎样使信息有效地传达给消费者？如何测定传达信息的效果？

上述目标表述只是定性表述，而在具体促销活动中，目的则是使上述目标要达到的效果尽可能量化。例如，广告的目标是要让市场知道房地产项目的具体功能，那么就要在广告宣传后调查广告效果，即房地产产品所有的功能是否被目标客户群所了解，如目标定为让 30％市民知道本项目已经竣工验收等。

11.4.4　房地产广告主题

1. 房地产广告主题的含义

对广告主题含义的理解，可以从两个角度来看：

一个是从广告构成的角度来看，广告主题就是广告的中心思想。广告的各个构成部分中，从广告创意到广告语言和画面形象，都是为了表现广告主题的，广告主题处于中心地位。

另一个是从广告传播的角度来看，广告主题是广告所要说明或表现的基本观念。广告主题的确定，就是要确定一个明确的能被视听者所接受的基本观念，并以这个基本观念为核心去组织广告传播的内容。可以将广告主题定义为：它是广告的中心思想，是广告的某项目所要说明和所要传播的基本观念。

广告主题与广告标题是两个不同的概念，两者的主要区别包括两个方面：

(1)广告主题是就广告内容的核心而言的，是就广告所传播的基本观念而言的，与广告目标直接相关。而广告标题是就广告表现的文字技巧而言的，它只与广告主题即广告内容核心相关联，与广告目标不发生直接关联。

(2)广告主题具有相对稳定性，一旦确定之后，不允许轻易改变；而广告标题则具有灵活性、变动性，只要广告标题在原则上能体现广告中心思想，能突出反映广告主题，广告标题变化都是允许的，只要不是故弄玄虚脱离广告主题去刻意求变就可以。

2. 房地产广告主题的要求

在广告活动中，广告主题策划是广告创意和广告设计制作的基础，具有举足轻重的作用。进行广告主题策划时，必须使所确定的广告主题符合以下要求：

(1)完整。广告主题是广告目标、信息个性、消费心理这三大要素相融合而成的完整统一的整体。离开广告目标的广告主题是不讲效果、无的放矢的；若没有信息个性，广告主题就失去了诉求焦点，没有内容上的侧重点；不注重消费心理因素的广告主题，不能调动消费者的心理力量，不能引起心理共鸣，这等于广告主题失去诉求对象。

(2)易懂。广告主题要通过简单明快的形式将企业的意图、产品的特征等迅速而准确地表现出来。

(3)刺激。广告主题要具备刺激性，以尽可能引起消费者的兴趣。

(4)集中。广告主题要保持在广告活动期间不发生基本变化，而且要把握住诉求焦点，防止主题多元化、分散化。

(5)协调。广告主题要与广告商品和广告企业形象协调一致，并与企业或房地产的名称或标志相联系，以利于形成固定的形象记忆和概念。

(6)独特。广告主题要具有与其他同类广告相区别的特点，以便在杂乱的媒介中独树一帜而不被其他广告所淹没，并有利于给视听者留下长久深刻的印象。

3. 房地产广告主题的提炼

广告主题是项目定位的外在概念表现，是一种可以长久拥有的表达方式，给项目带来名誉、意义及品牌特色，是一种必须在媒体广告、公关、包装、赞助、促销等所有传播活动中得到贯彻和强调的统一的形象概念。

提炼广告推广主题的来源主要有五个方面：①在产品定位、功能定位中提炼物业主题；②在客户定位中提炼市场主题；③在形象定位中提炼广告主题；④在价格定位中提炼价值主题；⑤在开发商定位中提炼信誉主题。

4. 房地产广告卖点的数量

房地产的广告卖点是多好还是少好这一问题，一直是业内人士争论的话题。实际上，广告卖点的多少并不能由产品或消费者单方面或两方面去决定，而应协调考虑众多的因素，具体问题具体分析，因时因地因事制宜。具体来说，确定广告卖点的数量，应考虑以下因素：

(1)媒体因素。视听媒体，如电台、电视，一般广告费用昂贵，广告时间短，信息容量小，卖点就不宜过多。印刷媒体，如报纸、杂志、单张、说明书等信息容量大，可反复阅读，卖点可多一些。特别是索取式(即由消费者主动索取的)说明书，由于一般主动的索取者都会想全面地了解该楼盘，卖点应以周全加密、疏而不漏为佳。

(2)主卖点影响力的大小。主卖点是指在两个以上的卖点中最为重要的卖点。主卖点的影响力是指主卖点对消费者的心理所产生的影响力。如果主卖点对消费者的影响力非常大，则其他辅助性卖点(或称次卖点)则可相应地减少到最少的限度。主卖点的影响力的大小主要取决于它的需求度和可信度的大小，一个主卖点的需求度和可信度越大，主卖点的影响力就越大，反之则越小。主卖点的影响力大，次卖点就要减少，否则就会因次卖点过多而影响了主卖点的传播效果，削弱了它的影响力。

(3)报纸广告传播方式。房地产报纸广告的传播方式通常有系列式和一版式这两种方式，所谓系列式是指将所要传播的广告内容先集中起来，然后像切蛋糕一样，把它切成多份，每次传播一份，进行有计划、连接性的传播；而一版式，则无须切成多份，仅将所要传播的广告内容集中在一个版面，有计划地反复传播。一般来说，系列式广告由于可容纳更多的信息量，总的卖点数量可比一版式的多些，而一版式广告的卖点则应尽量少些、精简些。

(4)地域性因素。在广东一带，一般有能力购买商品房的多是有一定事业基础的人士，他们工作繁忙，生活节奏快，处事较果断。他们一般无暇顾及一些内容繁杂的广告，故在广东做广告能简则简，否则可能没人看。而在上海一带则不同，上海人做事大多较精细，凡事都要考虑得相当周密才做出决定。故在上海，广告要做到细致些，卖点可以多些。

11.4.5 房地产广告媒体选择与运用

房地产广告媒体的选择内容具体见第9章。

案例

沈阳HB国际花园三期营销策划

一、项目概况

1.1 HB国际花园概况

沈阳HB国际花园为两家房地产公司合作项目。项目占地面积15.5万平方米，建筑面积35万平方米。项目住宅共2 882户，其中一期共1 804户，二期共358户，三期共720户。

项目住宅楼共30栋，3栋点式高层，8栋多层，19栋小高层。

1.2 HB国际花园前两期销售情况分析

1.前两期销售情况简介(略)

2.前两期销售情况分析(略)

1.3　HB国际花园三期概况(略)

二、沈阳市房地产市场分析(略)

三、项目SWOT分析(略)

四、项目定位

4.1　周边竞争楼盘(略)

4.2　目标客户群定位(略)

4.3　本案命名定位

综合本案SWOT和目标人群分析,本案主要目标客户群体与前两期有所不同,将锁定在年轻白领一族,项目命名将与这一群体特征与需求相匹配,以下提出几个案名以供参考;

一环客

“一环”:绝对的地理位置。由此而延伸出时尚的、珍稀的、效率、人文环境等。

“客”:一种意识形态。

“一环客”:出位的、偏酷一些。吸引青年人的眼球,有想了解或认知的冲动。向目标客户群暗示,我们倡导的是一种全新的生活模式,我们可以玩到更晚、我们生活在时尚的最前沿、没有私车的生活一样畅通无阻。“一环客”符合现代人前卫的思想。

绿茶

一种调剂心灵的饮品,感性、富有内涵,青春的激情与渴望,青春的寂寞与哀愁,对爱情的憧憬与向往,交织在正当青春的你我之间,以另一个角度触动青年人的内心世界,使之产生共鸣。更具文化味道。

HB· 70 80

70、80并不是产品本身,而是70年代、80年代的年龄特征。正如电影《20、30、40》折射出三个身处不同时代的人的生活形态。我们用70、80两个数字,直接进行目标客户群的锁定,邀请他们对号入座,从其自身的感情、生活、社会经验中撷取他们与本项目相匹配的气质。

HB·青年街区

青年街区担负起了青年人生活中的一切配套,它不但是功能性的,更是生活形态上的。街区的概念深层面的含义应是“生活文脉”。这是“城市街区”的核心体系,即对生活在这个街区的人的生活习惯、人生价值定位等方面的引导。

青年街区意在向目标客户群诉求什么是年轻的生活,这里有青年人最需要的、最适合的产品,是对“都市新锐,成熟生活”的升华。

HB·关注

首先强制性地要求受众群体对本案进行“关注”。更为重要的是让目标客户群感受到，HB 国际花园对沈城青年的重视程度。我们并不是在销售产品，而帮助青年人完成他们的梦想。正因如此，才设计了完全适合青年人的产品，颠覆了传统市场概念。

“关注”更多地体现为人性化的一种关爱、一种理解、一种态度。

4.4　产品价格定位

4.4.1　定价分析

1. 选择定价目标

HB 国际花园的开发商为 HB 国际集团。HB 虽然是一个资金雄厚的大公司，但 HB 国际花园是其第一个项目，且 HB 国际花园是接手过来的项目，项目在 2003 年开盘，目前在北京街附近又有 HB 国际商业广场项目，树立了一定的公司形象。HB 国际集团属于成长型的房地产开发公司，但还不能凭借品牌吸引顾客，且 HB 前两期的产品推出后，并没有把市场打开，不能带来大量客户群，所以建议项目以市场占有率为定价目标。

2. 确定定价方法

本方案采取两种方法确定三期销售价格：

(1)竞争导向定价

为了确定 HB 国际花园三期的市场通行价，对其周边的同类物业进行了市场调查。(调查结果及各物业价格影响因素的权重系数表略)。

通过计算得出本楼盘的价格平均为 3 458 元/平方米。此价格与实地调查的估计结果十分相似，估计有 10%左右的误差。此价格与项目目标客户定位的价格基本相符，可以采用。

(2)可比楼盘量化定价法

鉴于 HB 国际花园的实际情况，对三期的价格也可采用可比楼盘量化定价法定价，详见表 11-3、表 11-4。

表 11-3　　可比楼盘综合因素量化统计

比较因素	序号	权数/W%	HB 国际花园	金港天府	橙色时光	华锐·塔湾新城	鲲鹏阳光峰景	青年居易	备注
位置	1	13	100	101	97	97	101	95	
价格	2	12	100	98	97	98	101	101	
配套	3	10	100	90	98	95	98	98	
物业管理	4	11	100	96	96	96	97	98	HB 采用中海知名物业

（续表）

比较因素	序号	权数/W%	HB国际花园	金港天府	橙色时光	华锐·塔湾新城	鲲鹏阳光峰景	青年居易	备注
建筑质量	5	14	100	90	90	95	95	100	
交通	6	9	100	97	95	95	101	98	鲲鹏紧邻昆山中路
城市规划	7	5	100	99	100	101	97	100	
楼盘规模	8	4	100	95	97	100	98	96	HB与华锐规模最大
朝向	9	5	100	85	100	99	99	101	
外观	10	2	100	99	90	101	90	100	
室内装修	11	4	100	100	100	100	100	103	青年居易精装修
开发商实力及信誉	12	2	100	100	100	100	100	100	
户型设计	13	4	100	85	90	97	98	110	青年居易户型设计独特
销售情况	14	2	100	97	95	97	98	103	青年居易针对性销售，业绩良好
广告	15	2	100	95	90	100	98	99	

表 11-4　　计算表

可比实例项目	金港天府	橙色时光	华锐·塔湾新城	鲲鹏阳光峰景	青年居易
交易均价(元/m^2)	3 300	2 800	2 900	3 600	3 700
各比较楼盘总分	94	94.74	96.12	97.47	98.32
因素比较系数	100/94	100/94.74	100/96.12	100/97.47	100/98.32
比准价格(元/m^2)	3 511	2 955	3 017	3 693	3 763
修正后价格(元/m^2)	3 388				

得出本楼盘的价格平均为 3 388 元/平方米。此价格与实地调查的估计结果十分相似，估计有 10%左右的误差。此价格与项目目标客户定位的价格基本相符，可以采用。

4.4.2　价格走势策略

1. 低开高走（略）

2. 小幅递增调价

开盘以后，一般每次涨幅为 3%～5%，调价幅度为 100～150 元。调价新近几天，可以配以适当折扣策略，作为价格局部过渡，待积累了新生客源时撤销折扣。

五、销售策划

5.1　销售卖点分析

1. 投资商的综合实力，增强客户购买信心（略）

2. 欧式的园林景观设计（略）

3. 名校汇集，文化熏陶（略）

4. 金牌物业与智能系统（略）

5.2　项目推广策略

1. 项目推广排期

①分为年度推广计划和季度推广计划；

②4 月底前确定项目定位及推广方向；

③4 月底前楼书、户型图、户外广告平面设计完毕；

④5 月内分别在《辽沈晚报》、《沈阳日报》、《时代商报》登载三期软性新闻；

⑤5 月份分别在候车亭、车体做户外宣传，为三期累积新客户；

⑥5 月中旬参加春季房展会，为三期积累大量客户资源；

⑦5 月中旬三期正式对外销售；

⑧6、7 月持续三期的强销工作；

⑨8 月中旬组织前期意向客户到 HB 集团开发建设的仙子湖旅游区度假，加深客户群对集团的信任度，以促进销售；

⑩9 月、10 月、11 月继续热销期；

⑪“10 · 1”期间，购房优惠打折，促进销售；

⑫12 月份将进行全年销售的收尾工作，完成 2005 年销售任务额。

2. 广告推广时机建议

根据本案工程进展及销售开盘的需求，五月上旬可暂定为推广初始期。并且可在 2 个月时间内，用强劲的广告及促销活动方式把销售迅速推到一个高潮。

此前，广告应该做好现场包装及道具准备工作，如有可合作之媒体单位协力造势，亦可通过他们形成良好的口碑。

5.3　项目销售策略

与以往开盘方式不同，本案三期对外销售建议以排号顺序进行销售，即先来先选的优先选房方式。从五月初正式对外宣传开始，到销售部咨询并决定购买三期户型的客户，可交纳 3 000 元人民币作为诚意金，并取得优先购买权的金卡(卡上将编制号码 001～200)，双方签订意向协议，待五月中旬正式销售后，客户可凭金卡的序号签订正式合同，此诚意金可退。

5.4　广告背景分析(略)

5.5　广告形象

1. 广告形象定位

印象：简约的现代建筑风格，实实在在的品质与性价比。

内涵：实实在在的物业，无须刻意的概念灌输，仅仅是注重每一细节的设计，每一砖、瓦的质量保证，每一无微不至的呵护便已经赢得一期客户的心。(进而也将取得三期客户的信赖)。

2. 广告形象口号语

(1)HB・70 80精心打造的成熟社区；

(2)不凡，源自细节推敲；

(3)概念留给别人，实在留给自己。

5.6　广告推广阶段性分析

5.6.1　广告包装阶段性分析

1. 产品生命周期

本案销售与其他产品共同拥有一个规律，即从积累初期到高潮再到低潮。销售储备期暂定为4月～5月，5月～7月进入销售初期，随着7、8月房产热销期的到来，项目进入销售高潮，9月～11月借助余温继续热销，11月过后销售进入淡季，之后进入尾盘期。

广告投放也应按照上述准则进行，做到疏密有致，效果最大化。

2. 准备期

在本案未正式开盘前的阶段，重要的任务是制作销售道具，确定广告设计及媒体安排，累积意向性客户，把握市场反馈意见等等。

3. 开盘期

重点工作在营造声势，告知市场新产品的推出，主要任务在于通过媒体引起广大客户的注意和好奇，同时将已有的意向性客户变为事实客户。

4. 强销期

再次经强劲的媒体攻势强化产品特点，令客户的认知、了解进而达到偏爱程度，形成购买潮流。

5. 续销期

在累积到相当客户后，市场已有口碑效应，把握客户普遍认同的心理，用广告点射部分产品卖点，勾起客户最后的冲动，平稳促销。

6. 尾盘期

在形势大好的前提下，用特殊销售促进手段，抓住现有的客户，该阶段以销售运作为主，广告为辅。

5.6.2　准备期具体工作及效果预测

1. 具体工作

(1)准备期(2005年4月～2005年5月)

①资料准备

a. 楼书制作

规格：25cm×25cm，24P；风格：主要以感性诉求为主，介绍关于项目规划、环境、配套等方面情况，使消费者阅读之后，对项目有一个感性的认识，有一个大致的了解。

b. DM 单制作

规格：14cm×27cm，三折页；风格：主要以理性诉求为主，主要突出项目的环境、配套、物管、装修的较为细微的卖点，配以户型图，以便消费者对项目有较详细的了解。

c. 户型图

规格：A4，每一个或两个户型做一张户型图，每一个户型做不同的装修设计方案，这也是吸引客户的卖点，同时方便携带。

d. 房款计算单

规格：每一个户型配一款房款单，包括楼号、楼层、门牌、首期、月供款等内容，有针对性，同时方便携带，一目了然。

e. 客户管理系统

内容：日报表、周报表、月报表，详细记录接听电话数，客户询问内容，客户的建议、意见等，以便策划及销售工作的调整。

f. 样板间装修

样板间可考虑每个户型均有一款，装修的风格要时尚前卫、独具一格，要做出年轻人独有的气质来。样板间的装修风格及装修进度必须要在开盘前完毕。

②售楼处装修

a. 模型：重点突出户型的优势，如大开间、分区合理等，避免户型的劣势。

b. 鸟瞰图：强调小区的绿化面积和楼群的间距。

c. 气球：大门内 12 个升空气球，下挂条幅。

d. POP：尺寸：15cm×20cm；内容：主要广告语、效果图等。

e. 广告牌：规格：58m^2，针对 HB 国际花园的消费层，提炼的主要卖点，吸引客户到售楼处。

(2)销售广告

①开盘活动方案(5 月 1 日～5 月 7 日)

目的：利用新闻媒体进行新闻造势，形成一时的新闻热点，吸引关注、观望的客户前来参观，促进下单。

形式：

a. 开盘剪彩；

b. 节目演出。

②现场参观

a. 两次广告试投放，主要是以形象广告为主，同时发布开盘活动消息。

b. 客户管理系统的总结，方便调整广告营销思路。

c. 开盘有关活动的准备工作，如节目、主持人、乐队的选定等。

2. 效果预测

(1)成功累积意向客户有望达到30%～40%；

(2)要令同区域市场中的竞争对手极为关注，并引起部分潜在客户的观望与等待。

5.6.3 开盘期具体工作及效果预测(2005年5月～2005年6月)

1. 具体工作

(1)进一步调整现场环境。

(2)策划人员具体分析消费者的关注点与销售人员的回答技巧，调整广告投放量，增加到4～6次，主要以形象广告为主，前期主要树立HB国际花园在消费者心目中的形象及消费者的定位，形成一个感性认识。

2. 效果预测

(1)对成功签约的事实客户进行百分比统计。

(2)对效果意向性客户进行百分比统计。

(3)市场反应强烈，业界竞争对手紧张，潜在客户对本案耳熟能详。

(4)销售中接受大量反馈，应即时调整销售偏差及广告倾向。

5.6.4 强销期具体工作及效果预测(2005年7月～2005年10月)

(1)利用节假日做促销活动，拉近开发商与消费者的距离，同时开通热线投诉电话，及时解决客户问题。

(2)利用促销广告进一步促销，报纸每月4次，版幅大小间隔。

(3)户外广告及新闻广告有效配合报纸的促销广告。

5.6.5 续销期具体工作及效果预测(2005年11月～2005年12月)

为降低成本，促进快速销售，可考虑延续广播电台及散发宣传单等小广告与辅助报纸的结合。

(1)调查主要竞争对手的价格，调整后期销售价格。

(2)考虑适当的活动。

5.6.6 尾盘期具体工作及效果预测(2006年1月～2006年3月)

针对困难、难销的户型寻找具体有效的推广方式，或促销或让利，具体情况具体对待。

5.7 HB国际花园2005年全年广告策略及媒介推广排期计划(略)

5.8 全年度营销策划活动推广计划

5月份

主题：前期预购，春季房交会。

主旨：三期上市。

目的：(1)通过4月和5月初的宣传积累客户，形成强有力的销售氛围。

(2)利用房交会把三期强力推出，形成抢购的局面，带动销售。

(3)以前期排号形式对外发布销售。

8月份

主题：准客户仙子湖两天游

主旨：将没有成交的准客户汇集，通过参与游玩活动来增加客户对HB集团的深入了解，并增强可信度，增强购买欲望，促进成交。

目的：变向加大宣传力度。

9月份

主题：秋季房交会

主旨：尽快将三期销售释放

目的：促进销售，将销售进度加快。

10～11月

主题：促销活动

主旨：接近年底，进入淡季，为了年底销售业绩，必须将这几个月时间充分利用起来，同时此时所余房源多为劣势房源，应推出优惠政策。

目的：促进销售，完成业绩。

5.9　全年度广告及媒介推广费用预算(略)

思考题

1. 简述房地产营销策划的含义。

2. 从产品销售推广的角度看，房地产项目销售分为哪几个阶段？

3. 新开楼盘的定价策略一般可分为哪几个策略？说明每种定价策略的优缺点。

4. 影响垂直价差的因素有哪些？

5. 采用"内部认购"的目的是什么？

6. 阐述不同销售阶段的房地产项目广告策略。

参考文献

[1] 潘蜀健,陈琳. 房地产市场营销. 北京:中国建筑工业出版社,2003

[2] 黄福新,等. 房地产策划师职业培训教程. 北京:机械工业出版社,2006

[3] 莫宏伟. 房地产全程策划实战教程. 北京:中国电力出版社,2005

[4] 王爱民. 房地产市场营销. 上海:复旦大学出版社,2006

[5] 李英子. 房地产市场营销. 北京:中国电力出版社,2007

[6] 中国房地产估价师与房地产经纪人学会. 房地产经纪实务. 3 版. 北京:中国建筑工业出版社,2005

[7] 贾士军. 房地产项目全程策划. 北京:高等教育出版社,2004

[8] 威廉·M·申克尔. 房地产营销. 马丽娜,等,译. 北京:中信出版社,2005

[9] 叶剑平. 房地产市场营销. 北京:中国人民大学出版社,2004

[10] [美]菲利普·科特勒,加里·阿姆斯特朗. 市场营销原理. 9 版. 赵平,王霞,等,译. 北京:清华大学出版社,2002

[11] 尹军,尹丽. 房地产市场营销,北京:化学工业出版社,2005

[12] 余凯. 房地产营销与实务. 北京:中国建材工业出版社,2004

[13] 余源鹏. 房地产广告策划与创作. 北京:中国建筑工业出版社,2005

[14] 余源鹏. 房地产实战定价与销售策略. 北京:中国建筑工业出版社,2006

[15] 吴翔华. 房地产市场营销. 南京:东南大学出版社,2005

[16] 楼江. 房地产市场营销理论与实务. 上海:同济大学出版社,2005

[17] [美]查尔斯. W. 小兰姆,等. 营销学精要. 杨洁,等,译. 大连:东北财经大学出版社,2000

[18] 郭馨梅. 房地产营销. 北京:经济管理出版社,2005